HUMANITIES AND SOCIETY

比较的幽灵

民族主义、东南亚与世界

Benedict Anderson

[美国] 本尼迪克特·安德森 著　甘会斌 译

译林出版社

图书在版编目（CIP）数据

比较的幽灵：民族主义、东南亚与世界／（美）安德森（Anderson, B.）著；甘会斌译．—南京：译林出版社，2012.4（2023.6 重印）

（人文与社会译丛／刘东主编）

书名原文：The Spectre of Comparisons

ISBN 978-7-5447-2597-2

Ⅰ.①比… Ⅱ.①安… ②甘… Ⅲ.①民族主义－研究－东南亚－现代 Ⅳ.①D093.305

中国版本图书馆 CIP 数据核字（2012）第 008924 号

著作权合同登记号 图字：10-2015-102 号

比较的幽灵：民族主义、东南亚与世界 ［美国］本尼迪克特·安德森 ／ 著 甘会斌 ／ 译

责任编辑 张海波
特约编辑 陈秋实
装帧设计 胡 苨
责任印制 董 虎

原文出版 Verso
出版发行 译林出版社
地 址 南京市湖南路 1 号 A 楼
邮 箱 yilin@yilin.com
网 址 www.yilin.com
市场热线 025-86633278
排 版 南京展望文化发展有限公司
印 刷 江苏凤凰新华印务集团有限公司
开 本 880 毫米 × 1240 毫米 1/32
印 张 15.875
版 次 2012 年 4 月第 1 版
印 次 2023 年 6 月第 6 次印刷
书 号 ISBN 978-7-5447-2597-2
定 价 79.00 元

主 编 的 话

刘 东

总算不负几年来的苦心——该为这套书写篇短序了。

此项翻译工程的缘起,先要追溯到自己内心的某些变化。虽说越来越惯于乡间的生活,每天只打一两通电话,但这种离群索居并不意味着我已修炼到了出家遁世的地步。毋宁说,坚守沉默少语的状态,倒是为了咬定问题不放,而且在当下的世道中,若还有哪路学说能引我出神,就不能只是玄妙得叫人着魔,还要有助于思入所属的社群。如此嘈嘈切切鼓荡难平的心气,或不免受了世事的恶刺激,不过也恰是这道底线,帮我部分摆脱了中西"精神分裂症"——至少我可以倚仗着中国文化的本根,去参验外缘的社会学说了,既然儒学作为一种本真的心向,正是要从对现世生活的终极肯定出发,把人间问题当成全部灵感的源头。

不宁惟是,这种从人文思入社会的诉求,还同国际学界的发展不期相合。擅长把捉非确定性问题的哲学,看来有点走出自我囿闭的低潮,而这又跟它把焦点对准了社会不无关系。现行通则的加速崩解和相互证伪,使得就算今后仍有普适的基准可言,也要有待于更加透辟的思力,正是在文明的此一根基处,批判的事业又有了用武之地。由此就决定了,尽管同在关注世俗的事务与规则,但跟既定框架内的策论不同,真正体现出人文关怀的社会学说,决不会是医头医脚式的小修小补,而必须以激进亢奋的姿态,去怀疑、颠覆和重估全部的价值预设。有意思的是,也许再没有哪个时代,会有这么多书生想要焕发制度智慧,这既凸显了文明的深层危机,又表达了超越的不竭潜力。

于是自然就想到翻译——把这些制度智慧引进汉语世界来。需要说明的是,尽管此类翻译向称严肃的学业,无论编者、译者还是读者,都会因其理论色彩和语言风格而备尝艰涩,但该工程却绝非寻常意义上的“纯学术”。此中辩谈的话题和学理,将会贴近我们的伦常日用,渗入我们的表象世界,改铸我们的公民文化,根本不容任何学院人垄断。同样,尽管这些选题大多分量厚重,且多为国外学府指定的必读书,也不必将其标榜为“新经典”。此类方生方成的思想实验,仍要应付尖刻的批判围攻,保持着知识创化时的紧张度,尚没有资格被当成享受保护的“老残遗产”。所以说白了:除非来此对话者早已功力尽失,这里就只有激活思想的马刺。

主持此类工程之烦难,足以让任何聪明人望而却步,大约也惟有愚钝如我者,才会在十年苦熬之余再作冯妇。然则晨钟暮鼓黄卷青灯中,毕竟尚有历代的高僧暗中相伴,他们和我声应气求,不甘心被宿命贬低为人类的亚种,遂把迻译工作当成了日常功课,要以艰难的咀嚼咬穿文化的篱笆。师法着这些先烈,当初酝酿这套丛书时,我曾在哈佛费正清中心放胆讲道:“在作者、编者和读者间初步形成的这种‘良性循环’景象,作为整个社会多元分化进程的缩影,偏巧正跟我们的国运连在一起,如果我们至少眼下尚无理由否认,今后中国历史的主要变因之一,仍然在于大陆知识阶层的一念之中,那么我们就总还有权想象,在孔老夫子的故乡,中华民族其实就靠这么写着读着,而默默修持着自己的心念,而默默挑战着自身的极限!”惟愿认同此道者日众,则华夏一族虽历经劫难,终不致因我辈而沦为文化小国。

一九九九年六月于京郊溪翁庄

献　给

我的老师：George Kahin

我的家人：Rory，Melanie和Louisa

我的合作伙伴：Ben Abel，Pipit和Komang;

Charnvit，Kasian和Thanet；Ambeth和Doreen

我的逗趣小子：Benny，Ade和Yudi；Ali；

Tuy和Teuy；Henry，Badick和其他调皮鬼们

Svetit vsegda,
Svetit vezde,
Do dnei poslednikh dontsa,
Svetit—
I nikakikh gvozdei!
Vot lozung moi—
I solntsa!

时时发光，
处处发光，
永远叫光芒照耀，
发光——
没二话说！
这就是我和太阳的
口号！

V. 马雅可夫斯基，《马雅可夫斯基在夏日别墅中的奇遇》
（“Neobychainoe Priklyuchenie, Byvshee s Vladimirom
Mayakovskim Letom na Dache”），1920年

目 录

题　记

1998年5月21日，适值本书校样正在修改的时节，苏哈托在掌权逾32年之后，突然辞去印度尼西亚总统职务。他这一决定的直接原因是武装部队领导层的一纸最后通牒：如果他不立即下台，他将受到起诉。军队这么做是为应付这一周早些时候在雅加达爆发的大规模骚乱，它是杀害了帝利沙地大学（Trisakti University）六位手无寸铁的和平示威学生所引发的，也是已持续数周的全国性抗议经济大灾难活动的顶峰。那场灾难让印度尼西亚的货币贬值，摧毁了国家的金融机构，造成大量失业和基本商品的价格飞涨。对那　灾难，这个民贼式的独裁政府的任人唯亲、裙带关系、强势压制以及自私自利的政治操纵要负主要责任。当苏加诺，这位在三十多年前被苏哈托赶下台的人，在软禁中死去的时候，曾有数百万人为他的逝世而哭泣。等到苏哈托这个老朽暴君最终去见他的上帝的时候，将只有一双双干涸的眼睛。

苏哈托的继任者，那位布吉人航空工程师，副总统哈比比，是苏哈托本人封授的，不应指望他能残喘多久。独裁政权崩塌过程中释放出来的力量，如不彻底革新印尼的经济和政治体制，是不会甘休的。即将采取的第一个关键步骤，是印度尼西亚自1955年以来首次自由的全国大选，如果一切顺利的话，那将在今年年底举行。

致　谢

非常感谢以下各书和期刊的出版者惠允重印下列文章：

“民族主义、认同与序列逻辑”，大体以《世界政治》（*Cosmopolitics*）一书中的同名文章为蓝本，布鲁斯·罗宾斯和谢平主编，明尼苏达大学出版社，1998年。

“复制品、光晕和晚近的民族主义想象”，改写自首次发表在《言论者》（*Qui Parle*）上的一篇文章，第7卷第1期（1993年秋/冬）。

“远距民族主义”是两篇文章的糅合。第一篇以“大流散”（Exodus）为题，发表在《批评探索》（*Critical Inquiry*，20［1994年冬］）上；第二篇叫“远距民族主义：世界资本主义与身份政治的兴起”，由阿姆斯特丹大学亚洲研究中心发表。

“黑暗之时和光明之时”，最初发表于《东南亚昔日的感知》上，安东尼·里德和戴维·马尔主编（香港：海尼曼出版公司，1979年）；后获准重印于拙著《语言与权力：探索印尼的政治文化》中（纽约，伊萨卡：康奈尔大学出版社，1990年）。

“专业梦想”是以1984年提交给“东南亚暑期研究所”的一篇论文为蓝本，首次发表在拙著《语言与权力：探索印尼的政治文化》上（纽约，伊萨卡：康奈尔大学出版社，1990年）。

“雅加达鞋里的沙子”、“第一个菲律宾人”和“各寻生路”（Sauve Qui Peut），最先发表于《伦敦书评》，分见第17卷第21期（1995年11月2日）、第19卷第20期（1997年10月16日）、第20卷第8期（1998年4月16日）。

“撤退症状”首次发表于《关心亚洲学者会刊》（*Bulletin of Concerned Asian Scholars*），第9卷第3期（1997年7—9月）。

“现代暹罗的谋杀与演进”、“菲律宾的地方巨头民主制”和“共产主义之后的激进主义”，最先发表于《新左派评论》，分见第181期（1990年5—6月）、第169期（1988年5—6月）、第202期（1993年11—12月）。

“东南亚的选举”最先发表在《东南亚的选举政治》上，罗伯特·泰勒主编，伍德罗·威尔逊中心出版社与剑桥大学出版社联合出版，1996年。

“多数族群和少数族群”是我给《东南亚的部族群体和少数族群》一书所作导言的改写，原书由贵森·克莱主编（马萨诸塞，坎布里奇：文化生存出版社，1987年）。

“民族之善”是即将发表在《宗教与民族主义》中的一篇短论的改写，原书由彼得·范德维尔主编（普林斯顿：普林斯顿大学出版社，1998年）。

导　言

比较的幽灵

1963年2月2日，在与我被教导着把它想象成“东南亚”的这块土地初次相逢约莫一年之后，我有了一次奇特的经历，那时我无以名之。当时的印尼总统苏加诺要接受印度尼西亚大学的名誉学位，他临时邀请了外交使团，与大学生和教员们一同出席。不知怎的我最后成了一位年长的欧洲外交官的耳语翻译。苏加诺在讲他最爱的两个主题：民族主义和领导者。本来风平浪静，突然，他开始谈起了阿道夫·希特勒，而且是以一种异乎寻常的方式——不是将其说成大屠杀的刽子手，甚至不是法西斯主义者和反犹主义者，而是说成一个民族主义者。更让我俩惊诧莫名的是，这位总统必定是疑心没几个学生曾经听说过希特勒，他试图赋予元首的遥远幽灵以地方生命，用他特有的、别人学不来的公共演讲风格，像说腹语似的说道[1]：

1　这一讲话的官方书面版本是Soekarno（苏加诺），*Ilmu Pengetahuan Sekadar Alat Mentjapai Sesuatu*（《以科学知识为求取之具》，Jakarta: Departemen Penerangan Republik Indonesia，Penerbitan Chusus no. 253，1963）。该演说的更多引文，对其论题的某

> 比方说希特勒——哇，希特勒真的是绝顶聪明——也许他想说，光有物质基础，幸福还是不可得的，所以他提出了另一个理想，这个理想他称之为第三帝国（Dritte Reich）。这个第三帝国实实在在地会给德国人民带来幸福。第一帝国是腓特烈大帝的帝国，是老腓特烈领导的帝国；第二帝国是就在世界大战之前还存在着的那个，而今在世界大战中被摧毁了。"来吧，让我们建造起一个第三帝国，在这第三帝国里，嗨，姐妹们，你们会活得很快乐；嗨，兄弟们，你们会活得很快乐；嗨，孩子们，你们会活得很快乐；嗨，你们，德意志的爱国者们，你们将目睹德意志加冕为王，凌驾于世界所有民族之上。"兄弟姐妹们，希特勒如此描绘这些理想，真是太聪明了！1

我顺着他的讲话低语的时候，老外交官变得越来越不安和疑惑。"你有把握吗，他真是在说这个？"他再三问我。我已经多次听过苏加诺用他那腹语式风格讲述孙逸仙、凯末尔、甘地、德·瓦勒拉和胡志明，那些时候他想提醒他的同胞们，民族主义是一种普世之物，而且同国际主义不可分割。我极力向外交官解释这一点，但没有成功，他怒气冲冲地回到了大使馆，比从前更确信苏加诺是个疯狂而危险的江湖骗子。

对我而言，我感到晕头转向。在我的年轻生命里，我是头一回被邀约透过倒转的望远镜来看我的欧洲。苏加诺自认是个左派分子，他也明知希特勒统治的恐怖。但他似乎是平静安详地看待这些恐怖，虔诚的基督徒就是以这样的平静安详，沉思以上帝的名义干下的数世纪的集体屠杀和摧残折磨；或者，是他保持了轻快的距离，如同我的学校老师谈到成吉思汗、宗教裁判所、尼禄或皮萨罗。从今往后要像从前那样想到"我

些分析，以及与戴高乐的修辞术的一个比较，参见拙著《语言与权力：探索印尼的政治文化》（Ithaca, NY: Cornell University Press, 1990）第2章。

的”希特勒，那就难了。

我找不出一个好名头来称呼这种体验，直到差不多四分之一世纪之后，那时我在菲律宾，为了自学西班牙语，结结巴巴地读何塞·黎刹（José Rizal）的极端民族主义的小说《不许犯我》（*Noli Me Tangere*）。在故事之初有一个令人头晕目眩的瞬间。年轻的混血主人公，长期旅居欧洲之后，最近返回了1880年代的殖民地马尼拉。他从马车车窗望出去，看到了市里的植物园，发现他也是（可以这么说）处在倒转的望远镜的末端。这些园圃自然而然（黎刹说是maquinalmente）、不可避免地隐没到它们在欧洲的姐妹园子的意象当中去了。他不再能够实际平常地体会它们，而只能近在咫尺同时又远在天边地看着它们。小说家引人注目地把这一无可救药的双重幻影的动因命名为：el demonio de las comparaciones [1]。原来那就是1963年所遭遇到的，我心里说道：比较的幽灵。 2

“东南亚”的诸起源

对我来说，“东南亚”一直是个再好不过的场所（locus），可以由此努力适应这类挥之不去的幽灵。作为一种意义深远的想象物，它年齿极浅，比我本人的还浅。不必惊怪，它的命名出自外部，甚至在今天，居住在它的大约175万平方英里的土地（更不用说水域）上的几乎5亿人口，极少有人认为自己是“东南亚人”。较老的中国概念“南

1　这一瞬间出现在第八章（“Recuerdos”[回忆]）。参见José Rizal, *Noli Me Tangere*（Manila: Instituto Nacional de Historia, 1978; 根据1887年柏林初版胶印），第43页。这部小说的一个相当不错的新英译本1997年由夏威夷大学出版社出版，题目未变。[中译本《社会毒瘤》，陈尧光、柏群译，人民文学出版社，1988年。这是根据1902年英译本翻译的。“maquinalmente”本义为“机械地、自动地”。——译注]

洋”，模模糊糊指的是由海路可达的一片“南方”区域[1]。后来日语里的派生词南方（nampō），宽泛而有弹性地延展到美国人称之为西南太平洋的地方。“东南亚”本身只是在1943年夏，随着蒙巴顿的“东南亚司令部”的设立，才作为一个重要的政治术语问世；该司令部是更传统的印度司令部的支脉，但是它驻扎在康提，所司的领土职责包括锡兰和英属印度的东北边疆（两者都不在今天的“东南亚”），却排除了荷属东印度群岛（直到1945年7月），还有菲律宾。然而这一命名显然是对下述事实的反应：历史上首次有一个单一势力——裕仁天皇的军队势力——有效地控制了英属缅甸和西属—美属菲律宾之间的整片地带[2]。

几乎正好在同一时间，学术界开始严肃地运用这个术语，首先是盎
3 格鲁—撒克逊那两个海上帝国的学者们[3]。这股新浪潮可以说在1941年

1 这个词的字面意思是“南方的异域”，是“北洋”或者“北方的异域”的反义词。但是“洋”这个字含有水的部首，所以这两个词都用来表示在北京看来跟海相联的那些地方。令人好奇的是，“北洋”不仅用来指辽宁和山东的两个半岛，而且甚至包括直隶，那是帝国首都所在的滨海省份。（因此在1920年代，掌控着北京的军阀称作北洋系。）长城以北的广袤区域从未被这样叫过。类似地，“南洋”既用来指华南的沿海省份，特别是广东和福建，也包含马来群岛（今日的马来西亚、印度尼西亚和菲律宾），但不包含陆路可通的缅甸和老挝。（感谢许慧文[Vivienne Shue]对此的指点。）

2 英属缅甸、马来亚、新加坡，美属菲律宾，荷属东印度，在直接军事进攻中通通沦陷。由于维希政权是轴心集团的盟友，日本人直到1945年3月都没有铲除法国人。不过，此前他们作为“盟友”维持了一种统治性的存在，殖民地的维希政权只能俯首听命。在暹罗，识时务的军事独裁者銮披汶·颂堪为了避免最坏的结果，早早地就同东京结盟了，但是他仍然不得不允许日军穿越他的国土，而且还得在其他方面服从他们的命令。

3 令人敬畏的例外也许是法国殖民时代的学者乔治·克代斯（Georges Coedès）的杰作，《印度支那和印尼的印度化国家》（*Les États hindouisés d'Indochine et d'Indonésie*, Paris: E. de Boccard, 1948）。在对十五世纪前被梵化的这些国家所进行的这项宏伟比较

已经露头，那时了不起的缅甸学者、前英国殖民地的公务员约翰·弗尼瓦尔（John Furnivall）发表了他的《东南亚的福利与进步》一书——是在纽约，两年后紧接着发表了《东南亚的教育进步》——又是在纽约。1942年，美国政治科学家鲁珀特·埃默森（Rupert Emerson），与他的同事伦诺克斯·米尔斯（Lennox Mills）和弗吉尼亚·汤普森（Virginia Thompson）一道，出版了《东南亚的政府与民族主义》。左翼美国人布鲁诺·拉斯克（Bruno Lasker）于1944年出版了《东南亚各民族》，1950年又出版了精彩的《东南亚的人性枷锁》。英国殖民地官员维克多·珀塞尔（Victor Purcell）在1951年写成了不落俗套的《东南亚华人》。次年，英国历史学家夸里奇·威尔士（Quaritch Wales）在其《古代东南亚的战争》一书中，犯了时代错误，将"东南亚"的世纪推远到欧洲人到来前的往昔。随着英国前殖民地官员D.G.E.霍尔颇具官方权威的《东南亚史》于1955年问世，这个概念堂而皇之地正规化了（虽然霍尔在该书的第一版中没有把菲律宾包含在内，这一缺席在以后的连续再版中部分得到弥补）。

为什么姗姗来迟？又为什么最后一蹴而就？首先，这里缺乏一种历史性的霸权势力，就像奥斯曼土耳其人对近东或中东，哈布斯堡家族和波旁家族对"拉丁"美洲，莫卧儿人对"印度"，以及让"中国"成为一种貌似可信的有界幻象的北京历代君主那种权力。其次，一旦伊斯兰教（从十三世纪开始）和基督教（从十六世纪开始）打破了印度教—佛教相混融的文明态势，这个地区就呈现出非同一般的宗教异质性，而印度教—佛教文明的遗迹如今尚名列世界奇迹之中，如柬埔寨的吴哥，爪哇的婆罗浮屠，暹罗的大城府，缅甸的蒲甘和末罗汉等。[1]今天，缅甸、暹罗、老挝和

研究中，"东南亚"、"印度支那"和"印度尼西亚"仅仅是简记的地理名称，但也足可表明缅甸和菲律宾不在它的范围内。当二十年后这部书终于有英译本出版的时候，美国冷战的年代误植将标题变成了《东南亚的印度化国家》。

1　可别误解了：印度教和密宗大乘佛教早在基督纪元之初就已传到东南亚的某些地

柬埔寨各自信佛，马来西亚、印度尼西亚和文莱是穆斯林占优，菲律宾主要是天主教徒，而越南尤其继承了儒教、道教和大乘佛教。但是无疑地，起关键作用的要素还是这一地区形形色色帝国主义的奇特历史[1]。这里只有比利时人和意大利人不见踪影。英国人在缅甸、马来亚、新加坡和北婆罗洲，荷兰人在东印度群岛，葡萄牙人在东帝汶，西班牙人和美国人在菲
4 律宾，法国人在老挝、柬埔寨和越南；加上半独立的缓冲国暹罗，在伦敦和巴黎这对冤家的殖民地间苦苦支撑。再有，这形形色色的帝国主义并非像非洲大部分地区所发生的那样，在十九世纪晚期一拥而至，而是数世纪间前前后后赶来的：葡萄牙人和西班牙人在封建主义的十六世纪末叶，荷兰人在重商主义的十七世纪，英国人在启蒙主义的十八世纪，法国人在工业主义的十九世纪，美国人在机动化的二十世纪到达此地。每个帝国势力跟它的竞争国互相猜忌、明争暗斗，把自己的领地同其余地区隔离开来，结果到二十世纪初，巴达维亚（雅加达）受过教育的年轻人更了解阿姆斯特丹，而不大了解他们的远祖曾交往密切的柬埔寨；他们在马尼拉的兄弟族类对马德里和纽约的了解，又超过了对南中国海对面一衣带水的越南滨海地区的了解。而且，即便是在这个飞机、电报、电话的时代，这些殖民地也是距宗主国最为遥远的。越南之于巴黎，菲律宾之于马德里或华盛顿，东帝汶之于里斯本，马来亚之于伦敦（除了人种斑驳陆离的澳大利亚和新西兰之外），都比各帝国版图内其他任何地方更远。僻远、异质，还有可谓宗主国的分割，这个地区统一命名如此之迟，也就不足为

区，最迟从四世纪开始成为宫廷礼拜的基础。不过可以确信，很多世纪以来，大部分人是万物有灵论者。印度教崇拜和佛教崇拜可以相互竞争或融合，不会卷入难以收拾的冲突中。直到十二世纪末，重大变化才发生了，那时一种更加朴质苦修的佛教形式——小乘佛教（Hinayana或Theravada）——从锡兰传入，把它的前辈们越来越挤到一边去了。

1 形形色色的（mottled）——“其特点表现为色片的不规则安排”，似乎比“白种的”或“高加索人的”在视觉上更准确，在道德上少些可疑。

怪了。

然而二十世纪伊始，这一区域有史以来首次开始形成边界，这要特别归功于墨卡托的遗产[1]。今天的缅甸，在1885年到1937年间，曾是殖民地印度的组成部分，是它唯一的佛教省份。但就在那时候，连续的、绘成地图的边界线已经给定，大体上延续至今。巴黎明确标示出中国领土在哪里终止，法属越南的东京从哪里起始，它消除了数世纪以来渗透性的相互联系，更别提今日越南的某些地区被合并到中华帝国里的那一千年了[2]。二十世纪初，新几内亚岛位于东经141度以西的那一半属于荷属东印度，如今它是东南亚的一部分。然而东边一半就不是。这半边的以北部分，在1885年和一战之间，是凯撒·威廉兰（Kaiser Wilhelmland），隶属于同样可笑地唤作俾斯麦群岛的一个德国殖民地。以南部分是英国人的。1920年后，这南北两部分渐次变成了一个虚弱的单位，由澳大利亚的次生帝国主义控制。如果我们不但想到巴布亚新几内亚被排除在东南亚之外，还 5
想到东南亚国家联盟（ASEAN）最近拒绝了锡兰/斯里兰卡的加入申请，我们就能看清这幅地图的真正重要性。回溯一千年，锡兰同东南亚有着文化、商业甚至政治的密切联系，它还和缅甸、暹罗、柬埔寨、老挝共同信仰小乘佛教（穿过孟加拉湾的双向朝圣路线存在好几个世纪了，至今依然如故）。它的农业、气候、食物和文化极其类似于东南亚的很多地区。可是它最终却被——也许不太舒坦地——钉在了“南亚”。

造成最后一蹴而就的是太平洋战争、飞速的战后去殖民化、冷战的

1　关于这一制图革命的最权威著述，当推东猜·维尼察古著，《图绘暹罗：一个民族的地理体史》（Thongchai Winichakul, *Siam Mapped: A History of the Geo-Body of a Nation*）, Honolulu: University of Hawaii Press, 1994。

2　从公元一世纪下半叶到十世纪中叶。最权威的著作是基思·韦尔克·泰勒的《越南的诞生》（Keith Welker Taylor, *The Birth of Vietnam*）, Berkeley: University of California Press, 1983。

发动，以及美国人想取代日本人做本地区唯一霸主的持续努力。这一地区所有那些形形色色的帝国主义在1942年初到1945年间的冷不防地耻辱性崩溃、1943年起越来越孤注一掷的日本对“土著民”的武装和军事训练、有时受到远道而来的盟军援助的抗日游击队的兴起，还有在缅甸和菲律宾展开的日军和盟军之间创巨痛深的激战：所有这一切都意味着，当日本于1945年8月投降以后，欧洲人不可能昂然卷土重来。在亚非殖民化区域的别的任何地方，这样的事情从没发生过。它也意味着，继大约140年前的西属美洲之后，东南亚成了唯一的这样一块殖民化区域：这里争取独立以及更多东西的武装斗争是家常便饭。不同寻常的是，在拉美的最西端，即菲律宾，这个过程在1896年已经开始了，那时候，由博尼法西奥（Andrés Bonifacio）、阿奎纳多（Emilio Aguinaldo）、马比尼（Apolinario Mabini）领导的一场既早熟（对亚洲而言）又晚熟（对拉美而言）的起义，于1898年缔造了一个自由的菲律宾共和国，虽然它不久即被美国镇压了。缅甸、老挝、柬埔寨、越南、印尼，某种程度上还有马来亚，实际上都在为独立而战，大多取得了苦涩的成功——也渐渐意识到彼此在干同样的事业。1947年初，泰国进步的民选总理比里·帕侬荣（Pridi Phanomyong），在他被军方推翻之前的短暂时光里，发起了一个流产的“东南亚联盟”，想建立反帝互助的区域网络[1]。

然而，是冷战在亚洲的揭幕真正开启了使东南亚成为像它今天那样
6 一种想象的现实的漫长历程。在美国看来，大亚洲的主要国家都有一个多少比较固定的地位。日本已经被美国人占领了，唯华盛顿的军事和经济机器马首是瞻。印度在分治危机之后，在尼赫鲁和国大党的无与争锋的领导权下，似乎铁定是准英属的。中国嘛，唉，1949年后“丢失”给共产

1　但是不存在集团（bloc）的意思。所有团体都寻求同帝国主义宗主国的进步团体结盟。印尼的革命者与澳大利亚、埃及和尼赫鲁的新独立的印度建起了有效纽带。所有激进的左翼组织不同程度上都跟苏联和（1949年后的）中华人民共和国接上了头。

主义了，但是它太庞大了，顶多适合闪电式的、半秘密的干涉。印巴和中国之间地带的那些新国家则另是一番景象。在几乎所有这些国家，土生土长的、通常是武装起来的、由共产党人领导的运动质疑盟国企图创建的战后秩序的合法性。在1949年的缅甸，即取得正式独立一年以后，两个竞争的共产主义政党，加上各式各样的族群反叛团体，让吴努（Unu）政府差不多只控制了仰光。东面的法国殖民地，1946年末爆发了第一次印支战争，一年后胡志明宣布越南独立。当这场战争在奠边府趋向尾声时，共产主义运动传遍了老挝这个山地国家，稍后又传入西哈努克的柬埔寨。在菲律宾，美国人重新扶植了一个腐败的地方巨头阶层，来领导已被正式承认为独立（当然是在1946年7月4日）的这个国家，这引发了一场严重的共产主义起义（1948—约1954年），它是以战争年代的人民抗日军（Hukbalahap）为班底的。在印尼，起初看上去，本土的左派已经在1948年被忠于革命总统苏加诺和副总统哈达（Hatta）的军队制伏了，但在主权移交之后，印尼共产党却出人意料（而又合法）地恢复了元气，不过十年时间，成为共产主义集团以外最大的共产党。在马来亚（它直到1957年才正式独立），1948年春之后伦敦发现，它面对着它的现代帝国历史上最长久、最猛烈的抵抗——来自一个马来亚共产党，该党是从马来亚人民抗日军发展而成的。只有在暹罗，"常态"似乎占了上风；武装的共产主义仅在1960年代中期才开始冒头。

世界上没有别的地区有这样惊心动魄的传略，拉美没有，近东没有，非洲没有，南亚也没有。新霸主打定主意，它不应像中国那样"丢失"了。于是，1954年，东南亚条约组织（SEATO）成立了，它初创于美国人的马尼拉，后来总部设在曼谷，其用意就是挽救这整个后殖民地区免遭共产主义幽灵之害[1]。随后十年里，东南亚的本地政府采取了两种措施，要创 7

1　东南亚的某种不稳定性在东南亚条约组织的成员国中依然显著。当地国家中只有暹罗和菲律宾加入了，它们的盟友包括美国、英国、法国、新西兰、巴基斯坦和澳大利亚。

建一个不那么全盘地受外人支配的区域性组织；这两种措施最终都夭折了。由暹罗、菲律宾和当时的马来亚创建于1961年的东南亚联盟（ASA），最后无力解决因马尼拉对北婆罗洲（沙巴）的主权要求而起的日渐升级的争吵[1]。马菲印尼联盟（Maphilindo）是印尼的激进民粹主义总统苏加诺1963年想出的妙计，打算包含印尼、马来西亚和菲律宾这些个“马来”民族，然而一当白厅从马来亚、新加坡、北婆罗洲以及从前编造出来的“白人拉甲的沙捞越”拼凑出“马来西亚”，它转眼间就塌陷了[2]。不过，1967年，当苏加诺在一场大规模凶杀的狂欢中倒台以后，一个较为持久的机构创立了，那就是东南亚国家联盟，它最近——隔了三十年之后——接纳了越南、缅甸和老挝，也许有朝一日会让洪森的柬埔寨与沙纳纳·古斯芒的东帝汶加入进来[3]。

东南亚研究，东南亚人，东南亚专家

有一个领域，它迥异于外交官、将军、情报机构和国家首脑们组成的领域，在它那里，东南亚更早也更成功地在变成一种现实。各色殖民主义制造了大量学术成就，这些学问被各殖民地框限于研究本地区——用英语研究缅甸和马来亚，用美语研究菲律宾，用荷兰语研究东印度群岛/印度尼西亚，用法语研究越南、柬埔寨和老挝，等等。正像这样，战后美国

1　这一遥远而人烟稀少的地区，从19世纪末开始由北婆罗洲公司经营，直到日本军队将它的商业政权扫落在地。太平洋战争结束后，白厅接管了它。

2　苏加诺对伦敦这一举措怒不可遏，最终引起他的政府与哈罗德·威尔逊在东方的残余帝国之间的半武装对抗。这起事件的大多数战斗发生在婆罗洲，在那里，廓尔喀人雇佣兵或许是履行了他们最后一次抗击使命。

3　在过渡时期——即东南亚条约组织的成立与东南亚国家联盟的创建之间，暹罗成了遍及那些大陆国家的大规模美国干涉的军事、经济和政治中心。

的反共霸权给东南亚研究这个新领域奠定了最初的基石。从事这种研究的第一个学术计划（programme）于1947年在耶鲁大学创立，不久以后，我所在的康奈尔大学紧跟着设立了一个同类计划。在1957年10月苏联发射人造地球卫星所造成的惊恐状态下，随着第二次印支战争爆发，相似的计划在全美国繁衍开去。后来，这种模式蔓延到澳大利亚、日本、英国、法国、加拿大、德国、斯堪的纳维亚等地，侧重点各各有别。

美国开创的这种东南亚研究，与殖民地时代先已存在的那种学术 8
研究之间，自始即有一种关键的差别[1]。殖民地时代几乎所有的伟大学者——比如，约翰·弗尼瓦尔和戈登·卢斯（缅甸）；马伯乐和保罗·马斯（印度支那）；理查德·温斯特德和R.J.威尔金森（马来亚）；特奥多尔·皮若（Theodoor Pigeaud）和贝特兰·施里克（荷属东印度）；罗伊·巴顿和罗尔斯顿·海登（菲律宾）——都是或曾经是殖民地官员。他们一生有很长时期住在殖民地，对那里了如指掌。然而如此沉浸其中的前提条件是，即便他们私底下怀疑殖民事业，也不大可能公然说出来[2]。在战后的后殖民时代，这类人物消失了。东南亚，或者至少是它非共产主义的区域，遭逢了成群的美国官员，他们要处理一切事务，从军事、情报到教育和资本主义发展，但他们都是大忙人，也几乎不通当地语言，很少有时间或意向去做殖民地的风平浪静所容许的悠闲研究，他们走马灯似的轮换岗位，以致不能深入理解任何东西。

结果，东南亚研究成了宗主国教授们的领地，他们主要并非美国联

1　这个论题在我以下论文中有详尽阐述："美国东南亚研究的变化中的生态学"，收入Charles Hirschman，Charles F. Keyes和Karl Hutterer编，《前途未卜的东南亚研究：美国视角下的反思》（*Southeast Asian Studies in the Balance: Reflections from America*），Ann Arbor: The Association for Asian Studies, 1992，第25—40页。

2　弗尼瓦尔部分地算个例外。他早在1930年代就开始发表对英国在缅甸的殖民主义的辛辣批评，不过那只是在他辞去殖民地公职以后。

邦国家的财政受益人，毋宁说是私立大学和州立大学，还有私人基金会（特别是福特和洛克菲勒基金会）的受益人。既然他们工作的架构——东南亚——是这一地区非殖民化和美国不依不饶的冷战霸权的后果，他们的研究明显集中在同他们殖民时代的前辈迥然有别的学科领域里：首先是政治科学，还有近现代史和人类学，而不是考古学、古代史和古典文学。这一转变意味着它的领军人物不是有着文官思想或官僚责任的人（很多人对非共产主义的反殖民民族主义怀着积极的、公开的同情，公然批
9 评华盛顿政策的也不在少数）[1]。

称之为东南亚研究的一个制度化研究领域，处在有着无限财力和巨大政治野心的一个大陆强国的中心，就眼下的目的来说，它的创建具有两大后果。第一，教授们和研究生们跨越学科汇聚一堂，不是出于特殊的国家兴趣，而是出于区域兴趣。前者讲授——后者听受——这样一些课程：东南亚史、东南亚政治、东南亚经济、东南亚的神话与象征，诸如此类[2]。这种课程有一种实际的好处，它迫使所有学生横跨一个极其多样化

1　然而应当注意的是，第一代“东南亚专家”（Southeast Asianists）中，许多人在太平洋战争期间在美国军队里服役，或者是从战前的大学圈子里抽调到战略服务处（Office of Strategic Services）和海军情报处（Office of Naval Intelligence）的。战后有很多人留在国务院经年，是进步的、反殖的核心，直到麦卡锡主义兴起，将他们逐出为止。（战略服务处是中央情报局的前身，始建于1942年，1945年10月解散，此后它的职能和职员就由国务院和国防部接收。真正的中央情报局到1947年方才成立。）

2　这类课程的编排需要展现冷战之前的统一性因素，展现比那些年的政治冲突“深层”一点的东西。这绝不是一帆风顺的：标准的（通用的）有关该地区的历史教科书（初版于1971年，吉隆坡，牛津大学出版社）在其最新的修订版中，依旧可悲地名曰《寻找东南亚》（*In Search of Southeast Asia*），就很说明问题。最有意思的“统一因素”肯定是对称亲属系统和随妻居住模式的广泛流行，这两者都倾向于给予妇女较好的社会地位。这里有一个显著的对比，就是中国、日本和印度盛行的父系的、从夫居的系统，那使妇女严重地降

的“区域”，多少带着比较的眼光思考问题，并且把学生们聚到一处密切切磋，即便某人对古代越南感兴趣，另一个对菲律宾公共行政感兴趣，还有一个对爪哇人的神秘崇拜感兴趣。（这也有不利之处，它往往把这些学生同研究朝鲜、斯里兰卡、中东、中国等地的教授和学生分隔开来。）热烈的学生课堂和个人关系最终延伸入学术的职业生涯，深深地与作为一个真实地点的东南亚捆绑在一起，并奉献给它。这一奉献也超越了直接的冷战分界线，因为原则上，共产主义的、中立的和亲美的国家都在一个单一架构内并列着被研究[1]。就此而言，在1950年代和1960年代，东南亚对美国大学中的人们来说，比对其他任何人都更为真实。第二，那时候美国有资源可以创建举世无双的“东南亚”图书馆[2]；它也有学术经费把感兴趣的学生从诸多不同的国家吸引过来，其中最为重要的是从东南亚 10
本身那些出入自由的国家过来的学生。多年的学生生活，伴随着他们共同的研究，跨国的友谊、爱情，有时还有婚姻，在1950年代已经开始造就一批年轻人，他们能够想象自己是东南亚人，同样也是印尼人，或菲律宾人，或暹罗人[3]。他们归国后，一般待在国立大学、国家教育行政机构和资

到从属地位。一个不太要紧的共同因素是，东南亚沿海一带，但不是北部和西部，都使用发酵的鱼和软体动物制成的调味品，这赋予当地烹饪一种独特而相近的风味。

1　试比较同处冷战时期，却将“西欧”和“东欧”研究划分开来的刻板得多的界限。

2　最卓越的典范是康奈尔大学有关东南亚的埃科尔斯藏书（Echols Collection），目前有西方语言和当地语言的将近50万种印刷卷册、缩微胶片与缩微平片，还有23000种期刊——比国会图书馆的收藏多一半。同一时代里，欧洲帝国中心那些财政捉襟见肘的大学，哪怕是在名义上采纳了一种东南亚研究模式的地方，往往都专注于本国的前殖民地，专注于使用现存的卷帙浩繁的殖民档案。

3　虽然大部分来自东南亚的学生自然而然地做着有关他们祖国的硕士和博士学位研究，可是到1960年代末1970年代初，已经有少许人在做本地区其他国家的研究了——这在以往年代里几乎不可设想。

望较高的大众传媒的重要岗位上，常常会把这些个人关系维系几十年。而且，这些学生中相当数量的人凭借在美国的学习，能够以一种共同语言（在美国或别处）发表研究成果。对这类人而言，英语成了——这一点完全不曾刻意强调——东南亚真正的通用语，某种程度上也是它的现实性的保证；很久以后，外交官、政客、将军甚至技术官僚们才作如是观。

1960年代中后期，越南战争加剧为第二次印支战争，这产生了一个副作用，即东南亚在大学共同体内外的进一步成形。在美国大众传媒看来，越南差不多从来就位于东南亚——尽管考虑到它数世纪以来同中国的恼人的亲近，还有它在河内的共产主义政权，人们本应可能视之为中国势力范围的一部分。当强制征兵开始带来不良后果的时候，学院里注册学习东南亚课程的人数暴涨，有关东南亚的图书也越来越唾手可得。回想起来，更令人吃惊的是有那么多教授和学生，他们虽然在越南问题或越南语的知识上专业化程度不深，却自认为有道德义务和知识能力，以东南亚研究权威的姿态，对这个国家及这场战争公开发表意见[1]。而且更有趣的是，这场战争（事实上它严重分化了东南亚专家）造成的校园生活的政治化和两极化，对在国外求学——不管是美国还是其他地方——的东
11 南亚学生产生了影响。人们可能发现，泰国和菲律宾学生针对战争进行抗议和游行示威，并同印度支那的民族休戚与共，而他们的政府与美国战争机器沆瀣一气[2]。这些学生去游行示威，当然有他们自己的民族政治的

---

1 这种古怪的权威是多么不可思议的真实，这一点最初给我深刻印象是在某个时候，我意识到从来没人愤怒地问过我是哪国公民（其实是爱尔兰），虽然我的口音显然不是美国的。十年后，当我被美国众议院一个小组委员会传唤，去为印尼占领下的东帝汶的问题作证时，我感受到相同的轻微惊讶。我从不曾到过东帝汶，我对它的语言一窍不通，对它的历史和政治只有极其模糊的概念：这都不妨碍一个资深的东南亚专家觉得自己有资格介入，也没有妨碍该小组委员会当初召我作证！

2 这种认同感不是偶然的。1962年3月政变后，缅甸军事独裁政府事实上禁止学生出

理由，也有激进的、人道主义的理由，但是关键在于，他们视彼此为游行的同志，旁边还有从事东南亚研究的美裔、欧裔、澳裔、加拿大裔学生，和他们一起抗议。在随后的几十年里，这些学生中有人成了真正民主化、包容性的东盟最为庄重博识的代言人之一。他们是这样一类人：在曼谷他们敦促泰国政府公开支持昂山素季，在马尼拉和吉隆坡他们抵制菲律宾和马来西亚政府的企图，这两国政府可恶地热衷于镇压要求东帝汶自由的会议，姑息苏哈托政权。当然，成效不大。

作为东南亚劳工和资本家的"华人"

当历史学家们开始——就在不久前——将东南亚想象成冷战前和殖民前就已存在的古老实体的时候，可供发掘和审视这一实体的一个要地是中华帝国积数世纪之久的巨大档案。从这个王国出发，佛教朝圣者穿越东南亚沿海地区，往返于中国与今日南亚的圣地之间，有的人留下了详尽的旅行记述。东南亚的许多较大的王国都习于向当朝天子派遣使团，直到欧洲人中断了这一活动为止；他们使团的目的是为了贸易、情报与政治合法性。帝国朝廷喜欢把这些使团说成是"朝贡者"，但也利用它们来搜集有关其"野蛮的"南部外围的信息。（古代北京和当代华盛顿在这点上有一种讽刺性的相似。）因而并非意外的是，当代最卓越的"古代东南亚"历史学家沃尔特斯（O. W. Wolters）——他的全部作品宏伟地跨越了今天被印尼、马来西亚、越南、泰国和柬埔寨占据的领土范围——刚出道 12
时是个年轻的汉学家，为马来亚殖民行政机构的一个部门工作，该部门被荒唐地误称为"中华属国"部[1]。

国留学。因战争四分五裂的印支国家正在战场上消耗它们的青年。印尼人则为1965—1966年的恐怖饱受创伤。马来西亚那时还唯英国是从，没送多少学生去美国。

1　此外有些悖论。沃尔特斯一直是军事总督杰拉德·坦普勒的深沉的景慕者，后者让福建和广东，今日中国的这两个东南沿海省份，其中有些男子往往不遵守经常很凶残的帝国禁海令，从很早时期起就迁往东南亚，入赘当地家庭，做起了工匠、商人、港务长，有些情况下还成了有权有势的朝臣。偶尔甚至更加高贵：当今的暹罗王室，这么说吧，有50%的“中国”血统；柬埔寨的诺罗敦家族也不亚于此。初来乍到，在一个陌生环境里，多数人没法像他们自己被养育的那样，养育他们的混血后裔。除非有意外的外部干预，他们的子孙会渐渐同化到当地种群里。这种同化比较轻松，因为最初的移民不知道他们是“华人”。他们绝大多数是文盲，通常讲的是闽南语和粤语这类彼此听不懂的话；因此他们认同于职业、宗族和老家，而不是认同于几个世纪后方才浮现的民族。

有三股重要力量运转起来，改变了这种逐渐潜移默化的状况。首先是欧洲人的到来。他们对这些语言都茫然不解，他们的眼睛只盯着面相、服饰和职业，他们的野心倾注在掌控本地区的贸易上，所以他们决定，这一类人统统是“华人”，进而以这个决定为基础采取行动[1]。（东南亚对

定居的“华人”社区付出高昂代价，将25万华人强制性地隔离到“新村”之中，从而费尽周张地解决了战后马来亚共产主义叛乱的最大麻烦。但是自从沃尔特斯成为学者以后，他就毅然欣然地把他的工作限制在欧洲人尚未染指的那个东南亚了。短小精悍地展现了他的观点和学问的，是他的《东南亚视角下的历史、文化与宗教》（*History, Culture and Religion in Southeast Asian Perspectives*），Singapore: Institute for Southeast Asian Studies, 1982。

1 根本不是恰以同一种形式表现的。如我在别处提到的，（荷兰人的）联合东印度公司用尽一切办法（包括禁奢法令、居住地隔离、强制遗产调节，还有利用与之勾结的商业精英），断然认定不讲任何形式“中国”话的一些人的华人身份。在菲律宾群岛（Las Islas Filipinas），这样的人法律上称为“梅斯蒂索人”（mestizos），有他们自身特别的纳税义务、居住的可能选择，等等。“Mestizo”总是间接地表示外来的。参见拙文《东南亚的人口普查和政治》（“Recensement et politique en Asie du Sud-est”，*Genèses*, 26 [1997年4月]），第55—76页。“华人”应当以相同的句法规则读如今天的“亚洲人”。西方国家的人们相信“亚

"华人"的大屠杀在十八世纪由本地区第一批法西斯分子发起：巴达维亚/雅加达的荷兰人和马尼拉的西班牙人。）其次是十九世纪中叶的太平天国起义，它在中国东南造成一片狼藉，让清王朝几乎全盘丧失了对其南 13
方海岸边界的控制。近乎同时出现的汽船，以及资本主义殖民地东南亚这个劳动力匮乏的巨大市场，使得来自不同语言群体的年轻男子以空前规模大量移民成为可能[1]。最后是十九世纪末华人民族主义的登台，不只是在中国本土的城市，而且（有时甚至更早）还在南洋[2]。特别是在今天印尼、马来西亚和新加坡这一地带上，这些民族主义伴随着识字率（不管是汉字还是罗马字）的提高、报纸的出现、移民中的性别比正常化——这带来了更加稳定的家庭生活。相反地，暹罗和菲律宾因不同原因，同化进展得相当快速平稳，那里的这种趋势就大为逊色，对暹罗和菲律宾民族主义的认同反而强烈得多。

随着1911年清王朝的覆灭，以及民族性的中华共和国的蹒跚出场，对

洲人"的巨量存在，但是很少有几个"亚洲"的人同样抱有这种稀奇观念。

1　玛丽·萨默斯·海德惠斯（Mary Somers Heidhues）清晰地勾画了种种变异。闽南人在菲律宾、爪哇，还有马六甲、槟榔屿、新加坡和堤岸—西贡等商业飞地占有优势；广州人在马来亚乡村以及直到二战前在柬埔寨占支配地位；潮州人在暹罗、苏门答腊和二战后的柬埔寨；客家人在北婆罗洲和西婆罗洲；而迟来的海南人主要定居在越南南部和暹罗。在缅甸，很大数量的移民是从云南经陆路而来的。定居密度也大相径庭。殖民地的马来亚位于一个极端；二战前夕，这个半岛上的"华人"实际上多于"马来人"。与此相对，在荷属东印度群岛、缅甸和老挝，"华人"比例可能从未高过5%。参见她的《东南亚的华人少数族群》（*Southeast Asia's Chinese Minorities*），Hawthorn, Victoria: Longmans Australia, 1974，第2—6页。

2　参见郑力人，"英属马来亚的海外华人民族主义，1894—1941"（Liren Zheng, "Overseas Chinese Nationalism in British Malaya, 1894—1941"），康奈尔大学博士论文，1997年。

东南亚那些自己以某种方式认同于华人，或者/而且被当地种群和殖民政府认作华人的人们来说，民族身份和国民身份的问题就开始变得迫在眉睫了。在后殖民时代，出于地方的、区域的和国际的一些原因，这个问题甚至变得更加咄咄逼人。地方上（至少在资本主义国家），欧洲人的政治经济控制权的解除，为上升中的华人企业家急速提升经济权力开辟了道路，同时使他们更严重地遭受本土精英的敲诈勒索和全国民众的愤恨嫉
14 忌[1]。区域上，华人商业利益铺展得超越了国界，因为资本家寻求将风险和机会多样化。与此同时，分别以当时左翼的北京和右翼的台北为中心，中国两个敌对的政权各施手段，企图在当地的民族国家精英、地方反对派和流亡华人中网罗友朋。没过多久，也就有了新加坡自治市这个异数：形式上是多族群或多种族的，而实际上是华人民族的又一种发展可能[2]，处在李光耀及其忠实追随者的无限期政权控制之下[3]。

---

1 我所熟悉的东南亚三国语言中，全都有对“华人”的贬抑词汇，但是只有苏哈托的印尼执意要求官方使用这种词汇。于是就有了这样可叹可哀的情境：华人血统的年轻人在读者问答专栏或别的地方，用英语单词“Chinese”来自称。（Saya seorang Chinese ［我是华人］，而不是自我贬低的Saya seorang Cina ［我是中国佬］。）虽然对华人的普遍怨憎在本地区处处都很平常，二十世纪暹罗和菲律宾却不曾经历过反华大屠杀或种族骚乱；适成对照的是，从1910年代现代政治开幕以降，印尼的这种暴行史就绵延不绝。

2 1996年秋我在耶鲁大学给研究生授课时，体会到了这个难题的尖锐性。这些学生中间有一个是美国出生的，说话是地道的美国腔，他坚持说他“绝对是”中国人。另一个学生出身于大陆精英的国民党人家庭，他告诉我他认为自己是台湾人，来耶鲁有部分原因是为了学会流利地说台湾话。第三个发了一通脾气，因为他在美国老是被挑出来当作中国人。“我不是中国人，”他说，带着必胜的微笑，“我是新加坡人。”

3 李光耀在1957年首次成为首席部长（Chief Minister），这归功于那时势力强大的有组织左派的支持。一旦掌权，他就同英国人配合，力图压制这些盟友。伦敦关心的是让新加坡脱离左派的掌握，尤其是考虑到毗邻的言论过激的印尼政府；这就导致它构想出马来

在后殖民时期，对相信华人是单一实体的那些人们（通常是外部观察者）来说，把华人视为正在形成的一种名副其实的东南亚经济的独一无二、必不可少的跨地区基础，这不算奇谈怪论。随着亚洲冷战趋于缓和，随着电子通讯技术发展起来，也随着1970和1980年代的长期繁荣进一步拓深，这样一种信念更是四处流传：东盟的外交官们正极力从政治上和战略上为东南亚所做的事，华人将会从经济上做到。然而，这一景象是否符合现实甚为可疑。从一开始，本地区各民族国家的经济，除新加坡外，本质上是竞争性的而非互补性的。有个惊人的事实是，在金融危机前的1990年代初期，区域内贸易仍然仅具次要意义。比如1992年，东盟内的出口额总计仅占总出口额的17.4%[1]。即便这个17.4%也是欺骗性的，因为进入新加坡仓库的货物其实不是为了本地消费，而是为了转运到本区域之外[2]。菲律宾（5.9%）、暹罗（12.7%）和印尼（11.6%）的这些数字尤为不起 15
眼。有关东盟内进口额的数据差不多是一回事[3]。东南亚各国也没有充分投资在彼此的开发上——新加坡再次是个例外。金融危机以后，也随着中国大陆和台湾经济实力的迅速增长，甚至这些低百分比都极有可能还要缩小。没几个观察家注意不到，当艰难时世来临之际，东盟国家及其

西亚这个计策，不稳定的新加坡将被吸纳进去。保守的马来领导人起初对这么多华人加入他们的国家这种前景心存顾虑，现在也被说服同意了，因为公认为“土著的”沙巴和沙捞越将同时移交给他们。这一合并仅仅维持了两年（1963—1965），主要因为李光耀的野心不止于做个市长。到那时为止，他已经获得了对新加坡的绝对控制，可以决定让这个城市成为世所公认的国家了。

1　参见杰拉德·陈（Gerald Tan），《东盟：经济发展与合作》（*ASEAN: Economic Development and Cooperation*），Singapore: Times Academic Press, 1996，第188—190页。

2　陈可真是个好“新加坡人”和“东盟主义者”（ASEAN-ist），他谨慎地不提这桩麻烦事。参见陈，《东盟》，第12页。

3　参见陈，《东盟》，第12页。

资本家在彼此互助上束手无策，而且实际上往往是遵照那条古老而通达世故的法则行动的：各寻生路（sauve qui peut）。

东南亚：作为一个政治集团？

一个引人注目的事实是，当东盟于1967年组建的时候，邀请加入的公函被发送到东南亚的所有现存国家，而没有发送给东南亚以外的任何国家。其中不但包括新加坡（它才刚刚成为独立国家），还包括南越和北越、柬埔寨、老挝、缅甸，甚至产油的酋长国文莱（它十七年后才正式独立于伦敦）。虽然后边这组邀请函在当时无一被接受，但这份草拟于距北越春节攻势仅数月的邀请名单，原则上是同冷战惯例的断绝，今天可以把它看作是迈出的第一步，要顺着非洲、美洲和西欧的现行安排的路数，创建一个区域性外交集团。这里的核心理念是要创造出制度性约定，无须大国干预就能解决区域内的争端，并且创造出一种联合的“世界性存在”（world presence），那是当地任何国家单凭一己之力所做不到的。

这些目标实际实现的程度有限而模糊。对抗之结束不是由于东盟，而是由于苏哈托将军推翻了苏加诺，东盟的创制者。马科斯决定不再继续提出菲律宾对沙巴的主权要求，是因为那时他发现，马来西亚的政治领导人可以通过援助1972年——即他独裁的元年——在菲律宾南部爆发的穆斯林（摩洛）分离主义叛乱，对菲实施破坏性的报复。但是，1960年代末英国军队从东南亚撤退，1975年美国在印度支那的战略地位坍陷，都给东盟在本地摩拳擦掌提供了比较有利的环境[1]。焦点不出意外地落在
16 印度支那。主要由暹罗、马来西亚和新加坡牵头，一场声势浩大的运动开展起来，旨在防止东盟国家被迫接收从水陆两路逃离河内、万象和金边

1 这真的是仅有的可能性。没有哪个成员国具备打国家间常规战争的军力。何况，这些军队多半在忙着镇压自己的国民，支撑现有的威权政体。

那几个获胜的共产主义政权的大批难民。越南军队1978—1979年在柬埔寨大获全胜之后，东盟紧接着同北京和华盛顿密切合作，阻止河内扶植的韩桑林政府僭取柬埔寨的联合国席位，为波尔布特的武装及抵制越南强加的既成事实（fait accompli）的其他集团提供各种支援。这样，在1970年代末和1980年代期间，东盟更多是作为一个反越而非反共集团在发挥作用。这种局面的完结，靠的不是东盟之力，毋宁说是因为世界列强利用联合国进行了协同干预，也是因为河内断定它在柬埔寨的目标实际上已经达成。

由于东盟多数政府的威权性质，它也是软弱乏力的。几乎没有什么政权容忍严厉的国内批评，它们的合作从一开始就依赖于“不干涉”彼此自行界定的内政[1]。如此一来，东盟面对菲律宾的摩洛问题，或者雅加达在东帝汶弄巧成拙的帝国主义，就无所作为了。最近将越南、老挝和缅甸的专制政府吸纳进东盟，也不大可能减缓这种无能。东盟在如何处置洪森的柬埔寨这个问题上可耻的优柔寡断，只不过证实了这一印象，更不消说缅甸和越南之拒不接受东盟有关偷越国境者的最新原则了。然而很显然，在过去的十年里，东盟越来越多地设法让自身在国际外交上受人重 17
视，而且本地区早该发生的政治领导人的代际更迭可能打开通往民主化

1　也许值得说一说使这一策略原则合理化的唯一的意识形态公式：“亚洲价值”（Asian values）。首先也是最醒目的，它们不是——谢天谢地——“东南亚价值”。理由很充分：主要皈依基督教的菲律宾1986年废除了它的独裁政府；君主制的佛教国家暹罗自1970年代末以来也时作时辍地“民主化”了。这两国都没有表现出对“亚洲价值”的任何真正兴趣。尽管苏哈托独裁政权统治了数十年之久，但一心只扫门前雪且深刻分裂的印尼也没有这种兴趣。喧嚣声主要来自新加坡专政国家，较小程度上也来自吉隆坡屹立不倒的马来政府，它们各自基于自身的缘由，热衷于在非宗教基础上（“亚洲”一词，在后共产主义时代，首要地意在掩盖/取代宗教差异）将其行为合理化，并与北方和东方的“儒教”世界搭建起有利可图的桥梁。

与更讲原则的联盟的道路[1]。

个人动力

1958年1月我进入康奈尔大学读书，是出于最肤浅的原因：好奇。那时印度尼西亚出现在报纸的头版，因为它有个庞大、合法的共产党，也因为中央情报局培植的一场内战一触即发。碰巧乔治·卡欣（George Kahin）在康奈尔授课，这位学者写出了有关某个国家现代政治的开山之作，在那年头，大部分美国人和欧洲人很难在一幅世界地图上找到那个国家[2]。然而卡欣还是美国第二家东南亚研究中心极富创造性的主任，他在身边汇聚了一批不同凡响的教授级人才，精神饱满地努力招收对每个正在涌现的东南亚民族国家感兴趣的学生，假定他们有充足理由一起研究，互相学习。（因此对我来说，单就印尼本身进行研究在制度上就走不通了；只有把它放在区域背景下才行。）卡欣塑造我们品性的影响力的最后一个决定性方面是他的爱国主义。恰是由于他希望为他的国家感到骄傲而非羞耻，他的学术生涯过去是，甚至现在依然是由他的政治行动主义形塑的。他在1950年代初曾被剥夺护照，因为他尖锐批评美国外交政策。后来，随着美国对印度支那干预的加深，他将他的主要关切点转向那

1　截至本文写作时为止，菲律宾、印尼、马来西亚、越南、暹罗和老挝的国家领导人都已年逾古稀。缅甸的“政界元老”奈温还要更老。很奇怪，只有柬埔寨有个年轻的“铁腕人物”。

2　这本书即经典的《印度尼西亚的民族主义和革命》（*Nationalism and Revolution in Indonesia*, Ithaca, NY: Cornell University Press, 1952）。它的显著特点是假定了印尼的绝对现代性，这——唉！——在他的学生的著述里见不着了。它对“爪哇猿人”（Java Man）、古代王国和编年史，甚至早期的殖民主义都不置一词。它假设印度尼西亚是随着它的民族主义运动形成的。

里，而不是指向他最初的喜好——印度尼西亚[1]。回顾起来，我觉得卡欣似乎是战后美国对东南亚霸权计划的逻辑—历史对立面。他的学生从他 18
那里学到了政治与学术的不可分离。

在1950年代末和1960年代，相较于东南亚其他国家，印度尼西亚肯定是个有待研究的特殊地方。卡欣礼聘了温文尔雅的语言学家和词典编纂学家约翰·埃科尔斯，后者出版了一种东南亚民族语言的第一部优秀的后殖民词典，并通过他的授课，使得年轻的"印尼专家们"成为通晓当地民族语言的第一个规模可观的东南亚专家群体[2]。卡欣还礼聘了出生于里加的俄裔犹太舞蹈家、考古学家和艺术史家克莱尔·霍尔特（Claire

---

1　卡欣在形成东南亚研究的上乘传统上具有中心地位，这不能轻描淡写。他在太平洋战争的最早日子里就开始了他同亚洲的联系，那时他帮助一个贵格会教徒进行活动，要迫使拘押在西海岸的日裔美国人的那些债务人履行义务。后来他参了军，受训马来（印尼）语，为的是空降到爪哇或苏门答腊的日本人后方。军事就是军事，他最后其实是在意大利服役。1948年他作为约翰·霍普金斯大学的一名学生，动身去印度尼西亚做田野工作，当时反抗重返印尼的荷兰人的革命战争正在展开。他成了许多印尼领导人的密友，当他回到美国后，在华盛顿为他们的事业积极从事院外活动。《印度尼西亚的民族主义和革命》对我这一代的东南亚专家施加了强大的学术和道德—政治影响力。1960和1970年代，他是批评美国卷入印度支那的最早、最杰出的东南亚专家。从这场战斗中产生了《美国在越南》（*The United States in Vietnam*, New York: Bell, 1967），是与约翰·刘易斯（John F. Lewis）合作的；还有精湛的《干涉：美国如何卷入越南》（*Intervention. How America Became Involved in Vietnam*, New York: Knopf, 1986）。1990年代，他回归印尼研究，结撰成《以颠覆为对外政策：艾森豪威尔和杜勒斯在印尼的隐秘溃败》（*Subversion as Foreign Policy: The Secret Eisenhower and Dulles Debacle in Indonesia*, New York: New Press, 1995），是同奥德丽·卡欣（Audrey Kahin）合著的。

2　泰国专家不久之后也形成此风。但是一直到1980年代，越南语、缅甸语和菲律宾语的知识才被认为是有关这些国家的专家们常规上必备的。

Holt)，后者在1930年代的大多数时间里都居住在荷属东印度从事研究，1950年代返回独立后的印尼，重拾并扩展她早期的工作[1]。距耶鲁几小时车程的地方住着捷克裔犹太历史学家哈里·班达（Harry Benda)，他曾在1930年代后期为东印度群岛的一家奥地利公司工作，还被日本人监禁过。这两位老师给学生们带来了对美国东南亚研究的帝国主义面相的欧洲式怀疑态度，还让学生们唤起了对殖民地时代和独立时代之间的连续性与非连续性的明晰感觉。最后，1960和1970年代最具影响的美国人类学家之一，克利福德·格尔茨，在爪哇和巴厘岛做了他最重要的田野工作；这是机缘凑巧，如格尔茨本人后来记叙所言。

那时候，印度尼西亚在某些方面或许是特别的，但它总是被放置在东南亚框架下来思考和研究。这个框架恰恰受到越战那些年头的经验的强化，当时，对差别迥异的国家与问题进行研究的学者和学生们，在不同程度上被迫作为东南亚专家采取主战或反战的立场。这不光是为了知识或政治的理由。不论我们个别的学术研究兴趣是什么，我们在一起走向成熟，一起学习研究，阅读和批评彼此的作品；我们以某种方式被一个东南亚拴在一起，而从一定意义上可以说，我们帮着赋予那个东南亚某种现实性。

这些就是机构环境，它们让我在1972年4月被印尼禁止入境以后，能够不当回事地转向暹罗研究（1974—1975年)，十年后又掉头迈向菲律宾（虽然有一小段时间我认真考虑过闻所未闻的举动：冒险闯到东南亚之
19 外，去斯里兰卡）。暹罗和菲律宾似乎是印度尼西亚的“自然”对照物；让这种转向和比较成为可能的那些资源，康奈尔应有尽有：精良的语言教学、杰出的教员团队，还要感谢那时美金的威力、埃科尔斯无私的尽心尽力，和世界最好的东南亚图书馆。也是从容纳了前印度支那大势已去的（ci-devant）革命国家的这个东南亚出发，我后来才有机会走笔到更

1　二战期间及战后她都在美国国务院任职，直到为抗议麦卡锡主义的荼毒而辞职。

远的地方。1982—1983年间写作《想象的共同体》的初始推动力，就来自1978—1979年在中国、越南、柬埔寨三角之间（要是容许这种拟人化的话）爆发的第三次印支战争。但是我也不能忘怀从雅加达看希特勒的那种望远镜视野，它让我从此不再可能把欧洲视为理所当然。

几年后，苏联的解体结束了冷战，事实上也结束了那种模式的共产主义，却又鬼使神差地给西方的官方想象力召唤出新的幽灵：其中最显著者是（邪恶的）民族主义。在这些形势下，而且恰值我生命中这样一个时期：在东南亚开展严肃的、全心投入的田野工作的机会，因种种原因日趋减少，于是我被逐步引向更广阔的、也更装腔作势地具有理论性和普遍性的思索和构想。然而这些新近的研究依然扎根于东南亚，不管有多坚实。所以，即使如后文所示，我曾神游至秘鲁（我不过在里约热内卢待过几天，那时最接近它），我的脚步也是从菲律宾拐入那个方向的：在某种舞台照明下，菲律宾可以看起来像是从拉丁美洲的安第斯山沿海漂移到远西去的。

本书概貌

本书意在展现国家研究、严格意义上的区域研究和“理论”间的关联，以及它们在我们这段同质、空洞的时间中的集体嵌入。对本书的这种稀奇古怪的安排，尚需有所交待。

本书的核心是关于印度尼西亚、暹罗和菲律宾这三个东南亚国家的几篇文章，我在它们每个国家都做过广泛的田野工作，对其语言也略知一二。这几项国别研究之后，紧跟着的一组文章，试图在东南亚的架构内对这些国家进行某些主题上的比较。一前一后把这些文本包围起来的，是五篇理论文字，它们几乎全是探讨民族主义各面相的。我的想法是邀请读者先考量一些理论思索，然后转向这些思索从中生发出来的经验研究，最后回到开先那较为高深奥妙的风格中去。

20 自我被禁止进入苏哈托将军的印度尼西亚以来，迄今已逾二十五年了，但是这个国家依然对我的情感和想象施加了强大影响。正像我在别处描述过的，这“放逐”意味着1972年以后，我有关印尼的许多著述都是凭借文献资料，而不是对一个活生生社会的直接经验[1]。不过这也有好处，它把我的探索推回到十九世纪，并且从日常政治推向了意识转型，后者使得当下存在着的印尼可以想象。“黑暗之时和光明之时”最初发表于1979年，是对爪哇人苏多摩博士（Dr. Soetomo）惊世骇俗的自传（但它真是自传吗？）的研究，他是印尼早期最富吸引力的民族主义领袖之一。今天回头再看，我一眼就看出，这篇文章已经播下了《想象的共同体》的种子。因为该自传触及了萦绕着民族主义想象的两大突出符号——死亡和光明。第二篇“专业梦想”是在十年后写就的，研究了用爪哇语写的、从当代印尼人的眼光来看令人反感的两首长诗的几部分，其中一首成于十九世纪初，另一首成于1860年代，那也许是爪哇殖民史上最黑暗的年代——距苏多摩出生仅隔一代。写作这篇文章的时节，我正在考虑如何修改和订正《想象的共同体》，特别是如何解释为什么在约莫1810年之后，全新的民族主义开始把自己描绘成古已有之的。对这两首诗与民族主义者苏多摩的回忆录之间的认知鸿沟的考察，有助于我理直气壮地得出我的理论结论：民族主义的兴起意味着彻头彻尾的意识改变，以致前民族主义的意识变得隔膜难解，于是只得代之以“历史”和“传统”。

这两项研究兴许染上了一种古文物研究的气味，没有恰如其分地传达出我对当代印尼的持续介入。大约在“黑暗之时和光明之时”初次发表的时候，我有了一次在我算是非同寻常的经历：被传唤到美国国会两个小组委员会去提供专业证词。这两个小组委员会此时正在斟酌，对苏哈托政权在印尼施行的骇人听闻的侵犯人权行为，以及它对葡萄牙前殖民

1 见拙著《语言与权力：探索印尼的政治文化》（Ithaca, NY: Cornell University Press, 1990）导论。

地东帝汶的野蛮入侵（1975年，珍珠港纪念日）和占领，应当和可能采取什么措施。前边我已提起过，我从不曾涉足东帝汶，对那里使用的语言也懵然不通，不过起码我是关于那个帝国主义侵略者的专家。再说，我有被印尼禁止入境的不可估量的优势，这样我不再为恐惧所困，害怕因肆无忌惮的直言招致拒绝入境的惩罚——那种恐惧让我的大多数印尼通 21
同事们谨慎地缄默不语。奇妙得很，准备证词、提供证词的经验，让我回想起越南战争时期的况味。好像“敌人”从来没变——同样闪烁其辞的国务院发言人，同样满嘴谎话的大使们，同样酷好冷战的军官和谍报官员。从那时起，我越来越多地接触流亡海外的东帝汶爱国者，接触东帝汶事业支持者的日渐壮大的国际网络。这种介入的新近结果是“雅加达鞋里的沙子”，它力图解释何以在占领二十年之后，苏哈托政权还是不能把东帝汶人变成印尼人，何以东帝汶的民族主义比二十多年前雅加达入侵时传播得还要深广许多，印度尼西亚人又为他们统治者的野蛮蠢举付出了何等代价。

我花了一年时间（1974—1975年）在暹罗，研究它的主导语言，阅读它的历史，追踪它的政治。那是一段妙不可言的时光，因为在1973年10月，曼谷的大规模群众性非武装起义为现政权的垮台创造了条件，那是沙立（Sarit Thanarat）与他的副手他侬（Thanom Kittikajon）和巴博（Praphat Jarusathien）领导的久立不倒的军事政权，受到美国的支持、武装和资助。在整个1974年和1975年的大部分时间里，暹罗是个极其自由和激动人心的地方，到处是学生示威、工人罢工、农民动员和针尖对麦芒的政治辩论。1975年春，这个国家举行了有史以来第一次真正的自由选举，空前绝后地将大批左翼人士选入议会。同苏哈托治下的印尼形成的优劣之别简直难以想象。然而，几乎就在这次选举的同一时刻，美国在印度支那的地位猛然间灰飞烟灭，这在毗邻的暹罗的保守主义阵营中造成了恐慌。1976年的特征表现为日渐加强的恐怖主义暴力运动，那是针对被视为左派的人们的，最后在同年10月6日的政变中达到极致。与政变同时发生的，是在曼谷本身的闹市区对学生施行的令人发指的杀戮。紧接着，数以百计的才华横溢、忘我献身的青年逃到了游击队驻地，在那里他们最初受到泰国共产党（CPT）的欢迎。

“撤退症状”写于这次政变和杀戮的几个月之后，是我初次斗胆发表关于暹罗的东西。写作那时节，谁也料不到两年之内越南会成功侵入柬埔寨，中国军队会进入越南，而这场三角战争会飞快导致泰共瓦解；这篇文章把1976—1977年的国内两极化读解成冷战和此前四分之一世纪内美
22 国的高压性、改造性存在所造成的不可挽回的后果[1]。因此，对1976年10月6日政变及其背景的分析在我看来虽依然切当，它以之作结的预测却迅即证明是靠不住的。“现代暹罗的谋杀与演进”发表在十多年以后，那时一个腐败、保守的文官政权在铲除了任何有组织的左派之后，似乎在这个国家稳定下来；这篇文章是对“撤退症状”的一种深思熟虑的修正，也是论述东南亚“资产阶级民主”的一些作品的肇端——这个主题在“东南亚的选举”一章里表述得更加充分。

我在1972年初短暂造访过菲律宾，主要为了访友，当时就有预感：马科斯快要宣布独裁了。同年9月这个第一巨头公布了“军事戒严令”，这种预感被证实了。我后来再没有重返马尼拉，直到1986年2月之后，那时这个年迈多病的暴君，还有他那荒唐可笑的老婆及其华而不实的首饰，被美国人转移到了夏威夷。这又是一段美好时光，就像1974—1975年间的暹罗。我的许多学生纷纷涌入阿基诺夫人（Cory Aquino）的菲律宾，而我发现自己也身不由己地步其后尘席卷进去。从青年时代起，我一直想学西班牙语，如今有充足的理由下手了，因为在近代菲律宾史上的英雄时代（1880年代到1900年代，其时这个国家正引领着亚洲民族主义的兴

---

1 “美国时代”始于美国对1947年11月政变者的支持，终于1975—1976年间美国军队的最后撤离与暹罗的美国军事设施的关闭。我在我的《镜像：美国时代暹罗的文学与政治》（Bangkok: Duang Kamon, 1985）里，透过泰语文学的镜头考察了这一时代的全貌。

起)，几乎全部文献都是用那种语言写的。靠着词典、我残剩的法语和拉丁语以及一间藏身的陋室，我用想得到的最愉悦方式自学西班牙语：读原版的黎刹小说，伟大的激情燃烧的《不许犯我》和《起义者》。但并非只有黎刹一人攫住了我的想象力，还有最早的起义者博尼法西奥的勇气、1898年革命共和国的设计师马比尼的超凡才智和垂范后世的人品、卢纳（Antonio Luna）的军事天才、皮拉尔（Marcelo del Pilar）的洞彻世事和组织才能等。到1903年，这些人全死了，此时，美国人基本巩固了他们的统治[1]。1988—1989年我住在马尼拉，目睹了风雨飘摇的阿基诺政府不断 23
遭到右翼上校们离奇的政变图谋的打击[2]，不可能不反思这样的问题：才具相当的卓越人物为什么不再出现了？为什么资本主义头号大国的殖民地，却显然成了处在共产主义集团之外的这一地区的独立国家中最多灾多难的？

“地方巨头民主制”写于1988年，在“现代暹罗的谋杀与演进”之前

1　黎刹在1896年底就被西班牙人处决了。六个月前皮拉尔在巴塞罗那贫困而终。博尼法西奥在1897年5月被他的篡夺者阿奎纳多的部下谋杀。卢纳也是被阿奎纳多的人暗杀——在1899年6月。美国征服菲律宾以后，马比尼（他腰以下部位都瘫痪了）拒绝向新殖民政权宣誓效忠，被流放到美国新近的另一猎物，西属马里亚纳群岛。1903年，在返回马尼拉几个月后，他死于霍乱。

2　这里我忍不住要讲一段有代表性的逸事。在这些未遂政变的最后也是最厉害的一次的巅峰时刻，我发现自己蜷缩在首都的摩门教礼拜堂的墙角下，躲避可能的坦克和直升机的火力。挨着我的是个叛乱的下级军官，一直咒骂着美国人，他认为是美国人在帮助阿基诺政权。我担心他把我当作美国人，朝我发泄怒火；只是在这个军官盯住了另一个蜷缩着的人的时候，这种担忧才减轻了。那个人身宽体胖，带着两架照相机，他紧张地自称是德国人。让我大吃一惊的是，年轻的造反者向这个矮胖的家伙行了个“嗨！希特勒！”的礼，热情地向他询问隆美尔陆军元帅的健康。这是一个绝佳机会，我偷偷溜之大吉，躲到掩护人的礼拜堂背后更远的地方去了。

不久，而且有着相同的基调，尽管它的纲要式论域是菲律宾的整个近现代史。这也是距离较远地反思美国帝国主义（它的后果我在印度尼西亚、印度支那和暹罗早就以不同方式领教过）的时机，既然美国在马尼拉的统治先于冷战近半个世纪。此外，在1880和1890年代，黎刹及其同志们完全不像我能想到的东南亚其他地区的任何人，真的，他们的“时间”与东南亚时间太不同步，有必要把他们置于标准的东南亚框架之外来考察。人们可能会想起1887年这个枢轴点的问题——那一年，《不许犯我》在柏林出版。苏多摩博士尚未出生。仅在两年前，不列颠完成了对缅甸的征服；当黎刹正要脱稿的时候，法国人才初创他们的印支联邦。在南方，伦敦对马来半岛的宗主权刚在1874年正式确立。

便于思考十九世纪晚期菲律宾的明显背景，首先是自相矛盾地既残败又开明的西班牙帝国，四分之三世纪前它在南美已开始分崩离析；然后从那里出发，是形形色色殖民主义的更宽广的比较框架。“第一个菲律宾人”是最近才写的，试图将黎刹定位在这些背景当中，同时篡改东南亚研究日渐硬化的骨架。这要搁在十年前我是不可能写出来的，尽管大体上《想象的共同体》的世界性框架——尤其是论克里奥耳先驱者的那一章，本应激发我往这个方向寻索。“难以想象”草成于1990年代初期，考察了《不许犯我》在官方民族主义和独立后的地方巨头民主制这个时代的奇特命运。

24 随后的一组文章，前已提到，力图在东南亚的架构内进行形式的比较。前两篇写于1990年代早期，虽然风格迥异，可是紧紧相连。“东南亚的选举”思考的是，当“自由选举”在暹罗、印尼和菲律宾的冷战中与冷战后的发展轨迹里突然显现时，它们展示出的矛盾特征。在谱线的两端：为什么繁多的“自由选举”对菲律宾的苦难无济于事，而“自由选举”的缺失对印尼却是一场灾难？“共产主义之后的激进主义”对比了暹罗和印尼共产主义运动的悬殊命运，以及拒绝态度所留下的不同后遗物——留给自今视之已很遥远的日子里曾称为“历史的终结”的时代。这也是向博得我无限崇敬的几位暹罗人和印尼人表示个人殷勤的机会。今天，在亚洲泡沫经济破灭之际，它的语调可能看起来过分伤感。

"各寻生路"是这本书的出版时间内的意外事件逼我动笔的：一年前后发生了这起金融风暴。这一崩溃来得如此猝不及防，它直接的当地后果如此痛彻肺腑，它对世界经济的长期影响如此不可预测，在副标题为"民族主义、东南亚与世界"的一本书里面实在不能理直气壮地忽略它。我没有聚焦于这次危机的直接起因，那如今已是尽人皆知了；我试图提出人们不大问的这些问题：（东南）亚洲维持二十五年的"奇迹"之所以可能，其前提是什么？而今这些前提在多大程度上消失了？金融崩溃变化不等的严重程度与当今东南亚的政权制度之间，有什么关联是我们可以合理主张的？然而这只是个初步的草图，为此我应请求读者的宽宏大量。

"多数族群和少数族群"起因于1987年的一次会议，那次会议主要是人类学家参加，由戴维·梅伯里—刘易斯（David Maybury-Lewis）的文化生存（Cultural Survival）组织筹备，要共同探讨困陷在后殖民的东南亚民族国家中、或多或少受到压制的"部落少数族群"的命运和前景。在麻省剑桥举行的多次研讨会在两方面于我有益。其一，通过手边那么丰富和多样的令人生畏的材料，它们迫使我找出一个有用的可靠框架，让这些材料的并置能够变得清晰易解。我通过对"少数族群"（minorities）这个观念在东南亚赖以形成、然后具体化的种种手段的思考，找到了这个框架。这些手段也就是，从十九世纪末叶起，宗主国的人口普查制度，围绕人口普查建立起来的行政管理实践，还有把真理抵押给它的"科学的"人类学，所有这些都移入了殖民地世界。从那时以来，我对作为权力 25
叙事的人口普查的兴趣稳步发展，结果几年后为初版的《想象的共同体》做了一项重要的补充，即名为"人口普查、地图、博物馆"的那一章。其二，我对反殖民民族主义的长期倾心和兴趣，阻碍了我看到它一旦与国家结盟所具有的危险潜力。对这种威胁的新承认是一个过程的起点，该过程在十多年后带来了本书第十六章的那篇论文，它专门研究马里奥·巴尔加斯·略萨（Mario Vargas Llosa）的《叙事人》（*El Hablador*）——一本关于现代秘鲁及其亚马逊“部落少数族群”的满腹疑虑的、民族主义的杰出小说。原本只是捡起来随便读读，它却像一块马德琳蛋糕一样对我发生作用，强烈而意外地唤起我对东南亚往昔的种种回忆。

一头一尾的框架性研究先是由三篇“理论”文章组成，它们探究一般意义上的民族主义的起源、性质和前景，尽力比我此前所曾做到的再深刻一点。我1993年4月受邀去芝加哥大学做卡彭特讲座（Carpenter Lectures），这些文章就胡乱地渊源于此。它们依次考察了民族主义的隐含语法，民族主义意象作为没有原件的复制品的独特性，还有民族国家与民族认同之间的日渐脱节——这是当代大规模移民与通讯和交通上的革命引发的一个后果。在每次讲座中，我都从我的望远镜在“东南亚”的大端说起：殖民地爪哇的蔗糖带，当代马尼拉闹市区的黎刹纪念碑，以及曼谷的机场——在那里，易受诱惑的移民每天都启程前往他们素不相识的雇主所在世界的各个地区。

在本书末尾，一是前已提及的对巴尔加斯·略萨《叙事人》的沉思，二是“民族之善”，它简要地思考了，在民族主义诞辰大约两百周年之际，
26 为什么有可能也有必要礼赞一下民族主义，虽然有人会说这有悖证据。

第一部分

民族主义的长弧

1

民族主义、认同与序列逻辑

Wenn die Tiger trinkend sich im Wasser erblicken werden sie oft gefährlich.［如果老虎喝水时看见了自己的水中倒影，它往往会变得凶猛可怕。］

贝托尔特·布莱希特

本文的目的其实有三。第一，也是最重要的，是通过思考必定产生两类对比鲜明的序列（seriality）的那些物质、制度和话语基础，给现代世界里集体主体性的形成问题重塑框架。那两种序列，我将称之为自由（unbound）序列和约束（bound）序列。自由序列起源于出版物市场（尤其是报纸）与流行表演的表征中；举世通行的复数名词，如民族主义者、无政府主义者、官僚主义者和工人之类，皆其显例。正是这种序列使得——比如说——联合国（United Nations）成为一个正常的、毫不怪诞的机构。约束序列源于政府管理，特别是人口普查和选举这类制度，典型的例子是这样一些限定性族系，如亚裔美国人、布尔人、图西人等。正是这种序列使得“联合族群”（United Ethnicities）或“联合身份”（United Identities）不可思议。第二个目的是，在民族主义和族群身份（ethnicity）之间，以及关联地、间接地在普世性与“世界性的”混生（hybridity）之间，划一条既可行又清晰的分析性界线。第三个目的是，部分地通过反思扎根于工业物质文明、将宇宙挪走为世界让路的那些日常生活实践，清除掉像“派生性话语”（derivative discourses）和“模仿”（imitation）这些怪物，它们曾被用来理解民族主义和一种极度标准化的政治观的惊人全球传播。我将大量使用本人取自从前的第三世界的阐释材料，在过去一个世纪里，那个世界所经历的变迁的速度与
29 程度，峻急得让这两种序列性的兴起猛然大白于世。

自由序列

中爪哇的小镇得郎古（Delanggu），四面环绕着巨大而优良的糖料作物种植园，有殖民政府的，也有本地王室的。1920年2月29日，这里发生了该地区有史以来第一次露天公共集会。演讲者们向着也许茫然不解却又兴奋不已的农民和糖厂工人们致辞。今天看来，或许甚至在当时看来，这其中奇特地引人注目者，恐怕莫过于哈吉·米斯巴赫（Haji Misbach）了。他是从麦加归来的虔诚的朝圣者，热心的共产主义者，一张黑面孔夹在闪烁着白光的太阳帽和剪裁得体的荷式白夹克中间。在演说中，他激愤地说出了如下的话[1]：

> 当前时代真可谓是djaman balik boeono［古代爪哇语的民间说法，意为“反了天的时代”］，因为过去高高在上的，如今必定摔翻在下。听说在Oostenrijk［荷兰语，“奥匈”］国家，眼下就有一次反了天去了，它原先受一个Radja［印尼语，“国王”］统治，现在处于一个共和国的治下，很多ambtenaar［荷兰语，“官僚”］都被共和国杀了头。

1 Takashi Shiraishi, *An Age in Motion, Popular Radicalism in Java, 1912—1926*（Ithaca, NY: Cornell University Press, 1990），第193页。

> 一个过去的ambtenaar只能低眉顺眼，因为他的喉咙快被割断了。所以，弟兄们，记住了！这片国土只属于我们，不属于别人。

其实，查理七世在1918年11月已经宣布放弃他的帝国—王朝权利。这样一种翻天覆地在维也纳和布达佩斯都已经接踵而至。库恩·贝拉的匈牙利共产党已经于1919年3月21日执掌政权，在该政权遭遇捷克人和罗马尼亚人的入侵而倒台之前的四个月里，它确实即刻处决了大批阶级敌人。但是到11月25日，协约国扶持海军上将霍希上台，他也开展了自己的恐怖活动。米斯巴赫令人惋惜地落后了七个月（但只有七个月！），不管他有没有意识到这一点。

虽然如此，他的话在许多方面，一如他正在侃侃陈词的群众大会，对中爪哇殖民地都是新鲜的，因为他向他的听众们讲话的时候，满怀着对“世界”另一侧的奥匈国家之存在的深信不疑，而他自己的语言此时还没有那个国家的名字，他本人终其一生也不曾亲眼见过它。而且，他描述的革命事件被说成是与爪哇的事件同时发生的，因此可以说是在单一时间——天翻地覆的年代——框架内协调一致的。这种协同性容许他预期，刚刚在奥匈国家的君主和旧官僚头上发生的事情，随即也将在荷属东 30
印度的相应人物头上发生。然而更令人吃惊的是米斯巴赫运用不起眼的单词“一”（a）。“一个”君主，“一次”反了天去，“一个”共和国，“一个”前政府官僚——在每个情形下，“一”表示紧随其后的是单一范畴—序列的一分子，该序列跨越了可见的爪哇和不可见的奥匈帝国。范畴的名称可以无所谓地用荷兰—欧洲语言、印尼马来语或爪哇语表达，这也显示出当时全新的一种生活见解：语言彼此是透明的，彼此渗透，彼此勘测疆域——它们同等地远离或接近物质世界。这种平等性在米斯巴赫父亲的青年时代是不大可能的，它要行得通，荷兰语就得从殖民权力的语言这个位置上降下来，爪哇语也得从祖传真理的语言这个地位上走下来。最后，人们注意到“天”字（boeono）的语义学负荷上一种深刻但肯定是无意识的转变。它原来的意思是近似“宇宙”（cosmos）的某种东西，一种分等级安排的自然而垂直的天地万物，从上帝（或诸神）经由国王、贵族和农民递降，直到动物、植物和它们置身其中的景观。恰是这个意思方可解释，为什么小小的爪哇王公大言不惭地自称“巴固甫握诺”（Paku Buwono，意为上天的铆钉）或“哈孟古甫握诺”（Hamengku Buwono，意为上天的支柱），却浑不觉其荒谬。但是米斯巴赫显然是在“世界”这种全新意义上使用“天”字，这个“世界”是由看得见和看不见的人类所组成的水平的人世间，火山、恶魔、水牛、神仙都从中消失了。

考虑一下另一种对照，爪哇人/荷属东印度人的对照，人们能够生动领会这其中所涉变化的急转性。在《想象的共同体》里，我探讨了1913年的一篇典范的报刊文章，系米斯巴赫贵族气的同时代人、反殖战友苏瓦尔迪·苏占宁拉（Soewardi Soerjaningrat）所作[1]。它的标题是“Als ik eens Nederlander was”，最好可以译成“假如我眼下是一个荷兰人”。文章旨在点出荷兰殖民者的矛盾行径：一面欢庆荷兰从拿破仑征服中获得独立，一面强迫他们征服下的土著人为那些庆典的花销掏钱[2]。但是我们也能看
31 出，苏瓦尔迪的讽刺性修辞无动于衷地把这一匿名序列视为当然：荷兰人。相比之下，如果人们看看蒂博内哥罗（Diponegoro）亲王在被监押的

1 *Imagined Communities: Reflections on the Origin and Spread of Nationalism*，修订版（London: Verso, 1991），117页。［该书中译本见吴叡人译，上海人民出版社，2005年版。——译注］

2 很奇怪，苏瓦尔迪没有注意到这些纪念仪式的喜剧性和倒退性。它不是去提醒荷兰的男人女人们记住他们祖先真正英勇的业绩：1581年从菲利普二世的帝国中宣布独立，或是经过艰苦卓绝的斗争，在1648年让马德里最终接受那一独立；它只是庆祝神圣同盟击败拿破仑，庆祝维也纳会议将一个平庸的君主制强加给有着悠久共和传统的一个民族，庆祝它被强行并入新王国——今天的比利时。

流放中写作的回忆录，就会发现这种意义的“荷兰人”从未出现过[1]。蒂博内哥罗亲王是苏瓦尔迪不算太远房的老辈亲戚，在1825—1830年间领导了反抗荷兰殖民主义的长期武装斗争，因此今天他是独立印尼首屈一指的历史英雄。他以封建时代的手写本风格，记下了他的显达的敌人的个人名号和头衔。如果这些敌人不是“荷兰人”序列的组成部分，那么他本人也不是“一个”亲王，或“一个”爪哇人。

还有一个词缺席了蒂博内哥罗的忧郁的回想，那就是我们可忠实地译为“政治”的东西。这种缺席一点也不是特异的。在亚洲和非洲几乎一切地方，过去百年间都不得不为这个概念创造新词，每个新造词的诞生日通常都接近于民族主义的诞生日。要让“政治”变得可以设想，成为一个界划井然的生活领域，有两件事必得发生。（1）专门化的机构和社会实践必得历历可见，而且不能以陈旧词汇漫不经心地曲解它们，那些词汇属于从宇宙论和宗教上加以维系的君主政体。它们就是普选、总统、审查官、政党、工会、集会、警察、领袖、立法机关、联合抵制，诸如此类——民族也是。（2）世界必得被理解为一个整体，如是，则不论其所包含的社会和政治系统、语言、文化、宗教与经济体如何千差万别，都有一种不言自明地处处发生的共同活动——“政治”。

在亚洲和非洲，“政治”词汇几乎总是先于它们的制度性实现，这有别于（比如说）“工业主义”或“军国主义”，我们知道，后者是在它们想要表示的现象已经开动起来几十年以后，才在欧洲创造出来的。人们先读到政治词汇，再按它们的模型仿制——所以最早的本土袖珍词典往往是关于“怎么办”的政治词语汇编。

1　这些诗体回忆录有很大一部分文本见于Ann Kumar，“Dipanegara（1787?—1855）”，*Indonesia*，13（1972年4月），第69—118页。

报　纸

这样的词语汇编一般是通过早期的报纸和杂志传布开去的，这让人得以考虑按模型仿制（modelling）过程的特殊性质，以及可以说是构成该过程基础的语法。这种仿制主要是靠序列化（serialization）发挥作用，而不是靠简单的复制。1983年我讨论过报纸在想象民族时所需的时间观
32 念的创生中所起的作用，我在那里强调，每份日报向读者提供的那些明显是无规则的事件，它们的日历同时性具有重要意义[1]。现今我确信这是片面的。我完全忽略了另外两种相互关联的连贯性原则。其一是各地的报纸都把“人世间”当作它们的领域，不管它们怎样偏颇地理解它[2]。一家报纸，将它的事件报道局限于它出版地所在的政治区域，这大概是违反自然（contra naturam）的。卢旺达的恐怖事件出现在东京的报纸上，斯德哥尔摩的报纸描述皮纳图博火山爆发，欧洲足球锦标赛决赛出现在仰光的报纸上，这一切看起来都如出一辙地绝对自然。其二是这种自然的普世性无论在何处，都被不自觉的词汇标准化深深地加强了，后者彻底盖过了报纸上本地新闻和外地新闻之间的任何正式界线。这不是什么新近的发展。在米斯巴赫的年代，秘鲁、奥匈、日本、奥斯曼帝国——不论它们在人口、语言、信仰和生活状况间的实际差异多么巨大，都以极其同质化的方式被报道。天皇或许住在日本国内，可是他会作为（一位）君主，现身其他各地的报端。甘地可能是孟买的圣雄，但在别处会被描述成“一位”民族主义者、“一位”鼓动家、“一位”［印度教的］领袖。圣彼得堡、加拉加斯、亚的斯亚贝巴——通通是首都。牙买加、柬埔寨、安哥拉——通通

1　*Imagined Communities*，第22—36页。

2　“人世间”是*Bumi Manusia*的汉译，这是伟大的印尼作家普拉姆迪亚·阿南达·杜尔（Pramoedya Ananta Toer）关于印尼民族主义起源的四部曲之第一部的题目。

是殖民地。

这不是说真正的相似性不存在，因为在十九、二十世纪，日常的制度性仿制在全球各地如火如荼地展开着。毋宁说，恰恰是报纸的编排，凭借其不断变化的内容的随机性，妨碍了人们想象别的什么东西，这才是实情。我们甚至可以说，间或向全世界数以百万计的人民同时存在的想象力展现犹人之狮和天子（除了两个完全隔离的廷臣和官吏小集团以外，其他人不能亲眼目睹他们的真身），需要将之放置到一个单一的明确序列中去：帝王。这类序列是日常的一般概念，透过并跨越一切印刷语言渗入人心，但绝不是必定以单向流动的方式。仅举一例：从中古时期以来，萨迪纳（sakdina）这个词就卑躬屈膝地指称暹罗传统的以君王为中心的地位体系，1950年代年轻的泰国马克思主义者攫获了它，此时含义大变；对他们来说，在一种普遍意义上运用这同一个术语，进而写到中世纪欧洲的萨迪纳社会体系，似乎再正常不过了[1]。萨迪纳和“封建”一定程度上可 33
以互换（我们会看出，这正如“翻天覆地”与“革命”互换一样）。这不表示它们说的全然是一回事，倒是表示，从曼谷到伯明翰，有两个对应的序列，正横穿一个单数的世界绵延开去，并准确无误地勾绘出这个单数世界。这个例子也是一个象征，表明新的序列思维自始即有的运作方式：它既可能在报纸页面上共时性地运转，也可能纵贯同质的、空洞的时间历时性地运转。

正是从这种序列逻辑内部，一种表征的新语法形成了，这也是想象民族的先决条件。后期的殖民地环境对理解这一发展是尤为适宜的场所，因为我们可以在那里考察这种逻辑是如何以相同的方式——尽管是在各不相连的制度背景下，在白人统治者和有色人种的被统治者中间运行的。

---

1 参见雷诺兹（Craig J. Reynolds）的高深讨论：*Thai Radical Discourse: The Real Face of Thai Feudalism Today*（Ithaca, NY: Cornell University, Southeast Asia Program, 1987）。

为了阐明这个过程，让我们暂且继续探讨十九世纪晚期、二十世纪初期的荷属东印度。

商业中心的表演

近至这个时期前，各式各样的大众本土戏院，包括名闻遐迩的传统皮影戏，都是建基于一种或可谓之传统形象（iconographic）的逻辑。那些故事由真人表演，或者由木偶表演，伴以操纵木偶者的画外音；它们取材于地方传奇或是摩诃婆罗多和罗摩衍那两大史诗的情节片段，后者历经数世纪，已经十分本地化了，只有极少数有文化修养的人才会意识到它们的印度起源。不但故事是观众耳熟能详的，它们的表演在传统形象上也是固定不变的。节目单是不可想象的，因为人物全都经由标准化的身体类型、发型头饰、服装样式、谈吐风格和全套姿势，精心地区分开来了。只有一个因陀罗、罗摩或阿朱那，他们在登台亮相的一瞬间就会被认出。不存在**解释**这类人物的问题，他们往往被理解成舞台以外实实在在的生命，因此演员的身份，甚至常常包括性别，都是不足挂齿的事情。很吊诡的是，支配着罗摩能够可信地说什么的那些传统形象规则如此严格，人们从来没想过还要剧本，轻松的即兴创作在当时司空见惯。

然而临近十九世纪末，一种新型剧院在报纸商业中心成形，它以其
34 特有方式招徕巡回的欧亚人和欧洲人剧团进行杂耍和轻歌剧演出。当本土演员以适中的票价上演方言版的《威尼斯商人》时，它的吸引力恰恰在于这个异域标题的爽心的神秘性（威尼斯？在哪儿？但人们在任何一幅印制的“世界”地图上都能找到它——地图中可没什么天堂或地狱的插图）[1]。像这类戏剧里的大多数人物一样，夏洛克不能依照传统形象

1　参见A. Th. Manusama, *Komedie Stamboel of de Oost-Indische Opera*（Batavia [Jakarta]: n.p., 1922）的精彩说明。马努萨玛提供了暂时的全部剧目，计有四十三出戏，

加以呈现。迄今尚无任何惯例，说明他应该如何目视、穿扮、言语和举手投足。传统戏曲里不曾出现过犹太人，也没有高利贷者。所以除了（用准社会学的话说）把夏洛克当作一个社会类型或类型组合，没有别的办法饰演他。男演员（此时性别就很要紧了）不再可以即兴创作，而需要剧本和排练相助，才能表现出一个逼真的犹太高利贷者；这种逼真性有赖于让观众相信夏洛克的社会真实性，换言之，他可以被置放在像残忍的高利贷者、溺爱子女的父亲和财迷心窍的守财奴这些彼此交叉的普遍序列中，也可以被置换。然而他的代表性不只是扎根于人们经验的殖民地生活（诚然，谁都知道高利贷者、守财奴和溺爱子女的父亲，可是在东印度群岛，犹太人少之又少，几乎见不到），也是建立在“表征王国”自身亦即出版物世界基础之上的。在那里，虚构的夏洛克、哈姆雷特和珍妮维芙们不仅“合乎语法规则地”与真实的序列的都城、罢工、选举和足球赛结成一体，也与图片广告连在一起，后者除非当作对序列的称心商品之丰饶角的诱人提喻，否则总是莫名其妙的。

约束序列

与此同时，在社会高层，序列化向十分不同的方向推进着。1920年，正当哈吉·米斯巴赫在中爪哇的蔗糖带发动革命运动时，殖民政权在其疆域内实施了首次“科学的人口普查”[1]。就世界范围来看，这无疑显得

这些戏剧在主题特征上全然是世界性—地方性的，这也充分说明了我上文的论点。有九出戏来自《天方夜谭》，九出来自当地的民间故事和传奇，六出来自波斯，六出来自印度，三出来自中国，十出来自欧洲（第24—27页）。在这最后一组中，我们看到的不仅有《威尼斯商人》和《哈姆雷特》，还有《布拉班特的珍妮维芙》、《梦游女》、《魔鬼罗伯特》等等。

1 Peter Boomgaard, *Population Trends, 1795—1942*（Amsterdam: Royal Tropical Institute, 1991）详细记述了这一尝试，以及它与从前为了税收和徭役而进行的调查所形成

35 略迟了些，但还不算太迟。新独立的美利坚合众国是从事具有科学雏形的公共人口普查活动的首创之国，它于1790年进行了勉强过得去的**全国**人口统计，比法国、荷兰和英国早了十年[1]。但是直到1850年，调查单位还是家户，只有家长的名字被记录下来。迟至1880年，华盛顿才成立了中央的人口普查办公室，要到1902年，这个办公室改名为人口普查局以后，方始成为一个常设的政府专职机构。放宽视野，我们注意到，只是在1853年，时值1848年欧洲民族主义动荡平息之初，在布鲁塞尔召开的第一届国际统计学大会才正式通过一项决议，要建立基本的“科学”要求，以期获得人口普查数据的国际可比性与普查内容和技术的标准化。[2]

这样一项决议不得不在1855年的巴黎大会、1860年的伦敦大会和1867年的佛罗伦萨大会上反复投票表决，说明统计学家们把人口统计数据处理加以现代化和跨国化的这项政治运动，并非风平帆顺。我们或许不应感到惊讶，只有等到国联初期，这一运动才多少取得些成果[3]，更不必惊讶这是与妇女选举权的陡然、急速扩展同时发生的。

如许多评论者注意到的，不但开展人口普查是一项繁杂、昂贵、公共性十足的事务，而且除了一些仍然颇可预料的例外，普查结果也是众目睽睽下的公共文本。于是，我们业已简要地运用于报纸和大众剧院的那种“语法”检查，原则上同样应当适用于人口普查。以此观之，我倾向于关注普查惯例的三个特具面相。

惯例之一是要整数不要分数，或者反过来说，要保证身体的一种

的对比。

1 美国先行一步的原因将在下文论及。

2 1820年代和1830年代已经被说成是“统计热”的时代，那时英美率先成立了统计学会。参见Paul Starr，“The Sociology of Official Statistics”，见William Alonso和Paul Starr编，*The Politics of Numbers*（New York: Russell Sage Foundation, 1986），第24，15页。

3 以上材料，我多受惠于斯坦福大学的马克·文特雷斯卡（Marc Ventresca）。

幻影似的完整性。譬如，要是一种简单的、设想的分类体系打算把全部人口归入黑人和白人两类，然后它偏偏撞上了混乱的现实，那里有相当数量的人群，比例不等地是混合血统的；一个合乎逻辑的选择或许是，把1/2、1/4、1/8、1/16这些数字归入“黑人和白人”一栏。但是既然惯例禁止这一可能性，实际的选择要么是武断地归属为黑人或白人，要么增生 36
其他类别和子类别——不妨谓之“穆拉托人”（mulatto），“夸德隆人”（quadroon），“奥托隆人”（octoroon）[1]，这样，混血性或分数性就能重获整数的地位[2]。当然，这决不表示每个被统计者不会在同一次普查的其他诸多分类细目中匿名重现，而且在每种情况下都是一个整数；它反而意味着这种复杂的分数性是以隐显墨水书写的。从一方面说来，每个被统计者都是一个不可分割的整体；另一方面，它不过是若干纵横交错的序列汇聚之所。

第二项惯例是匿名性。可以说，在个人普查表格上完整记录的姓名，是这些文件里高度机密的部分，国家要严守秘密。饶有兴味的是，美国的这一高密级延续72年了。（而且，一个人可能因为在他那份表格上“秘密地”向国家撒谎而受罚。）[3]无名性惯例有两个相连的现实效应，就像罗兰·巴特过去常说的。一方面，它支撑了普查的真理，因为不管是谁，要拿他或她的个人知识和众人感性认识那个世界来印证普查，就变得几乎不可能了。另一方面，透过各整数的等价性，它勾绘出一个稳定的（十年期）社会场域，一页页庄严气派的恒等总数行封存了该场域。这个无名的、表

1　分别指黑人和白人的第一代混血儿，黑人血统占1/4的混血儿，黑人血统占1/8的混血儿。——译注

2　例如，在1840—1910年间，美国人口普查中的“尼格罗人”（Negro）大类下包含了四小类：穆拉托人、夸德隆人、奥托隆人、黑人。参见William Petersen，“Politics and the Measurement of Ethnicity”，见Alonso和Starr编，*The Politics of Numbers*，第208页。

3　此处信息是人口普查局纽约市办事处在电话里友善提供的。

格式纵横交织的场域（比方说，丹麦）是被序列性地、共时性地想象的，并被当作一幅自画像。

第三项惯例是累计总数，它与报纸的序列想象物那欢腾的无界性形成鲜明对照。累计总数（在社会科学的行话里欣欣然膨胀成了“总体”，universe）其实是大多数二次统计运算所需要的，但它有其自身的政治世系，对此进行简单回顾或许是有用的。顺着一个家系可以追溯到威廉·配第（1623—1687），他是霍布斯的助手，亚当·斯密的“施洗者约翰”，随着1691年他的《政治算术》出版而赢得了几分身后荣名；对该书而言，可比的分析单位是当时存在的政治国家[1]。顺着另一个家系，可以追溯到十七、十八世纪“德国的”国家（Staaten）比较研究的财政学传统，它最终使得格廷根教授阿亨华尔（1719—1772）经引申创造出了“统计学”
37 （Statistik）一词。甫一问世，这个术语迅即伴随着辛克莱（John Sinclair）21卷本的《苏格兰统计纪事》，渡过英吉利海峡进入英语；该书是1791—1799年间出版的——当然是逐卷依次出版[2]。事实上，累计总数（totality）在被统计学自身的内在逻辑确立之前，开明专制主义时代政治上深沟高垒的国家就赋予了它初始形态：当时正赶上民族主义时代。

统计学逻辑和政治在人口普查中联起手来，在同样的现世边界上切断了每个序列（在二十世纪美国的人口普查中，蜂拥西进的“女性”、“黑人”、“开业医师”全都同形同态地终止于太平洋和白令海海岸线）。但是与此同时，通过二者的相互作用，它们造就了报纸无力产生的某种东西——多数派（majorities）和少数派（minorities），它们是序列的、可聚合的、两相对立的，起初是作为形式上的实体，没多久就被安放在呈现政

---

1 作为一位年轻的刚毅无情之士（esprit fort），他于1654年被护国公派往爱尔兰，去统计那里能够充作系统的殖民剥削和压迫之基础的人口与财富。

2 特请参见Starr，“The Sociology of Official Statistics”，第13—15页，以及其中所引的资料来源。

治现实的位置上了。（这里是一个源头，托克维尔由此开始焦躁不安地设想最终是基于人口普查的各种暴政，时当1830年代，大西洋两岸的英语国家正在组建统计学协会。[1]）

连接的桥梁当然是选举权。新生的美国之所以能够像这样启动这个宏伟领域，不过是因为它新颖的共和制和联邦制特征。当君主和社会等级都不存在的时候，看起来主权只可能显现在经选举过程表达出来的公民意志上了。1790年的全国人口统计，以及此后直到米斯巴赫时代的十年一度的所有人口统计，主要用来从算术上保证公平分配国家立法机构的两院选举代表的席位。并非是选举人数目以任何明显方式与普查计数相匹配，而是无选举权的妇女和未成年男性被假定要平均分布在各州，这样户主（如我提到过的，直到1850年，人口普查都只登记他的名字）就能代表他们——在统计分配的意义上。然而奴隶分布不均。他们或许是财产，但南方的奴隶主并不巴望着放弃每十年一次把他们当人来计数的机会。因而有了古怪的折中安排：经人口普查登记的每个不自由的美国人，被以分数形式计算成3/5个人，以便国会重新分配。这表明威廉·配第的政治算术已经枝繁叶茂了。 38

选票至上主义从美国星散四布，对人口普查的做法施加了不断增长的影响，因为人民主权的观念流传开了，也因为国家获得了一种福利与发展的使命，还因为选举权扩大了。不久以后，选举人开始影响统计类别本身，凭借这些类别，人口调查的机器才呼呼作响[2]。在新形势下，人民第一

1 参见托克维尔《论美国的民主》一书脍炙人口的第12章（*De la Démocratie en Amérique*, Paris: Pagnerre, 1850），第226—234页，特别是230页。“在我们这个时代，结社自由已成为反对多数暴政的一项必要保障”（着重号为引者所加）。难道多数派——且不论暴虐的多数——在旧制度（ancien régime）下是可以当真设想的吗？

2 大概应该在此处提醒读者：虽说是这样，但人口普查包含了两种有区别的序列类型——定类（categorical）和定距（scalar）序列。第一类的范例是性别，它只可取两种互斥

次有了充足理由希望自己算一分子，如果计算方法可靠的话，而不是盼着自己被收税员——他们是人口普查员的先兆——忽略不计。到二十世纪初叶，人口调查的这种"选举"模式在宗主国里已经显得这般正常，以致它甚至悄然渗透到殖民地独裁政府里，在那里它反而会具有长远的颠覆性后果。

菲律宾提供了这个过程的一个鲜活例子。1818年它开展了第一次严格的调查[1]，那次调查的类别名录包括这样一些无关选举的奇特伙伴：difuntos（死人）、negros infieles（异教黑人）、tributos（纳贡者）、mestizos españoles（西班牙混血儿）、morenos（棕色人）、individuos contribuyentes（个体纳税人）。它的设计者们显然是居高临下地主要从宗教和财政方面着想的。almas（灵魂）这个词，以及infieles（异教徒）和convertidos（改宗者）之间的基本对立，是最后一次也是第一次出场。跨类别汇总是多数派—少数派分组的必要基础，这里却难得见到。没有地方主义的形迹，也没有密布在这个群岛上的诸多种族语言集团的踪影。[2]下一次人口普查，即1877年那次，是彻头彻尾世俗化的，收税人的阴影消失了。这次统计基于三条简单的轴线，它们标明了居民的在场/缺席，他们是españoles（西班牙人）还是extranjeros（外国人）的身份，还有他们的肤

的终身不变的可能性；第二类的范例是收入分配，它展开了一长系列的梯级，梯级的两端暧昧不明，结果亿万富豪和乞丐贫民弄得没影了。定距格式给人们提供了一切可能性，可以在他们的一生中沿这些梯级上下移动。由此生发出一种令人惬意的乌托邦念头：在人口普查中，性别变成定距的，有好些个分段的级别，而收入变成二择一的、定类的——不妨干脆划分为富人和穷人。

1　然而主办这次调查的并非殖民地政府，而是马尼拉市政厅，实施调查依靠的是教会组织而非政府机构。

2　没人真正尝试着去统计，居住在纸面上是西属菲律宾的土地上的众多穆斯林与山地部落异教徒究竟有多少人口。

色——blancos（白色）、pardos（褐色）和morenos（棕色）[1]。此处的一切散发着一种落后却定然属于十九世纪的独裁政治气味。然而1903年那次人口普查，是美国人在正式结束他们野蛮的征服战争后数月内施行的， 39
它已经是以美国人特有的做法，按照选举制原型组织起来的，它（依字母次序！）类型化了仿佛确定不移的25种“野蛮”或“文明”的本地种族语言集团、从白到黑的5种肤色，还有乱糟糟一堆出生地和国籍（如果关系重要的话）。[2]这次普查公之于众的登记页里，Tagalog和Ilocano这两个词后首次被标上号码，那些说他加禄语和伊洛卡诺语的人们一看就可以认出。而官方普查的现实效应，亦即它宣称“正在统计的东西从全社会来讲是深深存在于‘那儿’的”，赋予这些符号一种沉静的纪念碑性。更为引人注目的是，菲律宾的美国人（他们是不能想象不统计自身的，因为他们是何等超群地举足轻重），由于调查表的这种类型结构，他们显现为一个明显的、封闭的、屈指可数的少数族群。一模一样的事情后来又发生了，发生在1921年荷属东印度的人口普查中，以及更一般地在二十世纪殖民世界的人口普查中。从某种角度观之，我们可以把这些普查个个都看成是熏黑的内脏，相应的那种殖民主义的行将崩溃由此隐隐可辨。

实　践

这两种序列化，一类是报纸塑造的，是自由的、非枚举的，另一类是人口普查塑造的，是约束的、可列举的。从二者作风的差别中，有两种政

1　那时候，先是马尼拉，然后是其他港口，被推动着向国际贸易开放门户，结果外国人此时第一次在那里露面。而且，汽船的到来使得居民的在场/缺席成了一个现实问题。

2　对菲律宾人口统计及其政治的格外精致的讨论，可见Onofre Corpuz，*The Roots of Filipino Nation*（Quezon City: Aklahi Foundation, 1989）一书第一卷附录，第515—570页。

治化和政治实践的轮廓浮现出来，不过它们双双表明序列始终对集体身份的现代想象多么根本。

下面这段话可以让我们生动领会第一种政治实践的动力，它是我从Dia Jang Menjerah（“她投降了”）翻译过来的，那是印尼最负盛名的作家普拉姆迪亚最初发表于1952年的一个迷人故事。它描述了故事女主人公十几岁大的姐姐伊丝（Is），在日本人对印尼的野蛮占领（1942—1945）结束之后立即爆发的革命浪潮中，如何跑去参加激进组织印尼社会主义青年团（Pesindo）：

> 在这样的时代里，对政治的满腔狂热，像浪涛似的向前咆哮着，失
> 40 去控制。人人都觉得，仿佛她或他要不是政治性的，不争论政治问题的话，就不能算真的活着。说实在的，哪怕没有米粮，仿佛他们还能活下去。即便是学校教员，也被政治狂热的流行病传染了，他们过去自始至终可是“不偏不倚地”生活的；而且，只要可能，他们就拿自己所拥护的那种政治去影响学生。每个人都拼命给他那一派拉入新成员。学校也证明是他们争斗的广阔战场。政治！政治！跟日据时的大米没什么两样。不久充足的课程跟进了。有一些人，不过刚刚对资本主义—社会主义—共产主义有个一知半解，就在食品摊前，在街角，在大楼里，竞相发表演说，把他们个个头脑里轰鸣的东西一吐为快。而社会主义青年团，在我们村那贫瘠的石灰岩土地上，突飞猛进地成长起来。到如今，伊丝认清了她正在走进的这个社会。她找到了一个熟人圈子，比她的父母和兄弟姐妹们组成的圈子大多了。她眼下占据着那个社会里的清楚位置：作为一个女人，作为政府办公室的一个打字员，作为一个自由个体。她成了一个新人，有新见解、想讲的新故事、新视角、新态度、新兴趣——这些新物事，是她设法从她的相识那儿采撷和收集来的。这一切，就在日常生活

的苦难中进行着，无动于衷的样子。[1]

伊丝的兄弟姐妹和父母这个圈子不存在序列。但是在她做出了微薄贡献的革命时刻，她幼弱生命里第一次以序列方式想象自己：她是“一个”女人，“一个”打字员，“一个”自由个体，“一个”新人。这种序列化如此转变她的意识，而今什么东西在她都新意盎然。但是这些有可塑性和普适性的序列，绝不会出现在人口普查中，这不单单是由于它们不能被列举和汇总。[2]此外很明显，她把这些序列看成是同一类的，所以做一个女人、一个打字员和一个新人，履行了而不是妨碍了她为祖国自由而斗争的义务。我们也认识到，这些点到的序列是随时可利用来进行万花筒似的转换、扩充和缩减的。什么都没有钉牢在命定石上。明天，她可能成为“一个”革命者，“一个”囚徒，“一个”青年，“一个”间谍，甚至是“一个”民族主义者，即在1946年把艾德礼和尼赫鲁都包含在内的那个无约束却有根基的普遍序列，不过这些只是并始终是暂时的。如果伊丝现在认为她本人是这个骚动世界的一部分，可谓受到日常的一般概念的召唤去战斗，那我们也要依照这相同的符号来理解她。我们不会分享她年轻女人的身份、她的打字技能、她的母语、她的宗教，或她的文化，但是她 41
向我们说话，不是作为人种志上所谓的“报告人”（informant），而是某些序列的一分子，如果我们愿意依那些序列行事，它们是向我们敞开大门的。

关键是要注意到，她认为自己正参与其中的那大多数序列，要求她行动起来，扮演角色（act），这是它们的入场费。她将不得不学习如何

1　这个故事可以见他的文集*Tjerita dari Blora*［布洛拉故事集］（Jakarta: Balai Pustaka, 1952），第279页。

2　有人可能认为，在“一个”政府办公室里的“一个”打字员应当可以作为职业加以普查。但是整段文字说明此处的“打字员”是一个全球性的序列。

“做”社青团的一个革命成员，好比别的人不得不学习如何“做”哈姆雷特，或罢工组织者，或民族主义者。但是她知道这一切是解放，而她惦记的最后一桩事情是她的认同或她的根。（我们从一开始就能感觉到，她要把自己拖向后来的悲剧。）

现代人口普查的序列逻辑好像在相反方向上展开。考虑一下普查似乎暗中引出的首要行动，亦即选举，我们就可以起步追寻这一逻辑了。在最理想的状况下，这种行动需要加入一天的长队排队等候，每个人依次进入一个围起来的空间，它像公厕一样奇异地私密，对它来说，放下的门帘似乎就相当于体面的衣裳。一旦入内，这些人就拉动相同的控制杆，或者在完全一样的纸张上写下标准化的词语或记号。不迟不早就在那一刻，不管他们喜欢与否，他们停止“做”选民——除了在归属（ascriptive）意义上而外——直到因年而异的下一次盛会再度降临。

选举行动非同一般的极少性和周期性，提醒我们选票与普查细目表在以下方面多大程度上是同构的：它拒绝分数，它精心安排了可叠加的匿名性，还有它在适当时候会隐藏到严格受限的总计里。但是这也向我们显示了它的现实的和象征的政治效能的基础。这个基础就是授权（entitlement），连同它的词源中全部反讽、过时的寓意。在一个人能够“从事”选举之前，他必须被授权去这么做，这要凭借一种法律行动，他绝非该行动的唯一受益者。他也不仅是“被授权”去选举，选举行为本身又“授权”*别人*代表他去行动。但是这个别人不是靠代理人权力进行活动，而是作为一个有界序列的代表。这种序列的有穷的数字占卦术（numerology），转而又在交叠、分层、多数派/少数派的基体内发挥作用。正是这一点使得（比如说）下面的情形再正常不过：选举一结束，除了职业政客，没有谁看重获胜的候选人赖以击败她或他的对手的准确数字；甚至投票反对当选者的那些选民，也觉得完全有资格在她刚一获胜就向她提出要求。囊括各层级的选举人多数的，始终是更高的一个整体。选民们脑子里总是记着总数——有资格的选民数n。

从这个构架里，影响集体主体性发展的两大后果显露出来，特别是在刚过去的半个世纪里。二者指向同一方向，虽然是出于略有不同 42
的原因。

第一个后果是以选民数n为依据，按比例赋权。当二十世纪以选举为基础的服务型政府增加了它的职能、扩大了它的福利能力的时候，益发精巧的人口普查日益成为集成数据库，各种规划和预算分配都由此而来。结果，普查本身就成了一种较为显著的政治化的目标。举个极端的例子，在尼日利亚，多年来人口普查在政治上是不可能的事情，无非就是因为害怕它会透露该国那些自我想象的族群集团的“真实”人数，进而会对政治权力和经济利益的分配暗示些什么。另举一个宜人些的例子：请注意在骚动不安的“长”1960年代，选民的压力是如何导致荷兰废除人口普查的（最后一次在1971年进行）；直到今天，荷兰依然是世界上拒绝这一政府管理的强大工具的唯一国家[1]。因1980年美国人口普查而引发的骚乱，更其标明了在何等程度上，普查中各种类别的界定透过它们在安排经济利益和其他利益的分配、调整利益预期上的作用，已经凝固成基本化的政治现实[2]。这样的类别当中，族群类别证明它们的重要性无出其右。它们原本是在一个世纪前，在一个前福利的时代，构想出来据傲地调控从欧洲不同地区涌来的移民流。然而，当1920年代切断了大规模的新移民潮之后，由于通讯领域的革命，这些类别变成了甚至是全国性选举动员的基础。普查类别和赋权政治的强大连锁效应，可见之于新近的一些美国想象物在政治上的兴起，如西班牙裔选举、亚裔美国人选区等；甚或

1　参见J.J. Woltjer, *Recent Verleden*（Amsterdam: Balans, 1992），第414页。

2　参见以下的精彩两章：Margo A. Conk，“The 1980 Census in Historical Perspective”，以及William Petersen，“Politics and the Measurement of Ethnicity”，收在Alonso和Starr编，*The Politics of Numbers*。彼得森论“‘西班牙裔美国人’（Hispanics）的创造”的尖锐篇章特有说服力。

可见之于选举中的化种族（race）为族群（ethnicity），如“黑人”的例子所示。

在二十世纪后期的这种政治认同里，人口普查及其小兄弟随机抽样调查代替了邻里和家乡。这样的认同不仅政治重要性渐长，也让我们对族群和民族主义之间脆弱而清晰的界线看得更真切。族群政治是在人民首先作为选民的国家—民族赋权基础上登上舞台的，又是在既定普查的构架之内的比例性基础上受到辩护的。当——或者不如说如果——一个自命的族群集团重新想象自身是个民族（比如就像魁北克人干过的那
43 样），并谋求获得独立国家地位的时候，那它会为了一种新的自成一体的普查，而废置原来的普查。但是恰恰就在独立之际，在一个新的总数n当中，比例逻辑再度出现。

第二个后果是认同政治（identitarian politics）的加强。我早先提到过的那些有界可数序列——人口普查是最好的典型——的本质主义蕴涵。但是我怀疑这种序列是在另一个层次、同一个方向上运作的。这样来想：逻辑上，认同是对偶性（duality）的一个函数，它存在于当“b”突然碰到了“=b”的那一刻。这是一种干瘪的、代数的方式，可以注解索因卡（Woyle Soyinka）对桑戈尔（Léopold Sénghor）提出的序列“黑人认同”（négritude）的辛辣摒弃：唯一的老虎无需老虎认同（Tigritude）。换言之，只有在两只身份未定的野兽从彼此那流离失所的眼睛里映照出自身的当口，老虎认同才显得必要。

“流离失所”（exile）这个词用在这里并非事出无因。我们大家都非常了解，人们是怎样喋喋不休地讲到不单要“寻”“根”，还要“探索”、“发现”他们的“认同”，并且，天哪，“快要迷失”他们的“认同”了。但是这些寻找，它们口头上是向内心转移，走向一度是灵魂安宅之所，实际上向外行进，迈向真实的和想象的人口普查，在其中，托了资本主义、国家机器和数学的福，整数的身体变成完全相同的，因而可以作为序列累加成虚幻的共同体。

此外，在我们的时代，这样的共同体不复局限于既存的民族—国家内部了。我在别处曾更详细地论述过，二战以后通讯和交通领域的革命同后工业的世界资本主义相结合，引起了史无前例的跨国移民[1]。

同样的诸种力量运作起来，创造了“流散社群的”集体主体性，后者是想象的、人口普查式的，如有界序列一样。对这一转变，很少有文本比好意的《企鹅移民社群地图册》给人一种更具象征性的观点了[2]。全书开头花了七十多页篇幅，叙述了公元前八世纪开始的犹太人大流散；接下来讲述了亚美尼亚人、吉普赛人、黑人、华人、印度人、爱尔兰人、希腊人、黎巴嫩人和巴勒斯坦人，最后以越南人和朝鲜人收尾。在每个实例下，引人注目的事情是作者坚持提供数字总计和小计——譬如说，全世界的亚美尼亚人总数，法国、格鲁吉亚、澳大利亚或阿根廷的亚美尼亚人总数。同样有启示意义的是，这些总数被若无其事地（即使难以置信地）四舍五入了：1920年肯尼亚有42000名“印度人”，1250年葡萄牙有40000名“犹太人”。这些计数是帝国政府机器出于它们自身的原因、依靠它们自身的特 44
殊逻辑算出来的；那42000名“印度人”到底有多少真的把自己看成“印度人”，是远不确定的；在十三世纪的葡萄牙，要断定谁是犹太人，牵涉到种种模糊性和任意性：还有必要强调这些东西吗？其实，这类伪托历史的地图册，远非描述历史的主体性，实则表现了某种当代的世界主义视野，那是以约束认同的准全球性扩散为基础的。无论“华人”碰巧落脚在何处——牙买加、匈牙利或南非，他们照旧是可计数的华人，如果他们碰巧也成了那些民族—国家的公民，也无伤大体。假如这样一本书今天在某些社会集团里大受欢迎，是不会惹人惊诧的——那些集团的成员被找到

1　参见 “Exodus”，*Critical Inquiry*, 20（Winter 1994），第314—327页。

2　Gérard Chaliand和Jean-Pierre Rageau, *The Penguin Atlas of Diasporas*（Harmondsworth: Viking, 1995）。法文原版（*Atlas des Diasporas*）由Odile Jacob书局出版于1991年。

“流放中的”他们自身这种念头所吸引，认为自己有权归属于古老的、然而在这全球化时代又惊人地遍布世界的有界共同体。

这其中是否有哪一点表现了意味深远的世界主义，在我看来甚为可疑，因为它实际上只是一种普查式的、认同至上的族群观的延伸，缺乏任何普遍基础。它跟那位爪哇小女孩的差别之大，无物可及。那个女孩想象自己是一个“新人”，不是某个爪哇流散族的一个成员，她像哈吉·米斯巴
45 赫一样，让自己加入动荡世界的无边际的序列，成为其坚定的本地成员。

2

复制品、光晕和晚近的民族主义想象

“世上无形无相者，无物堪比纪念碑。”罗伯特·穆齐尔（Robert Musil）在《生前遗著》（*Nachlass zu Lebzeiten*）中写道。

> 它们树立起来，无疑是要给人看见——其实是要引人瞩目。然而同时，它们也包蕴着某种东西，要驱开注意，让目光瞬即滚落，仿佛一粒水珠从油布上滑落，不作片刻停留。你可以沿着同一条街道走上几个月，熟识沿路的每一个地址、每一个橱窗、每一位警察，你甚至不会错过谁掉在人行道上的一枚硬币；但是有一天你大吃一惊：你抬头盯着一座建筑物底楼的漂亮女服务员，这时才蓦然发现一块绝不算小的金属匾额，上面刻着永不磨灭的字迹，你看出那写的是从一八××年到一八××年，不会被遗忘的某某人在此生活和创作。即便是对比真人还大的雕像，许多人都有相同的经验……你从来不看它们，而它们打算象征谁，你也往往一无所知，大概你只知道它是男是女。

穆齐尔接着嘲讽地说：

> 要是我们拿纪念碑表达美意的话，势必得出结论说，它们向我们提

> 出了与我们本性相悖的要求，为了实现这些要求，需要做细致入微的准备工作……纪念碑真该加把劲了，就像现如今我们大家都不得不做的那样……为什么我们铜铸的主人公不至少玩点花样，拿他的指头敲打玻璃片呢？这在别处早就不新鲜了。大理石群雕的人物们，为什么就不转一下身，像橱窗里制作更精良的人物那样子，或者起码眨眨眼睛？我们应当
> 46 求之于纪念碑的、使它们引人关注的最低限度的东西，想来是历经考验的可信标识语（logos），就像“歌德的《浮士德》无与伦比！”或“著名诗人某某的戏剧思想一文不值！”一类。真不幸，我们的雕刻家们不谙此道。看起来，他们没有领会我们这个喧嚣和运动的时代。[1]

这位“生前出遗著的”作家或许从一般意义上讲是对的，但令人眼前一亮的是，他那会心的淡淡评论尤为适用于晚近官方民族主义纪念上的困难；到二十世纪后期，所有那些民族主义都与国家联姻了。[2]本文通过反思纪念民族先人的某些公共纪念物截然有别的命运，力图探求这些特定的民族难题的潜在性质，以及这类民族主义的想象力僵局（imaginative

---

1 彼得·沃茨曼（Peter Wortsman）英译（Hygiene, Col.: Eridanos Press, 1987），第61—63页。

2 “官方民族主义”这个术语是休·希顿—沃森（Hugh Seton-Watson）在其杰作《民族与国家：对民族起源与民族主义政治的探讨》（*Nations and States: An Enquiry into the Origins of Nations and the Politics of Nationalism*, Boulder, Col.: Westview, 1977）［中文版见吴洪英、黄群译，中央民族大学出版社，2009年版。——译注］中创造的。我在拙著《想象的共同体》（London: Verso, 1983; 增订版，1991），特别是其中第6章里，改写和扩充了它的内涵。在其十九世纪的源头中，此即马基雅维利式的“谋略民族主义”（policy nationalism），王朝国家和古老的贵族阶层企图靠它来利用大众民族主义现存模式（“克里奥尔共和国的”和“种族语言的”）的元素，以图自存。1918年后民族国家开始剧增，几乎处处激起这些国家利用王朝君主的谋略工具。

impasse)。文中的大多数材料涉及美国及其渐遭淡忘的前殖民地菲律宾,既因为后者的民族想象深刻地受到前者的左右,也因为后者提供了一个发人深省的例子,说明晚近官方民族主义是如何在政治上遭遇抵制的。欧洲,这个发明了官方民族主义的地方,必定四处露出它的面容。

华盛顿特区的林肯纪念堂揭幕于1922年,那时肯定已进入收音机、T型车和飞机的时代,但是劈木人[林肯的绰号——译注]并没有如穆齐尔嘲弄地建议的那样,在他的基座上慢慢旋转;他的眼睛不开合,他的脚趾不轻敲,在他身下,也没有简约的标识语,像"林肯,天下第一总统"之类,盛大地装点出来。另一方面,主管这项工程的官员细致地记录说,和劈木人塑像在一起的,还有:

> 125只麦芝达电灯,配备了X射线反光罩,已经安装在顶层空间……此外,在12块玻璃嵌板上方约20英寸处,装上了24只大功率的泛光灯,每只有约30×47英寸那么大,挂在中央的纪念大厅的天花板上,用以抵消从门口透进来的日光投在雕像上的怪异阴影。[1] 47

而且,在雕像脑后的墙上,确实有一句标识语,写道:"在这神殿里/犹如在人民心坎里/对亚伯拉罕·林肯/这位联邦救星的回忆/永志不灭。"[2]

这里活动着晚近民族主义特具的某种东西。劈木人的塑像被安放在一座"神殿"内,那是建筑师亨利·培根(Henry Bacon)仿效着安全属于异教的古希腊的宗教大厦建成的。里面,麦芝达公司被召来将怪异、冷淡的阳光拒之门外,由此巧妙布置成对中世纪教堂明暗交替的内景的仿真

---

1 Edward F. Concklin, *The Lincoln Memorial* (Washington, DC: Government Printing Office, 1927),第45页。

2 同上,第44页。

效果。（如果人们把历史设想为一场接力赛跑，这可能就是民族从宗教精疲力竭的手中夺过接力棒的时刻。）

标识语是以一种类似的逻辑在运作。我们首先再度得到保证，我们走进的这幢建筑是一座神殿，而且是“真实的”一座；这一点我们从它的立面去看可能猜想不到，从风格上说，它的立面跟许多银行、大学生联谊会会堂、保险公司和法院大同小异。另外，这座神殿是“祀奉之所”（enshrinement sites）序列的组成部分，“人民之心”也归向这种场所；或者，也许“人民之心”实际上不过是一系列的神殿。所祀奉的不是林肯本人独一无二的骨骸（仿佛他是一个近代圣徒），而是某种可以幽灵般地、无限期地复制的东西：他的“记忆”。这种祀奉还是“永远的”——显然是与“人民”、这个民族同始终的“永远”，可不是要指向最后审判日。

无疑就是上面勾勒的精妙舞台技术，创造出——特别是在黄昏以后——某种声光表演（son et lumière）的在场，然而假如这尊塑像搬到赫斯特古堡（Hearst Castle）而神殿搬到达特默思学院里，这种效果会顿时无影无踪。与此同时，林肯纪念堂与穆齐尔调侃的纪念碑共有着某些有趣的东西：永远存在的从注意力中消失的可能性。人们可以从它无力给人指令上来理解这一点。下跪？脱鞋？绕着它逆时针地转七次？吟唱？祈祷？乞求保佑？鞠躬？问计？献上点东西？注目二十分钟？似乎没有哪一种特别有道理。[1]因为差不多人人都懂得，这尊塑像及其环境是复制品，而且

1　这种没道理在电视剧《辛普森一家》有一集的某一段很可乐地表现出来，那一集名叫“莉萨先生去华盛顿”，在那儿，巴特·辛普森的小妹妹莉萨去向劈木人的塑像求问。她的声音淹没在一片嘈杂的成人游客的请求声里：“我没法让我的小孩正确刷牙，”“现在是买房的好时机吗？”“我能做点什么来改善这个国家？”“我留着胡子好看吗？”劈木人一动不动的沉默不会让谁觉得苦恼。对《辛普森一家》这一集的妙趣横生的分析，可参见Lauren Berlant，“The Theory of Infantile Citizenship”，*Public Culture*, vol. 5（Spring 1993），第1—16页（重印在Geoff Eley和Gregor Suny编，*Becoming National: A Reader*

是独特的复制品，因为它没有原型。[1]（或许这就是为什么有许多人，他 48
们愿意肃然起敬，却断定该做的事情是拍照，单独拍林肯，或者他们本人、家庭、朋友、情侣与林肯合影——在纪念堂管理当局容许他们这么做的无论几个钟点里。）

然而与此同时，林肯纪念堂的复制品立即与附近的杰斐逊的复制品联系起来了。就在这一点上，我们开始意识到晚近官方民族主义的人物塑像的独一特性，那就是这些塑像本身不是独一的。人们一注意到马志尼，就会被马基雅维利、加富尔、但丁和邓南遮争来抢去，他们作为民族英雄可以毫不犹豫地相互替代，因为这个序列本身要求他们这样。的确，雕像的漠然的可替代性，人们在拉什莫尔山上一览无余。这表明英雄的民族纪念像没有光晕，像人们在《宫娥图》（在不管怎样的照明下，哪怕是怪异的[2]）、哭墙或吴哥窟的本原性中感受到的那种光晕。在它们面前，人们不以为奇地发现自己被禁止拍照，而且这一禁令还让人心悦诚服：一当它超出他们镜头之所及，他们就知道自己面对的是神圣之物。这一刻，他们不复是旅游人，而成了朝圣者。另一方面，民族英雄纪念像光晕无存这一事实，也意味着它们能够轻而易举地通过不同媒介流通——邮票、T恤衫、明信片、墙纸、海报、录像带、餐具垫等，没有谁会觉得渎神。最典型的大概要数美国钱币。事情并非这么简简单单：五张华盛顿的复制品可以给你换一支上好雪茄，五张安德鲁·杰克逊的复制品则可以让你在普通旅馆住一宿。其实递降的声望级序——华盛顿、林肯、杰斐逊、杰克逊，与递降的购买力级序刚好相反（所以华盛顿值杰克逊的二十分之一，

[New York and Oxford: Oxford University Press, 1996]，第495—508页）。

1 此处的终极模型是每个国家的国旗。

2 这种光晕部分地是“艺术杰作”的光晕，可由它们的市价与即便是高仿品的价格之间的巨额差异估量出来。但是《宫娥图》（*Las Meninas*）有其自身的特殊光辉。我记得，在普拉多（Prado）博物馆，它是收藏在一间半明半暗、为它独占的房间里的唯一油画。

林肯值杰斐逊的一半），但是对此谁都满不在乎，甚或念不及此。

如果我们考虑到，当光晕在复制品序列之内出乎意料地使人感知到它的在场时又是怎样，就可以更清晰地理解这一状况。1896年12月30日，伟大的小说家、诗人和道德家何塞·黎刹，在马尼拉闹市区被西班牙人统率的、本地人组成的行刑队公开处决。他牺牲的第一个周年纪念日上，阿奎那多的革命政府发布公告，敦促爱国者们以他们认为适当的无论什么方式纪念他的殉难。当革命尚在征程中的时候，首个“黎刹纪念像”建
49 造起来了。但它不是黎刹的一尊雕像，而是染上了共济会色彩的一个抽象之物，只有他的两部振奋人心的小说的题目刻在上面——好像在说：读之！后当为汝国之自由而战！

在革命的菲律宾共和国被美帝国主义镇压之后不久，种种塑像骤然在这块领土那些平服的广场上增衍开来，此前它们被严格局限于教堂的内部和立面。它们几乎全是由当地种植园主（hacendados）或其他显达立起来的，基座上镌刻着他们的名字，而且很大比例的塑像是黎刹的复制品。由是启动了黎刹的序列化，不单是靠他本身的机械复制，还靠他与别的立了塑像的已故英雄并排出现。在美国人发起对“菲律宾人”的普查计数后，他很快就开始被受过英语教育的新式精英称为“第一个菲律宾人”。最后，在据说是他被行刑的地方，殖民当局允准竖立一座黎刹纪念碑，顶上是这位殉道者的一尊塑像；这里结果成了如今设计精巧的伦礼沓公园（Luneta Park）的中心点。1946年，美国准许菲律宾第二次独立，自那以来，每当这位殉道者忌日的破晓时分，内阁就会群集在纪念碑下，举行一个简短、正式的仪式，这已成惯例；同时马尼拉港的军舰奇特地——考虑到这种场合——多次鸣炮致敬。几个月后，在纪念第二个菲律宾人、革命家博尼法西奥的马尼拉纪念碑前，将会发生非常相似的事情，只是规模稍逊。哎呀，博尼法西奥可是遵阿奎那多之命被处死的。到目前为止，一切都很典型。

但是如果谁在伦礼沓一直等到上午晚些时候，他将看到大队大队

的朝圣者，从四面八方涌来，许多人穿着白色衣裳，或者是1896年革命最早的那种旗帜的颜色。他们清楚知道该干什么：依照各自的礼仪，他们吟颂，他们歌唱，他们祷告，他们跪拜，他们闭目静思，他们列队前进，他们手挽手，他们哭泣，他们祈福。人们不严谨地称他们是“黎刹教徒”（Rizalistas），意思是说，他们有些人相信黎刹是再次被钉上十字架的基督，或者是菲律宾的基督，而伦礼沓因之成为各各他；另一些人相信他从未死去，而是在某个神山顶上，静待他重返此地救赎他受苦受难的人民的那一时刻；[1]甚至还有些人相信，利用某些秘术，他的法力无边的神灵是可以接近的，尤其是在某些神圣场所和时间——这包括伦礼沓纪念碑和国家所称的黎刹节，还有别的时地。换言之，他仍然活在这里。这样的人信赖的是灵媒，而非传播媒介。政府故意对这些朝圣者不理不睬，[2]不仅是因为它并不赏识这第一个菲律宾人可能重返人间进行审判的观念， 50
而主要是因为它自身的礼仪有赖于黎刹的可替代性。但是在朝圣者们自己看来，黎刹是唯一者——不可代替，不可交易，不可序列化——而他迷人的光晕恰是从他《宫娥图》般的独一性中冉冉升起。

如果我们现在从民族先贤的复制品转向安葬他们各自遗骸的官定场址，就不难发现劈木人和黎刹不同命运之间的相似之处。

美国似乎开了国家公墓的先河——但是我们不应惊讶，它是在独立战争之后近一个世纪才这么做的。葛底斯堡战斗结束之初，国会投票决定，拨款为新近的阵亡者——联邦的战士，南部邦联的战士，没人认识的战士，就在这块战场上修建一处特别墓地。每个死亡的选民或未来选民

1 例如Reynaldo Clemeña Ileto, *Pasyón and Revolution: Popular Movements in the Philippines, 1840—1910*（Manila: Ateneo de Manila Press, 1979），第77页及206—207页。

2 朝圣者们每逢黎刹节都如期而至，但是没有官员迎候他们或向他们致辞，也没有动用警察来驱散他们。

的遗体，都被授予属于它自己的单独的坟墓和墓碑。[1]但是葛底斯堡还有一种草就、试验的性质，美国内战的其他大血战，没有哪一场的死者被厚待以这种政治礼遇。众所周知，是在一战期间及战后初期，这种原型方才进入——这么说吧——全面生产。正如人们可能料到的，最成功的生产商是那个最老牌的工业资本主义国家，那个大不列颠，它还（但只是勉强地）合并着爱尔兰。

如托马斯·拉克（Thomas Laqueur）精彩描述的那样，1915年3月，诗人鲁珀特·布鲁克（Rupert Brooke）在斯基罗斯岛（Skyros）战死前夕，为了安葬当时和将来的阵亡者，一个官方的"墓地登记委员会"设立起来，紧接着又就开建在法英国人的永久公墓一事同巴黎展开谈判。[2]到1916年3月，"一些［200个］海外战场"的"角落"被伦敦选定，并计划根据未来战事的范围，新增300—3,000个公墓。由此开启了一个进程，它直到1938年才结束，那时节，1,850个这样的坟场业已成形，大多数位于法国和比利时。从葛底斯堡那里，英国政府吸纳了这个观念：死者应当有其个人的、标记分明的坟墓，但是要尽可能整齐地归并在他们战死的疆场周围。到1930年，大约557,520名大英帝国战士——其中五分之四来自联合王国——被认出来，葬在各自的标上名字的坟墓里。还有180,861具身份

1 到1860年代，美国政府由白人成年男性的近乎普遍的选举权选举而成，这已超过一代时间了；美国军队在战时是通过选民—公民的强制性征兵征募而来的。因此政治家们强烈意识到死者是选民，或者如果还是十几岁的青少年，按规定也注定是要成为选民的；而且，他们的男性遗属仍将继续参加选举。这种情形，与（国家）独立战争期间的差异不言而喻。难道这没有说明，为什么福吉谷（Valley Forge）的阵亡者们被任其名湮姓没、无标无识吗？

2 以下部分多撷取自Thomas Laqueur，"Memory and Naming in the Great War"，见John R. Gillis编，*Commemorations: The Politics of National Identity*（Princeton, NJ: Princeton University Press, 1994），第150—167页。

不明的遗体，也被埋进各自的墓穴里。对于清点出来的那些尸首灭失，或炸成碎片，或碾进泥沼的336,912人，所能做的就是，尽量靠近他们最后被记得还活着的地方，在那里立下石柱，镌刻上他们的名字。总计超过了一百万。

真正的英国创新在于保持这些公墓的运转。如何做到这一点是特有启发性的。关键步骤是民族—国家化（nationalization）——在该词的任何意义上。首先，国家垄断控制了一切尸身、一切纪念碑和一切公墓。阵亡者家属被法律禁止将他们亲人的遗体渡过英伦海峡运回家乡。换句话说——这话大概会使布鲁克惊呆的：是英国政府确保了如此众多的海外战场的角落"永远属于英国"。其次，英国政府尽其所能地要使得死者是民族的并一直如此（兴许是遵循萨克森—科堡—哥达王室的乔治［又称乔治五世］的精神吧，他在1917年7月17日发布皇室诏告，宣称他，以及他的祖母维多利亚的其他所有男性后裔——如果他们是大英臣民的话，将采用"温莎"［Windsor］这个民族姓氏）。达到这个目标的最重要手段是，常常要顶住国内的强烈反对，执意认为那些坟墓及其标志应该尽量整齐划一，它们应该在管理严密的空间格网里规划好。这里没有什么东西可以明显区分开中产阶级与工人，军官与军士和列兵，英格兰人与苏格兰人，威尔士人和爱尔兰人。家属获准提交不多于66个字符的不管哪种铭文，那还得经受墓地委员会的审批，[1]还要按字母收费。这样，即便近距离看去，也没有哪座墓碑会鹤立鸡群。参观者可能得到这样的印象：在每个巨大的公墓里，死者们——这么说吧——在一动不动地立正，纵然是横卧着的。她也会被激发着开始计算那些可替代的象征性的整数，这

1 此处有两股动力在起作用：统治阶级的傲慢自大和官方民族主义。建筑工程部那位常任大臣写道："我们必须不遗余力地让这些公墓尽可能有吸引力，防止它们通过亲属们常爱竖立的丑陋不堪的雕像，而成为法国乡村里的碍眼之物。"（同上，第155页）然而俗不可耐的"亲属们"的强制性缺席，也保证了躯体始终如一地是"国家财产"。

种整数再常见不过地被加之于四分五裂的战士的残骸上，向我们表明，躯体计数对晚近的官方民族主义多么重要，而不仅是对人口普查或在选举
52 日才关系重大。

巴黎和华盛顿大不如伦敦那么成功，明白何以至此很有意义。在法国，政府没有英伦海峡帮它坚持垄断权主张。“亲属们”很快开始争夺尸体，这随着时间推移而愈演愈烈。强势的天主教会直陈它厌恶公墓，因为它们如此显眼地同传统的宗教礼拜地点分隔开来，看似受到第三共和国反教权主义的瘴气的污染。不以信仰来区别死者证明是办不到的——基督教徒（无论新教徒还是天主教徒）的十字架，犹太人的六芒星形，穆斯林（他们有许多人来自早已变成宗主国法国的组成部分的那个阿尔及利亚）的清真寺一般的圆顶。就美国而言，它是个历史上较弱的联邦制国家，悬在一个强大的公民社会上保持平衡，无缘效仿白厅官方民族主义的民族—国家化。尽管一些有权势的政客做出了不懈努力，要让美国阵亡者留在法国、比利时和英国国土上的“美国”公墓里，在那里他们可以代表新近的、也许还有将来的美国在欧军事荣耀；但是没有得到什么系统的结果。[1]仅仅30%的阵亡者未能通过横渡大西洋的长途旅行回到故乡，其余70%的死者，正是他们的亲属而非国家决定了他们是私下安葬，还是葬于国家或民族的公墓里。无疑地，这一反利维坦的民主主义胜利的缘由之一是，共和国最近的战事都发生在古巴和菲律宾，这些蛮夷之地，美国人不能设想竟愿埋骨其间。一种传统已当其位，它后来将保证死于韩战和越战的许许多多美国人，不远万里尸骨还乡。更奇特的是，没过多久国会感到，对想去祭奠埋在欧洲的儿子的那些母亲们（不是妻子们），不能不资助往返船票和其他开销。不过有一种典型的美国式差别。白人母亲们乘坐豪华的远洋客轮的特别二等舱，住在高档宾馆里；黑人

1　本段内容多摘自G. Kurt Piehler，“The War Dead and the Gold Star: American Commemoration of the First World War”，见Gillis编，*Commemorations*，第168—185页。

母亲们对商用轮船就只能知足，寄宿在绝成不了五星的住房里。

如果民族战死者的无名众生的纪念命运就是如此这般，那么官方民族主义怎样设法对待垂范天下的名人呢（他们大多死在自家床上）？法国展现了一个饶富意味的例子。

1764年，遵照路易十五的旨意，建筑师苏弗洛（Soufflot）开始建造一座教堂，它要供奉巴黎的主保圣人圣热娜薇耶芙（Sainte Geneviève），
却是按照从伦敦圣保罗大教堂学来的一种“古典”风格设计的。也许 53
就是这种风格，确保了大革命期间它被赋予新命，成为改葬伏尔泰、卢梭这类民族圣贤的先贤祠。[1]所有权从王朝到民族国家的易手，透露在添加到它立面上的这句响亮广告语中：Aux Grands Hommes la Patrie Reconnaissante（伟人们，祖国感谢你们）。1828—1830年间，它短暂地恢复了宗教地位，后来在1851—1870年间，在拿破仑那欺世盗名的侄孙（great-nephew，原文如此，应为侄子。——译注）统治下，又再度如此。直到1880年代，“祖国的感谢”才赢得了对圣热娜薇耶芙的稳固的法律胜利。但是光晕始终躲着先贤祠，即便它是一个吸引游人的经久不衰的名胜。如果有谁想知道为什么，部分解释应当出自对它与拉什莫尔山国家公园相似点的思考，以及对“伟人们”这种民族序列的可替代性逻辑的思考。无论是华盛顿、杰斐逊、西奥多·罗斯福，还是林肯，都没有葬在拉什莫尔山，但是就算他们全葬在那里，也不会有什么两样。游人们站在紧邻一个巨型停车场边沿的围栏旁，仰视着“我们最伟大总统”的那些塑像

---

1 有关先贤祠的一种优秀历史叙述，参见Valérie-Noëlle Jouffre, *Le Panthéon*（Paris: Éditions Ouest-France, 1994）。改变发生在1791年4月，就在米拉波死后，国民议会投票选择安放他的遗体的地点，要配得上他为大革命做出的英勇贡献。（哎呀不好，他在1793年11月又被匆匆“褫夺了圣贤头衔”，因那时发现了涉及他的政治历史的危害性文件。）伏尔泰于1791年7月迁入，卢梭两年后迁入。马拉的遗骸在那里从1794年9月只待到1795年2月，然后遭遇了米拉波的命运。

（它们的身量是由彼此的存在予以保证的），然后就驱车各奔东西了。先贤祠亦然：游客们往前走之前，先看到了“伟大法国人”的一个个大名，那是一个约束序列，其中伏尔泰和卢梭可以相互代替。[1]这些躯体真的在那里，是官方民族主义的囚徒，但在这样一个圣地里，这一点无足轻重，因为参观的眼睛哪里都看，就是不看地面。

正如通常的情形那样，“不成功的”陵墓尤能揭示它们竞争对手的成功背后的机制。早在1910年代，在诺特（Norte），即一位美国城市设计师所规划的崭新市立公墓里，一座小型的先贤祠建立起来，用于安葬菲律宾的民族英雄，事实上在美国统治时期，有相当数量的官方认可的这类英雄的遗骸归存此地。今天，菲律宾几乎没有什么人还知道这个荒废失修的先贤祠的存在。从外面看来，它尚可辨认出本来模样，但里边已经成
54 了管理员及其家庭的公寓，沿墙的壁龛如今主要摆满了玩具、盒式录像带、罐装商品和厨房用具。发生的事情就是，菲律宾的伏尔泰和卢梭们设法逃离了，鼓动起忠心耿耿的、通常是家族的遗体争夺者来把他们转移到家乡的神殿里去，在那里他们可能受到祖先崇拜精神指引下的照顾，而且，从官方—民族的视野消失之后，兴许获得了独一之物的神奇光晕。与此同时，诺特公墓过着它自身的辉煌壮丽的生活，每年在万圣节前夜臻于顶点，那时候，成千上万的家庭源源而来，各自奔向自家的坟墓，同魂兮归来的死者共度佳节：放风筝，玩牌或打麻将，抽烟或吸大麻，喝酒，祈祷，赌钱，准备祭品，掌掴孩子等。

这里有某种令人兴奋的东西，人们在民族庆典上很少看得到，或许

1 约夫雷提供了一份71位名人的名单，他们在先贤祠有坟墓或骨灰瓮。考虑到这幢建筑变幻无常的历史，不用奇怪这其中大多数人在革命时期和拿破仑时期如日中天，到如今却默默无名。先贤祠作为庄严的爱国场所的复兴，是随着第三共和国到来的，特别仰仗维克多·雨果于1885年的安葬。后来又安葬了一些名人，其中包括埃米尔·左拉，让·饶勒斯，让·穆兰，最近的有让·莫内。

是由于这种仪式的结构不是序列性的，而完全是蜂窝状的。每个家庭可能或多或少都在做着同样的事情，但是每家的祖父母（abuelos）绝对是无可替代的，也引不起别人的兴趣。菲律宾大多数总统安息于此，在沿着公墓主林荫道的壮观陵寝里，但是没人注意到他们，哪怕是以拉什莫尔山的那种态度；只有他们各自的子孙来祀奉他们。

在复制品—雕像与死者之间的某个地方，是官方民族主义的那两个奇异作品：伦敦的无名烈士墓和一战死难者纪念碑。但是正如下文将明了起来的，它们最初的巨大成功充满了矛盾性，而且依赖于某种独一性的光晕，由于它们创建者的隐含计划，那种光晕注定是要退去的。

英国政府似乎在一战结束后的早期开创了这些纪念物，它自始即深忧这样的可能性：假如这位无名烈士的身份得以追查出来的话，他可能逃逸或遗体被夺走——在诺特的意义上。譬如，寇松（Curzon）热烈地坚持，无名烈士应当“依旧无名”。[1]因之，寻找合适的遗骸就被限制在大战最初几个月战死的那些人，他们最大限度地腐烂了，可能是七分如尘，三分像人。军方官员筛选出这样四具遗骸，再从中抽签选出一具，成为这条全面禁令的唯一例外：乔治五世国王陛下的死亡臣民不得返乡。实际上，由一艘英国海军驱逐舰横渡英吉利海峡运送的，是十六只桶，里面装了五十袋法国泥土。不过西敏寺大教堂的葬礼激起了惊人的情感喷发。在1920年11月11日以后的日子里，超过125万人排着队缓缓经过开放的墓穴。同一天，由君王揭幕的一战死难者纪念碑产生了相似效果。数千悼念者在它周围摆放花圈。 55

至于统治阶级对这些事件的看法，我们最好求助于伦敦的《泰晤士报》，它评论说：

1　参见Laqueur，“Memory and Naming”，第163页。

> 此前从来不曾有过这样一份公告，一吐为快的公告，说我们全是平等的，全是一个躯体或不如说一个灵魂的一部分……我们所有人都是一支管弦乐队的成员……在那肃静的仪式上，有一种忘我，一种预言应当实现的渴望……即我们可以，真的，全都成为一个政治躯体和一个不朽灵魂的组成部分。[1]

透露内情的短语“一吐为快”，夹在“一份公告”和“我们全是平等的”中间，向我们表明那是虚伪的官方民族主义的叫卖。但是有意思的问题是，为什么这些新奇的仪式那时候对寻常百姓实际上“起作用”？较好的解释或许出在两个不同层面上。其一当然是国家对阵亡者的民族—国家化，以及他们被强使隔离在大不列颠境外，所产生的意外后果。数百万的丧亲者，无一获许以诺特的蜂窝方式埋葬他们的亡人。用互补的方式，一战死难者纪念碑的空洞性与无名烈士墓独有的丰富性，使得其间可能插入私人记忆和悲伤。缓缓移动的瞻仰队列的好处在于，每个吊唁者都有暂时的机会插入那种意念，还意识到她前后的人都在插入他们自己的东西，对此她当然不能与闻。这是万圣节前夕吗？另一种回答不过就是仪式本身的新奇性。人们在参加时，并未想到这些仪式将要年复一年无限期地重复，而且要在许许多多不同地方重复——换言之，那些仪式仍在序列的控制力与无本原的复制品的逻辑之外。它们在1920年那时还有独一性的光晕。[2]但是这样的成功，处在晚近官方民族主义和私人悲情的临时接合点上，它始终是在一个定时器上跑步。序列化和复制的逻辑很快加入了游戏。阿林顿如今有了四座美国无名烈士墓，分别为一战、二战、韩战、越战而立，也有南部邦联无名烈士墓。阵亡将士纪念日

1 *Times Armistice Day Supplement I*, 1920年11月20日，第1页，转引自前揭书，第158页。

2 在我们这个时代，华盛顿特区那黑色花岗岩的、名字刻得像疤痕累累的“越南墙”也有这种光晕，人们还在它面前蜂窝状地悼亡。

在星期五和星期一之间摇摆不定，为的是确保——在无尽的一系列日历年（calendar year）中——一个悠闲自在的季春假日。

现在，当真正的死者同时被遗忘、复制、隔绝、序列化和无名化的时刻，我们回到了这个矛盾的问题，即我们只能称之为无本原性（originlessness）的本原问题。在《想象的共同体》的最后一章，我示意说，十八世纪晚期的种种断裂——它们本身是长期社会转型的变向时机——突如其来地产生一种新意识。这一意识根植于同质的、空洞的时间中，造成健忘症和疏离感，那与青春期带来的对童年的忘却如出一辙。一个深渊展现出来，它要求（也助成了）米什莱（Jules Michelet）发出亘古未有的宣称，说他是为一代又一代死去的“法国”男女立言，而那些人都不知道自己是法国人。恰在这个关键时刻，民族的叙事，连同其古怪的反系谱的目的论，都出现了，它们“顺着时间上溯……［直奔］考古学灯笼摇曳不定的微光照到的随便什么地方”。[1]

米什莱在要“拯救”无言死者的激情四溢、为天下先的个人声称中，尚且没有真正意识到他本人就是一时的创始者（Originator）。可是一旦他存在于斯，供所有人阅读，一个谁都可以剽窃的模型于是就位了。滑稽的是，没有什么人、什么机构比这样一些人更好地处在从事这类剽窃的位置上：贵族阶层、后殖民精英，诸如此类人，他们希望借过去传下来的世系而主张自己的合法性。那些迫使英王约翰签署了拉丁文《大宪章》的人，据称是讲诺曼法语的大封建领主的后裔们，凭借米什莱的反向目的论，就这样成了英国民族主义旗帜的名正言顺的旗手。 57

1　就是这种反向的目的论，把“大战”（the Great War）改成了“第一次世界大战”，让以色列国成了华沙起义的始祖。因此不存在民族的创始者，或者毋宁说创始者是一个不断变化的、此时此地的“我们”。

3

远距民族主义

在1860年代写的一篇名文里，德高望重的自由主义天主教徒，祖籍那不勒斯的英国人，政治家—历史学家阿克顿勋爵，有先见之明地警告说，三种强大的颠覆性思想正威胁着“现存文明”。这三大思想一是平等主义，矛头直指贵族政治原则；二是共产主义（他想到的是巴贝夫，不是马克思），矛头指向财产原则；三是民族主义，或民族精神（nationality），矛头所向是合法性（legitimacy）原则。就第三种思想，他写道，它“问世最晚，当世最富吸引力，得势的前程最远大”。[1]如果看看我们四周的世界，130年后的世界，好像阿克顿说得对极了。贵族政治已经被当成一种危险的政治思想摒弃，而成人选举权在几乎一切地方都已是既存事实，或者是一种势在必至、指日可待的前景。[2]形形色色的共产主义似乎已经退潮。但是合法性也几乎处处被推翻，以至于当前联合国的成员国数量

1 John Dahlberg-Acton, *Essays in the Liberal Interpretation of History*（Chicago and London: University of Chicago Press, 1967），第五章，第134页。

2 这不表示欺骗性选举流传不广；然而，假若不是甚至在像伊斯兰教的伊朗（那里煞费苦心地拒斥“西方的”政治价值观）这样的社会里，选举都成了现代性和文明的标志，那这样的欺骗本来是不必要的。连沙特阿拉伯和科威特也走上了选举之路。

四倍于它七十年前的前身国联。几百年间建起来的多语种大帝国，一个接一个地解体了——那广袤的区域一度受治于伦敦、伊斯坦布尔、莫斯科、马德里、里斯本、海牙、维也纳、巴黎，甚至亚的斯亚贝巴。只有天 58
朝帝国的残躯犹在。

然而就在这一轰然的解体过程——也是解放过程——的同时，世界已然更形密切地整合到单一的资本主义经济中去了，在我们时代的这个经济里，按下一个计算机键，数十亿的美金几乎瞬间就能传送到全球各地。如何理解一体化和解体这个乖谬的双重运动呢？这些力量是相互矛盾的呢，抑或不过是单一历史进程的对立面相？再有，资本主义正在制造新型的民族主义吗，在其永恒的躁动不宁中？

探索这些问题的一个不错的起点，是阿克顿论文的另两段文字。第一段其实是从十七世纪伟大的教士演说家波舒哀（Jacques Bénigne Bossuet）的布道文章中摘录的，我们的这位历史学家赞许地提起它：

> Ainsi la société humaine demande qu'on aime la terre où l'on habite ensemble; on la regarde comme une mère et une nourrice commune ... Les hommes en effet se sentent liés par quelque chose de fort, lorsqu'ils songent, que la même terre qui les a portés et nourris étant vivants, les recevra dans son sein quand ils seront morts.
>
> ［因此，人类社会要求我们热爱我们共居的大地；视大地如母，如共同的哺育者……人人都想到，同一片土地承载了人，滋养了生物，待到它们消亡时将其接纳入怀，于是，他们事实上都感到因某种强有力的东西而结合在一起。——译注］

第二段是阿克顿本人的警句：“流放是民族主义的温床。”[1]

阿克顿在试图比较两类政治忠诚，一种与合法性协调无间，另一种则与之格格不入。因为波舒哀没有提到法国（撇开那法语），相反提到了一种普遍的社会状态，在那种状态下，人类感觉自己被生养他们的故土牢牢系在一块，还将在她的怀里——他们这样梦想——寿终正寝。对波舒哀来说，人们向往着就在他们出生和长大的地方终老，似乎再正常不过了。包含在由出生和死亡这两个非自愿的、宿命性时刻所划定的界线之内的这种静态，与封建社会的社会公理同声相应：即该社会被建成一种神定的、不可更易的等级制度。这同对本地土壤的深深依恋相结合，使得数以百计的这种共同体有可能平静庄严地聚合成有合法性的庞大松垮的统
59 治区（imperia），而且如有必要，它们可能通过王室联姻、外交和战争，拆分到其他统治区去。[2]波舒哀的注意中心因此是在Heimat（德语，故乡），或者也许更恰当地说是patria（西班牙语，家乡），这个绝妙的伊比利亚语词能够从“父母之村”，经由“父母之乡”和“父母之郡”，逐渐延伸到“父母之邦”（home-country）。

与之相对，阿克顿相信，“民族主义”源自流放，此时人们不再能够轻松地梦想回到曾经生养他们的滋润的怀抱。极有可能的是，这位自由

---

1 Acton, *Essays*, 第154, 146页。阿克顿采用的波舒哀引文在此以法文原文形式给出。“Politique tirée de l’ Écriture Sainte”, 见*Oeuvres de Bossuet*（Paris: Firmin Didot Frères, 1870），第一卷，第304页。

2 请注意《理查二世的悲剧》第二幕第一场的这一有名段落，它常被援引来断言莎士比亚的一种早期民族主义：“这一个君王们的御座，这一个统于一尊的岛屿，这一个庄严的大地，这一个战神的别邸，这一个地上的天堂……这一个幸福的国土，这一个英格兰。”［中文引文见朱生豪译《莎士比亚戏剧集》（十二），作家出版社1954年版。——译注］不过，除了战神和君王们之外，这个地上天堂没什么明显的居民，肯定没有苏格兰人、威尔士人、英格兰人和康沃尔人的大杂烩，他们许多人原本言语不通。

主义历史学家心里主要想到了他那个时代的伟大的民族主义领袖——马志尼，加里波第，科苏特，等等，他们很多人由于显而易见的政治原因，长期生活在自己的故乡以外，有时就客死他乡。但是阿克顿所谓的流放的确老早就已开始。波舒哀已经是一个落后时代的人了，因为他出生于1627年，那是在清教徒的“先辈朝圣者”（Pilgrim Fathers）移民团在普利茅斯礁石登陆之后七年，在天主教的科尔特斯（Hernan Cortés）猛攻蒙提祖玛的著名首都之后一个多世纪。自十六世纪晚期以降，数百万的起码名义上自由的欧洲人，数百万的受奴役更甚的非洲人，可以谓之踏上了横跨大西洋的“流放之旅”。这些迁移规模之大、路途之远，都是史无前例的，使得里斯本、马德里和伦敦必须发明古怪的新词crioulo，criollo和“the colonial”，指代一种新型的流落异域的人和文化。对这种渐次浮现的流离意识，玛丽·罗兰森（Mary Rowlandson）的纯朴回忆提供了一幅最为鲜明的图画。她是一位年方十九、刚刚出阁的马萨诸塞女子，在1675年2月被一伙当地的阿耳冈昆部族（Algonquin）和纳拉干西特部族（Narragansett）的斗士短时间劫持。她可怜巴巴地写道：

> 我看见一个地方，那里有一群英国人的牲口，这让我感到一丝安慰，虽然帮不了什么忙。不久我们来到一条英国人的小径，我真喜欢它，我想我本来可以索性躺下去死掉。那天，正午刚过，我们到了Squaukheag，印第安人迅速分散到英国人荒废的几块田地里。[1]

从她的用语中，我们观察到奇特的、全然是克里奥耳语的自相矛

---

1 Mary Rowlandson，“A Narrative of the Captivity and Restauration of Mrs. Mary Rowlandson, 1682”，见Charles H. Lincoln编，*Narratives of Indian Wars, 1675—1699*（New York: Barnes & Noble, 1952），第132页。Squaukheag就是今天的Squakeag，在马萨诸塞州诺斯菲尔德（Northfield）市的比尔平原（Bear’s Plain）附近。

盾倾向。一方面，她觉得不必向她的读者解释Squaukheag位于何处，更
60 不消说如何念这个醒目地不属欧洲的地名了。她的熟知并不出人意表，Squaukheag可以说就是顺着这条路走去的那个地方，毕竟她在这个同样不属欧洲的马萨诸塞出生并度过了整个青少年时代。另一方面，她看见了面前的“英国人的牲口”，一条“英国人的小径”，和“英国人荒废的几块田地”，虽然她从来不曾处在距英格兰三千英里范围之内。这些可不是从科茨沃尔德丘陵地带（Cotswolds）或唐斯的有草丘陵地（the Downs）——可以说真实地点——拖曳过来的东西，而是一种想象行为，对十七世纪格洛斯特郡或萨里郡的一位年轻牧师之妻来说，这样的想象决不会发生。它们之所以某种程度上准备好了成为“英国人的”，恰恰因为它们是在马萨诸塞，不是在英格兰，因为在玛丽看来它们蕴藏着她的“英国”人民农业劳作的踪迹。但是我们也可猜测，直到她被绑架的那一刻为止，她是就事论事地把牲口看成牲口，田地看成田地的。后来她落入阿耳冈昆人和纳拉干西特人手里，被拽出了日常生活，就在她土生土长的马萨诸塞的正中央，她发现自己处于可怕的流放之中：当此之际，她的“民族化”时机到来了。她沿着一条小径挣扎着，就在她确信自己不可以躺倒死掉的节骨眼上，那条小径变成英国人的了。当她最终被赎救出来，回到她出生的共同体中时，她的“民族主义的”震颤不见了。因为她已经设法差不多回归故里了。然而这个故里是兰开斯特，还不是美洲。[1]这里的悖论在于，我们今天能够不费神地把玛丽·罗兰森理解为美洲人，正是由于她在囚禁中看到了面前的英国人的田地。

玛丽·罗兰森的故事在马萨诸塞初版，一年之内，在大西洋对岸也出

1　令人惊讶的是，即便在百年之后，《独立宣言》也没有以“美洲人”的名义讲话，在它广为称引的绝妙开篇之后，收尾却是愤愤不平地抱怨乔治三世强加于他的大西洋彼岸的“英国臣民”的种种委屈。

版了，而且证明很受欢迎，整个十八世纪累计出了三十版。[1]在新近联合起来的王国里（玛丽被掳是在苏格兰被掳之前二十年），飞快增长的阅读大众渐渐知晓了不合常轨、用英文写作的女人们，她们从不曾涉足英国，却可能被“野蛮人”拖过英国人的田地。她们是什么人？真是英国人吗？非英国的英国妇女——“殖民地居民”（colonial）的照相底片开始显现。

由于在英国人到北美建立殖民地之前一个世纪，西班牙人已下手在加勒比海和南美从事征服活动，所以非西班牙的西班牙人很早就开始隐然耸现。早在1612年，马德里人、多明我会神学家胡安·德拉·普恩特（Juan de la Puente）就写道：“美洲的天空诱发出易变、淫靡和谎言：这些是印第安人典型的恶习，而那里的星座使它们成了生于斯长于斯的西班牙人的特征。”[2]此时克里奥耳人正从形象上创造出来，稍后将在文化和政治上变为现实。[3]我们在这里可以看到“土著”（the “native”）真正的历史起源，尤其是如果我们回想起对德拉·普恩特长达一个世纪的怒斥的话——这种怒斥因横跨大西洋双向流动的印刷品的轻嘶而变得可能。“土著”这个人物形象有时藏在其他名目下，完好地挺到我们这个时代，欧洲如是，别的任何地方也相差无几。 61

因为土著就像“殖民地居民”和“克里奥耳人”一样，是一张黑白底片（white-on-black negative）。土著的土著特性始终是无所系泊的，它的

1 参见Nancy Armstrong和Leonard Tennenhouse, *The Imaginary Puritan: Literature, Intellectual Labor, and the Origins of Personal Life*（Berkeley: University of California Press, 1992），第204页及所引文献。

2 转引自D. A. Brading, *The First America: The Spanish Monarchy, Creole Patriots, and the Liberal State, 1492—1867*（Cambridge: Cambridge University Press, 1991），第200页。

3 布雷丁也注意到，早在十六世纪，有些克里奥耳人知识分子业已开始既在西班牙征服者当中，又在印加王族中认祖归宗。同上，第14章。

现实意义是混合的、逆喻的(oxymoronic)。它的出现，是在摩尔人、异教徒、回教徒、野蛮人、印度教徒之类变成废词的时候，也就是说，不仅仅是在临近真正的印刷品会战之秋，有相当数量的越南人读法语、写法语，或许还说法语的时候，而且是在捷克人对德语、犹太人对匈牙利语都同样如此的时候。民族主义的纯正(由此还有清洗)恰是从这种混杂中开始浮现出来。

是什么让所有这些发动机开动起来的？略有不同地说，是什么使玛丽·罗兰森(以及不久之后的伦敦)的不稳定的英国属性成为可能？简单的回答是资本主义，仰仗它的机构，自十六世纪中叶以来，数百万自由的、契约约束的和受奴役的身体能够穿越几千英里海域进行运输。但是这一运输的物质实体——轮船、火器和航海装备——是由墨卡托地图与积累起来的巨量知识所指导的，前者受数学的启迪，后者在印刷物中存储和传播。也正是凭借往返越洋的印刷物，这种不稳定的、想象的、带着英国属性和西班牙属性的世界才创造出来。

远距离运输与印刷资本主义通讯系统的重要关联，为十八世纪末叶第一次民族主义运动的繁荣准备好了基石。引人注目的是，这种繁荣首先在北美，然后往南在天主教的、伊比利亚的殖民地发生，那里的经济全是前工业的。十八世纪下半叶，北美殖民地比宗主国有更多的印刷机，这一事实最好不过地预示了那个繁荣过程。所以情况就是，到1765年，用沃纳的话说："印刷品渐渐被看成是政治生活不可或缺之物，对亚当斯这些人来说似乎是世界解放的首要原动力。使印刷业的这次转型尤其异乎寻
62 常的地方在于，它不像十九世纪的出版物爆炸，实际上不涉及该行业的任何技术改进。"[1]

1 Michael Warner, *The Letters of Republic: Publication and the Public Sphere in Eighteenth-Century America*(Cambridge: Harvard University Press, 1990)，第32页。这一证据强烈暗示，盖尔纳所谓工业主义是民族主义兴起的历史源头这种主张站不住脚。(参

同时，在大西洋彼岸，随后在全世界，新兴的工业资本主义正开始创造更加地方性的流放形式。在本杰明·迪斯雷利1847年的怪异小说《坦克雷德，或新十字军》里，他评论说“伦敦是现代的巴比伦”。[1]在这个逆喻里，一种囚禁叙事的回声同奢靡和堕落的箴言式比喻的回声一样响亮。这是从迪斯雷利早两年发表的小说《西比尔》的有名副题“两个民族”中合乎逻辑地生发出来的。正在深化的工业资本主义那时已经在领土狭小（假如不算爱尔兰的话，小于宾夕法尼亚与纽约之和）的单一国家中造出了“两个民族”，不过它们决不对应于任何公认的族群或宗教共同体。当恩格斯1842年抵达曼彻斯特开始研究工人阶级状况的时候，乔治·斯蒂芬森（George Stephenson）已经捷足先登。这个世界纺织之都有了一个火车站。火车头启动了它的世界

见他的*Nations and Nationalism*［Ithaca, NY: Cornell University Press, 1983］，随处可见。［中译本见韩红译，《民族与民族主义》，中央编译出版社，2002年。——译注］）有人还会补充说，十九世纪早期欧洲民族主义最为显眼的大多数地区——比如爱尔兰，希腊，波兰，波希米亚，几乎全然不见工业进步。

1 Benjamin Disraeli, *Tancred, or The New Crusade*（1847; London: Longmans, Green & Co., 1882），第378页。年轻的蒙塔丘特勋爵（Lord Montacute）认为他的英格兰、他的欧洲遭到启蒙理性主义、资产阶级商业主义及法国大革命传统的致命威胁，于是动身轻舟驶往圣地巴勒斯坦，在“这个世界的造物主屈尊造访过的此世的唯一地区”（第421页）寻求灵魂的复活。这一探索把他领向在巴勒斯坦和黎巴嫩的种种历险，那是后来托马斯·爱德华·劳伦斯（T. E. Lawrence）政治冒险活动的原型。他在历险中受到智慧勇敢的希伯来人的指引，也只得靠妈妈和爸爸——贝拉蒙特公爵夫人和公爵救他出险境。这部小说尤为醒目的是犹太人迪斯雷利在巴比伦式放逐中发现自身“族群身份”（ethnicity）的方式。他在十三岁上，就遵父命接受洗礼，加入英国国教而英国化了。蒙塔丘特大富大贵，不像英国人，但可以说精神上是犹太教的（迪斯雷利再三坚持说基督和使徒们全是犹太人）：他是这位未来的联合王国保守党首相的妙趣横生又自命不凡的自我投射。

性、历史性的使命：将成千上万的乡村村民运到城市贫民窟。这个使命的划时代意义，比之先前三个世纪跨大西洋的航船，也不遑多让。[1]
63 只有少数人将会返回家乡，在村子的无知先人们安息的那些逼仄墓穴里尽其阳寿。盖尔纳精彩地描述了这种新颖的工业生活经验如何剧烈地改变了这些人的生活，这种改变又如何使他们在一定程度上愿意接纳民族主义，但是他的描述应当以流放的符号来读解。在英格兰，看到"英国人的田地"正开始变得可能——从铁路车厢望出去。与此同时，另一种流放正因工业资本主义为欧洲诸国生产的财富而露头。因为这种财富促成了一种集中化、标准化、层级陡峻的公共教育体系的蔓延。艾瑞克·霍布斯鲍姆提醒我们说，就在《坦克雷德》出版之际，1848年动乱的前夕，全欧只有48000名左右的大学生，这个数字实际上低于俄亥俄州立大学当前的入学人数。[2]但在该世纪的下半叶，教育部如蘑菇般四处涌现——瑞典在1852年，英国在1870年，法国在1882年，孩子们开始被迫移居学校。[3]

---

1 这一非宗教的使命被理解得有多快，在《坦克雷德》的一段对话中有趣地表现出来（第162页）。主人公向伯蒂小姐也是贝莱尔夫人建议说，她和她的夫君加入他的耶路撒冷朝圣之旅：

> "那绝不可能，"伯蒂小姐说，"奥古斯塔斯断断不会同意；他离开伦敦不能超过六个礼拜，他太想念他的俱乐部了。要是耶路撒冷不过是人们想去就去的地方，事情还有商量；比方说要是有铁路通向那里的话。"
>
> "铁路！"坦克雷德叫了起来，一脸惊恐。"到耶路撒冷的铁路！"
>
> "不，我想永远不会有的，"伯蒂小姐沉思着说，"那里车辆不通。"

2 参见Eric Hobsbawm, *The Age of Revolution, 1789—1848*（New York: Mentor, 1962），第166—167页。［中译本见王章辉等译，《革命的年代》，江苏人民出版社，1999年。——译注］

3 这个进程典型的工业性方面是官方在该时代发明了成人教育。

1960年代中期，年迈的菲律宾人佩德罗·加罗萨（Pedro Calosa）接受采访，被要求对比两个时代的状况——当前的时代，与他领导的反抗美国殖民主义的1931年起义那个时代，这时候他带着怀旧的满足感评论道：1931年那时“尚无青少年（teenagers）一说”。[1] 因为人的这个新类型——儿童与作为劳动力的成人之间的游荡者——当时方始形成，是拜帝国主义者的大众教育新机器所赐。但是泛而言之，青少年是自十九世纪下半叶以来，国家将其标准化的国语强加其上的所在。不管这种国语是该国国民普遍懂得的语言的一种社会尊崇的方言（如英国国王的英语），还是从多种地方语中确定下来的一种地方语（如奥匈帝国的德语），结果往往是地方语（vernacular）和方言（dialect）的社会和政治等级的重新分层与合理化；由于新教育日益同就业前景和社会流动机会挂钩，情况就更其如此。难怪人们变得越发自我意识到他们的语言实践及其后果。司空见惯的结果是一种流放。标准化的国语越是不再仅仅是行政官员们的内部语言，而成为一个宣传性国家的官定语言，就越有可能在旧欧洲出现像克 64 里奥耳人或土著民的角色：不是真正德国人的德国人，不十分像意大利人的意大利人，不说西班牙语的西班牙人。如同在美洲一样，一种不稳定的否定性出现了。因此，到1919年改变了欧洲版图的民族主义运动往往是由通双语的年轻人领导的，1919年之后亚洲和非洲也沿袭了这个模式：没什么比这更不让人惊讶的了。一个男孩，跟母亲学会了捷克语，从学校学会了德语，他怎么能够抛却在他讲德语的同学身上未曾留下丝毫污染痕迹的一种捷克语？他怎么能不透过他的德语的倒转的望远镜看去，认为他的捷克语仿佛处在流放中？

从目前勾勒的视角看，有人可能倾向于认为，民族主义运动的兴起，以及它们的可变终点，即如愿以偿地成为民族—国家，是摆脱流放的回

1 “An interview with Pedro Calosa”，见David Sturtevant, *Popular Uprisings in the Philippines, 1840—1940*（Ithaca, NY: Cornell University Press, 1976），第276页。

家之举，是混居问题的解决之道，是为了在政治斗争的暗室里从底片上冲洗出来的正片。捷克人终将在捷克斯洛伐克出生并最后埋骨于斯，波兰人则在他们的波兰生生死死。文化生活和政治忠诚将彻底地、稳定地不妨说是按照波舒哀的方式校正一致。在欧洲以外的殖民地领土上，同样的逻辑在推进着，有意识地或无意识地，敷衍地或热衷地。现代的有界国家疆域以墨卡托法绘成地图，多少较为有效地管辖着，好像只是在静候相称的居民。这里，从某一视角看来，殖民主义好似一个噩梦缠身的口吃者。说它是口吃者，是因为就其本来的性质而论，它无从列举这样的居民。再没有比菲律宾更好的例证了。到西班牙统治末期，以受保护领地（terre nourrice）的身份，它已有350年之久被想象成Las Filipinas（菲律宾）。但是Filipino（菲律宾人）？不过是宗主国的人对当地克里奥耳人这个极小阶层的轻蔑称呼：不错，他们是住在菲律宾，但依傍着远为人多势众的半岛人、梅斯蒂索人、华人和土著民。直到1890年代的革命党人才把它用作这个家园上全体人民的称谓，他们最终包含了以上所有类别的成员，执拗地归于自身一种共有的菲律宾属性。殖民主义也是噩梦萦怀的，因为人们可以振振有词地论证说，它在民族主义者本身变成历史存在之前，就梦见了早发的民族主义。[1]由这种观点出发，诚如过去共和主义美洲的模式原来所暗示的，在地图上标出马里，大概就得找出它的马里人；标出锡兰，就得找出锡兰人；标出巴布亚—新几内亚，就得找出巴布亚—
65 新几内亚人。但这绝不能说总是做得成功的。

人们因之就能明白，为什么民族—国家地位对十九、二十世纪的民族主义事业如此关键，那些事业毁灭了从专制主义时代继承而来的庞大的、多语言混杂的帝制王国，以及比王国本身更长命、更庞大的殖民—帝国主义混合体。因为它——连同其典型的共和制度——被认为代表了想

1　这个论题在拙著《想象的共同体》（修订版，London: Verso, 1991）第十章有详尽阐发。

象的家园与想象的家园主人的一种新发现的结合，并通过有组织地运用它的政治权力和经济资源，确保那一结合的稳固。是故，李斯特式理想似乎合情合理：自给的“国民经济”，被关税像护城河似的拱卫起来。

然而有讽刺意味的是，正当这个经典的民族—国家构想随着1919年国联的建立而全面开花之际，前进中的资本主义也开始侵蚀其基础。像较早时代那样，最突出的转变发生在交通和通讯领域。地上，机动车日渐代替了火车头，它们在上面驰骋的碎石路面的大幅扩张，绝不是只在国境线内才规格一致的。天上，除了像美国这类特大国和富国以外，商用航空生来就基本上是跨国的。一个人飞来飞去，是要离开或返回他的民族—国家，不是在国内四处旅行，而“国家领空”只有昙花一现的貌似真实的生命，随后卫星的问世让它成了明日黄花。这些变化的步伐和劲头，生动展现在进入历史上的移民地美洲的非移民外国人的统计数字上[1]：

1931—1940	1,574,071
1941—1950	2,461,359
1951—1960	7,113,023
1961—1970	24,107,224
1971—1979	61,640,389
1981—1991	142,076,530

（非移民数量超过移民的第一个十年是1930年代，而且比值已达3∶1。）

收音机甚至把不识字的人口也带入了大众传媒影响范围之内，它的收听从未被有效限制在民族—国家的听众上。没有哪家报纸能够奢望支

1 *Information Please Almanac, Atlas, and Yearbook, 1987*（Boston: McGraw-Hill, 1987），第787页；*Information Please Almanac, Atlas, and Yearbook, 1993*（Boston: McGraw-Hill, 1993），第830页。这些表格缺少1980年的数字，它大概介于八百万到九百万之间。

66 配地球卫星的那种覆盖范围，BBC或美国之音就能做到。后来，电话和电报、电影、电视、盒式录音带、录像机及个人电脑，将收音机发动起来的几乎一切东西都加速了，无限放大了。

这些进展已然有了并将继续带来无尽后果，正因为它们是高级资本主义的跨国化与全球经济趋于陡峻的经济分层的有机组成部分。如今现实就是这样：全世界不到25%的人口占用了世界收入的85%，贫富差距正稳步扩大。在1980年代，8亿多人——超过美国、欧共体和日本人口之和——“甚至变得更见赤贫，1/3的儿童食不果腹”。[1]然而，多亏了飞机、巴士、卡车乃至老气的火车，这种不均和苦难从任何意义上说都比以往更靠近特权和财富。故而移民不再像前些世纪那样，外移到新世界或澳新的那些边缘地带，而是内移到宗主国的中心区域。

1840—1930年间，大约3750万移民（他们压倒性地出自欧洲）来到了美国；平均每年近41.6万人。1970年代，年均数字约为50万人，到1980年代约为74万人；80%的新来者是“第三世界”的。[2]保罗·肯尼迪提到说，眼下有些人口统计学家相信，今后三十年里，每十年会有多达1500万移民进入美国，即是说，年均速率是150万，这是1980年代的两倍。[3]

这些估计数值业已证明只有些许夸大。早在1997年，美国移民和归化局宣布，此前四年有不少于500万的非法（更别提合法的了）移民潜入

---

1 Perry Anderson, *A Zone of Engagement*（London: Verso, 1992），第353页。亦见该书所引文献。[中译本见佩里·安德森著，郭英剑等译，《交锋地带》，中国社会科学出版社，2008年。——译注]

2 “Immigration”, *The New Funk and Wagnalls Encyclopedia*, 共25卷（New York: Unicorn, 1945—1946），第19卷，第6892页。*The World Almanac and Book of Facts, 1992*（New York: World Almanac, 1992），第137页。

3 参见Paul Kennedy, “The American Prospect”, *New York Review of Books*, 1993年3月4日，第50页。

美国——年均速率是125万人。[1]西欧在二战结束与1970年代初的石油危机之间的三十年内，吸纳了2000万以上的移民。（若非斯大林铁幕之助，这个数字原本会高出许多。）但在1980年代后期，数字膨胀起来，或许整个1990年代将继续膨胀下去。德国的7900万居民中，520万（7%）是外国移民；法国，5600万人中有360万（7%）；联合王国，5700万人中有180万（2%）；瑞士，680万人中有110万（16.3%）。[2]（即便是孤绝的、限制甚严的日本，据说也有一百万左右合法或非法的外国居民。）而苏联经济和政治的崩盘，已经开始促成人口流动，那是任何世纪末的大陆封锁体系（Continental System）都无法阻遏的。 67

与此同时，我们时代的通讯革命深刻地影响了移民的主观体验。墨尔本的泰米尔人巴士司机离他的祖国（land van herkomst）只有区区十二小时飞行时间的距离。阿姆斯特丹的摩洛哥建筑工人每天晚上都能收听拉巴特的广播节目，毫无困难地买到他的国家最走红歌手的盗版磁带。东京郊区的非法外国移民、受黑帮保护的酒吧泰国男招待，向他的泰国同胞们放映曼谷出品的卡拉OK录像带。香港的菲律宾女佣给她马尼拉的姐妹打电话，在电眼的闪烁中给她在宿务的母亲汇款。温哥华学业出众的印度学生可以同他以前的德里同学天天保持电子邮件联系。更不消说老在增长的雪片般的传真了。

要是玛丽·罗兰森今天还活着的话，看起来似乎能够在她小小的公寓卧室里，在她脚指头那边的屏幕上，在完善的电子安全中，“真正”看见英国田地和牲口。但是自然地，意义全变了。这特别是因为她只能看见屏幕的控制者选择让她看见的东西。她的眼睛永远看不到比屏幕框更宽的

1 *New York Times*, 1997年2月8日。

2 参见“In Europe’s Upheaval, Doors Close to Foreigners”, *New York Times*, 1993年2月10日。请注意，这些数字不包括全世界据估计存在着的2500万政治流亡者，他们多半住在祖国之外那些污秽不堪的“临时”住所里。

地方。田地的“英国属性”不是出自她的内心，而是出自她身外一个讲述着的联合大企业的声音。更具体地，考虑一下这张驰名的照片：一位孤独的伯罗奔尼撒客籍工人（Gastarbeiter），坐在他——比如说——法兰克福的又黑又脏的房间里。墙上唯一的装饰，是汉莎航空公司一张游览帕台农神殿的华丽旅游海报，它用德语邀请他去希腊度一个“阳光明媚的假期”。他很可能从没见过帕台农神殿，但是汉莎设计的这张海报向他也向任何游客确认了一种希腊身份，或许只有法兰克福才促使他采取的身份。同时，它提醒他，他只要几个小时就飞到了希腊，如果他攒够了钱，汉莎将很乐意帮助他在他的故乡（Heimat）度过两周“阳光明媚的假期”。他极可能也知道，随后他将重回法兰克福的流放生涯。或者从长远看来，他
68 将发现自己年年在伯罗奔尼撒短期流放？抑或是在这两地流放？他的孩子们又将如何呢？

在转向这一粗描的1930年代后的流浪生活的政治后果之前，有必要简单强调一下后工业资本主义两个小而重要的关联后果。试考虑个人身份的两种通行天下、相当现代的官方文件：出生证明和护照。二者都在民族主义的十九世纪问世，后来变得彼此相连。没错，在全世界基督教化的区域，出生登记远远先于资本主义的兴起。但是这些出生只是由教区教堂地方性地、依照教会规矩记录的；登记是即将来临的洗礼的前奏，标志着基督教徒的灵魂在新的肉体形态中出现。然而在十九世纪，登记由国家接手，那些国家正日益呈现出民族色彩。例如在工业发达的英格兰，户籍总署署长职位不过是在1837年才设立的。所有出生，不论随后施洗与否，一律强制性登记，这是直到1876年才有的。国家的证明书确认每个婴儿的父亲和出生地，（通过血统主义或出生地主义）为幼儿获得公民权与否创造了奠基性文件。（他或她不再是出生于埃格汉教区，而是联合王国。）护照是工业时代里移民和民族主义力量会聚的产物，准备当婴儿逐步变为成人时认可其政治身份。

出生证明和护照的联结是在这样一个年代制度化的，当时妇女还没

有政治参与的法定权利，父权制家庭是大体上不受质疑的规范。但在我们的时代，这一切都急剧改变了。当国联成立——以及妇女选举权正盛行起来的时候，美国离婚与婚姻的比率大约是一比八，而今差不多是一比二了。未婚妈妈生育的美国婴儿比例，从1960年的4.2%惊人地增加到1990年的30.6%。[1]现代生活的国内漂泊和国际漂泊，也导致十九世纪的出生证明变得像一种伪钞。譬如，设若我们获悉玛丽·琼斯（Mary Jones）于1970年10月25日出生在德卢斯，父母是罗伯特·梅森和弗吉尼亚·琼斯，甚或是罗伯特·梅森和弗吉尼亚·梅森，我们不能淡淡地推论说，她就是在那个德卢斯被怀上，在那里长大，或者如今住在那里。我们搞不清楚她的祖父母是不是葬在德卢斯，而且即便是，我们也没多少根据可以料定， 69
玛丽总有一天会埋在他们身边。弗吉尼亚还是梅森家的吗？或者是琼斯家的？或者又是别的什么人家？玛丽同罗伯特或弗吉尼亚的联系，有多大可能会超出定期的长途电话？她在多大程度上会被人认作、也被自己认作一个德卢斯人，一个梅森家的人，或一个琼斯家的人？

出生证明的伪造性质，或者——我们应该说——它的低市场价值，也许因其赝品之相对稀少而得到确证。反之，大量的假护照以及它们博得的高价钱表明，在我们的时代，当人人都被设想成归属于联合国某成员国的时候，这些文件具有高度的事实断言性（truth-claims）。但是它们较少表明公民权，更谈不上表明对一个保护性祖国的忠诚，而较多表明参与劳动力市场的权利；就此而言，它们也是伪造品。葡萄牙护照和孟加拉护照，即使真实不虚，也没有透露几分关乎忠诚或习性的事情，而是充分显示了它们的持有人获准在米兰或哥本哈根找工作的相对可能性。我们全都在机场的移民隔板那里经历过的隔离队列，所标志的经济地位远甚于任何政治忠诚。实际上，它们对人力计收差别关税。

1　资料源于美国人口普查署的图表，转引自*World Almanac and Book of Facts, 1992*，第942，944页。

现在让我最后转向政治领域。至少在两个既有别又相关的政治范域，上面阐述的这些过程可能破坏了古典的十九世纪民族主义构想，后者立志要让习性、文化、忠心和排他的政治参与完全一致。

第一个范域与后工业核心国家约略相当。在十九世纪和二十世纪早期，那些所谓移民国家（主要是美洲国家，也有澳大利亚和新西兰）有非凡的能力让数百万移民同化和归化。加尔铁里（Galtieri）、艾森豪威尔（Eisenhauer）、藤森（Fujimori）、范布伦（Van Buren）、奥希金斯（O' Higgins）、杜鲁道（Trudeau）等名字就说明了问题。但是出生证明此时首先具有政治重要性，我们可以从宪法的这一限制性条款看出这点来：美国总统应当出生在本国边境以内。因此一个人要么是美国人，要么不是。而且，为美国之外的其他国家服军役，要遭受褫夺公民权的法律制裁，虽说这并非总是不折不扣执行的。这个制度何时才开始式微的呢？或许是在我们划时代的1930年代，那时美国人被容许加入西班牙内战中的国际纵队？要么是在1940年代末，那时美国人被默许参加新生的以色列国的保卫战？但是我想，既定规则中的这些失效之所以听之任之，恰是因为人们相信这些法外事务是区区小事，涉及的是籍籍无名的小人物。再
70 说，卷进去的那些美国人的美国身份从未被认真怀疑过。然而这些状况自1960年代中期以后就开始改变了。安德烈亚斯·帕潘德里欧（Andreas Papandereou）生而是希腊公民，后来成为美国公民，再后来，趁着机遇的召唤，又成了希腊公民和希腊总理。在他的发展中尚可见某种章法。但是对长滩白手起家的百万富翁金·凯萨维（Kim Kethavy）的1993年柬埔寨总统候选人资格，我们又将作何感想呢？用《纽约时报》的郑重话语说，他“持有美国护照……他的竞选总部的办公室插满了美国国旗。（按照美国移民法，凯萨维先生万一获胜，或将被迫放弃美国国籍——虽然他获胜希望渺茫。）”[1]这里一切都有象征意义：凯萨维先生的国籍放在括

1 “For the Cambodian Vote, a Fourth of July Flavor”, *New York Times*, 1993年2月17日。

号里，有案可查的报纸认为他只是"或将"被迫放弃它，假如他成了柬埔寨总统的话。没有迹象显示1990年代的《时报》觉得凯萨维先生——或美国政府——的行为有什么古怪或不妥之处。毕竟，美国公民米兰·帕尼什（Milan Panič）和穆罕默德·萨希尔贝（Mohammed Sacirbey）最近已就任南斯拉夫总理和波斯尼亚驻联合国大使，而塔格佩拉（Rein Taagepera）离开加州大学欧文分校终身教授职位，不成功地竞选过爱沙尼亚总统。这种现象也不是美国一家独有；加拿大公民、计算机系统生产商蒂明斯基（Stanislaw Tyminski）曾与瓦文萨（Lech Walesa）对抗，竞选波兰总统。

这枚硬币的另一面是，美国和其他老牌民族—国家里出现了一种族群认同，它相对于经典民族主义的德米特里·卡拉马佐夫，看起来像是私生子斯乜尔加科夫。美国变种的一个象征，也许是前些年乔纳森·波拉德（Jonathan Pollard）的间谍罪审判。一个美国公民，却为另一个国家刺探美国情报，如果谁认为这里边可能有什么值得褒扬的，那在古典民族主义时代会显得荒诞不经。但对同情波拉德的相当数量美国犹太人来说，这位满腹怨恨的间谍被理解成代表了一种跨国族群认同（transnational ethnicity）。还有什么能够如此颠覆性地模糊美国和以色列的公民身份呢？另一个象征是1977年亚力克斯·哈利（Alex Haley）的电视连续短片《根》（*Roots*）所吸引的众多非黑人观众。（收看最后一集的有3600万户家庭，令人瞠目。）该剧凸显了绵延不辍的"非洲人属性"（Africanncss），由此意在反驳大熔炉的意识形态——哈利的祖先们虽则已然美国化，多少还保持着那种属性。几乎没有疑义地，《根》的流行多亏了这个可换位的主题，只要我们回想起特别是在1980年代，那些地 71
地道道的美国青年一窝蜂地去为大学里的各种族群研究项目游说，他们也热情洋溢地去研究自己生身父母往往已经决定抛弃的语言。从这些和别的冲动里冒出了文化多元论的意识形态纲要，它暗示说，十九世纪那种简单形态的美国主义（Americanism）不够用了，或者不可接受了。（可是什么形态够用？很长时间以来，美国选举的参与度一直在下降，到1990年达到极低点：仅36%的合法选民投了票。）

从（比方说）美国人到亚美尼亚裔美国人再到亚美尼亚裔美国人的这种转变，正受到两股力量的强化：一是前面谈过的交通和通讯的普遍革命，二是当前苏联和南斯拉夫的解体。例如，克利夫兰的斯洛文尼亚血统的人就比卢布尔雅那还多，既然斯洛文尼亚已是独立国家，在克利夫兰以及在美国做一个斯洛文尼亚人，就显得重要性有所提高。这样的族群认同通常和《根》一样有着浓厚的想象特征。我们多半会为这样一些矢志不移的“爱尔兰裔”波士顿人发笑，他们不懂爱尔兰文学，不玩爱尔兰的运动，不给爱尔兰交税，不服爱尔兰兵役，不在爱尔兰的选举中投票，对这头“老母猪”（Old Sow）的今日现状仅有度假所得观念。然而思考下面这件事就不那么好笑了：男女同性恋者在科克（Cork）的圣帕特里克节庆典上的闪亮登场，一点也没有缓和包围着纽约的姐妹庆祝会的愤怒情绪。[1]

欧洲那边，相似的趋势也在活动运作，甚至可能在欧共体内因经济一体化和劳动力的自由流动而变本加厉。英国的民族阵线、法国勒庞的运动、德国右翼极端主义的兴起，都是“族群化”进程的征兆。[2]因为它们宣传的要旨，本质上是要截然划分政治民族（political nation）与假定存在的本原族群（ethnos）。就算一个黑人在联合王国出生，在那儿念书、读大

1　去年男女同性恋者的彩车获得科克市一等奖。但是在纽约，爱尔兰人的旧制度（the Ancient Order of the Hibernians）阴魂不散，就好像同性恋与爱尔兰特性凿枘难合似的。结果，“真正的爱尔兰”就西移到了大西洋彼岸的一个新地方。

2　1980年代末的伦巴第联盟（Lega Lombarda），如今的北部同盟（Lega Nord），虽然与这些运动并非严格可比，却也说明，接近于族群化的某种东西甚至能够威胁到一个可谓的核心国家，让它分崩离析。这个联盟对南方意大利人经常持有傲慢鄙夷的态度，仿佛后者是低人一等的另一种族。

学，在那儿缴税，在那儿投票，还将埋葬在那里，但依民族阵线看来，他或她永远都不是真正的英国人。类似地，在勒庞的想象中，今日的法国充斥着外国人，这不是指还揣着阿尔及利亚护照的移民，而是指“非法兰西人”的政治法国公民。[1]我们由此可以想象，他从铁路车厢的窗户望出去，看到的不是田地，甚至不是“法兰西人的田地”，而是“糟了，法兰西人的田地”。种族主义是这些运动的一个强大影响因素，但我认为长远来说，随着欧洲人在全欧的更大规模流动，种族主义将不如族群化来得重要。 72

我一直在讨论的所有那些急剧变迁所具有的第二类政治后果，跟移民自身有关。我们可以谓之“远距民族主义”的东西，正显山露水起来，这尤其是富裕的后工业国家政治生活族群化的产物。这类政治主要指向从前的第二、第三世界，它从不同方向撬开了古典的民族国家构想。最近对阿约提亚（Ayodhya）的巴布里（Babri）清真寺的灾难性破坏，就是一个显例，它把印度拖入印巴分治以来最大的危机之中。摧毁行动经过了精心策划，由退役军人和警察进行了大规模演习和训练，它是“世界印度教大会”（Vishwa Hindu Parishad）官方发起的，该组织“从它住在北美和不列颠的支持者中间筹集了大量资金”。[2]不消说，这种支持者绝大多数是永久居留海外的印度人。[3]那些最顽固最狂热的拥护者，执迷于一个独

1　十九世纪以来这点上有个重要变化。如今要求将这样的人遣送回“他们自己的民族—国家”是做得到的，但在一百年前，这等天佑的家国尚不存在。

2　Praful Bidwai, “Bringing Down the Temple: Democracy at Risk in India”, *The Nation*, 1993年1月23日，第86页。

3　这样的人为数甚众。南亚以外地区的南亚人，据官方统计有870万。细目如下：欧洲1,482,034（其中1,260,000在联合王国）；非洲1,389,722；亚洲1,862,654（其中1,170,000在马来西亚）；中东1,317,141，大多在海湾国家；拉丁美洲和加勒比地区957,330（其中730,350在圭亚那和特立尼达）；北美728,500（其中500,000在美国）；以及太平洋地区954,109（其中839,340在斐济）。韦纳（Myron Weiner）教授友好相告：虽然这个表格统计的是国外的南

立的卡利斯坦国(Khalistan),他们许多人不是生活在旁遮普,而是在墨尔本和芝加哥事业有成。贾夫纳的猛虎组织在它们的暴力斗争中强劲起来,是靠多伦多、伦敦和其他地方的泰米尔人社群撑腰,这些社群通过泰米尔网(Tamilnet)在电脑上互通声气。[1]不妨思考一下德国的,还有澳大利亚和北美的那些克罗地亚人的不良作用:资助和武装图季曼(Franjo
73 Tudjman)的分离国家,逼迫德国和奥地利致命地、草率地承认它。[2]全球各地富裕的亚美尼亚移民,筹措钱财和武器以确保埃里温对巴库的军事胜利,作用也是不可忽视的。[3]

假定远距民族主义必然是极端主义的,这显然是个错误。菲律宾境外有相当多的菲律宾人,他们捐助反马科斯的斗争,不是因为政治流亡;今天的菲律宾经济严重依赖这些人从海湾、意大利、沙特阿拉伯、英国、加利福尼亚、中国香港、日本和西班牙寄回去的钱。不住在中国本土、

亚人,但输出移民的主要地区长期以来就在目前的印度疆域内。他还相信这些数字太保守了:比如,最近的美国人口普查显示,美国的印度裔人口将近900,000。照他的估计,极有可能的是,居留海外的印度人的真实总数在1100万到1200万之间。"Introduction: Themes in the Study of the South Asian Diaspora",见Colin Clarke, Ceri Peach和Steven Vertovec编,*South Asians Overseas: Migration and Ethnicity*(Cambridge, Mass: Harvard University Press, 1990),第2页。

1 参见《亚洲周刊》(*Asiaweek*)广泛详尽的报道,1996年7月26日。

2 一个象征性人物是加拿大公民苏萨克(Goyko Šušak)。他是以渥太华为基地的成功的比萨饼商人,百万富豪,多年经营建立起了一个庞大的右翼网络,网罗了"海外的"北美克罗地亚人,运用他从中榨取的丰富资金,为图季曼首次竞选克罗地亚总统收买选票,给自己赢得了克罗地亚国防部长宝座的回报。参见《纽约时报》1994年1月16日的出色访谈。他在五角大楼的良好人脉给他博取了退役美国将军们的帮助,他们谋划了克罗地亚对米洛舍维奇(Slobodan Milosevič)军队的闪电战胜利。

3 参见"Revenge of the Armenian Diaspora",*Financial Times*,1994年9月15日。

反而常常是异国公民的华人，也向中国民主化运动给予了金钱和其他支持。

尽管如此，总的说来，今天的远距民族主义让人感到或许是未来的一种险恶预兆。首先，它是资本主义对一切人类社会实施的冷酷无情、日甚一日的改造的产物。第二，它造就了一种真诚却又极不负责的政治。这些参与者几乎不在他从事政治活动的国家纳税，不对它的司法系统负责，也许没在它的选举中投过哪怕是一张缺席选举人票，因为他是异国公民；他不用担心坐牢、刑讯或遇害，也不用担心他的直系亲属。但是，在第一世界安居乐业的他，可以送钱送枪，巡回宣传，建立洲际计算机信息网络，这一切会给它们最终所向的地区带来无法估量的后果。第三，跟支持全球人权或环境保护事业的活动分子们不同，他的政治既非时断时续的，亦非心血来潮的。他深切意识到，他的流放是自我选择的；他在电子邮件中主张的民族主义，也是在他依然决意定居于斯的那个族群化民族—国家里，塑造一种严阵以待的族群认同的基础。就是那个把他边缘化、污名化的宗主国，同时让他能够在地球的另一面，顷刻间装扮成民族英雄。 74

第二部分

东南亚：国别研究

4

黑暗之时和光明之时

最后一位伟大的爪哇宫廷诗人(pujangga)龙加瓦西塔，就在他1873年死于旧时的王都梭罗(Surakarta)之前，写下了一首绝望的诗歌，他题为"Serat Kala Tidha"(《黑暗之时》)。[1]这首诗的格调或可从以下数行略窥一二：

这王国的夺目光彩
如今已是过眼云烟
德行之教空留废墟
再不见圣哲的典范
博学诗人的心灵啊
被那烦忧重重绕缠
眼看着种种的不幸
让一切都变得黑暗
世界没于无穷苦难

1 R. Ng. Ronggawarsita, *Serat Kala Tida* ([Surakarta]: Persatuan, [1933]).

君王有王者的德望
宰辅才具堪称圣贤
甫帕蒂事主无二意
僚属尽心勤勤勉勉
可是谁能卓然如初
77 度过这劫数的时艰……

生当此疯狂的时代
举世皆醉我独佯癫?
受煎之心痛何以堪
举世皆醉我独醒乎?
我将落得一身孑然
穷途末路饿死沟涧。[1]

一行行读下来，这些诗行大多数是爪哇文化中传统主题(topoi)的平凡变奏。爪哇的民间故事和宫廷文学都饱含着对大灾变时代(jaman kalabendu)的程式化描述，亦即自然秩序中的洪水、地震和

---

1 我很随意也很粗糙地从第2、3、8节翻译过来的。爪哇原文如下：Mangkya darajating praja / Kawuryan wus sunya ruri / Rurah pangrèhing ngukara / Karana tanpa palupi / Ponang para mengkawi / Kawileting tyas maladkung / Kungas kasudranira / Tidhem tandhaning dumadi / Ardayèng rat déning karoban rubéda // Ratuné ratu utama / Patihé patih linuwih / Pra nayaka tyas raharja / Panekaré becik-becik / Parandéné tan dadi / Paliyasing kalabendu... // Amenengi jaman édan / Éwuh ayahing pambudi / Mèlu édan nora tahan / Yèn tan mèlu anglakoni / Boya kaduman melik / Kaliren wekasanipun. 这里甫帕蒂(bupati)指的是非王族的宫廷高官。全靠了托尼·戴(Tony Day)，我才第一次注意到这首诗。

火山喷发的时代，与社会秩序中的饥馑、暴乱、失德的时代。这两种传统也都展现了由来已久的黄金时代意象——天下有序和社会康乐的年代，人人都在里边扮演他的规定角色，等级井然，和风劲吹。按照爪哇的传统思想，[1]这样两种时代之间的根本性摇摆，可以解释成统治者的成败：他能否靠着自律苦行和无私尽责，以及吸引或吸纳其他充满权能的人或物的能力，将宇宙的内在权能（power）尽集于他本人身边和身上。统治者越完美，社会就越光明福乐。

如果我所引的诗行本身平凡无奇，它们唤起的奇特而痛苦的感受又作何解？其实就在于它们反常的并置。因为第2、8节属于“黑暗之时”的主题，而第3节的前四行是“光明之时”经典意象的主要部分。从传统爪哇的逻辑说来，如果“君王有王者的德望，宰辅才具堪称圣贤”，那么天下和社会必然应当太平有序。但是接下来的两行表现的恰是其反面。一个骇人的词parandéné（可是）表达了龙加瓦西塔绝望而一反传统的感觉：旧的世界观不再有效，宇宙的循环运动失去了弹性，爪哇的权能已然萎缩。历史上爪哇人经历过多次“黑暗之时”，但总是满怀信心地期待 78
最终有个统治者将重聚权能，开创一个新的“光明之时”。然而在1873年，垂死的诗人讲出了他的恐惧：现在是一个或许永不终结的“黑暗之时”。[2]

1　我在《语言与权力》第一章更详尽地讨论了传统爪哇的权能观念和意象。

2　龙加瓦西塔的话语大概是对十九世纪爪哇精神普遍危机的最尖锐最直白的表述，当时荷兰殖民统治稳稳当当地巩固了自身。但是其他许多文本曲曲折折地传达了同样的感受。比较一下这两种文本当中的风格和主题是给人启发的：一种是十九世纪以前的重要文本，如*Babad Tanah Jawi*（《爪哇史记》），另一种虽有点古怪却典型地是十九世纪的诗歌，即*Suluk Gatholoco*（《加多罗科神秘书》）。《爪哇史记》以平淡朴素的语言讲述了殖民前爪哇历史上的血腥事件。在《加多罗科神秘书》里没有暴力发生，它主要涉及一场虚构的神学争论，发生在一些“阿拉伯化的”爪哇穆斯林与“爪哇化”伊斯兰教的一个倡导者之间，三十五年后，1908年5月20日，在殖民地首都巴达维亚，一小群爪哇青少年学生成立了他们称作至善社（Budi Utomo）的一个组织。如今，印尼把5月20日定为“民族觉醒日”，年年庆祝。永积昭（Akira Nagazumi）有关这一组织早期岁月的杰出研究恰到好处地题名为《印尼民族主义的黎明》[1]——黎明标志着从黑暗向光明，从沉睡向觉醒的过渡。如果说永积昭和当代印尼人谈起5月20日，都用了这些比喻性词语，他们不是在有意地混淆年代。自二十世纪初叶以来，有多少报刊杂志，各以其所用之名，含蕴了光芒四射的意象啊！[2]卡蒂妮（Kartini）的著名书信集*Door Duisternis tot Licht*（从黑暗到光明），承载了相同的象征印记。[3]

我们如何看待这一意象的变化呢？有些学者倾向于认为它象征了从

后者以行走四方、卖弄大道理的一根阴茎的形式出现（gatho=阴茎，ngloco=手淫）。但是它词藻华丽激烈，令人难忘。

1 Akira Nagazumi, *The Dawn of Indonesian Nationalism: The Early Years of Budi Utomo, 1908—1918*（Tokyo: Institute of Developing Economies, Occasional Papers Series no. 10, 1972）.

2 纳恩（Godfrey Raymond Nunn）《印尼报纸：国际联合会的一览表》（*Indonesian Newspapers: An International Union List*. Taipei: Chinese Materials Research Aids Service Center, Occasional Series no. 14, 1971）所罗列的1900—1925年间的报纸中，大约25%名称里含有以下词语的一个或多个：matahari（太阳），surya（太阳），bintang（星星），nyala（光辉），suluh（火炬），pelita（明灯），sinar（闪光），cahaya（光照），api（火焰）和fajar（黎明）。另一些报刊包含这样的词汇：muda（年轻的），baru（新的），gugah（觉醒的）。

3 书名其实是卡蒂妮的编者阿本达隆（Jacques Henry Abendanon）在1911年出版她的遗信时起的。但是他跟“觉醒”运动走得很近，也同情该运动，他的书名选择同那个环境若合符契。参见Hildred Geertz为Radèn Adjeng Kartini, *Letters of a Javanese Princess*（New York: Norton, 1964）所写的序言，尤其是第15—16页，第23页。

传统向现代性的过渡，好像那些“在黑暗中行走的人看见了万丈光芒”。譬如，范尼尔写道：

> 在西化学校的氛围中……年轻的爪哇人发现了一种生活，它跟他们在故乡环境里熟知的那种大不相同。差异不仅是物质环境方面的，重要 79
> 得多的更是精神环境方面的：也许可以仅仅略有出入地概括为科学—理性主义态度与神秘—泛灵论态度之间的差异。[1]

由此看来，至善社不过代表了印尼人以西方的（近代的）方式应对殖民状况的最初努力。尽管至善社的名称本身是爪哇色彩多于印尼色彩；尽管它的成员从族群上局限于格尔茨所称的“内印尼”（Inner Indonesia），在社会地位上局限于普里亚伊（priyayi）学生和官僚；[2]尽管它的正式目标不包括政治独立；[3]然而它的结构的新颖性似乎标志着同过去的清晰断裂。如范尼尔所言，“至善社在印尼的场景下显现为这样一个**组织**：它是建立在**个人**的一种**自由**、**自觉**的联合努力基础之上的。”[4]至善社有它的纲领、分部、捐献、公告和代表大会，看起来没有本土的先例，反倒像是随风播散的种子，从中长出了印尼民族主义运动。[5]

---

1 Robert Van Niel, *The Emergence of the Modern Indonesian Elite*（The Hague: van Hoeve, 1950），第173页。

2 “内印尼”指的是爪哇岛、巴厘岛和马都拉岛及其“印度教化的”人口。普里亚伊指的是传统爪哇的上层阶级的官僚和文人。实际上，至善社的创始人无一例外都是爪哇族的人。参见Nagazumi, *Dawn*, 第39页。

3 关于这些目标的详情，参上书，第157—160页。

4 Van Niel, *Emergence*, 第57页。着重号是引者所加。

5 正是这种显然源自西方的组织新颖性，促使某些西方学者将印尼（和东南亚）的民族主义解释为西方舶来品，断定该民族主义的起始年代就是西式组织形成之时。（比如，1906

如果说印尼作者们通常不愿接受范尼尔的心理学和教育学的二分法，他们却发展了自己的二分法，用道德的、政治的和世代的词汇构想出来，以下这些俯拾皆是的对子就是明证：maju/kolot（进步/落后），muda/tua（年轻/老迈），sadar/masih bodoh（觉悟/懵然无知）。[1]在这两种视角下，至善社似乎成了一种根本性的意识转变的核心。但是这种转变的许多事情仍然云遮雾罩。下文就是要初步尝试照亮那一晦暗。

至善社是由STOVIA[2]医科学校的学生在巴达维亚创建的，领导者是
80 十九岁的东爪哇小伙苏多摩（Soetomo），他后来成为他那一代最为卓越的民族主义领袖之一。范尼尔写过，“在影响1920年代印尼的生活上，若说有谁比他更重要，那很可怀疑”，这样写时他可能夸张了一点。[3]但是苏多摩作为1924年成立的以泗水（Surabaya）为基地的印尼研究会、1930年成立的印尼民族党（Partai Bangsa Indonesia）以及1935年成立的大印度尼西亚党的创始人，肯定是独立前印尼政治的一个中心人物。[4]1938年他辞世时，有成千上万人哀悼他，把他当作人民的忠仆。[5]他，荷属东印度最

年缅甸佛教青年会在仰光的成立常被当成标志了缅甸民族主义运动的开端。）参看Brian Harrison, *Southeast Asia, A Short History*（London: Macmillan, 1954），第236—237页。

1　例如，Lintong Mulia Sitorus在其*Sedjarah Pergerakan Kebangsaan Indonesia*（Jakarta: Pustaka Rakjat, 1951）中写道：“直至十九世纪末，有色民族依旧酣然熟睡，这时候白种人正在所有领域忙得不亦乐乎。”（第6页）

2　School tot Opleiding van Inlandsche Artsen——本土医生培训学校。

3　Van Niel, *Emergence*, 第224页。

4　有关这些政党的详情，参见Jan Meinhard Pluvier, *Overzicht van de ontwikkeling der nationalistische beweging in Indonesië in der jaren 1930 tot 1942*（The Hague: van Hoeve, 1953）。

5　“五万人跟在他的灵柩后面；人民的这位仆从的形象活在老百姓心里，他们对他感

先进的西式学校的一个成功毕业生，在那个世纪的前二十年可能被认为是进步、年轻和觉悟的化身。[1]纯属偶然，苏多摩也是第一个写某种像自传一样东西的印尼名人，他写了有名的*Kenang-Kenangan*，这个题目可以译成“自传”（Memoirs），但其实最好翻作“回忆录”（Memories）。因而看起来合理的是，研究这一“自传”可以提供一些线索，提示出成为“觉醒”的一代之一员意味着什么，更一般地，提示出在那一代最不朽的政治人物头脑里，过去、现在和未来是如何被设想和联在一起的。[2]

然而在钻研《回忆录》之前，我们不妨回想一下苏多摩生平的主要事实。他1888年7月30日出生在靠近东爪哇安褥的格贝（Ngepèh）村。[3]他的外祖父是一位富有的克巴朗（kcpalang，地位很高的村首），早午曾在地

恩戴德。苏多摩的确是非同凡响的人物，是民族主义运动几十年历史上最尊贵的领袖之一。” Daniel Marcellus Georg Koch, *Batig Slot: Figuren uit het oude Indië*（Amsterdam: De Brug/Djambatan, 1960），第145页。有关苏多摩生平的权威性综述，见Imam Supardi, *Dr. Soetomo—Riwajat Hidup dan Perdjuangannja*（Jakarta: Djambatan, 1951）。

1　这是永积昭《黎明》一书的判断，第34页。有关STOVIA发展的细节，还有它的课程和学生群体的特征，参见Van Niel, *Emergence*，第16页。

2　对印尼自传的一些探讨，见Savitri Scherer, “Harmony and Dissonance: Early Nationalist Thought in Java”（康奈尔大学博士论文，1975年），第188—189页。关于印尼传记和自传的具体研究，见谢勒对苏多摩、笈多（Tjipto Mangoenkoesoemo）和基·哈查尔·德万托罗（Ki Hadjar Dewantara）的论述；又见Taufik Abdullah, “Modernization in the Minangkabau World: West Sumatra in the Early Decades of the Twentieth Century”，见Clare Holt编，*Culture and Politics in Indonesia*（Ithaca, NY: Cornell University Press, 1972），第179—245页；Rudolf Mrázek, “Tan Malaka: A Political Personality's Structure of Experience”，*Indonesia*, 14 （1972年10月），第1—48页；John D. Legge, *Sukarno: A Political Biography*（New York: Praeger, 1972）。

3　所以他与胡志明和缅甸第一任总理巴莫博士（Dr. Ba Maw）几乎完全是同龄人。

81 方土著政府（Binnenlandsch Bestuur）供职。他的父亲是个非常能干的教师和行政官，官至韦达罗（wedana）职衔，那是当时非贵族甫帕蒂家庭出身的爪哇人通常可能取得的最高官阶。[1]苏多摩由外祖父母养到六岁，然后被送进邦义尔（Bangil）的一家荷语小学（ELS）。这是他享有特权的教育背景的一个标志：在1895年，大概就是他入学的那一年，整个荷属东印度只有1135名印尼人在这种小学读书。[2]1903年，主要在他父亲的坚决要求下，他进了STOVIA。那时他十四岁。1911年他二十二岁时毕业，随后根据他当初入学的合同条款，在爪哇和苏门答腊各地当一名政府医生。1917年，当他被派驻布洛拉（Blora）时，认识了一位寡居的荷兰护士，和她结了婚。两年后他得到去荷兰继续医学深造的机会，到1923年才回国。这时他已才望过人，当选为泗水市议会议员。可是不久之后他就辞去这个职位，组建了1920年代第一个也是最著名的一个政治"研究会"。自那时起直到他1938年去世，他埋首民族主义政治之中。[3]

这就是苏多摩的生平概况，与苏帕迪（Imam Supardi）那本隐蔽的圣徒传中呈现的较完整图像相符，是它的一种缩略形式。多大程度上，苏多摩的"自传"符合这个轮廓呢？一点也不。比如，自传里事实上没有谈及在至善社创建之后三十年中他的政治得失。我们仅仅附带着了解到他的政治活动——例如，当他怜惜地描述他妻子老要为拜访他们荷兰那个家的络绎不绝的学生做饭时。[4]这部自传的特有结构十分古怪，完全不合我们

1 更详细的情况参见Scherer, "Harmony", 第191—200页。这里甫帕蒂指的是爪哇传统的地方贵族。

2 同上，第30页。

3 Supardi, *Dr. Soemoto*, 第2—8页。

4 Radèn Soetomo, *Kenang-Kenangan*（Surabaya: n.p., 1934）, 第118—119页。

所设想的苏多摩历史生活的外形。前48页专门讲述他的父母和外祖父母，后57页专讲他的同窗（和政治上的同志），他的妻子，以及家里的一些仆人。只在中间30页才真正述及他本人的生活——而且是以他在巴达维亚的学生时代结尾的。

在致读者的简介中，也在简短的前言里，苏多摩对这一安排有所说明：

> 正如在书的引言里提到的，作者写作这本回忆录的目的是要应允有些人的请求，他们希望听说我的生活故事[riwayat]。在这本书里，我不会直截了当地记述我的生活[1]故事，因为我在引言中说过， 82
> 我不是写我的故事的合适人选。所以我只是从跟我的生活有联系的各色人等的故事中撷取种种片段[pungutan]进行叙述，这样，我的故事就能从这些人的故事的片段中拟想出来……[2]很长时间以来，从各个地方，我收到了写作我的生活史（biografie）的请求。首先来自我本人的团体，这类请求就不在少数。而且，好些记者也提出相同的请求。但我一概拒绝了，因为我有一种看法，觉得一个人要记载某人的生活史，而那人尚未归于永恒[belum pulang ke zaman yang baka]，换句话说他的生命图景尚未完成，这是不合适的……[3]
>
> 所以我采纳了另一种办法，凭借它我满有机会向我的先辈们和

1　虽然在现代印尼语中，penghidupan和kehidupan这两个词语差别相当大（也许相当于“生活方式”和“生活”），苏多摩在这段话里似乎是可互换地运用它们。

2　同上，封二。

3　同上，第3页。苏多摩在括号里加了荷语单词biografie，似乎他对他的印尼读者能否理解“我的生活史”这个短语不大有把握。

> 帮助过我的其他人们表达敬意，[1]由此能够展露我本人的lelakon。[2]
>
> 记得爪哇有句谚语：kacang mangsa ninggal lanjaran，意思是说一个人的子孙永远不会丢弃他的品质。从我描述的我的先辈的品质和人格中，读者不难理解我的真实人格。[3]
>
> 作者的希望是……这本回忆录……能够用作一种工具，比较从前时代［zaman dahulu］和现时代［masa sekarang］的状况。[4]

回忆录的某些更要紧的主题也在这些谦恭的说明性语言中摆出来了，在我们进一步分析文本之前，值得稍作评述。

首先，引人注目的是，虽然西方学者习惯把这本回忆录称作自传，苏多摩本人却从未用过这个词，或者这个词的任何一种印尼语言形式：他特
83 别提到他长期拒绝写作他的传记（biography）的要求。而这本回忆录在任何通常意义上都不是一部传记。即使当他细写他的先辈时，也没有给我们提供他们的传记，而只是他们“故事”的选段或“撷英”。苏多摩不曾费心要把这些前辈人物放置到一个渐臻成熟的个人或历史背景下。他们从一段段插曲中隐隐现出，那些插曲没有注明时间，除了——我们将要

1　比较另一位恰好是爪哇人的印尼领袖、印尼共产党总书记苏迪斯曼（Sudisman）的言辞，1967年特别军事法庭宣判他死刑，他在庭上的辩护演讲中说：“我是个生在爪哇的共产党人，所以按爪哇人的风俗，我有义务说几句话向大家道别：首先，matur nuwun，我感谢在斗争历程中帮助过我的所有人。”（Sudisman, *Analysis of Responsibility*, Benedict Anderson英译［Melbourne: The Works Cooperative, 1975］，第24页）

2　lelakon是个出了名无法翻译的爪哇语词。它像是“天命”、“角色”、“生活目标”和“道德责任”的某种混合物。

3　Soemoto, *Kenang-Kenangan*，第4页。这句谚语字面上是说：“豆子怎能丢掉豆萁？”tabi' at这个词在此译成“人格”（character），也可翻成“本性”（nature）。

4　同上，第6页。

看到——从前时代和现时代的重要标识。

如果我们不弄清近代西式传记和自传的性质和假定，我想我们将无从理解苏多摩这种写作手法。这些文学形式实质上涉及“人”与“历史”的相互作用。“历史”是理解人类与社会的演变的一种普遍、线性的框架。“人”是经历、参与这一“历史”的个别主体。研究一个人的一生因而通常是研究他向着其历史角色的迈进和融入。如果父母和外祖父母出现在这样的著述里，他们服务于阐明“人”从中浮现的一种社会、经济和心理背景，或者是一种起跑线，据此判断他在将来的赛跑中的表现。于是这类文本的基本趋向就是**远离**祖先，走向“个人”。它们好比在画布和画架上绘油画，不断地添上小块小块的颜料，直到出人意料的一个整体——艺术作品——呈现出来。

我想我们在这本回忆录里发现一种方法，它更像古典雕塑的方法，即在石料或别的什么原料的偶然性里发现本质形式。朴素的民间谚语“kacang mangsa ninggal lanjaran”所蕴含的人与时间的意识，大大有别于西方传记和自传里那些典型意识。因为正像我们将要看到的那样，此处的历史不是显得像画家，赋予一个生命以本质意义，而是显得像偶然性，像石料，透过它们去寻求一种本质特性。苏多摩关于他父母的篇章无意显示那种社会和心理环境，显示这位民族主义领袖从中出发去实现他的天命；而毋宁是希望显露出豆萁，豆子向着它，寻找回家的路。结果我们就见识了他的先人的人格（本性），他的生命向之而动。这种探寻不是为了个人实现或历史唯一性，而是为了团聚和认同。正是在这个意义上，通过展示他先辈的本性，苏多摩能够邀请读者（他们知道他的历史角色）去领会他的本性到底是什么。[1]在这个背景下，历史时间如此缥缈不定， 84

1 回忆录里出现的其他所有人物亦然。有少许时刻，他们有些人似乎改变了——比如，苏多摩那位望子成龙的母亲知道了宦途艰难，官位不总是能带来幸福。但是苏多摩说得很清楚，真正的“她”压根未变。她只不过是对世界的本性丢掉了某些幻想。Soetomo,

年代学必定无关紧要，这就是为什么——我相信——在回忆录的记载中，苏多摩本人的生活与他先辈的生活在我们看来这么破碎、松散、漂流无依。[1]

第二，回忆录总体上的忧郁调子是自始即定的。初稿甫一写就，他深爱的妻子就亡故了，最后附加的部分，苏多摩专述亡妻，用的是不加渲染、中心悲恸的语言，特点鲜明。他也记录了他格外景仰的另两个人之死。一个是他的密友古纳万，对他俩关系的亲密程度，古纳万的兄长笈多博士称之为wayang（木偶）和dhalang（操纵木偶的人）之间的关系；[2]另一个是他的父亲，父亲之死是件大事，据他自述，这对他突然间成为至善社的领袖人物十分关键。但是回忆录的忧郁气氛有着比这些个人丧痛更深层的缘由。我想，它源于我们在引自苏多摩的前言的最后一段话当中见到过的东西，在那儿以及在整本回忆录里，通过从前时代和现时代的反复对比透露出来。有些篇幅中，人们似乎可以清楚知悉这两个“时代”间差异的性质，如果不是知悉它们之间过渡时刻的性质的话。苏多摩记下了

Kenang Kenangan，第25页。

1　在这方面最引人注目的莫过于这一事实：*Kenang-Kenangan*只字不提二十世纪初年东南亚人体验到的“震惊世界”的三大事件：1905年亚洲的日本漂亮地击败了欧洲的俄国；1914年第一次世界大战的爆发；1917年的布尔什维克革命。与此相对，后来的几乎所有印尼自传都同世界历史前进中的步伐紧密联系起来。例如参见Sutan Sjahrir, *Out of Exile*, Charles Wolf, Jr. 英译（New York: John Day, 1949）；Cindy Adams, *Sukarno: An Autobiography as Told to Cindy Adams*（Indianapolis: Bobbs-Merrill, 1965）；Ali Sastroamidjojo, *Tonggak-tonggak di Perjalananku*（Jakarta: Kinta, 1974）。

2　古纳万（Goenawan Mangoenkoesoemo）死的时候，据说笈多评论道：“这下苏多摩失去他的dhalang了。” Soetomo, *Kenang-Kenangan*, 第95页。

对格贝村民的问话，从前时代是什么样子："村民回答说：'先生，卡吉村长（Lurah Kadji，苏多摩的外祖父）时代可完全是两码事儿。'有什么差别呢？'**在那个时代**，卡吉村长的时代，［卡吉村长］绝不许人们把土地租给［糖］厂。'"[1]他用这样的话描述他外祖父的教育：

> 他是一个富人的儿子，那富人过去是当地的头领。为这缘故，如果**瞅瞅他那时代**，他接受的教育堪称完足。他一家家pesantrèn[2]地转学，到哪里都有名师。由于他的游学，我的外祖父视野非常开阔。听人们说，只是在塞潘姜（靠近泗水）的pesantrèn，他才获得一种渊博的ilmu（学 85
> 问）。[3]在那个时代，还没有sekolahan。[4]除了学习古兰经诵读之外，他也学会读写爪哇文和马来文，学了ilmu falak［天文学］，它解释星星月亮的运行历程。他还研习ilmu kebatinan[5]和ilmu kedotan（这种知识可

1 Soetomo, *Kenang-Kenangan*，第13页，着重号系引者所加。

2 pesantrèn——传统爪哇的伊斯兰学校。这里同别处一样，苏多摩首先给出爪哇语单词，然后为他的非爪哇语读者翻译成印尼语。

3 这段话的语义学意味深长。苏多摩总是用令人起敬的"深奥"词语ilmu（显然是爪哇语ngèlmu的译文）指代"传统的"爪哇和伊斯兰学问。这种意义上的知识，总是关于何为"实在的"或本体上真实的。就我所知，他从不曾用这个词指称在荷兰学校所学的东西。

4 Sekolahan（荷兰语"学校"一词的本土化）没有什么特别的呼应。苏多摩在此淡淡一提，让人怀疑他对这些西化学校的态度。我们或可设想，这句话应当理解成是与"没人把土地租给糖厂"相对应的。

5 ilmu kebatinan——内心的知识——是最高形式的传统爪哇宗教学问，西方人一般称之为"爪哇神秘学"。

> 以让人刺不伤打不痛)[1]……在我外祖父的时代,年轻人非常爱好sport［原文如此］和艺术(kunst)。谁要是不会骑无鞍的马,不敢在马背上站立,谁就不是男人。谁要不会用弓箭,不会使长矛,也不是男人。舞蹈和nembang［传统爪哇的歌唱］是自尊的年轻人必懂的艺术之一,而rampok harimau 是风行全民族的一种运动。[2]

以下是苏多摩对他外祖父向客人提供提神物的描写:“谁要瞧瞧那个时代,我的外祖父给他的劳工杜松子酒［荷式琴酒］喝,这没什么好惊讶的。也是在那个时代,即便人们已经开始醒悟［sadar］并觉得羞耻［malu］,依然有很多时候,我的外祖父会给客人提供鸦片……在旧时代［zaman kuno］,人们认为吸鸦片是高地位和奢华的一个标志与工具。”[3]

这些描述的含混性消蚀了原有的任何信心,原以为两个“时代”对应了两个历史时期,或者对应了“传统”与“现代性”。[4]无论何时何地,苏多摩都没有流露出对他外祖父所受教育的怀旧或轻蔑。我们所知的,只是难以捉摸的“如果谁要瞧瞧那个时代”。杜松子酒是荷兰向爪哇的输出品,说不定鸦片也是,至少有很大规模是如此,但是这里二者都显得是旧时代的象征。[5]醒悟和羞耻之间的关系是什么,没有明确的表示(这两
86 个单词在回忆录里出现过很少几次,这是其中一次)。社会进化?政治发

1　Soetomo, *Kenang-Kenangan*, 第10—11页。

2　同上,第12页。rampok harimau是爪哇语rampog macan的印尼语译文,它是豹或虎与一群武装的人之间的角斗。

3　同上,第17页。着重号系引者所加。被译成“高地位”的原词是kebangsaan,它一般指“民族”或“种族”。我怀疑它可能是kabangsawanan(高贵阶层)的误印。

4　不过要注意到,从我们的历史视角看来,旧时代必定大致重合于龙加瓦西塔的“黑暗之时”。

5　《加多罗科神秘书》的阴茎主人公就被描写成一个上瘾的鸦片吸食者。

展？文化启蒙？抑或是格尔茨所述的从durung Jawa（还不是爪哇人，不醒悟，不知道羞耻）到wis Jawa（爪哇人，醒悟了，知道羞耻）的转型，让小到爪哇的孩童，大到整体的爪哇社会都发生变化的那种转型吗？[1]

过去与现在之间的模糊关系，没有什么地方表现得比下面这一段生动插曲更好的了，在此，苏多摩描写了他对外祖父实施的那种村庄惩治的不快。这位老人会把村里犯事的人捆在他的pendhapa（村公所的一种无墙的前庭）的柱子上，每次要捆上好几天。“我成年的时候，已经深受穆尔塔图里（Multatuli）[2]——争取和保护我们人民权利的最早倡导者——的著作的影响，我问外祖父，什么权力[kekuasaan]给了他如此肆无忌惮的权利，竟以这种方式宣判村民。”[3]到这儿，有人可能预料会有一种传统和现代、新和旧的常规对比。但是故事出人意表地向前发展，因为外祖父解释说，他的惩罚措施其实是一种改革——以前，罪犯们会被送进镇上的监牢里。在他看来，他们往往回来后成了麻木不仁的人，所以他就创造一种新型的、地方的审判体制，可以把他们留在村庄共同体之内。苏多摩用以下的话作结：“所以，尽管我不赞同他的态度，但我能够理解外祖父建立这些规章的理由。为此，虽然我已经受到新思潮[aliran baru]的影响，可我对他的敬重不减分毫，特别是如果我们瞧瞧他那时代的话。”[4]

---

1 Hildred Geertz, *The Javanese Family: A Study of Kinship and Socialization* (Glencoe: The Free Press, 1961)，第105页。

2 这里提到的是殖民地著名的提倡破除旧习者爱德华·道维斯·戴克尔（Eduard Douwes Dekker, 1820—1887），他以穆尔塔图里（“我受够了”）为笔名，于1859年发表了一部很大程度上是自传的小说，名叫《马格斯·哈弗拉尔的奇遇》（*Max Havelaar*，中译本由施辉业译，人民文学出版社1987年版。——译注）。它尖锐抨击十九世纪殖民政府的不公，和被笼络的爪哇统治阶级的残酷、腐化，在东印度引起轰动，并帮助促发了一场改革运动。

3 Soetomo, *Kenang-Kenangan*，第13页。

4 同上，第14页。着重号系引者所加。

苏多摩这里提及的受穆尔塔图里和所指不明的“新思潮”的影响，是回忆录里语涉“新思想”的极为罕见的几个例子之一。但是我们并没有强烈地感觉到，其中的涵义就是发展的或进步的意思。成人苏多摩不过是起先不理解他外祖父的改革罢了。既不存在对他外祖父行动的认可，也不存在对“新思潮”正确性的坚持。我们只是感觉到道德立场上某种不
87 对称的分隔。苏多摩站在他本人的道德基础上，已懂得理解自己的外祖父，依然尊敬他。但是这位老人对自己的良好判断力沉着自信，并不理解苏多摩。[1]

这种联系和分隔的描写，一而再再而三地出现在回忆录里。先辈们保持着“完善”自足的形象，充分展露和代表了他们祖先的品质。当他们争吵的时候，就像苏多摩叙述的他外祖父和父亲所做的那样，是以一种浑不含讥带讽的、摆明事实的方式争吵。[2]就儿子的合适职业问题，父亲反对老岳父的看法，然而是基于就事论事的理由：这些看法在实践上和道义上都不合适。两人被他们的争执分隔开来，又被充满他们体内的一致作风联合起来。苏多摩，他们的子孙，不但受到他们“品质”和“人格”的约束，还用一种奇特的、新颖的、超然的方式看待这一“约束”（bondedness）。他不说他的先人之见“不当”，恰恰由于他明白他们浸透在“时代”中。苏多摩与他前人的分隔恰恰就在这个概念层次：他感到自己和他们嵌入在不同时代。而联系是在那种多元化感知的层次上。这里是一种新的“观察自我”（watching self）的迹象，人与文化间拉开距离的迹象。看起来也很像是苏多摩在着手建构传统之概念（idea of a tradition）。因为，除了把传统理解为在分隔中造就联系的方式、通过不重演而承认的方式之外，传统说到底是什么呢？从前时代和现时代之间

1 苏多摩展现了同穆尔塔图里的鲜明差异。最令这位荷兰人义愤填膺的事情之一，就是掌权的本地官僚施加的私人化的（即独断专行的）“裁断”（justice）。

2 见下文，第94页。《回忆录》里的相关段落在第66—68页。

的分别，或许较少是历史时期的分别，而更多是改变了的意识状态的分别。

与此同时，假如我们不把zaman dahulu（现时代）这个语词与zaman（时间，时代）一词的其他用法并置而观，我们就不会透彻领会“现时代”的含义。例如，我们发现苏多摩写道，“在我逃脱这飞逝时间［zaman yang fana］以后”，由别人来书写他的生活经历可能要好一些；[1]或者说，在一个人回归“永恒时间［zaman yang baka］”之前，写出他的历史是不合宜的。[2]他反复说，在这个飞逝时间里，“无论苦乐，都不会持之久远”。[3]另一段里，他运用了“飞旋的世界”（turning world）这个古老意象。[4]这些象征中当然有某种相当传统的爪哇特性的东西，然而独独强调这一点可能是不够的。更重要的是它们跟zaman一词的其他用法之间的新关系。
在传统爪哇思想里，可以说人的生命运动与宇宙运动之间有一种自然共 88
鸣。飞旋的车轮是静与动、往与复的一种意象。宇宙时间的形式就是成与毁、又成与毁的形式。[5]人出生在这个飞逝时间里，过完他的生命，然后如苏多摩所说，“回归”永恒时间。这个周期结束了，另一代人又开启新的周期。所以，对传统爪哇人而言，死亡是生命向之运动的时点，在某种意义上，做一个爪哇人就是学习顺应这种运动节律。[6]

显然苏多摩理解和接受这一种时间观，即时间要么是飞逝的要么是

1 Soetomc, *Kenang-Kenangan*，第4页。

2 同上，第3页。

3 同上，第7页。

4 同上，第22页。

5 参见拙著《语言与权力》，第1章，尤其是第33—35页。

6 我清楚地记得，我从前那位雅加达的音乐老师，他那一代最优秀的古典音乐家之一，当他看到他的末日正步步逼近的时候，是怎样渐渐舍弃他的全部财物和家庭责任的。无法想象，还有什么比这更优雅而决然。

永恒的，在该观念里，那种分别可以说压倒了其他一切分别。就此而言他是个传统的爪哇人。但他也是一个在西式医科学校里受过教育的人，对那种学校来说，达尔文主义是宇宙论的基石，而死亡就是落败。[1]在这一意识模式里，宇宙再不会旋转，只是不停地向上、向前运动，死亡不再是“回归”，而是一个人的真正终结。苏多摩于是完全曝露在演进的西方思想的根本分裂下——历史是物种的发展，人生是个人的衰朽。回忆录显示，他不仅受到“新思潮”（带着这个词组里上紧了弹簧的全部反讽）的影响，还在两种形若胡越的时间观念内来理解它，由此在内心发现了一个记录自我（recording self）。

在回忆录的中心部分，苏多摩的生活移向与今天当作民族史的东西的交汇点，即至善社的创建。苏多摩叙述他本人的生活，首先是在格贝他外祖父家里度过的乐融融的六年时光。这部分刻画了两相映衬的主题：村庄生活的基本和谐，苏多摩自己在这种生活里的讨人嫌的破坏行为。对村庄生活基本和谐的表达，不是像后来的许多印尼民族主义领袖描绘它的那样子，发表一些关于那种和谐及其意识形态和文化基础的声明。相反地，它显现出来的方式既具有爪哇的典型特色，又极似印尼最伟大作家普拉姆迪亚的作品。以下是苏多摩对村里一场盛会的描写：

89 sambatan（向人求助以实施某项颇费人手的工程）的时间到了，一场大型的招待会就在我外祖父家的前庭（pendhapa）举行。很多人在那儿用餐，所以偌大的前庭满是人。厨房里也满是人，忙着给那些正在吃饭的人服务。sambatan常在农忙时举行。期间，稻田里满心欢喜的村民们热火朝天。几十个人一起耕田或耙地。“嗬，嗬，嗬”或“驾，驾，驾”

1 有关二十世纪初叶达尔文主义观念在爪哇的影响，比如可参见Bernhard Dahm, *History of Indonesia in the Twentieth Century*（New York: Praeger, 1971），第30页；Nagazumi, *Dawn*, 第45, 53, 185页（注80）。

的吆喝公牛或水牛的声音，不断地此起彼伏。那些劳作的人们唱着丹邦（tembang）歌和乌兰—乌兰（uran-uran）歌，[1]使观者和听者心里洋溢着欢乐。

这种欢快幸福感染的氛围，并非只有人类才会被它吸引，才能体验到它。仿佛公牛和水牛也都分享了这份衷心的喜悦，分享了那悦耳的、兴奋的丹邦和乌兰—乌兰歌的诱人声音。缓缓地、步履稳健地、一步一步地，公牛和水牛向前走着，拖着犁和耙，反刍着。有时候，它们受了落在身上乱爬的苍蝇的刺激，左右摇晃着长角的头，还扇动着尾巴。听到鞭子的噼啪声，虽然苍蝇缠扰不休，公牛和水牛继续往前走，往前走，忠于职守，尽心成事。看到这样一幕祥和景象，谁能在心里不同享那种新鲜的镇静从容？此时此刻，一切都是那么定心怡神。在这世上，还能冀望或希求什么更多的东西吗？也许由于这种感受，由于自然和生物的安宁和谐，农夫们发现很难改变他们的本性，热爱这份宁静安详的本性。11点左右，收工了，这时在前庭里，饭盘子、菜碟子、水罐子一排排摆好，等着那些要来就餐的人们光临。吵吵嚷嚷的声音传来了，那是人们正往前庭赶来……我常常坐在前庭某个人的大腿上，面对装满蒌叶和烟草的各种竹盘子、木盆子，欢天喜地的，因为我正听着那些在填饱肚皮的人讲笑话。每个人吃饱喝足后，他们一个接一个地来到我那儿，领受他们的份额——一卷蒌叶，还有配料和烟草。认识我的人，或者胆子大的，一脸亲切，笑嘻嘻地，会来抚弄此处不便提及的我身体某部位，逗我玩。谁会不觉得快乐，谁会不感到一种愿望，要满怀挚爱，同那些农人结为一体？[2]

我的玩伴是沙迪敏（Sadimin）和真哥（Tjengèk），那时是小伙子。他们吹着长笛，一起照看我。真哥是个盲人男孩，但是好像他从不忧

---

1 tembang，经典爪哇歌曲；uran-uran，民间歌曲。

2 Soetomo, *Kenang-Kenangan*, 第15—16页。

愁，老是乐呵呵的，开着玩笑。只是当他长笛吹响的时候，那声音让人
90 悚然，又动人心魄，似乎在希望某种永远实现不了的希望。[1]

关于这些描述，最引人注目的事情是它们充斥着声音（sound）而非言语（words）。言语可能提到了，例如说到真哥的玩笑话，但我们对它们的内容一无所知。不必发出言语，除非是那些没有含意的言语，[2]因为愉悦（以及真哥的痛苦）的感觉源于纯粹的声音。和谐的意象恰好是靠声音和意义间天衣无缝的融合。（这种和谐只是被成年苏多摩"败坏"了，他通过写下言语，试图抓住有待抓住却不可言传的东西。）

与此相对，苏多摩用毫不客气的语言描述了他童年时代的自我。他娇生惯养，可以随意摆布他的外祖父母，喜欢向他们怨诉他的舅舅和姨妈们，然后看着后者直掉眼泪。[3]"我觉得自己淘气透顶，像国王似的行动，想怎样就怎样地……对待和我有关系的人。"[4]后来他上学了，"花钱无度，趾高气扬，还很得意我可以打着买书或买夹克的幌子，从父母那里哄来额外的钱；其实这些钱拿来招待我的朋友或别的什么人了，如果我偶尔会去吃点小吃的话。"[5]他爱打架，疏于学业，经常考试作弊。[6]他妒忌弟弟，觉得父母更偏爱弟弟。有一回，他感到被这种歧视伤透了心，骑马

1　Soetomo, *Kenang-Kenangan*, 第58页。试比较普拉姆迪亚的美丽故事"Anak Haram"，见他的*Tjerita dari Blora*（Jakarta: Balai Pustaka, 1952），第227—262页。

2　比如，"嗬"和"驾"，这种声响用来叫公牛左转和右转。

3　Soetomo, *Kenang-Kenangan*, 第55页。

4　同上，第56页。

5　同上，第68页。

6　同上，第65，68页。

来到树林子里，又愤怒又自怜地嚎啕大哭。[1]他还惯于偷窃。[2]回顾起来，他童年的性格中，只有一个方面是他赞赏的——嫉视不公，愿意为之一战。[3]但是总体而言，我们获得了这样一个人的清晰写照，他有着爪哇人极为不齿的品性，也极不像他的先辈们，后者被以不同方式描述为真诚、勤劳、有远见、负责任和“深挚”的人。我们不必怀疑，这里有些是事实，苏多摩的确是个宠坏了的讨厌小孩。然而有趣的是，他如此强调他干的坏事。[4]后面我们将明显看到，中心意思确实不是这个“人”苏多摩从淘气 91
的孩子成长为受人爱戴的民族领袖。

先已提到过，苏多摩在进入STOVIA之前，被送到邦义尔的一家荷语小学读书。在邦义尔期间，他和一位舅父住在一起。从生命的这段时光里，他给我们提供了两则重要回忆。第一则是他从舅父那里学到的东西，他用非常奇怪的方式把舅父介绍给读者。苏多摩写道：

> ［他］这个人，吃喝的规矩古怪（strange）得很，更不用说睡觉的规矩了……［他］极少像常人那样吃饭，睡觉呢，主要在地板中央，在椅子上。所以，我在皈依伊斯兰教［diselamkan——行了割礼］以后，因了他的教训，也羞于吃得全饱。那时候我常常一天只吃一顿，而且提防着别

1　同上，第64页。

2　同上，第61—62页。

3　同上，第65页。这方面更多的情况，见下文，第93页。

4　这一侧重点的完整要旨将在下文展现出来，见第95—97页。所有这些，在缅甸领袖吴努（U Nu）的自传《星期六之子》（*Saturday's Son*, U Law Yone英译，New Haven, Conn.: Yale University Press, 1975）中，有一个异常相似的地方。在第1章，“燃烧的青春”里，吴努兴高采烈地描绘了他的形象：一个年轻的说谎者、骗子、小偷、青楼常客、可卡因和鸦片的浅尝者。不过在这个事例中，我确信作者是打算跟释迦牟尼生活的结构形成一种系统对应。

> 太饱。照我舅舅的教诲，一个人要是发现自己正在吃美味可口的饭菜，就应当停箸，别再吃下去了。还有，每天晚上我必须到户外散步，一晚上起码两次，他要求我学习如何掌控［berkuasa］我的思想过程。思想正像我自己心里的欲求那样，务必要给它指明方向。为了这个目标，每天晚上我都得带着宁静的心凝望西方、东方、北方、南方，同时天与地也不会遗漏。那时候，我没有完全理解这一切的目的。但如果我不尽这种义务，我的思想似乎就是不纯的，迷乱的；而向前、后、左、右、上、下凝视的这种行为，将给我的内心带来素净的鲜活。[1]

这段话不同寻常的地方不是舅父的行为，对埋头于kebatinan（神秘主义）文化的冥想实践的一个爪哇普里亚伊来说，那种行为太平常了。相反，异常之处在于苏多摩竟然会把那种行为说成是古怪的——然后接着表示它成了他的第二天性。我揣想，我们要从两个方面来理解"古怪"这个词：舅父的行为在少年苏多摩眼里显出的古怪，他那时"还不是爪哇人"；新的"观察自我"在记录内在自我（batin）的久远经验时感到的古怪。

苏多摩的邦义尔岁月第二个有意思的方面，是他谈起的在他那所精英小学里的活动："我的老师及荷兰同学从未羞辱过我——事情完全相反。可是如果我听见有人对其他爪哇学生说侮辱性语言，比如penthol[2]或
92 者'爪哇人'——我那听着这话的耳朵就起火了。而且如果有什么不公正的［tidak adil］情境，我也会出头，这样我就常常跟那所学校的孩子们打架。我从没赢过，因为荷兰学生比我的朋友们高大强壮，他们会轻轻松松

1　Soetomo, *Kenang-Kenangan*, 第65页。很难知道怎样翻译这段引文的后一部分，因为印尼语没有时态的自动指示。也许苏多摩在此同时指涉过去和现在。

2　penthol——爪哇粗话，相当于"白痴"或"蠢货"。甚至今天都还能从非爪哇人的嘴里听到这种说法。

把我打趴下。”[1]这种叙述很切合实情。但在回忆录里这是初次，苏多摩正面地谈到自己，纵然带着点嘲弄。读者在前面的段落里已经获悉，苏多摩父亲的性格正是心系公正（keadilan）。[2]因而我们可以说，年轻的苏多摩开始长得越来越像他先辈的品质了。但是他也主动表示荷兰教师和同学没有欺负他；“事情完全相反。”须明白这不是自夸荷兰人对他的社会接受性，[3]而是以此说明争取公正的斗争必须无涉于个人利益（pamrih），[4]这很要紧。因为在爪哇传统里，一个人寻求公正不是为了自己，而要出于对他的darma（义务，责任）的信守。因而这个故事就有了双重意义：它既表现了对殖民地社会种族不公的日渐增长的（社会学）意识——从中发展起来一种逐步壮大的民族主义运动；也表现了一个塑造中的“深挚的”爪哇人。

叙述过他与荷兰学童的冲突之后，苏多摩描述了他返回格贝的假期。回到外祖父家里“就是生活在调皮捣蛋找乐子的自由里。在那儿我受到娇惯和表扬，直至我觉得自己是个真正了不起的小孩”。[5]然而他紧接着

---

1 Soetomo, *Kenang-Kenangan*，第65页。

2 生动例子不少，也许其中最感人的是，苏多摩讲述了他父亲对待女性的“过度现代的”（hypermodern，原文如此）态度。他太“进步”了，想让他的女儿们都接受良好的荷兰教育，结果邻里怀疑他成了基督教徒！“常常在工作后的夜里，他会把女儿们一个接一个地抱在腿上，或者慢悠悠地、柔声地唱丹邦歌哄她们。他还常常会脱口说起我们民族对妇女的不公[ketidakadilan]。”同上，第48—49页。

3 比较一下艾布·哈尼法（Abu Hanifah）——苏多摩政治上的后一代人的领导者——叙述时那种沾沾自喜的殖民地方式。他描述了他如何完全被荷兰人接纳，不像他的朋友和同班同学那样受排斥，因为他对荷兰语和西方习俗有超群的理解力。Abu Hanifah, *Tales of a Revolution*（Sydney: Angus & Robertson, 1972），第39—40页。

4 关于爪哇思想里的pamrih，参见拙著《语言与权力》，第51—53页。

5 Soetomo, *Kenang-Kenangan*，第66页。请注意kemerdékaan（自由）一词在这个道

记载的事，却是他对雷电的日常恐惧。暴风雨来临时，他会跑去把头埋在外祖母的腿上。但这时他的外祖父会抓住他的手，“轻言细语地”对他说：Lé, kowé aja wedi karo bledhèg. Kowé rak turunan Ki Ageng Séla,
93 mengko bledhèg rak wedi dhéwé. 苏多摩把这话给他的非爪哇语读者翻译成这样：“孩子，[1]别怕闪电。难道你不是基·阿庚·斯拉的子孙吗？想必闪电将慢慢怕你。”苏多摩最后说：“由于他话里的坚定信念，渐渐地我摆脱了对雷电的恐惧，不管它们的轰鸣有多吓人。”[2]

这段话紧随在苏多摩败在荷兰儿童手下的记叙之后，很难不从中看出，它遮遮掩掩地暗示了印尼人广泛地反对荷兰人的斗争——“不管它们的轰鸣有多吓人”。但是此外，我们可以注意到，这里的勇气来自记忆——对一个人出身的记忆。往回长才长得大。

接下来，在题为“我为什么听从了父亲的愿望”一节里，[3]苏多摩转向他成为STOVIA一名学生的原因。这里，他描述了他父亲和外祖父就他的前途问题发生的激烈冲突。外祖父拼命想要苏多摩做大官。他素来敦促这个孩子说，假如他父亲试图送他进医科学校的话，一定要拒绝。他的父亲深为土著仕宦生活的挫折与屈辱所苦，宁愿儿子不涉此道。苏多摩为什

德语境下的有趣反用，这个词对下一代印尼人来说无比珍贵。

1 Lé或许不可翻译。它是kontholé（他的小鸡鸡）的一种简略形式，爪哇语里对小男孩的一种惯常昵称。爪哇民间故事传说，当闪电企图攻击法力无边的基·阿庚·斯拉时，这位圣贤抓住它，把它牢牢绑在附近一棵树上。直到哭哭啼啼的闪电答应永远不再攻击它这位俘获者的后代，它才被释放了。这些后人——爪哇人民——在他们帽子上戴着那棵毒树的叶子，就会被认出来。到现在，有一些爪哇村民如果雷电天气里出门在野外的话，还戴着这些树叶。

2 Soetomo, *Kenang-Kenangan*, 第66页。再次请注意，让苏多摩印象深刻的是言语里的坚定信念，也即声音重于意义。

3 同上，第66—68页。

么听随父亲意愿呢？他给我们讲了两条理由，令人略感吃惊的是，他还告诉我们各条理由是在几岁上生效的。八岁的时候，他天真地被STOVIA学生的白色校服打动了，那看起来比政府官员穿的黑衣神气多了。第二个理由是在他大约十三岁时“发生”的：

> 那时候我父亲是草埔（Glodok）的副韦达罗，有一次刚巧我在家。清晨一大早我父亲就得坐bèndi[1]去马格丹（Magetan）。凌晨四点钟左右，我母亲已经坐在炭火前，烤制早餐面包，我和弟弟也醒了。我们看见父亲从他房里出来，已经穿好官服，到我们面前站定，抱怨身为普里亚伊却为地方土著政府效命的人的地位[derajat]……因为我父亲一直抱怨啊抱怨啊，我就问他：“爸爸，那你干嘛做这工作呢？”我的问题立即得到回答：“要是我不做这工作，你们大家还能吃上面包和黄油 94
> 吗？”[2]korban（受难者）这个词和它的意思我还懵然不解，但在我内心深处的自我[batin]里，我倾听到它，我万分敬仰我的父亲。“我对你们只有一个要求，”我父亲接着说，“我要我的孩子们长大后谁也别做地方土著政府的普里亚伊。”[3]

在这段话里，我们依然看见苏多摩是个“还懵然不解”（belum mengerti）的孩子，或许人们会注意到，“还懵然不解”这个短语他从未用在后来接受的任何西式教导上面。但是这儿的叙述比事件更为异乎寻常。因为虽然我们可以肯定，“历史地看”，苏多摩的父亲是用爪哇语跟

1 bèndi——两轮马车。在爪哇乡村的某些地区，即便今天bèndi都还是一种地位象征。

2 不寻常的是，苏多摩并没有特别注意这一欧式早餐，在世纪之交，对茉莉芬（Madiun）的爪哇人世界来说，那谅必是稀罕的东西。

3 Soetomo, *Kenang-Kenangan*，第67—68页。

儿子说话的，可是在这里他的言语呈现为印尼语。[1]我们还注意到，苏多摩被korban这个词迷住了，而它并没有在他父亲讲的句子里出现！某种意义上说，发生了什么事一清二楚。在他的记忆里，苏多摩一定在回想父亲用爪哇语讲的话，其中极有可能包含ngurban这个词。这是爪哇语中道德与情感色彩浓厚的单词之一，意思是为了实现某个伟大目标，或者帮助身陷困境的什么人，而隐忍待发。它恰好应和了苏多摩在邦义尔的那位舅父的教诲。[2]于是少年苏多摩就对一个他还不懂的词语刻骨铭心，他还没“意识”到它，但对它的领悟以后将使他“成为爪哇人”。然而此处的奇异之事是语际滑落（interlingual slippage）。因为这句印尼话几乎不大显出暗含着的道义交换（moral exchange）的意味，那种道义交换的确主要是在爪哇语的语境下才有意义。如果说苏多摩前面把他外祖父的话译成了印尼语，那么现在，也许不由自主地，他掉转了方向，从印尼语回溯爪哇语。或许这就是为什么苏多摩对他领会的训诫语焉不详。事情可能是，苏多摩有点理解他父亲所做的牺牲，出于感恩和敬仰，同意去上医科学校，而不做“地方土著政府的普里亚伊”。或者也有可能，ngurban观念的提点——为了某种更高目标，给思想和欲望指点方向——导致他逼迫自己进入一种制度，它将永远把他摒于旧爪哇官僚精英和传统地位等级体系之外。

接下来的部分将我们带到STOVIA。作者的尊容——肮脏，淘气，懒
95 惰，挥霍——更加绘影绘形。他什么都吊儿郎当，因为假如他被开除了，他的外祖父会很高兴，而他的父母不管出什么事都会支持他的。[3]我们

1　苏多摩所引的他父亲的话一概如此，但是他外祖父的话却总是先给出爪哇语，再译成印尼语。

2　参见有关他外祖父如何凭借长期的禁欲克己，赢得了地位更高的妻子的芳心那段叙述，同上，第11页。亦见《语言与权力》，第24—25页。

3　Soetomo, *Kenang-Kenangan*, 第69页。

对那西化的教室里发生了什么几乎一无所知，只知道一些恶作剧。但是这部分的结尾是这些言深意远的话："即使我依旧挥霍、倔强、顽皮，但在我父亲去往永恒时间之前约一年，仅仅在那时我才明白，我不用抄袭（nurun）也可以成就学业，因此我渐渐有了这种觉悟（kesadaran）：靠抄袭学习是学习的堕落。"[1]

初看之下，这似乎分外简单明了：一个懒惰的男孩慢慢懂得作弊不好，幼稚傻气。但我认为不止于此。苏多摩的语言，特别是nurun和kesadaran这两个词，提示了两种不同的复杂性。他先使用印尼语单词meniru（模仿，抄袭），然后在括号里加上爪哇语词源nurun，由此递给我们一个暗示。[2]一方面，这看似清楚地影射了"模仿"西方的现代化过程的全盘问题，那些问题困扰了苏多摩一代的印尼领导人。[3]苏多摩1930年代的读者无疑会在整个殖民经验的背景下来理解"靠抄袭学习是学习的堕落"这句话。kesadaran是早期民族主义思想的关键词，它被用于这个小小的课堂插曲，这表明了该叙述更广泛的意义。另一方面，我们应当记得turun（传宗）观念在爪哇文化中的重要性。做一个真正的turunan（后代）意味着不抛弃先祖的性格或品质。模仿，就其趋近这种性格的意义而言，对爪哇道德观的系谱至关重要。[4]我们已经看到，苏多摩迄今为止

1　同上。

2　这在回忆录里是很少见的例子之一，苏多摩先用印尼语词，再用爪哇语来"解释"它，而不是反过来。nurun，就其靠抄袭来作弊这个涵义而言，好像是最近才从爪哇语进入印尼语的。比如，以下这本标准字典就找不到这个义项：Welfridus Joseph Sabarija Poerwadarminta，*Kamus Umum Bahasa Indonesia*（Jakarta: Perpustakaan Perguruan Kementerian P.P. dan K., 1954）。

3　我想，这段话在书中安放的位置——就在苏多摩"改变性格"之前——支持了这个观点。见下文，第97—99页。

4　模仿过去是，现在也是传统爪哇教学法的主要手段，不论是在舞蹈学校还是在

所受教育的最要紧部分，就是他以外祖父、舅父或父亲为榜样，学着模仿的那些时候。因此上边引的这段话，给了我们一种意味深长的印象：他的双重教育南辕北辙，其象征就是“模仿”在荷兰语和爪哇语中的对立意义。在荷兰教室里，“不用抄袭”表示“抄袭”了荷兰文化，易言之即认真吸纳了它的价值观；然而这意味着不模仿爪哇传统，后者赞美模仿。但是
96 它也预示了民族主义的解决办法——凭借不模仿先祖来模仿他们。凭借成为好印尼人来做好爪哇人。

我们终于来到苏多摩回忆录的道义中心，这部分他称之为“性格的改变”［Perobahan Perangai］。[1]它的内容简单却出人意料，而且实际上，大概为了特别强调，还讲了两遍。苏多摩已经习惯了抄袭他那些更用功的同学的作业。然后有一天，一位老师问了全班两个问题，一个是代数题，一个是物理题。苏多摩看到谁都没准备好回答，即便最聪明的也没有，他就举起手来，不过是想搞笑，却发现他不知怎的竟知道正确答案，“让自己大吃一惊”。这种突如其来的能力发生在这样一种有趣的背景下：“学校校长在我的班上建立了一个新制度，坚持应当自始至终教授数学，以便学生们能够持续不断地使用他们的智力……读者须知，我们班级到目前为止一直教的是只要有丁点智力（intellect）就能听懂的课程，假如这人记性［geheugen］够用的话。”[2]在这叙述里，教学法的改变同苏多摩的发现联系起来：“‘嘿，’我想，‘这么说我也有脑子了。’”换言之，一旦荷兰课程停止死记硬背的学习和模仿，苏多摩就开始觉察到自己的品质和

---

pesantrèn（伊斯兰学校）。

1 Soetomo, *Kenang-Kenangan*, 第69—73页。

2 同上，第70页。请注意这里对荷兰术语（intellect和geheugen）的运用。它显示了人格构成观念上西方和爪哇的巨大分歧。不妨比较前面提到的batin，和下文对budi的评论，第103页。

能力。[1]“从那时起，我渐渐变得羞于再抄袭［nurun］。”[2]正是随着这种对羞耻的觉悟（某种程度上是“成为爪哇人”，不过是在西方课堂的环境里），苏多摩表明他的性格已经改变了，这样他马上就可以写道：“仅仅是在我父亲离我而去的大约两年前，他的表情上才显出他对我抱有希望。这可以理解，因为那时我的性格开始改变了。从童年一直到当时，我的生活始终仰赖他人。”[3]

大致在此时，他与父亲的关系特征也开始变化。他不再是只有要钱的时候才写信回家，而是跟父亲通信，讨论他弟弟妹妹的正确教育问题。“我父亲开始有些尊重我了，我则贴近了他的内心。在这个幸福的状态下，憧憬着家族兴旺的美好前景，在一个理想瑰丽的时刻［zaman］，突
然之间，万万没有想到，在1907年7月28日，一封电报发来，告知我父亲 97
的死讯。”[4]

有鉴于苏多摩先前说到他和父亲的关系一点也不亲近，[5]对他丧考翌日的情感描述可能看起来相当奇怪。

> 谁能同情我那时天降大难？[6]只有这个世上那些跟我同病相怜

1 模仿悖论的进一步纠缠不清。

2 Soetomo, *Kenang-Kenangan*，第71页。但是苏多摩接着说，他太理解那些被认为“愚笨”的学生的苦恼了，所以开始经常帮他们做作业，也允许他们抄袭他的（第72页）。似乎如果不图个人私利（pamrih），作弊就是正当的。

3 同上，第69页。

4 同上，第74页。着重号系引者所加。

5 “我跟父母的关系，对父母的爱，直到父亲去世的那天，都不是很亲密。我同爸妈相处不太安逸自在，所以我对他们讲爪哇雅语［bahasa kromo］。而且我感到对他们爱不如敬［eerbied］。那时候，我的爱仅指向我的外祖父和外祖母。”（同上，第63页）

6 这句似乎语法混乱。苏多摩写的是tiada merasai（不能感受），而语意只需要merasai。

> 的人了。哪怕在那时候，更甭提现在了，我都无以言表我心中的忧思和灰暗；我最亲近的朋友，虽然他们分担了我的悲伤，却也宽慰不了我。我想到了我母亲的命运，我想到了随着父亲的去世，我那些弟弟妹妹的命运。就好像他们失去了保护伞，失去了依靠的支柱，失去了一切，他们发展所需的全部希望和根基。我们做错什么了吗？天主公正吗？……那时候父亲的逝世在我包含了这种意义：仿佛我遭到了惩罚，始料未及又无比严厉，它意味着丧失尊严，屈辱，和其余种种……我觉得人们改变了对我和我家的态度。恭敬之辞，慷慨之举，甘言蜜语，还有我们一些熟人的和蔼可亲，都显得并非真心实意，不过是一种外在的虚饰——而这是我父亲去世的影响所致。[1]

前来安慰这家人的人们常常偷他父亲的财物，闲话他的债务，猜测他给孩子们留下多少财产。“因此我感到烦恼和痛苦，我感到很丢脸，我感到荣誉扫地，我感到我活得像个被剥得赤条条的人，当着众人一丝不挂……在这痛不欲生的时刻，看起来似乎阳光失色的当口，在这个时候，只有我的外祖父和舅父减轻我的负担。”[2]在学校，他举止大变：不再挥霍、淘气和懒惰——以致他和朋友间裂开了一道鸿沟。“这样我的生活改变了。夜里，是星星和月亮做我的朋友，帮助我凝神聚气［mengheningkan cipta］，如此我才能作为长子成功实现我的责任……”[3]“我的思想和情感变得脱离了它们的环境，追寻它们生活的另一条航线，向着另一个方向
98 进发，那将带给它们繁花似锦的机会。”[4]

---

1 Soetomo, *Kenang-Kenangan*, 第74—75页。

2 同上，第75页。

3 同上，第76页。mengheningkan cipta（爪哇语，ngeningaken cipta）意思是为了集中一个人内在生命的冥想实践。在此苏多摩用上了他邦义尔那位舅父的教诲。

4 同上，第78页。

苏多摩如今成了这个受损家庭的一家之长，不得不承担起必要的责任。然而在他对那个时期的描述中，有趣的是他对外界（lahir）和内心（batin）的新感觉，以及他自称亲自体验到的与世界的分离。[1]这种分离铺好了道路，通向一个结局：它不是在回忆录里描述成那般模样，而是在上文所引的段落里预示出来。因为苏多摩而今想要“迎合”他父亲，履行家庭和传统的道义责任。[2]但是他要靠“找到另一个方向”来做到这一点。

五个月以后，1907年底雨季开始时，瓦希丁医生（Dr. Wahidin Soedirohoesodo）抵达巴达维亚暂作休整，长久以来他在募资，帮助有才智的年轻爪哇人完成西方教育。逗留期间，他去STOVIA向学生们演讲。以下是苏多摩如何描写那次相会的，自那以后没几个月至善社就诞生了：

> 同瓦希丁医生的相会给我留下了深刻印象。他有着安详的面容、睿智的举止和谈吐，还有解释他的理想时的坚定信念。他抑扬顿挫而

1 这象征性地表现在所叙述的邻里们言辞的声音与其意义的脱节上。不妨对比一下这种脱节与苏多摩叙述中以下两者所显示的内在一致：格贝的sambatan盛会（上文）和他对瓦希丁医生的感情（下文）。

2 也许这里与爪哇哇扬戏（wayang）的基本主题之一有相似之处：年轻的主人公同父亲分离，又长久寻觅，要找到他。这个矢志不渝的年轻人，除了有个智慧的精神领袖（瓦希丁医生？）外，孤身待在丛林里，沉思默想着，要发现心愿得遂的办法，此际就是分离的顶峰时刻。他凝神聚气的深邃造成了gara-gara，或谓宇宙的翻腾（至善社的形成？）。当失散良久的父亲承认主人公真是他的后人（turunan）的时候，通常戏剧冲突就解开了。关于这个主题，参见K. P. G. A. A. Mangkunagara VII, *On the Wayang Kulit (Purwa) and Its Symbolic and Mystical Elements*, Claire Holt英译（Ithaca, NY: Cornell University Press, Southeast Asia Program Data Paper no. 27, 1957），第11—16页。

> 文静的（rustig）［爪哇语，sarèn］嗓音，让我的思想和精神为之一宽，带给我新的理想和一个新世界，它们似乎能慰藉我受伤的心灵。跟瓦希丁医生谈话，聆听他的志向……消除了为我自己的私人需要所限的那一切狭隘感情和目标。这个人（one）变成了另外一个人，这个人感到自己兴奋不已，震颤遍及通身骨肉，这个人视野开阔了，感情高尚［halus］了，理想优美了……总之，这个人感受到了他在世上的最高义务。[1]

99 回忆录的自传部分到这里就结束了，此时苏多摩刚刚十九岁，至善社尚未成立。书的余下部分记录了苏多摩的朋友、仆人，尤其是妻子的功劳。从这些书页里人们可以推断他往后生活的某些东西，但那不是书写的中心了。在苏多摩看来，我想，本质的东西都说过了。

假如他的生活——在他自己眼中——有一个线性的轨迹，假如它在某种意义上与世界的趋向平行并进，那么1907—1908年间的政治事件本应只是个开头。但我认为如今应当明晰了，他的感知到的生命运动别是一种形态，政治（就我们理解的含义而言）成分不如道德成分多。为了更清楚地详述这一形态，或许有益的做法是，求助于苏多摩本人在别处使用的一个措词——lelakon，生命中的指定进程，介于darma（义务）和命运间的某处。因为1907—1908年的事件——丧父和遇到瓦希丁医生，离家和找到精神导师，反映了一个爪哇男人的生活过渡：从kesenangan（享乐）到kewajiban（尽责），从kenakalan（调皮）到kemuliaan（优异），从模仿到树立榜样。[2]

---

1 Soetomo, *Kenang-Kenangan*, 第80—81页。在这段话里，如常见的那样，苏多摩将荷兰语或印尼语翻成爪哇语来表达他的情感的微妙之处。请注意末尾那句话的句法——从"我"（I）到"这个人"（one，我对此处orang的陋译）的转换——表达了他对自我主义和个人私利（pamrih）的绝弃，或许也是从苏多摩个人向全体爪哇少年读者的移动。

2 试比较龙加瓦西塔《黑暗之时》最后两部分，题为*Sabda Tama*和*Sabda Jati*。

在这个连接点上,以下两者间的奇特接合是再突出不过了:一面是巨大的、几乎浑身奔涌的激情,亦即苏多摩所记录的他与瓦希丁医生相会因而眼界大开的眩晕感;另一面是他展现的医生本人的形象。我们不仅确实瞥见了一个极其传统——虽然刚毅——的爪哇绅士,[1]还被带回一个统一的世界,那里视觉、声音和意义重归一致了。“平静”、“抑扬顿挫”、“安详”,是苏多摩用来描述瓦希丁医生声音和形貌的文辞,他早先已用于描述格贝的乡村生活,旧时代的社交圈子。那时他“还不是爪哇人”,是一个捣乱分子。而今成了爪哇人,他和先辈们团圆了。

然而虽然他找到了他的asal(出身),他也不是在拿一个爪哇人成 100
长的简单故事款待我们。因为传统的瓦希丁医生给年轻的苏多摩带去了“新理想和新世界”。这些新理想、这个新世界是什么?是范尼尔写到的西方科学和理性主义吗?在这些事情上,苏多摩所受的教育早就比那位老医生高明多了。他在ELS和STOVIA学过多年,还谙熟荷兰语,所以苏多摩比他的启蒙者远为接近西方人构想的“新世界”。我宁愿相信,苏多摩——兴许还有STOVIA环境中的其他人——在瓦希丁身上觉察到一个榜样:如何不必模仿就能步入殖民主义的西方世界;在更深层次上,如何

1 就在前一段(第80页),苏多摩转述了瓦希丁所讲的他本人的一个故事。在某个地方,他希望召开一次会议筹集奖学金,但荷兰副行政长官持反对态度。于是,当地的普里亚伊虽然私下里愿意参加,也都不敢去了。因此瓦希丁走进荷兰人办公室(这里句法变了,苏多摩接替了瓦希丁的叙述),一言不发地站在那儿,直到副行政长官看见他。他表现得像是十分敬畏,拜倒在荷兰人的办公桌下,摆出恭恭敬敬(sembah)的神态,用最谦卑的语言说话,“副行政长官先生变得sabar[克制住了自己],就在此刻他的面色变得柔和,露出了微笑。副行政长官先生说道:‘医生,您的目的当得起最强的襄赞。如果您在一次会上宣讲,那会很不错,这样我的全体官员都能听取您的意见。’于是在副行政长官——虽然他起初打算阻挠医生的目标——的帮助下,[瓦希丁医生]赢得了不寻常的关注。”这段插曲的轻微反讽——与为了达到高尚目的不惜接受屈服一样,典型地是爪哇特色的。

不模仿一个人的先祖却又模仿了他们，如何在一个人不复深潜于爪哇传统中过活的时候又不抛弃这一传统，如何让观察自我与内心自我协调一致。龙加瓦西塔已经用无力回天的国王之至善这个残酷的逆喻，想象过黑暗之时。ratu utama（至善的国王），光荣爪哇的标志，不再可信了。然而瓦希丁表明，把形容词和名词分开是行得通的，甚至是绝对必要的。一旦分开，该形容词的意义重心就从我们或可称之为政治效能的东西转移到伦理承诺（ethical commitment）：总而言之，转移到一种趋于完善的道德能力（budi utama）。这种伦理承诺是任何人都可承担的一种责任——不会排除爪哇青少年，特别是自己的名字就由su（卓越）和utama（完善）合成的这个人。[1]

但是承诺什么？在古老的爪哇传统中，国王的至善意味着对国王权力的承诺。集中的权力带来了共同体的丰产、兴旺与和谐。社会安乐是权力对其自身的承诺的副产品。[2]然而一旦王权证明已软弱无能，副产品就能迅速变成中心鹄的。

如果我们看看苏多摩终生与之为伍的那些观念，就会发现一个词汇表和一种始终如一的风格。比如，苏多摩几乎全然不用以西方社会学为基础的政治概念。[3]马克思的那些范畴完全缺席，而它们对苏加诺那整整一代人，从保守的到激进的成员，都是政治语言的中心。尽管苏加诺和他的同时代人谈到了Indonesia Merdéka（自由印尼），苏多摩却往往说起他的理想是Indonesia Mulia（光荣的，或完善的印尼）。Merdéka，自由，当然蕴含了激进得多、政治性强得多的目标。它是印尼人——或“革命的马

1　Koch, *Batig Slot*, 写道：“寻求社会改良的斗争比政治更吸引他［苏多摩］。他向他的国家和他的人民散播爱。”（第139页）

2　参见拙著《语言与权力》，第1章。

3　参见Scherer, “Harmony”, 第212—223页。对苏多摩政治思想的全面讨论，亦见第207—247页。

来人”独享荣誉的一句口号，[1]在爪哇人中却没什么反响。Mulia则恰恰相反。上文（第98页）引用的回忆录那段话里，我们可以看到与mulia天生相配的东西，它似乎正是kemerdékaan（自由）的反面：kewajiban，或者义务。 101

正如谢勒（Savitri Scherer）微妙表明的那样，苏多摩将完善的印尼比作一支佳美兰（gamelan）乐队，其中每人尽量完美地演奏一种分配给他的乐器。从履行的音乐义务的相互纽结中，佳美兰音调的绚烂（kemuliaan）实现了。[2]演奏一个人的乐器，就是履行一个人的lelakon，实践一个人继承而得或落到他的命运中的那些责任。苏多摩振举他的社会的这个想法，就是要使所有乐器都尽量完美地演奏成为可行。农民和工人必须有饭吃，被关爱，受教育，让他们成为好农民、好工人，不忘他们的义务并能履行之。[3]1930年代，令苏多摩的有些年轻的民族主义同仁很反感的是，他向通敌的贵族和普里亚伊吁求支持，所用的办法是力劝他们“记住他们的出身”，换句话说，承受他们传统所赋予的道德义务。[4]

因此我们思考苏多摩的民族主义使命，也许可以参照一种音乐的明

1 参见《语言与权力》，第1章。

2 对照一下表现弥漫于格贝的sambatan中的和谐时那种压倒性的听觉描写。

3 Scherer，“Harmony”，第218—239页。佳美兰与政治的这一联系不只是苏多摩的一种怪癖。我曾从梭罗的年老宫廷乐师那里听说，有一首特别的佳美兰乐曲，叫做“Dendha Séwu”，习惯上在当朝王室面临难关时演奏。乐曲本身没什么技巧上的难度，因而要是宫廷大乐师不能尽善尽美地演奏，这就会被当成大祸临头的一个确定兆头。

4 苏多摩说，他的大印尼党（Parindra）“倾尽全力争取他们[上层普里亚伊]的支持，以便能够促使他们遵照自身的义务（darma），即不辜负其贵族血统的一个真正的刹帝利的义务，献身于国家和人民”。摘自苏多摩1935年12月25日对大印尼党第一次代表大会所做的演说，题目是“Bekerdja dengan tiada mengenal buahnja”，转引自Scherer，“Harmony”，第235页。

喻，这牵涉到将旧曲子系统地变调成新的基调，不同的音阶，和改变了的配器法。回忆录提供了这一点的一些明例。他的舅父在爪哇风格的自家里冥想，苏多摩则在西式的STOVIA里冥想。他的外祖父在格贝创造了一个“有效的正义”体系，苏多摩一辈子都在为诞生中的印尼寻觅一种有效的正义。[1]他的父亲极力要有尊严地活在殖民地官僚机构的锁链中，苏多摩作为一个受外国人培养的医生亦如是。他的先祖们——如他所描述
102 的，认为婚姻是爪哇人世界里的连带关系（solidarity）的巩固；而苏多摩呢，就其对他荷兰妻子的感人描写来看，似乎也是以同样的眼光看待他自己的婚姻。[2]但是变调的中心意象是Budi Utomo（至善社），苏多摩因

1 在《回忆录》第20页上，苏多摩提到，他外祖父对孩子不打算进入土著政府失望透顶，要求他最起码得养一匹马骑，那是普里亚伊身份的标志。“真没想到，实现我外祖父愿望的时机来到了。我当医生，需要去拉伍山区给人们看病的时候，我养了两匹马，它们每天轮流载我去村民那里。”变调的一个美妙意象：乡村医生成为新普里亚伊。苏多摩还回忆说（第42页），他父亲坚持对几乎每个人都用爪哇雅语讲话，如此一来，他成了传播“民主方式”的最早一批人之一。苏帕迪（*Dr. Soetomo*，第36，38页）注意到，苏多摩做着完全一样的事情，习惯于对他的司机苏摩（Pak Soemo）用格罗摩语（krama）说话。不过，苏多摩和他的父亲在科柯语（ngoko，低等的、常用的爪哇语）和格罗摩语之间选择了“废除”科柯语（可谓向上拉平），这或许是很独特的。永积昭（*Dawn*，第193页，注26）提到，就在至善社问世后不久，出现了一场运动，名唤“爪哇岛”（Java Dwipa），它鼓吹废除格罗摩语（可谓向下削平）。差不多同时的萨明主义（Saminist）运动也毅然拒绝对官员们使用格罗摩语。参见Harry J. Benda 和 Lance Castles，“The Samin Movement”，*Bijdrage tot de taal-, land- en volkenkunde*，125（1969），第234页。

2 “在此我表达对她的无尽感激是再合适不过了。我的妻子是个真爱她的国家的人。因此她了解和体察我的爱国，时常鞭策和激励我更深地爱吾土爱吾民，并将那种爱心见之于现实的言行。我的妻子也是个爱她的人民的人。因此她理解我对我的人民的义务，时常鞭策我去证明我对我的人民的爱。我的妻子站在她的人民中间，而不是高踞他们之

创立该组织而青史留名。因为Budi Utomo在爪哇调性和印尼调性里都是完全可识别的。[1]它横跨两种语言，既前瞻又回顾，象征着一种投入的努力——下一代人可能会说是斗争[2]，去努力实践久存于记忆和想象中的某种东西。

在至善社岁月的出版物中弥漫着的光明、黎明和太阳的意象，既是爪哇和印尼历史进程特有的，也是复活与新生的更广泛象征。[3]它们是在人的生活似乎与世协进的时刻幻想出来的意象。当它们在时代进步观念 103

上。因此她的爱是真正有生机的。作为一个真正的荷兰妇女，我的妻子热爱自由、正义和平等；因此她无法容忍充满歧视的环境，讨厌看到会污染她的民族的令名的行为。正由于这些情感，她时常鞭策我继续战斗，参加到废除这种歧视的斗争中去。”（Soetomo, *Kenang-Kenangan*, 第127—128页）

1　Budi utama是至善——尽管不自然——的印尼人。

2　试比较苏迪斯曼的《分析》：“我们为斗争而活着，为活着而斗争。我们活着不单单为了生命本身，我们活着还要勇敢地保卫生命，直到我们的心脏停止跳动。从一个人类生灵诞生之时起，从他作为一个婴儿的第一声啼哭到他的最后一口气，生命就是一场斗争。有时候他要面对一场艰苦的斗争，有时候他要面对一场殊死的战斗。并非场场战事都以胜利告终。但是生命的目的就是要敢于加入这一殊死战斗，同时赢得胜利。这是每个斗争着的人的梦想，共产主义者也不例外。这也是我的生活梦想。因为假如没有梦想，没有理想，生命就是空虚荒芜的。”（第24页）

3　参见Taufik Abdullah, “Modernization in the Minangkabau World”, 第215—218页。作者提到了西苏门答腊的早期现代化改革者之一马哈拉贾（Datuk Sutan Maharadja），“马来新闻业之父”，他从1891年到1913年相继参与了这样一些报纸：*Palita Ketjil*［萤光］，*Warta Berita*［新闻通讯］，*Tjaja Soematera*［苏门答腊之光］，*Oetoesan Melajoe*［马来信使］，*Al-Moenir*［启蒙］，以及*Soeloeh Melajoe*［马来火炬］。请比较迈斯纳对大约同一时期中国的相似意象的精彩讨论，见Maurice Meisner, *Li Ta-Chao and the Origins of Chinese Marxism*（Cambridge, Mass.: Harvard University Press, 1967），尤其是第21—28页。

影响很大的状况下出现时，我们可以预料，它们将与青年的形象联系在一起。至善社的早期岁月显然就是这样。生命环节与线性历史间的联结有多密切，可以从苏多摩最亲密的朋友古纳万的一则言论来判断，他说至善社的小伙子们的目标，是要“一直做发动机，从后面推动年长者”。[1]这一警句不仅利用了一个无疑是二十世纪的工业隐喻，而且在爪哇语境下，猛地颠倒了这句古老的教学箴言：tut wuri andayani——老驭少，完美到。[2]它是属于青年的锋利、激动的表达。

我们在苏多摩回忆录里找不到类似的东西。光明和黎明的意象在里边稀薄得很。全书的语调是阴郁的，集思于死而非生。如果我们自问何以竟至如此，我想答案是简单明了的。到1934年，苏多摩虽然政治成就斐然，[3]却已不再是民族主义运动的先锋了。作为他那时代的要人，也作为爪哇人，他能够洞晓，该运动的发展与他本人的生命轨迹正分道扬镳。他的妻子已经回归永恒时间了，他也正准备着不久以后随她而去。是到了考虑遗产（warisan）的时候了，回忆录所表现的其实就是一件遗产。

龙加瓦西塔伤悼“再不见圣哲的典范”。他的意思是说，老典范不中用了，所以不能流传下去。苏多摩（和他那一代人）重申了他们的出身，从
104 而找到一个可以传诸子孙的典范，这是他们无声的胜利。

1　转引自Nagazumi, *Dawn*, 第42页。

2　这成了苏多摩的著名同代人德万托罗（Ki Hadjar Dewantara）创建的“学生园”（Taman Siswa）学校系统的教育哲学中一个核心主题。

3　比如，他在东爪哇建立的农民组织“农民团结会”（Rukun Tani），在1933年已有125个分部，成员逾20000，轻松成为附属于民族主义运动的最大农村组织。参见John Edward Ingleson, “The Secular and Non-Cooperating Nationalist Movement in Indonesia, 1923—1934”（莫纳什大学博士论文，1974年），第419页。关于大印尼党的成功壮大，参见Susan Abeyasekere, “Relations between the Indonesian Cooperating Nationalists and the Dutch, 1935—1942”（莫纳什大学博士论文，1972年），第127—131页。

5

专业梦想

马克·吐温以其一贯风格说道：“所谓经典，就是人人希望已经读过，却无人想读的东西。”传统爪哇文学晚期的主要作品中，很少有比《真蒂尼》(*Serat Centhini*)更符合这句话了。[1]出于礼节，人们说它是名著，更有趣地(如我们将要看到的)，说它是爪哇文化的一部百科全书，可它还从来没有全文出版过。仅有的有分量的排印本，是一种用罗马字印刷的八卷本，出版于七十五年前。[2]除了少许显著的例外，西方学者和 105

1 据贝伦德(Behrend)说，今天，在印尼与荷兰的各种公共藏书中，可以找到这首诗八大校订本里的98种不同底本。已知的最老版本源于1616年的一份井里汶(Cirebon)抄本。最全的《真蒂尼》是差不多有25万行诗的皇皇巨著，贝伦德认为它完成于1814年。据称它是由一个诗人委员会编纂的，那些诗人是当时梭罗王储——后来成为巴固甫握诺五世(Pakubuwana V)——的近侍。相传王储派遣使者到爪哇各地和马都拉岛，搜罗每一种可能形式的爪哇学问，收录到最终文本里去。参见Timothy E. Behrend, “The Serat Jatiswara: Structure and Change in a Javanese Poem, 1600—1930”(澳大利亚国立大学博士论文，1988年)，第79—84页。

2 *Serat Tjentini*, R.Ng. Soeradipoera, R. Poerwasoewignja和R. Wirawangsa编(Batavia［Jakarta］: Ruygrok, 1912—1915)。贝伦德相信，这一首创行动是由学者—

现代爪哇学者都忽视了它。[1]当人们没有无视它的时候，主要是在它里边搜寻有关爪哇艺术和宗教传统的丰富资料。但是该书也标志着爪哇政治文化的历史发展中的一个重要里程碑。

如果《真蒂尼》可以说有一个故事，它其实就是这么回事：1625年，信仰伊斯兰教的繁华的东爪哇港口王国吉里（Giri），遭到中爪哇马打兰王国素丹阿贡（Agung）军队的血洗，之后，被征服的统治者的三个孩子（两男一女）被迫逃亡活命。他们受到马打兰密探的追捕，失散了：大儿子查赢格勒斯米（Jayèngresmi，后来以阿莽拉加王子［Sèh Amongraga］为人所知）逃往西边，小儿子和女儿查赢萨里和兰璋卡普提（Jayèngsari和Rancangkapti）试图往南方去躲避他们的追捕者。书里描写了他们险象环生的流浪生涯，他们为了重聚，徒劳地寻找对方。然而他们却被一个

官僚、当时的巴达维亚人文与科学协会（the Bataviaasch Genootschap van Kunsten en Wetenschappen）会长林克斯（Douwe Rinkes）发起的，他拥有莱顿那里编纂的版本，然后就送往梭罗由苏拉迪普拉（Soeradipoera）和他的助手们核校，最后由协会出资在巴达维亚出版。Behrend，“Serat Jatiswara”，第89页。仅有的另一部有分量的罗马字版本，在六十年之后以四卷形式出版，勉强涵盖了1912—1915年版本内容的一半，它就是*Serat Centhini*, Tardjan Hadidjaja编（Yogyakarta: U.P. Indonesia，1976—1977）。

1　对《真蒂尼》海量资源最为充裕的开采，当属特奥多尔·皮若（Theodoor Gautier Thomas Pigeaud）论爪哇和马都拉的传统表演艺术的百科全书式著作：*Javaansche Volksvertoningen*（Batavia: Volkslectuur, 1938）。杰出的民族音乐学家孔斯特（Jaap Kunst）在他的不朽之作《爪哇音乐》中引用了涉及音乐的许多短节（*Music in Java: Its History, Its Theory and Its Technique*［增订第三版，Ernst L. Heins编］。The Hague: Nijhoff, 1973; 1934年 尼约夫初版名为 *De Toonkunst van Java*）。亦见S. Soebardi, *The Book of Cabolèk: A Critical Edition with Introduction, Translation, and Notes : a Contribution to the Study of Javanese Mystical Tradition*（The Hague: Nijhoff, 1975; 基于他1967年在澳大利亚国立大学的博士论文）。

奇怪人物色博朗（Cebolang）连在一起，他最初露面时，只是阿莽拉加的小跟班，结尾的时候却娶了兰璋卡普提。色博朗被说成是住在苏卡亚萨（Sokayasa）山上一位受人尊敬的圣人的独子，但是圣人断绝了与这个年轻人的关系，因为后者沉迷于赌博、偷盗和通奸。色博朗被逼无奈，只能靠他的机智活下来，成了一个云游四方的乐师、舞者，以及（因为缺乏更好的词儿姑且称之为）变戏法的人，挣得了他的口粮。

《真蒂尼》的主要人物都是亡命者或被驱逐者，居无定所，这个事实意味着它的舞台背景跟传统爪哇文学常见的那一种大有区别。没有哪段情节发生在战场上、宫廷里或都城中。马打兰的统治者不过是舞台外一个不祥的、阴暗的幽灵。就大部分内容而言，书的背景是一连串村落和乡村伊斯兰学校（pesantrèn），男男女女的人物角色，也都是些奇阿依（kyai，传统的伊斯兰教的硕学之士）、桑特里（santri，他们的学生）、村首、商贩、职业乐师、歌者、舞者、妓女和普通村民。这个环境及当中发生的遇合之事，让作者有机会去绘声绘色地描写爪哇乡村生活的诸多传统层面——民间艺术、建筑、烹饪、耕作、仪式、动植物、宗教、医药、性行为 106
等等，这些为《真蒂尼》赢得了旧爪哇百科全书的美誉。

百科全书的政治

安·库玛曾明确比较过爪哇和法国十八世纪主要的农村社会等级。因而她非凡地推动了这一进程：将旧爪哇历史有意识地融入近代世界的更广阔历史中。[1]我相信，从她的比较延伸开去，反思一下领主—农民关

1 Ann Kumar, "The Peasantry and the State on Java: Changes of Relationship, Seventeenth to Nineteenth Centuries"，见James Austin Copland Mackie编，*Indonesia: Australian Perspectives*（Canberra: Australian National University, Research School of Pacific Studies, 1980），第577—599页。为这篇论文，她利用了自己以前的几篇专论研究，

系之外的阶级关系，是有可为的。瞥一眼两种百科全书，提示了一个有趣的出发点。一是我们自己的《真蒂尼》，一是狄德罗、达朗贝尔及其同人的百科全书，两者的创作相距不到半个世纪。[1]虽然百科全书派的确预示了法国资产阶级的掌权，但是他们最直接的圈子却有着五花八门的社会出身；[2]而且，他们的《百科全书》特有的革命特征，跟欧洲其他资产阶级的历史兴起并无确切的对应。因为他们的计划，是要整理出庞大的、系统组织的方方面面知识的一个手册，那些知识是他们那时代的职业学问家积累起来并可供其使用的。隐于其后的主导精神是敌意，不单敌视反动的成见（idées recues），也敌视成见背后的教会权威和国王权威。狄德罗和他的同人反对教会和国王的一般的（文化和政治的）权力，动员起了专门的行家里手的一个强大联盟。实际上，这么做的目的是要表明，几乎在任何主题上——从磁力的性质到语言的起源，平民或非神职的博学者通常都比公认的社会和宗教大人物“知晓得多”。就此而言，《百科全书》可以被有益地理解成一件武器，用在一个专业的、世俗的知识阶层与旧
107 制度的整个统治权（hegemony）结构之间的斗争上。

于是我想，可以论证《真蒂尼》反映了一种相似的主导精神，尽管处于一个迥然相异的政治、社会和文化环境里。我们或可指明这首长诗的三大显著的一般特点，由此开始这一论证。第一点，它浓密地布满了看起来极像一本奇特百科全书词条的东西。[3]比如有许多段落，其中有的有好

还利用了埃尔森（Robert Elson）、王福涵（Onghokham）、皮若（Theodoor Pigeaud）和施里克（Bertram Schrieke）的优秀经验研究。

1 我认为贝伦德关于完整版《真蒂尼》成书于1814年的年份测定是合理的，也将1777年视为《百科全书，或科学、艺术和手工艺大词典》最终增订本的出版年代。

2 孟德斯鸠和达朗贝尔有贵族背景，尽管后者是私生的。狄德罗、伏尔泰和卢梭是资产阶级或下层阶级出身。

3 《百科全书》已经运用了最易查找的分类学原则——字母表顺序来编排它的词

几节长，它们纯粹是由种种清单构成的：爪哇甜食、可吃的淡水鱼、托梁和榫头、神学术语、音乐作品、山脉名称、服饰、舞蹈，等等。这些段落不存在有条理的次序，读来像是没按字母表顺序排列的、富有诗意的黄页。而且很难让它们合乎爪哇诗歌的传统美学，那些诗歌几乎总是照例要加以咏唱的。（英语里与此相似的或许是这样一首歌，它由四十五个品牌的早餐麦片的名称组成，不带讽刺意味。）因此，人们获得了鲜明的感觉：如此这般的段落，其实更多是想供人阅读（查阅？）而非背诵的。换句话说，如果爪哇读者（不是听众）想要查看所有不同类型的爪哇饼干或佳美兰乐曲，他可以求助于《真蒂尼》来查出它们。这一切学问（ngèlmu）的源头，不是教士，不是圣贤，不是贵族，而是内行的专业人士和编纂者。

《真蒂尼》的第二个显著特点是文中对待诸如超自然存在与附属于国王和朝廷的圣物这类话题的方式。因为该书处理它们，和处理鱼、植物或食品的方式一样，就事论事，博闻广记。譬如，第85篇第4—5节给读者提供了不带感情色彩的一份目录，其中包含了二十种典型的爪哇鬼怪和妖精，它不是按照字母表顺序，也不是以恐怖程度为序编排的，而只是要符合威朗隆（Wirangrong）韵的韵律要求。

第三点，明显缺乏对统治阶级成员甚或别的任何人所施展的kasektèn（魔力）的描写。[1]如果我们把《真蒂尼》与哇扬布尔哇（wayang purwa，传统皮影戏）的故事，或者与《爪哇史记》这样的王室编年史做一比较，这种缺乏的意义就显而易见了。在哇扬戏故事里，贵族主人公默念的时候，天为之颤抖，海为之翻腾；他们在战斗中射出的箭化为成千上万的巨蛇或恶魔。一个主人公可能翩翩飞过天空，另一个主人公可能同时让天上的一打仙女怀孕；还有一个潜到海洋深处，钻进一位神祇的耳朵

目。《真蒂尼》中没有超出其叙事和韵律要求的排序原则。找到一个词条的唯一办法，就是熟习这首诗。

1　参见拙著《语言与权力》，第1章，那里讨论了爪哇的权能（Power）观。

108 里，那神祇却是主人公本人的微型变体。我们在编年史中可以发现，有一些神奇的光球降落到命定要当王的那些人头上，还有，与琪都皇后（Nyai Lara Kidul）——全能的南海娘娘的神秘交感，遍及一个王朝的相继各代，诸如此类。从《真蒂尼》对所有这些奇迹的否定里，很难不看到一种审慎的吉本式的捣毁圣像行动。

我淡淡勾画的这些特色，其社会基础可能是什么呢？跟十八世纪法国相比较，从中可以弄清什么东西吗？有两点似乎特别值得记在心上。第一，狄德罗和他的同人（confrères）在他们本人眼里是有技能的专业人士，亦即致力于掌握和发展特定类型知识的男人和女人。第二，由于印刷资本主义已经从十五世纪末开始在欧洲兴起，作家在更大范围的专业人士群体中的重要性非常之高。[1]（是故，对我们来说，代表十八世纪中叶的欧洲的，是狄德罗和伏尔泰，而不是专业的音乐家莫扎特和海顿，或者专业的画家提埃坡罗和弗拉戈纳尔。）相反，爪哇直到十九世纪晚期才遭遇印刷资本主义。这一迟到并不意味着旧爪哇缺乏一个可观的专业人士阶层，毋宁是说，既然印刷资本主义直至十九世纪下半叶才姗姗来迟，文人在这个阶层里没有任何特殊的声望或政治地位。[2]他们身边（而非其上）并排着各色专业人士：建筑师，他们构想、规划和监管着爪哇无数清真寺、宫殿和堡垒的建造；木偶艺人达朗（dhalang），他们一代代地构建起皮影戏的多彩传统；老练的乐师，他们创造了爪哇音乐类型的盛大气派；伊斯兰教学问许多分支的行家，更不用说还有舞者、优伶、雕刻工、铁匠、画匠、医师、占星家、术士、民间植物学家、武术教师、窃贼等等。[3]这些人几乎总是平民，但肯定不是平常的人。有的被招纳去为王室宫廷

1 参见拙著《想象的共同体》，第3章。

2 我们注意到，授予宫廷诗人和太史的官衔，很少高于统治者颁赐给高级舞蹈师傅和佳美兰乐队领班的官衔。

3 存在许多以百科全书式的周详探讨入室行窃术的有趣抄本。

和地方领主效力，尤其是如果他们知识和技能的施展需要大量人力和资金支持（比如建筑师），而只有这样的政治和经济权力中心才能提供那种支持的话。另一些人更喜欢行路的自由——加入到皮若所谓 zwervers en trekkers（流浪汉和跋涉者）[1]的难忘人群之中，向更大的社会市场兜售他们的专长（比如优伶和武术教师）。还有些人，像奇阿依和guru ngèlmu（传授秘学的导师）之类，宁愿栖居在乡野清静之地，靠表达尊敬或惊奇的口碑为他们自己引来新手和顾客。 109

在十八世纪晚期，这个专家阶层的规模（它占爪哇总人口的比例）尚无满意的估计方法。[2]但是它一定远远大于统治阶级。我们也不可能猜测

1 在皮若的《爪哇民间表演》(*Javaansche Volksvertoningen*)中（第35—36页），他讲到巡游艺人"无疑是大群流浪者和漫游者的组成部分，他们必定曾是古时候爪哇社会流动人员中的关键分子"。他提到的其他分子还有货郎、商贾、桑特里（santri）和带着随从的satria lelana（被流放的或无主的"武士"），后一种人常常"难以跟土匪区分开来"。

2 但是孔斯特于1930年代初收集的出色统计资料还是可作参考的（*Music in Java*，第570—571页）。那时爪哇和马都拉的人口略少于4,100万［据下文估算，疑为410万。——译注］。然而他算出有17,282支管弦乐团，其中包括以培罗格（pélog）音阶或斯仑特罗（sléndro）音阶进行演奏的12,477支"全套青铜佳美兰乐队"；还有6,362个不同类型的哇扬戏班，多半是哇扬布尔哇。保守地假定一支全套青铜佳美兰乐队需要10—12个熟练演奏者（包括后备队员和学徒），我们即可估计熟练乐师的数目约为12×12,000=144,000人。（我认为同一些演奏者可能经营稍小的、非全职的佳美兰乐队。）如果我们除去妇女（她们极少公开演奏佳美兰乐器，除非是gendèr［金属佳美兰］）和儿童，这就意味着佳美兰的技能密度（skill density）大致是，10个青年或成年男性中有1人是乐师。诚然，这些乐师大多数不是云游者，而是村民，他们的主要生计在务农。即便如此，这种技艺和才能的深度还是非同一般的。认识到多数哇扬戏班属达朗所有，而且仅由他的直系亲属成员"表演"，我们可以估计熟练的木偶操纵者人数大约是15,000人，或者说120个青年或成年男性中有1人。同样，只有少数人主要靠这种手艺谋生。

到，隔行的行家们多大程度上彼此承认是同一阶层的成员。有一点是清楚的：在不同程度上，他们意识到他们所知的东西、所做的事情，都是统治者所不能的。（爪哇贵族生而统治，无需发展专门化的知识，而像英国绅士一样，采取一种专横的业余爱好者地位。）但是由于社会声望、经济资源和政治权力的现行分配状态，行家们几乎总是被迫听命于这些有特权的业余爱好者，而且常常赖以为生。这种普遍的服从并不表示他们不为自己的精湛技艺自豪，而仅仅表示他们被诱使隐藏或掩饰那种自豪。（有件往事我记忆犹新。1960年代初，我拜访了梭罗的衰朽朝廷。一位年迈亲王在做关于爪哇音乐特征的长篇大论，而那些同样年迈的宫廷乐师们是怎样正襟危坐，洗耳恭听啊。只有当亲王从视野里消失之后，嘲弄的微笑
110 与挖苦的评论方才谨慎开始。）大规模生产的印刷语言那时尚不存在，就其本性来说，它本应是唯一的一种媒介，可以容许多样的、个别的、专业的嘲讽形成有意识的、系统安排的联盟。[1]

我们或可由此想到这半遮半掩的阶级对立是为了知识的…… “生产工具” 的斗争。它使以下双方处于互斗地位：一方是天分高的平民，各怀独门技艺；另一方是王室加贵族，一般化地宣称拥有神圣权威和魔力。

鸡奸和戏法

到目前为止我们探讨了一些广泛、一般的猜想。为了尽量使之显得言之成理、生动明晰，现在我们转向两个主题，它们在对 “传统爪哇文化” 的当代讨论中几乎从未涉及，却仍然占据着《真蒂尼》——那个文化兜售

把这些数据映射回十九世纪初期显然成问题。但我想不出有什么明显理由说明这些比例应该更低；而且考虑到1900年后初等、中等教育的兴起，它开始将年轻人拉出传统的学徒生涯，因此很可能这些比例更高一点。

1 我在此用 “专业的” 一词，既指技能和知识水平，又指收入和社会地位的首要来源。

最多的经典之一中的显要位置。它们以相互反衬的方式，提供了前述初露苗头的阶级对立的异常清楚的轮廓。

在十九、二十世纪殖民地官僚和传教士的“人类学”著作里，有一个典型的传统主题，那就是心理阴暗地津津乐道土著无可救药的恋童癖和同性鸡奸。达雅克人、亚齐人、巴厘人、布吉人、爪哇人、巴塔克人、米南加保人，或者华人——不论这些民族在其他方面彼此差异有多大，据说他们全都强烈耽于这种恶习。[1]这个传统主题用来表现所涉人口的原始

1 比如，著名民族学者威尔肯（George Alexander Wilken）观察到，“达雅克人中间好男风是一种普遍的恶习”（*Verspreide Geschriften*, Frederik Daniel Eduard van Ossenbruggen编 ［The Hague: van Dorp, 1912］, 3, 第389页）；大名鼎鼎的伊斯兰教专家胡格伦治（Christiaan Snouck Hurgronje）写到了“最坏的那种邪恶在亚齐地区的泛滥成灾”，其象征就是流行的seudati（斯达帝舞），里边所唱的诗歌“与恋童癖臭味相投”（*The Achehnese* ［Leiden: Brill, 1906］, 2, 第246, 222页）。说话刻薄的医生雅各布斯（Julius Jacobs），于1880年代初造访巴厘之后，讲到男孩子们打扮成女子模样进行的许多舞蹈表演，评论说：“你要知道他们是些男孩，看着巴厘社会各阶层的男人们掏出他们的钢镚（中国硬币），想图个与这些孩子一舞的机会，有时是以极其怪异的姿势，那可够恶心的；你要了解到，这些孩子，他们有时是在数小时的直立姿势训练后，虽然可能精疲力竭，还要被逼着同出价最高的人完成种种水平动作，好让这个男人抚摸，让那个男人亲吻，你会更加厌恶的。”（*Eenigen tijd onder de Baliërs, eene reisbeschrijving, met aanteekeningen betreffende hygiëne, land- en volkenkunde van de eilanden Bali en Lombok.* ［Batavia : Kolff, 1883］, 第14页，着重号系原文所有。）

到殖民末期，讨论采取了一种较为平和的语气。比如，关于布吉人和望加锡人，参见Hendrik Chabot, *Verwantschap, Stand en Sexe in Zuid-Celebes*（Groningen-Jakarta: Wolters, 1950），第152—158页（“Homosexualiteit”）；C. Nooteboom, “Aantekeningen over de cultuur der Boeginezen en Makassaren”， *Indonesiē*, 2（1948—1949），第249—250页。关于爪哇和马都拉，参见Pigeaud, *Javaansche Volksvertoningen*, 第299—304，

111 或堕落，以及使之开化、基督化，使之在其他方面提高的紧迫需要。男风和鸡奸也用来在“放荡的”原住民和规矩的荷兰人之间形成了极端的道德对照，后者自然带着习惯性的恐惧看待这样不自然的习惯。（不消说，一旦印度尼西亚成为独立国家，说法就颠倒过来了：直到堕落的荷兰人到场之前，这种令人憎恶的恶习在这群岛上闻所未闻。）有关《真蒂尼》的好玩事情之一是，它举出了很多例子，以绝对爪哇式的专门术语表明，男同性恋至少是多姿多彩的传统爪哇性文化的一种不成问题的日常组成部分。（它包含了对鸡奸、口交、相互手淫、多人性交和易装癖的淋漓尽致的描写，以及其他种种内容。异性性活动也以十分相似的方式描摹出来；《真蒂尼》就其覆盖范围而言简直包罗万象——抑或我们该说是百科全书式的？）

恰是男同性恋关系的司空见惯，使得一段特别的成对相映的鸡奸情节格外给人启发。这段情节的背景可以略述如下：因斑斑劣迹（包括多次与有夫之妇通奸）而被父亲逐出家门后，色博朗当上了一个巡回演出小剧团的头目，找到一条生路，那些演员中最要紧的人物是有点娘娘腔的年轻舞者努尔维特里（Nurwitri）。这个团体演奏各式音乐（但拿手的是受阿拉伯音乐影响的合奏，叫做德邦甘鼓乐［terbangan］），表演舞蹈，演示一系列的sulapan（我们或可姑且译为“耍戏法”）。在旅程中，这个剧班到了达哈（Daha）的kabupatèn（地方行政中心），立即被当地的阿迪帕蒂（adipati，领主）雇去表演。这个领主陶醉于表演者们的绝技，不亚于他的众多老婆、官吏、仆役和食客，而尤为醉心于努尔维特里——他穿着女人衣服，舞得美轮美奂。演出完毕，年轻的明星被邀去与急不可耐的阿迪帕蒂同床共枕，后者被说成是“已经彻底忘却女人之爱”（supé

322—324页；J.B.M. de Lyon，“Over de Waroks en Gemblaks van Ponorogo”，*Koloniale Tijdschrift*（1941），第740—760页。

langening wanita)。[1]努尔维特里识时务地顺从了鸡奸，靠他的调情极大地取悦主顾，主顾则在连续几个次日早晨赏之以厚币和昂贵服饰。几夜欢娱之后，阿迪帕蒂的注意力转向了更有男子气的色博朗，命令他穿女衣跳舞。跟从前一样，音乐和舞蹈勾起了这位大人物的性欲，他轻而易举地让色博朗陪他睡觉。第4章第54—60节描述了阿迪帕蒂如何鸡奸色博朗，其乐几何。剧班头日被描绘成“床上功夫更胜努尔维特里”（lan Nurwitri kasornèki），翌日相应地受赏。[2] 112

至此一切正常。男人间的性关系似乎极类许多男女间的性关系。一个有钱有势、社会地位高的老男人，享用一个有性吸引力、地位低的年轻人的“被动的”性交特权，并从金钱上或别的方面犒赏那人。然后某种离奇之事发生了，据我所知，在印尼文学中没有可堪比拟的。阿迪帕蒂问色博朗，鸡奸行为中哪一方得到的快感更强，插入者还是被插者。当色博朗说“被插者，强得多”（mungguh prabédaning rasa / asangat akèh kaoté / mirasa kang jinambu）时，那个老男人承认他意欲亲身一试以断是非。[3]于是色博朗鸡奸了阿迪帕蒂。事情发生的时候，却大不像色博朗所许诺的那样。部分由于色博朗阴茎的尺寸，阿迪帕蒂经受了痛苦难忍的折磨。他的直肠饱受摧残，第二天甚至无法落座。色博朗不得不在他的肛门处贴上特殊膏药缓解痛楚。（这是《真蒂尼》中疼痛性交的唯一事例，这种东西也许暗示了该诗的“政治”。）

关于第二回合的鸡奸，最直接的异乎寻常之处在于，通常的性倾斜方向（sexual declension）反转过来了：年轻、迷人、位卑的男子被说成是支配着年老、色衰、位尊的男人。但是认真比较两种鸡奸，从中会浮现出更

1 *Serat Tjentini*，第2章第17节到第4章第30节。引文出自第4章，第29节。在这里及后面全部引文中，我把原始文献中的拼写现代化了。

2 同上，第4章，第54—60节。引文出自第57节。

3 同上，第74—84节。引文出自第76节。

启迪人的洞见。

在那第一回合交战中，人们注意到如下细节[1]：老练的色博朗浑不费事地驾驭了阿迪帕蒂的阴茎。他被描写成“灵活熟练地做着花样百出的动作”（aluwes awasis ing satata taténing pratingkah）。他在被动的鸡奸中的“技巧娴熟”（baudira）远超他的朋友努尔维特里。他其实被表现为“积极地被动”。这一对儿据说是在从事一场“甜蜜的战斗”（adu manis）。不断使用反身性动词形式突出了他们活动的相互性：“他们扭成一团翻滚着，从相反方向猛挺对方”（dia-dinia dinaya-daya / dinua-
113 dua）。阿迪帕蒂的性器被色博朗久经沙场的括约肌“挤压着”（sinerot）。年轻男子的“反应”“不输于”（tan wiwal dènya kiwul）他的搭档。在有个时刻，他用毕恭毕敬的格罗摩语（krama）[2]忠告老男人“冷静点儿”（ingkang sarèh kéwala），仿佛是说，“如果你想长于床笫之欢，就得控制自己的节奏”。他被描述成“筋疲力尽的”（lempé-lempé），但他的疲乏是一位有成就的体操运动员在艰苦训练后的疲乏。（书中说阿迪帕蒂几乎同样疲倦。）黎明时分努尔维特里进房来站在这一对儿边上，俏皮地取笑他的伙伴，这时色博朗报之以快活的咧嘴眨眼，满不在乎地宣称“咱俩是五十步笑百步”（aran wong wus padha déné）。最后人们看到，作者意指色博朗和努尔维特里之间串通一气，暗算了阿迪帕蒂。色博朗“悄悄向他打个手势”（ngeblongken），意思是说，他们成功蒙骗了这个贵族。当后者傻乎乎地自满于他认为的对两个年轻戏子的性支配，而放声大笑时，这对家伙狡猾地实现了他们的目的：钱、宠爱、随意出入这个行政中心女人们的闺房、对他们雇主的心理制服（他如今已被装进色博朗的角色颠倒的圈套里了），还要加上性享乐。

这些细节清楚地表明：（1）色博朗被（有意）描绘成一个老于性事的

1　以下引文出自第4章，第56—60节。

2　格罗摩语是表达礼貌—尊敬程度的爪哇语。

行家（就这个词的褒义来说）；（2）当他断言被插入的一方比插入方能得到更大快感时，他不是在撒谎——前者实在得有正确的知识（ngèlmu）和经验；（3）他从始至终保持了雄性气质，迎合他的搭档就好比一个优秀的拳击手、摔跤手，或舞蹈家。没错，他的动作太轻盈了，阿迪帕蒂觉得那些动作像是一个艳丽妇人做出的，但是色博朗从未在心理上“屈服”于那个老男人。

颠倒过来的鸡奸在几乎每一方面都代表了一种鲜明的对比。[1]阿迪帕蒂允许年轻的冒险家用科柯语——表示亲密和平等的语言层次（koko-kinoko kéwala）跟他说话，从而首先交出了他的社会和政治优势地位。继而他又求教知识，为此他承认了自己的无知，实际上他是向位经验丰富的老师请求指点。书中特地强调了色博朗阴茎令人难忘的大小，暗中对照了不曾言及的他搭档那东西的尺寸。阿迪帕蒂被描述成“彻底服帖”（anjepluk）。更要紧的是，他明确地说已经“忘了他的男人身份”（supé priané），“感觉像个女人”（lir dyah raosing kalbu）。回想一下，当色博朗正被鸡奸的时候，我们得知，在他的鸡奸者眼里他似乎是个妇人，或者比妇人还好。相比于色博朗熟练接纳了肛门插入，那个老男人 114
却表现出无力忍受最初的疼痛。“他泪流满面，哀哀求饶”（barebel kang waspa / andruwili sesambaté）。“噢，停下……够了……求求你，不要……拔出来……呜……呜……请停下”（lah uwis aja-aja // wurungena baé adhuh uwis）。的确，他如此丧失自控，竟不由自主地尿（kepoyuh）在床垫上了。色博朗心里“为之一动”（ngres tyasira），加快了他的抽插，好让这磨难快些结束。（拿这个与色博朗早先的建议对比一下：那时他本人被鸡奸，劝他的搭档放慢一点。）最后，阿迪帕蒂“累得瘫倒”（ngalumpruk marlupa capé），而那年轻人只对他觉得抱歉（sungkawa），全未提到什么疲累困乏。阿迪帕蒂自己是鸡奸者的时候，他也是体力耗尽。不用说，色

1　这一段的引文出自*Serat Tjentini*，第74—84节。

博朗也熟知用捣碎的草药敷治贵族肛门的正确方法。没有欢乐的玩笑，这一幕就收场了。

这成对相映的鸡奸，每一方轮流扮演插入者和被插者的角色，表明了色博朗才是他主人的主人。在男人间性交的方方面面，他都是一个老练的行家，从不失去他的控驭自如或男人身份。事实上，恰是因为他保留了这些品质，他才能够以明显的诚实，坚持说从被插入中获得的快感强于从插入中得到的。他迫使他的老爷先是接受了语言上的平等，然后接受了性屈服。另一方面，甚至当阿迪帕蒂是鸡奸者的时候，他也没有占到上风。而当他被鸡奸时，他表现得像个处女，或刚入门的学生。

同时我们理当记得，《真蒂尼》一书有数千节诗，我们这里成对相映的鸡奸仅占其中的一打诗节左右。我们不是在讨论某种《爪哇领主查特莱的情人》。这个阿迪帕蒂并未体验到性唤醒，对他的年轻伴侣不爱亦不恨。一旦他的直肠治愈，他能重新舒服地坐着，这个行政中心的生活又恢复如初。色博朗最终被驱逐了，但只是由于他被发现对阿迪帕蒂的小老婆们太放肆。因此很难相信这双重鸡奸的情节是什么就性论性的文句，或者具体点说是关于同性恋的文句。如果我们简单地比照着看看变戏法，或许能更好理解它真正想说的东西。

前已提到，变戏法是《真蒂尼》中形形色色的诸多流浪者和跋涉者常备节目的基本内容。色博朗是书里首次出现的这等人物，但是他的烟火制造术，虽然让人印象深刻，不久后将被其他老手盖过。不管特定的“大师”是哪位，所有的戏法表演共有某些一般特征。它们始终是奇观
115 展示（tontonan）——就是说，变戏法的人与他的同伙是被花钱请来，在更多庆祝活动的背景下，面对观众展现他们的奇才。它们总是伴有音乐，时常伴有特定类型的舞蹈和舞者，也惯常伴有点燃的香烟缭绕。“变幻”（turn）的类型大致落入三类：(1) 无生命的物体，在某个时段内，搞得好像有了它们自己的生命似的。比如，一个捣米杵似乎在装它的容器内上窜

下跳，一把弯刀和镰刀又砍又劈，都没有人力作用。[1]（2）各种物体暂时改变了性状。例如，山尖状的熟米饭（tumpeng），或某些树叶，或不熟的椰子，用一个kurungan（半球形的柳条笼子）罩上；笼子拿开时，它们分别变成了花束、海龟和蛇。重新罩上笼子，然后再揭开，这些物体还原成了原先的真实形态。[2]（3）让吓人的事情发生，然后又一笔勾销。这类变幻太有趣了，值得举三个典型例子细细道来。

在有些庆祝活动期间，色博朗将他的乐师之一绑住手脚，再连同一个车轮放入柳条笼子里。[3]当其他乐师奏起基南蒂威腊特鲁纳（Kinanthi Wiratruna）曲子，香烟袅袅升起的时候，色博朗与他的异性装扮的舞者围着柳条笼子转了七圈。拿开它时，那个被缚的乐师已解开绳索，正骑在一头老虎的背上。旁观者惊怖逃窜，在这过程里彼此踩踏。阿迪帕蒂稳坐不动，可是他确实问色博朗，"老虎是不是真的"（apa nora anemeni ingkang sima）。得到保证说不是的，他就吩咐年轻的魔术师"马上打住"（yèn mengkono nuli racuten dèn-ènggal）。老虎和骑虎人回到笼子里。当笼子第二次揭开的时候，只见绑缚着的乐师和车轮，原模原样。在另一场表演里，几根燃着火的巨大高跷（égrang）突然闯入站满观众的观看大厅，它们仿佛你追我赶，彼此交战。[4]看起来好像整幢建筑快要葬身火海，几乎人人都惊慌失措。这时现场一位见多识广的老者告诉剧班，他们做得过头了，必须结束表演。一个异性装扮的舞者腰带轻拂，就让炽燃的高跷顿时无影无形。然而结果是，在躲避虚幻火焰的奔逃中，有个小孩被踩踏得不省人事。[5]这下那个老者又命令魔术师救伤弭患。他们中有两

---

1 *Serat Tjentini*，第3章，第19—23节；第37章，第332节。

2 同上，第3章，第1—18节。

3 同上，第39 48节。

4 同上，第48章，第28—33节。

5 同上，第42—52节。

个人上前将小孩平放在一张席子上，拿一把锋利的大刀将他身体割成两
116 半。男孩的母亲悲痛得发狂，扑倒在尸体上，这时魔术师砍下了她的头。惊骇莫名的观众相信他们目睹的一切太真实了，真实得可怕，所以他们断定色博朗的人是恶灵附体了。这时候两具尸体被寿衣覆盖起来，异性装束的舞者绕着尸体转，从花环上摘下花儿来撒着，那花环构成他们戏服的一部分。转眼间，母亲和儿子活过来了，健康如初。第三个例子，色博朗剧班有两个小演员，贾迈尔（Jamal）和贾米尔（Jamil），他们表演一场决斗。[1]战斗过程中，贾迈尔的前额被一根撬棍击中。他倒在地上，淹没在血泊中，这时他的对手冲上来，拿重石砸他的头和躯干。又一次，观众吓得六神无主。接着，遵照这位优秀魔术师的指令，贾迈尔的尸体用长布裹起来，易装的演员围着它有唱有跳，伴随着轻柔的昂格隆（angklung）合奏和飘扬的香雾。[2]原本喘着气动弹不得的贾迈尔登时坐起来，生气勃勃，安然无恙。而且，正如哪怕是最恐怖的奇观展示在演出后总会发生的那样，观众最后报以满场欢呼。（很常见的是，变戏法和它的音乐的联合效果是要唤起失控的性欲；观众里有些人互相摸胸部和阴部，甚至当众性交。）

对所有这些戏法，特别是第三类戏法，我们作何解释？换一种问法，哪种学问（ngèlmu）正在施展？甚至“变戏法”这个词（conjuring）是这些sulapan变幻的恰当称谓吗？

我们是在谈论一种不寻常的职业专门化，这种看法可以从两个方向加以证实。首先，sulapan既非超自然事件亦非着魔的病症。如果我们想想哇扬戏剧目、编年史、民间故事——或者哪怕是雅加达今天的闲言碎语，真实权力（kasektèn）的行使总是在世上产生现实后果，造成不可逆转的变化。王国衰亡了，王子和妖怪被杀了，邪恶的村庄男孩永远变成了猴子，

1　*Serat Tjentini*，第37章，第256—261节。

2　昂格隆是由悬挂着的竹管构成的乐器，演奏者敲击，竹管彼此碰撞，叮当作响。

流血政变（成功的和失败的）确实发生了。相反地，sulapan一点不会撬动这个世界，一切始终要复归原形。活人很快“被杀”，又同样快地复活了。树叶变成了海龟，然后又变回了树叶。什么都没有真正改变。每一“变幻”都缺少后果，就像我们前边考察过的那些戏剧性鸡奸一样。

但是如果sulapan和kasektèn彼此全然不同，能说变戏法和着魔也是如此吗？在某种意义上，它们明显截然不同。在色博朗的奇观展示期间，观众误解了所看见的东西，魔术师造成的可怖幻象使当时看起来是他们 117
真的着魔了。因为着魔如同kasektèn，的确影响这个世界。另一方面，对色博朗的人所表演的许多变幻，《真蒂尼》书中赋予了明确的名称——比如gabus，réog和jaran képang，甚至到今天，它们指的还是带来出神着魔的具体仪式表演。然而假如某些sulapan变幻与某些形式的着魔可能外观上相似，它们的内在本质却被认为根本有异。在sulapan（一种商业表演）中，说来说去，凡事都在人的直接掌控下，而如果处在着魔状态中，人的控制则（至少暂且）让位给精灵世界的控制。

其次，sulapan显眼地包含了一种特有技术和专门词汇。《真蒂尼》不厌其烦地告诉读者，每场表演所需要的究竟是什么乐器组合，什么曲子，什么舞蹈风格，什么戏装。道具几乎一成不变——柳条笼子、焚香、某类饰带。有些变幻有其自身的专业名称。也许这一切最突出的是racut这个词的使用，它或可译成“终止”（演出）或者“驱散”（幻影）。就我所举的例子来看，总是只有寥寥几个观众（一般是老人）没有上当，这也是值得注意的。在观众仓皇逃散时，他们可能像阿迪帕蒂一样乐不可支，但是他们设法确保事情不至于太出格。表演者于是被告知，把这些幻景收“回口袋里”。而且，同结束着魔状态通常所需的仪式和时间相比，racut总是多么简单啊（差不多像是关闭电流）！

然而不管《真蒂尼》中对技巧说过些什么，我们并非置身于金赛（Kinsey）或霍迪尼（Houdini）的世界（尽管兴许离卡里奥斯特罗

［Cagliostro］的世界不远）*。色博朗被鸡奸的时候，书里没有告诉我们，他用了哪几块肛门肌肉让阿迪帕蒂如此满足，或者他是怎样达成肌肉控制的。同样，我们也从未被带到幕后，了解获得sulapan效果的实际方法。有时候读者对它们多大程度上是造出来的效果也不明就里。因为虽然色博朗向阿迪帕蒂保证他的老虎不是真的，但书里也无动于衷地将一刀两断的男孩观众及他身首异处的母亲说成是死人。或许我们应该用“魔法师”（magician）这个词替代“魔术师”（conjuror）。因为前者融混了两种古老含义：手法精湛的变戏法的人，他运用巧妙而普通的手段造成神奇的幻象；真正的神怪现象的涉猎者，但他为了愉悦观众，仍然是无用地耗费他的能量。由此看来，色博朗和他的魔法师伙伴的技巧，在十八世纪晚期爪哇的文化景观中，占据了一个独特位置。它们不是伪造者的技巧，但也不是有着kasektèn那种普遍、位高权力之人的技巧。

118 在此，重新与十八世纪法国做一比较不无裨益。关于狄德罗的百科全书，确定无疑的事情是，它旨在提供资料。它的词条是带着解释的目录，解释了世界怎样运转，依什么原理运转。它的目标是传播启蒙思想，传播到尽可能广远的整个世界。但是《真蒂尼》的目录什么都不解释。它们提到了知识，可是这些知识依旧差不多是神秘莫测的。只有那些已经具备必要学问的人才能正确读懂它们。爪哇平常百姓的启蒙——更别提全世界的启蒙，是这部书惦念的最末一桩事。

那便如何呢？鸡奸和魔法可能是快活的源泉，但很难认为哪一个对任何社会（即便是旧爪哇社会）的生活不可或缺。我在这里浓墨书写它们，是因为它们惹人注目地让它们的高超修习者卓然有别于其他社会阶层。这里的鸡奸把老手与权贵分离开来，魔术同样把行家和民众分离开来：对民众来说，色博朗学问的奥秘就像他们领主的kasektèn一样高深莫

* Kinsey（1894—1956），性学大师；Houdini（1874—1926），魔术大师；Cagliostro（1743—1795），术士和冒险家。——编注

测，也许尤有过之。鸡奸和变戏法的无用与不必要也有助于劝阻这样的想法：随随便便认定旧爪哇是一张无缝之网，彼此相扣的功能性角色，或者相互强化的恩主—附庸关系（patron-client ties）之网。（其他类型的学问，比如木偶操纵术或医药，正因它显得有用，融入了社会，所以可能导致它的解释者放松对成见的提防。）它们在《真蒂尼》中丰富多彩的世俗展示，连带着林林总总的其他知识，表明某种新事物呼之欲出，一种对爪哇人领导权的可察觉的要求，虽然也许不是完全自觉的要求，这可以说是ngèlmu（学问）联盟对kasektèn（权力）的罢黜。同样很重要的是，色博朗像《真蒂尼》中别的能手一样，施展学问来换钱。[1]领主与农民的旧爪哇日薄西山了。

专业梦想

至此样样清晰。也许是太清晰了。因为我此前看待《真蒂尼》，就好像它是社会的一面镜子，或者一篇准民族学论文，允许我们推断它的记 119
载几乎是直接抄录了十八世纪晚期爪哇的生活。自然地，乐师们真的弹着

---

1 参见Peter Brian Ramsay Carey, "Changing Javanese Perceptions of the Chinese Communities in Central Java, 1755—1825", *Indonesia*, 37（1984年4月），第1—47页。该文博雅精辟地说明了在"全本"《真蒂尼》完成之前六十年里，中爪哇所经历的经济和社会变迁。联合东印度公司在1740年吞并了爪哇北部沿海地区，在1750年代又平定了自1670年代以来肆虐该岛内地的无休止的继位战争，这有着矛盾的后果。一方面，和平的重建容许了农业产量和商业的快速增长；另一方面，它推进了更加系统的征税。那个时代的特点是税款包收机构（tax farm）的飞速蔓延，通常是华人经营的，特别是涉及鸦片、市场税和乡村关卡方面。渐渐地，缴税必须是现金（一般是中国的铅币和东印度公司的铜币）。为了能够以这种形式缴纳，农民不得不抵押他们的庄稼或在市场上出售更大部分。因此到那个世纪之交的时候，意义重大的爪哇经济的货币化就发生了。

他们的佳美兰，达朗确乎操纵着木偶，而伊斯兰教的神秘主义者们定然指导着年轻的桑特里。可是真有这样一些色博朗吗，他们优雅地鸡奸了他们高贵的雇主，让村民被他们用魔术变出的幻景吓得狼奔豕突？谁能确定？另一方面，假如这首长诗反映的与其说是现实，不如说是……专业梦想呢？

色博朗的长技的不必要性可能诱使人们认为，它们是“真实”传统生活的总目里叨陪末座、可有可无的因素。但是更宽广地综览《真蒂尼》，我们会立即发现它的梦想性质。它里边栩栩如生描绘的性生活也暗示了某种如梦似幻的东西。因为虽然书中塞满了数十起交媾，它们发生在各种类型、各种年龄的男人和女人之间，却只有一次提到了怀孕或生育，并且只是淡淡地顺带一说。（这就是书里同性恋和异性恋情节能够看起来如此不动声色就事论事地相似的原因。它的兴趣在精湛的性技巧上，包括——顺便提一下——女人的高超性技艺，而压根不关心人口统计学或社会现实性。）

但是还有比生殖的缺席更大的缺席。我们先前谈论过，爪哇统治阶级被以某种方式从读者视域里边缘化了（如果不是排除的话），除了阿迪帕蒂这个例外。更引人注目的还是外国人的不可见。1625年阿莽拉加王子逃离吉里国的王室之家，那时联合东印度公司已在巴达维亚建起了它的帝国亚洲总部（1619），从吉里沿爪哇北部海岸只需直线西行450英里就到了那里。到《真蒂尼》最终成书的时候，荷兰人盘踞爪哇已有两个世纪了，可是书里边只能觅得区区几个荷兰语外来词的踪影。字里行间没什么东西暗示了1670—1750年间大动干戈的烽烟弥漫，在这些战事中，爪哇历史上破天荒头一遭，横行劫掠的不单有荷兰人和爪哇人，还有布吉雇佣兵（condottieri）、马都拉军阀，以及巴厘雇佣军。这里丝毫没有承认，自1740年以来，爪哇北部海港全都“在法律上”落入了东印度公司之手；或者承认，得胜的马打兰王国早就已经分裂成三个小而弱的内陆公国，它们

的统治者统统是东印度公司的雇员。[1]没有战争，没有瘟疫，没有捐税，没有徭役，没有死亡。 120

相反，对《真蒂尼》大部分而言，爪哇呈现为幻境似的乌托邦：繁荣、知足、宽容、政治自主、性事精致的农村共同体衍生繁茂，专业人士在其间随意漫游。他们游历的时候，向民众、也向同行展露他们的知识，受到无与伦比的尊重乃至心悦诚服的敬畏。没有政治阴谋，没有恐惧，没有对高贵的笨蛋的俯首帖耳，没有对无能而贪财好货的治人者的耻辱倚赖。[2]

1　有关十八世纪晚期和十九世纪初期中爪哇软弱无能的政治，最好的研究有Merle Calvin Ricklefs, *Jogjakarta under Sultan Mangkubumi, 1749—1792*（London: Oxford University Press, 1974）; Ann Kumar, "Javanese Court Society and Politics in the Late Eighteenth Century: The Record of a Lady Soldier. Part I: The Religious, Social and Economic Life of the Court", *Indonesia*, 29（1980年4月），第1—46页；Peter Brian Ramsay Carey编, *Babad Dipanegara: An Account of the Outbreak of the Java War (1825—1830)*（Kuala Lumpur: Art Printers, 1981）。

2　能够很好揭示爪哇幸存的君王们（包括《真蒂尼》作者们的那些雇主）的路易十六时代特征的，莫过于他们没有采取任何创造性的举措，使1780年后压垮了东印度公司和尼德兰联邦（United Provinces）的那些灾难为我所用；那些年里，尼德兰联邦卷入了英国、法国和新生的美国之间的战争。1795年，法兰西革命军队占领了低地国家，在它的庇护下建立了巴达维亚共和国，伦敦做出了种种回应，其中之一是从东印度公司手中攫取了锡兰。1798年，巴达维亚共和国接管了已经破产有年的东印度公司，并承担了它1.43亿荷兰盾的债务。（参见Clive Day, *The Policy and Administration of the Dutch in Java*［London: Macmillan, 1904］，第80—81页。）1806年，拿破仑让他的弟弟路易做了低地国家开天辟地第一个王，但到1810年又以他"人性的躁狂"（manie d' humanité）为由罢黜了他，专横地将这片土地并入宗主国法国。伦敦的还击是，到1811年为止，夺取了荷兰全部海外属地，包括爪哇在内，后者在那一年不战而落入史丹福·莱佛士（Stamford Raffles）的人手里。对这些发展的简短而资料丰富的叙述，可以参见Bernard Hubertus Maria Vlekke, *Nusantara:*

这个“完美爪哇”——受到它的术业有专攻的行家的仁慈协调，正是它的特征，显露了《真蒂尼》刚刚萌芽的激进主义的限度。色博朗可能在性事上主宰了他的主人，并调戏后者的妻妾们，但是他的主宰是魔术师的那种主宰。如前所述，当阿迪帕蒂的直肠愈合以后，生活就恢复到这一对儿上床之前的状态。什么都没变。这些专家们的仁慈是作为传统知识大家的那些人的仁慈。它有力地对比映照了哲学家们（philosophes）讨人喜欢的恶毒，后者的知识根本不是传统的，反而或隐或显地是革命的。在爪哇，完美社会是在旧制度之前；在法国，它将随着旧制度的废除而到来。

恰是《真蒂尼》的诗学强调了它的政治立场，这种立场在大多数时候希望统治阶级和外国压迫者消失不见，而不是去攻击他们。它的语调始终如一地冷静、温和、欢快——从来不是疏离、狂暴或绝望。它的作者们并不假意谦虚，对那时爪哇文学文化中可资利用的全部风格形式、韵律品类和复杂的修辞手段表现得驾轻就熟。但是这种棒极了的驾驭从不
121 反讽性地运用，它几乎总是起着使形式和内容相统一的作用。

《加多罗科神秘书》

如果像贝伦德似乎合理地论证的那样，全本《真蒂尼》的写作完成于1814年，那么这大概是如此一部博大、悦目、克制的爪哇杰作得以出现的最后的可能历史契机。因为在1812年，莱佛士的人马长驱直入日惹（Yogyakarta），废黜了苏丹，将版图分割为两个小公国，就像东印度公司1750年代在邻近的梭罗干过的那样。而且，在全部四个公国里，他牢牢控

A History of Indonesia（Brussels: Editions A. Manteau, 1961），第11章。拿破仑个性鲜明的妙语的出处，在沙玛（Simon Schama）的精彩著作里：*Patriots and Liberators: Revolution in the Netherlands, 1780—1813*（New York : Knopf, 1977），第543页。

制着统治者的财政生命线，即税款包收机构，自此以后从巴达维亚指挥它们。[1]1816年，由于维也纳会议上的复杂交易，荷兰卷土重来，替代了莱佛士：借维也纳会议的光，奥伦治的威廉接替了路易·波拿巴，成为他的家族第一个君王，并被授予东印度公司在东印度的属地，算是对英国永久占领锡兰、好望角及其他很有价值的地盘的补偿。中爪哇的经济和政治状况迅速恶化，引起1825年蒂博内哥罗王子揭竿起义，由此发生了五年爪哇战争，该地区大部饱受蹂躏。战争的高昂损失、尼德兰自身的濒临破产（这是拿破仑时代的苛捐杂税和1830年比利时的脱离造成的），导致了那一年野蛮盘剥的"强迫种植制度"（Cultuurstelsel）的设立，在1831年到1877年间给荷兰国库搜刮了有8.23亿荷兰盾之巨。[2]为了确保不再有更多的政治动乱，巴达维亚把一系列言听计从、平庸无能、游手好闲的青年王子扶上了中爪哇的小型御座。在这漫长历程里，kasektèn（实际权力）及其认定的拥有者越来越丧失可信度，以至于到1873年，梭罗的最后一位宫廷诗人龙加瓦西塔临终之时绝望地写到"典范无存"。[3]

这些背景资料可能有助于解释《真蒂尼》和《加多罗科神秘书》（*Suluk Gatholoco*）之间的惊人差别，后一本书是爪哇文化下一部伟大的幻影集。内在证据清楚显示，这首长诗作于1854—1873年间的某个时候（最大可能是在1860年代），也许是一位佚名作者独力完成。[4]假如说

1 参见Carey, "Changing Javanese Perceptions", 第4节，第5节。

2 有关强迫种植制度的政治和经济面相，最上乘的研究无疑是Cornelis Fasseur, *Kultuurstelsel en Koloniale Baten, De Nederlandse Exploitatie van Java, 1840—1860*（Leiden: Universitaire Pers, 1975）。

3 见上文第4章。

4 在第7章第52节，该诗提到了它叫做rispis pérak的东西。rispis显然是recepis的爪哇语译文，指的是总督罗赫生（Rochussen）于1846年2月4日引入的一种特殊凭证，为的是孤注一掷地疗治他的前任遗留下来的财政和货币乱象。Recepis可以按固定汇率兑换荷

122 《加多罗科》是一部经典，它也不过是那种地下的经典。当1873年著名的传教士—学者普恩森（Poensen）让这首诗的（大幅删节的）版本大白于印刷时代的天光下的时候，他评论道：

> 从文学的观点看，这本书没多少价值……但是如果我们仔细端详它的精神，那么作者会给我们留下深刻印象——他的荣誉和美德观念，以及什么食物是人类可吃的这类事情上的切合实际的看法，显示作者是个入世很深的人，全然缺乏诸如《务朗·列》（Wulang Rèh）、《特卡瓦蒂王子》（Sèh Tékawardi）等作品那种深刻的宗教气质；从而也缺乏后者的文质彬彬。事实上，他常常招来我们的厌恶，因为他放纵自己把鸡毛蒜皮的事儿都诉诸笔端，而且以污秽不堪的方式细说人们羞于启齿的事情。[1]

对某种三流的爪哇“庞大固埃”的这幅素描，说服不了最显赫的殖民地学者—大官胡格伦治，他公开指责这首诗是“一个肯定有鸦片瘾的爪

兰的银本位的铸币，结果成了东印度第一种稳定的殖民政府通货。到1854年货币法颁行的时候，它被银盾正式取代，虽然直到1861年它才完全退出流通。参见“Muntwezen”，*Encyclopaedie van Nederlandsch-Indië*（The Hague/Leiden: Nijhoff/Brill, 1918），2，第793—811页，尤其是第803—804页，rispis-pérak（银rispis）一定指的是1854—1861年间代替了纸凭证的银币。所以《加多罗科》一书不可能在1850年代末之前创作出来，而且既然铅字印刷版本（参见下面注释）出版于1873年，我们可以猜想它大约完稿于1860年代。这首诗极可能是在东爪哇的谏义里（Kedhiri）作成的，那个地方远离了王家宫廷，而作者是到那时为止不为荷兰人所用的一小群文人中的一员。

1 Carel Poensen，“Een Javaansch geschrift”，*Mededeelingen vanwege het Nederlandsche Zendelinggenootschap*，17（1873），第227页。这位优秀的传教士在此不失时机地针砭了伊斯兰教的饮食禁忌。

哇神秘主义者的异教空想”！[1]一点也不，自由主义的学者—官僚林克斯1909年发表意见说，这首诗是“对所有那些传授秘义者的长篇废话的厉声讥讽”。[2]直到1951年，范艾克伦（Philippus van Akkeren）才出版了第一部完整的《加多罗科》，还附上了译文，全面的、重要的注解，以及独具慧眼的、人类学化的主题分析。[3]那时候，他为日本帝国主义的到来及随后1945—1949年间的民族革命所迫，已经放弃了他在东爪哇的传教工作。

爪哇只出过一个版本即1889年的一种有限的泗水版本，那时没引起 123
什么注意。[4]可是在1918年，这首诗成了波及整个爪哇的一场论战的中心，当时发表在*Djawi Hiswara*——伊斯兰联盟（Sarékat Islam，其时最得人心的反殖运动）梭罗分部的机关报——的一篇文章引用了它的几段话，特别是在有段话里，与书同名的那位主人公坚持说，他频繁出入鸦片烟馆，是对先知穆罕默德的忠实仿效。接着，就在那时很活跃的印尼语报刊和爪哇语报刊上，一场携怨带恨的争吵展开了，而以泗水声势浩大的抗议

---

1 Christiaan Snouck Hurgronje，“De betekenis van den Islâm voor zijne belijders in Oost-Indië”，*Verspreide Geschriften*（Bonn and Leipzig: Schröder, 1924），4，第15页。该文最初发表于1883年。

2 Douwe Adolf Rinkes，*Abdoerraoef van Singkel*（Heerenveen: “Hepkema”，1909），第130页。

3 Philippus van Akkeren，*Een gedrocht en toch de volmaakte mens: A Monster, Yet the Perfect Man*（The Hague: “Excelsior”，1951），第1页。上文第157页注释2—4的引证，我是从范艾克伦书中第1页吸收的。

4 根据Gerardus Willebrordus Joannes Drewes，“The Struggle between Javanese and Islam as illustrated by the Serat Dermagandul”，*Bijdrage tot de taal-, land- en volkenkunde*，122（1966），第309—365页，第314页。范艾克伦写道，他用于研究的那个印刷版本，是某个版本的“第二次印刷”，出版者是著名的爪哇迷、爪哇华人出版商、谏义里的陈坤水（Tan Khoen Swie）。但他没有注明这一次或前一次印刷的日期。

示威而告终，那场示威是由仓促建立起来的大德先知穆罕默德军（Army of the Most Reverend Prophet Muhammad）组织的。这支军队——哎哟——没有武器，所以不得已满足于向总督请愿，要让*Djawi Hiswara*的编辑判刑。[1]从此以后，这首诗就永久转入地下，没有哪个印尼出版商胆敢去冒这样的危险：被烙上叛教者或色情作品出版者（理由见下）的污名。[2]

这一腔怒火所为何事？共有397章的《加多罗科》一书的情节既简单又奇特。第一部分，包含了第1、2章的短短13节，向读者介绍了主人公加多罗科及其形影不离的仆从德马甘杜尔（Dermagandhul），说主人公是加加尔国王苏克斯玛（Suksma Wisésa）的独子。国王对孩子畸形、可憎的面目大为骇异，下令他在与世隔绝的冥想中度过他最初的十六年，陪伴他的只有德马甘杜尔。十六年之期满了，这个小伙子回到家里，他的父亲立刻“剪掉”了他的头发。但是由于这个仪式只让他更见丑陋，他又动身去过另外四年的苦行生活，在一株神圣的榕树上像蝙蝠似的倒悬着。这第二次冥想的报偿是天下无双的擅长语言的天赋。国王于是赐他加多罗科的大名，派他出去体察世界，告诫他要提防危险的敌手，女隐士佩尔济瓦提（Perjiwati），她在一个山洞里冥想。

124 第2章第3—5节对加多罗科和德马甘杜尔的体貌描写，坦率提示了他们的名字所表达的含义。[3]Gatholoco是gatho（阳具）和ngloco（摩擦，手

---

1 因为侮辱伊斯兰教。以上记述摘自Drewes，“The Struggle”，第313—315页。

2 因为就在那时，对正在兴起的受过西化教育的爪哇中产阶级来说，该诗明目张胆的猥亵的性语言（普恩森所谓“以污秽不堪的方式”）正变成令人尴尬之事，他们决心要使“爪哇特性”（Javanism）在他们自己眼里，以及在普恩森们眼里，具有维多利亚时代的那种体面正派。

3 “长得不像个正常男孩 / 他的身体缩成一团 / 皱巴巴的皮肤粗糙干燥 / 压根就没有鼻子 / 眼睛，或耳朵；他的快乐只在 / 睡了又睡，夜以继日，没完没了 // 可是一旦从沉睡中

淫）的复合词；Dermagandhul则将derma（紧贴）和gandhul（悬吊）组合起来，指谓睾丸；而Perjiwati的词根是Parji（女性外阴）。换句话说，主人公及其侍从是能走会说的阴茎和阴囊，在某个层次上这首诗可以看作男人性发展的一个寓言。[1]

第二部分，包括第3—6章的共191节，记叙了加多罗科游历途中的活动。在一场场赌博和一次次盘桓于鸦片烟馆之间，他卷入了一长串尖刻的争论，同“正统的”伊斯兰教师（guru santri）争辩神、人、天、伊斯兰教义和其他许多事物的真实本性。凭借他的智慧和渊博学识（ngèlmu），每一次他都得胜了。一回又一回地，伊斯兰教师甘拜下风，羞愧难当地逃之夭夭。

第三部分，包括第7—12章的共193节，讲述了加多罗科同佩尔济瓦提和她的四个侍女的相逢。在解答了这五个女人提出的一系列难解之谜以后，他获得权利，可以进入佩尔济瓦提迄今无人穿透的洞穴。德马甘杜尔试图尾随而进，可是挤不进去。第一部分的主题复现了，因为加多罗科与佩尔济瓦提间的“激战”是性交的几乎不加遮掩的描述。九个月后，一个男孩出世了，丑得恰似乃父，不过父母都很宠爱他。诗歌接着简要思索了

唤醒 / 就任性胡闹，不听哄劝……相貌难看，像个麻袋 / 他的睡眠举世无匹 / 睡着了如同死尸 / 他也是既无眼睛又无耳 / 只有上唇对下唇 / 筋骨无形迹。”爪哇文如次：warnané tan kaprah janmi / wandané apan bungkik / kulité basisik iku / kelawan tanpa nétra / tanpa irung tanpa kuping / remenané anéndra sadina-dina / Yèn ngelilir lajeng monthah / tan kena dèn arih ... Awon dedegé lir keba / lèmboné kepati-pati / yèn néndra anglir wong pejah / nora duwé mata kuping / amung ing lambé iki / nora duwé otot-balung. 出自《加多罗科》的这段及其他引文，拼写已经现代化。这拙劣的译文摘自我对全诗的英译本，发表在*Indonesia*，32（1981年10月），第108—150页；33（1982年4月），第31—88页。

1　以此观之，这首诗的第一部分描述了男性器官 / 男人的成长历程：从潜伏状态，经由割包皮（“剪掉”）的折磨，直到成熟的性能力与初涉性事的期盼。

这一出生的意义与生命的本质，结束了全篇。

《加多罗科神秘书》的观点和性质，最好是跟《真蒂尼》并列起来理解。首先，我们注意到两个主人公的差异。阿莽拉加王子是旧爪哇名家的一个宽容、高尚的典范。[1]他英俊、文雅，擅长调和爪哇（印度教）—伊斯
125 兰教的神秘主义，性力充沛，传统艺术修为高深。他怀着兄长般的兴味对待顽皮的色博朗和他的戏班子。两者都是体面人。加多罗科则独树一帜。他不但不遵从爪哇英雄的任何传统模式（风雅的武士—骑侠、苦行的智者—僧人、穆斯林圣人，或者秉执正义的国王），而且好像他是被故意塑造成阿莽拉加的反面。如第2章第3和11节，第4章第1—5节所显示的，他是一根丑陋、散发着臭味、满嘴脏话、好抽鸦片、爱唱反调、通晓哲学、行走着的阳具。

第二，《真蒂尼》那种开化的百科全书知识彻底消失了。加多罗科及其创造者对名物清单和它们所表征的各色学问了无兴趣。如今只有一种要紧的知识——那个至善男人（the Perfect Male）的神秘知识，加多罗科以愤激的狂热和下作、有毒的机智为之辨析捍卫。在该诗长长的第二部分里，他的神学对手们代表了完全处于《真蒂尼》梦想之外的某种东西：逆喻的“错误知识”。前一世纪心安理得的调和早已烟消云散了，它曾支持将苏非派神秘主义和前伊斯兰的印度教—爪哇传统灵活地熔于一炉。看起来像是这古老的文化猛地分裂成了针锋相对的两半：麦加指引的伊斯兰正统教义，与范艾克伦不无理由地称之为一种爪哇（文化）民族主义的东西，它走投无路，利齿毕现。

第三，性生活描写作为该诗最后部分的核心内容，连篇累牍、不厌其详地突出了《真蒂尼》沉默地加以忽视的一切：臭味、炎热、黏液、流血、沮丧、怀孕、生育。加多罗科只有一个（还是女性的）性伴侣，他用极其粗

1 阿莽拉加的头衔，Sèh，是sheikh（［阿拉伯的］王子）的爪哇语说法，这说明那时候伊斯兰传统和更古老的爪哇传统是多么不自觉地混融无间。

野甚至粗暴的方式跟她交合。[1]同样昭然若揭的是，这种性事只有一个目的：繁衍一个新的加多罗科，萌芽中的至善男人，准备有朝一日取代他的父亲加入爪哇的宗教战争。与此迥然不同的是，在《真蒂尼》中，宗教和性爱间的关系无外乎戏谑和挥霍，就像这一段情节例示的一样：色博朗在同两个十几岁的伊斯兰教学生度过一个口交和互相手淫的不眠之夜后，若无其事地起床去引导伊斯兰学校清晨的祈祷。[2]

最后是幻梦般的舞台布景。《真蒂尼》的抹煞范围被急剧扩展，完美爪哇变成了一种阴森可怖的月面风景画。荷兰人一如既往地不见踪影（尽管荷兰语外来词汇的出现频率显著增加）。加加尔王国只提到一次，就在 126
第1节，而它的"伟大国君"在第11节后永远消失了。飘散无踪的，还有那全部演员、魔术师、乐师、工匠、商贩、耍木偶的，以及喧闹村民们，他们是挤满了《真蒂尼》每篇每页的。加多罗科和德马甘杜尔形影孤单地经历他们的漫游生活。这样子照明下的舞台，爪哇看起来有如一块超现实的国土，上面的路标只有鸦片烟馆、岩洞、山脉和伊斯兰学校。一幅想象的而非理想化的风景。

但是这一切本质上都不能使《加多罗科神秘书》成为"经典作品"的候选。让这首诗不同凡响的东西，是在第2章第8节初次暗示出来的，那时读者得知，历经四年的倒悬于榕树上的冥想之后，这位年轻的主人公"获得了瓦尤（wahyu）和技艺 / 去驳倒他的同胞，言词犀利 / 虽未学修辞，他却深悉 / 论辩的百般巧计 / 不学作文，文学艺术尽藏心底"。[3]因为恰恰是

1　不过应当提到的是，佩尔济瓦提在性搏斗中与加多罗科完全是不相上下的。事实上，诗里说加多罗科最终输给了她（即是说，性交后阳具软绵绵地滑出了阴道）。

2　*Serat Tjentini*，第37章第309—328节。

3　爪哇文如次：sinung wahyu bisa nyrékal / iya sesamaning urip / nora sangu ing wicara / sakèhing bicara bangkit / nora sinau nulis / sakèhing sastra pan putus。

瓦尤这个词通常用来指一种神秘的光辉，它降落到命定要当王的人头上。用在这

《加多罗科》对“一切文学艺术”愤怒的、颠覆性的利用，表明了它的作者属于最后一批绝望的旧爪哇文学行家之列。

比如看看开篇的诗行：“这里要讲的故事 / 牵涉一个王国，威名赫赫 / 它纵横广袤，号加加尔 / 它的伟大国君，兴起兵戈 / 骁勇善战，无往不克 / 陛下的尊号，讳称 / 苏克斯玛大王 / 君威凛凛统四方 / 率土之滨同服色。”[1]这一节单独来看，是叙事诗标准的传统开头，应当悠悠然地、不吝笔墨地讲述宫室之美、国家之富，如此等等。但是所有这些都省略了，在十八行诗内，我们读到了对当作行走的阳具的加多罗科的描写。这里的敷衍了事当中有一种极度的傲慢（仿佛在说，“你和我心照不宣，今天的爪哇没有威名赫赫的王国、战无不胜的国王，或者宾服的四海”）。

或者再看看，作者如何熟练自如却出于迥然不同的非传统目的，使用《真蒂尼》的高雅风格的那种引人联想的头韵和一语双关的谐音。譬如，在第5章第34—35节，当加多罗科的对手骂他是“无尾狗”时，他利用asu（狗）与asal（起源，源头）间的谐音来反败为胜，将侮辱解释成一个深
127 刻的真理：他其实就是那至善男人。[2]又如第4章第32—33节，主人公通

里，它象征文学—修辞的天赋，这使人想起爪哇王权到1860年代所陷入的困境，也许还暗示爪哇的唯一希望有赖于它独立的文学知识阶层。

1　爪哇文如次：Wonten carita winarni / anenggih ingkang negara / Jajar iku ing naminé / pan wonten ratu digjaya / agagah tur prakosa / jejulukira sang Prabu / Mahraja Suksma Wisésa / Tuhu ratu kinuwasa / kéringan mancanegari。

2　我的英译如次：“恶狠狠地贾巴尔说道：/ ‘我可已经厌烦透顶 / 跟一条无尾狗争长论短！’/ 加多罗科正色相告：/ ‘你给我的名称合理合情 / 我的先祖经历一代又一代 / 从来没人拖条尾巴在后边 / 所以无人有尾非是虚言 / 再说所谓“狗”，其实是“源头”/ 这“无尾”恰说明 / 我真真是个人，没有 / 尾巴摇，不像你祖先 / 你们却是另一副相貌 / 是什么玩意？长着个剃了须拔了发的脑袋 / 你们到底产自荷兰、中国、西北的印度 / 还是打孟加拉来？’”爪哇文如后：Ngabdul Jabar ngucap bengis / apegel ati mami / rembugan lan

过玩弄klèlèt的双重涵义（既指“鸦片丸”，又指“粪团”），诙谐地做了一个神学反驳。[1]很难用英语表达这种奇特、刺耳的诗意，它突然涌现，乃是由于单词“粪块”和“狗”与行云流水般的传统文学妙笔猛地结合在一起：这是对爪哇文学而言还很新颖的一种多调性。不过读者始终意识到，这一多调性是非常真诚的，既不是无聊地显摆格调，也不是自觉地嘲讽经典著作的传统。狗、真理、神、谜语、鸦片、穆罕默德、粪团——哪一样都不比其余各样享有特权的文学关系。这首诗的词语依然“在此世内”，是它的真理的组成部分。没有反讽。

《加多罗科》的多调性并未到此结束。我们须记得，这首诗像那个世纪以前的所有爪哇诗篇一样，是创作来歌唱的，即便不总是大声唱，起码

---

asu buntung / Gatholoco angucap / bener gonira ngarani / bapa biyung kaki buyut embah canggah // ya padha buntung sedaya, tan duwé buntut sayekti / basa asu makna asal / bunting iku wis ngarani / ulun jinising jalmi / tan buntut kaya bapakmu / balik sira wong apa / dhasmu gundhul anjedhindhil / apa Landa apa Cina apa Koja // apa sira wong Benggala。

1 “且说我一天天吞吃的 /我单拣出最烫的那一点/最苦的那一点 / 这样我丢弃的每一块渣团 / 变得高似又一座山 / 为了这缘故它们的顶上 / 个个向外喷着火烟 / 烧焦的残余是我所食 / 我所消耗的klèlèt / 是那结成山壳的石与岩 / 实不相瞒，若非我丢掉火热的烟渣 / 这些山峰根本不存在 / 万一我禁绝了抛渣团 / 它们顷刻间消失在眼前 / 你不妨亲自来检查 / 看看我肛门拉出的宝贝 / 我的话是真还是假！”爪哇语是：Kang sun-pangan dhéwé saban ari / Ingsun pilih ingkang luwih panas / sarta ingkang pait dhéwé / déné tetinjaningsun / kabèh iki pan dadya ardi / milanya kang prawata / kabèh metu kukus / tumusing geni sun-pangan / ingkang dadi padhas watu lawan curi / kalèlèt kang sun-pangan // sadurungé ingsun ngising tai / gunung iku yekti durung ana / ing bésuk iku sirnané / lamun ingsun wus mantun / ngising tai kang metu silit / lah iyu nyatakena / kabèh sakandhaku。

“渣团”（turd）指吸鸦片之后烟管中留下的渣滓。所以“丢渣团”有一个内行才懂的含义，即进入鸦片导致的玄妙恍惚状态。

也是低声哼。它的十二章与其说靠主题区以别之，不如说更要靠七种音乐性的韵律形式间的转换，要创作出色彩各异的十二章，端赖这些韵律形式：阿斯玛兰达纳（Asmarandana）、锡农（Sinom）、米奇尔（Mijil）、丹当古拉（Dhandhanggula）、甘布（Gambuh）、基南蒂（Kinanthi）和庞库尔（Pangkur）。至少从进入十九世纪以来，它们就有一些广为接受的用途：人们觉得，要利用它们的音乐来唤起和反映不同的气氛，因应于不同
128 的题材和主题。[1]《加多罗科》的作者着手系统地瓦解所有这些习惯的联系。于是，举例来说，诗里用阿斯玛兰达纳将加加尔和苏克斯玛的荣耀出人意料地一扫而光，而这种韵律被从多方面说成是“专注的、忧愁的、悲伤的，然而是失恋那种忧愁或悲伤。适合涉及爱情之痛的故事”及“[唤起]哀愁”。[2]丹当古拉，在诗里被用于粪团和鸦片丸的深奥探讨，据说它是“可变通的……如若用于教导的目的，嘹亮晓畅；如若用于爱情的狂热，妩媚动人”；而“轻快，怡然……则对收束一首诗很有效”。人们认为米奇尔“适合道德教育，但也适合爱情故事”，它却被用在加多罗科和伊斯兰教师之间第一次谩骂性的争吵。最扎眼的是第5章第58、59节，加多罗科的敌手称他和他的母亲是“猪屁眼儿”（silité babi），主人公以牙还牙，原物回敬，这里是用锡农韵创作的，而我们得知，这种韵律的特点是“友好，清亮”，“适合道德教诲”。[3]

在每一情形下，效果就是让书面词语跟甜美歌声的圆润色质猛烈摩

1 Behrend，“The Serat Jatiswara”，第212—216页。关于爪哇歌诗间关系的精致、敏锐的论述，参见 Martin F. Hatch，“Lagu, Laras, Layang: Rethinking Melody in Javanese Music”（康奈尔大学博士论文，1980年）。

2 引自S. Padmosoekotjo, *Ngèngrèngan Kasusastran-Djawa*（Yogyakarta: Hien Hoo Sing, 1960), 1, 第22—23页；R. Hardjowirogo, *Patokaning Njekaraken*（Jakarta: Balai Pustaka, 1952），第66—67页。本段的其他引文都出自这两本书。

3 这一段的英文和爪哇文本，参见拙著《语言与权力》，第212页。

擦。[1]这本书的独特力量恰好来自它在形式和内容间割开的伤口。这类专业技巧使人想起了一个孤独的芭蕾舞女演员，在悬崖边上单足旋转。

尾 声

《加多罗科神秘书》作成后不久，爪哇殖民地的变迁开始加速，这首先是由欧洲（即便是落后的荷兰）产业制度的深化与通讯革命刺激而成的。1870年代初，由于荷兰的自由主义改革者与强大商业利益所施加的压力，垄断的“强迫种植制度”被废除了。瓦砾之上，来了大群大群的种植园主、商人、律师、医生和新式文官。苏伊士运河的开通加快了他们的行程，而电报通讯的推广让他们同宗主国保持着前所未有的密切联络。一家当地报刊于1860年代开始发行，它先是被荷兰人掌控，但很快有越来越多的欧亚混血儿、华人和原住民参加进来。[2] 1880年代铁路修起来了， 129
原本打算将外销的糖从爪哇内地的广大种植园运出去，可是不久，每年都要运送数百万的爪哇乘客。[3]与它们一道出现的，还有国家主办、国家资助的学校教育体系的萌芽，这是（到那时为止）荷兰人干预印尼群岛约三百年里的头一回。[4]

1　几年前，作为一次实验，我在非正式聚会上请一位年轻的爪哇诗人“朗诵”这一段。他试了两次，但每次都唱不下去，因为他笑得太厉害了。

2　参见亚当（Ahmat B. Adam）的出色研究：*The Vernacular Press and the Emergence of Modern Indonesian Consciousness*（Ithaca, NY: Cornell University, Southeast Asia Program, Studies on Southeast Asia no. 17, 1995）。

3　参见Takashi Shiraishi, *An Age in Motion: Popular Radicalism in Java, 1912—1926*（Ithaca, NY: Cornell University Press, 1990），第8—9页。

4　有关殖民地教育体系蹒跚进步的简洁叙述，参见George McT. Kahin, *Nationalism and Revolution in Indonesia*（Ithaca, NY: Cornell University Press, 1952），第31—32页。

1900年后不久，初生民族主义的迹象清晰可见了，它是晚近殖民地资本主义所造就的新型专业人士孕育出来的：编辑和记者，机械工人和会计人员，学校教员和药剂师，政客和调查员。随着新世纪的缓缓流逝，主要多亏了印刷业和印刷资本主义，这类人从文化、社会和经济上被安放在这样的位置上：从事百科全书派那种专业知识的整理工作，反抗巴达维亚的旧制度。就像众多人士（苏加诺、苏多摩博士、萨里尔［Sjahrir］、司马温［Semaun］等）的演讲和著述明确表达的，这些专业人士的梦想在我们是耳熟能详了："至善印尼"——沿着黄砖路走的某段或短或长的路程。[1]然而如今，"至善爪哇"、"至善男人"都成了暗淡的想象物，鉴于"至善印尼"的梦想如同一切新的意识形式一样，随身携带着自己的健忘症，就更是如此了。因此我们更有理由采纳马克·吐温的忠告，回头去研究旧
130 爪哇的毁弃的地图。

1 在这方面，亦见拙著《语言与权力》，第267页。

6

雅加达鞋里的沙子

葡萄牙的跨大陆帝国，在它的欧洲对手中间最为古老，维持时间最长，崩溃得最快，在它身后留下了最多的杀戮和破败。它的持久性归因于葡萄牙自身的落后和贫穷，这种贫穷落后排除了工业化的美国、法国、英国与荷兰那种雄心勃勃的现代化殖民政策的可能性；也归因于它的战略位置——位于西班牙的腋窝，地中海的出入口，数世纪以来这为它赢得了英国海军力量的撑腰。其崩溃最速，是由于萨拉查独裁统治怪异的长命，以及它同时打三场“越南”战争的疯狂决定——莫桑比克、安哥拉和几内亚比绍，它们彼此相隔数千英里，上阵的是半雇佣的、前职业的军队，毫无获胜希望。1974年4月，幻灭的军官在里斯本发动政变，一年之内，帝国完蛋了。然而杀戮和破败仅仅间接地是里斯本的责任。莫桑比克忍受的长达12年的凶残“内战”，是南非精心策划和提供资金的。比勒陀利亚和华盛顿应为安哥拉的20年冲突承担大部分罪责。而葡属东帝汶（澳大利亚北部海岸外面的半个小岛）的大屠杀，是印尼前将军苏哈托的独裁政权干的好事，起初有美国的鼎力支持，后来在较小程度上又得到欧洲经济共同体的大国、日本和澳大利亚诸国政府的支持。

当萨拉查独裁政权垮台的时候，在帝国这个偏远的前哨站里，尚未发展出什么反殖民主义的游击队抵抗。尽管自十六世纪中叶以来葡萄牙

就盘踞于此，近代的道路和交通体系却几乎一片空白；土著人口有六十余
131 万，多是泛灵论者，压倒多数是文盲，说着两打甚或更多的地方语言。极少数有文化修养的精英实际上是混血儿，不仅有葡萄牙人和当地人的后裔，还有偶尔部署在该岛的非洲士兵的后裔；他们位居寥寥无几的葡萄牙教士和官僚阶层之下。没有立法机关，没有政党，只有一家出版社的雏形。不消说，去殖民化的意思连一星半点也没有的。

在里斯本掌权的左倾军官们全神贯注于葡萄牙自身的动荡政局，以及非洲领地上的种种问题，那里生活着相当数量的葡萄牙殖民者。东帝汶差不多被抛弃了，听其自生自灭。当科斯塔·戈麦斯将军（Costa Gomes，那时的共和国总统）晚些时候宣称他曾以为它最终将变得像果阿，毗邻的印尼人会和平并吞这片领土的时候，他不是在装腔作势。尼赫鲁在1960年派遣部队进驻果阿，滴血未溅。但他是有仁慈之心的人，是一个民主国家自由选举出来的领袖；他赋予果阿人他们自己的自治邦政府，鼓励他们充分参与印度政治。在每一方面，苏哈托都与尼赫鲁截然相反。

1974年4月之后一年左右的时间里，雅加达政府做了一切力所能及的事情去控制东帝汶，就差入侵了。羽翼未丰的东帝汶各政党的领导人受到诱骗、贿赂和威胁，他们之间的敌对加深了，被人操纵了。这些阴谋在1975年的一场政变中臻于顶点，那次政变有印尼做后台，是两大政党中较保守的一个即UDT（帝汶民主联盟）发动的。但这次政变很快遭到它的左翼对手革阵（Fretilin，东帝汶独立革命阵线）的反击，由此爆发了一场短期内战，数千人丢掉性命。UDT领导人越过边境逃往印尼的西帝汶，革阵掌控了这个殖民地，开始走向正式独立，据许多外国观察家说，这获得了广泛的民众支持。

这下留给印尼扩张主义者们的唯一选择就是入侵了，它在1975年珍珠港纪念日准时发起，那时来访的福特总统和基辛格国务卿离开才几个钟头。这次袭击是一场乱了套的屠杀，印尼军队自相开火，在东帝汶首都

帝力犯下了罄竹难书的暴行。东帝汶军队装备的是高质量的、北约发放的武器——那是从葡萄牙驻军手里获得的，他们的表现可圈可点；革阵政府守住了它的阵地，守护了绝大部分民众——让雅加达节节受挫的源泉。

为什么苏哈托、他的高级将领们，还有他无所不能的情报机构，选取了这个行动方向？最简单的答案是，他们认为这事易如反掌。入侵之前大约六周，有关东帝汶的军事政策的两个核心创制者，阿里·穆托波（Ali 132
Murtopo）将军和穆达尼（“Benny” Murdani）将军，访问了我所在的大学，他们谈笑风生地向焦虑不安的发问者保证，“三周内一切将尘埃落定”。基辛格本人建议雅加达“搞快点”。但是，此外还有别的考虑因素。印度支那在几个月前刚刚“陷落”，依靠1965—1966年间对无数印尼共产主义者（和其他人）灭绝人性的屠杀而掌握雅加达大权的将军们，不能容忍有个独立的“左倾”国家居于卧榻之侧。也有石油前景的因素：东帝汶沿海探明存在着辽阔的海底油田——1973年秋世界油价翻了两番，而1975年初，印尼国家石油公司Pertamina有无法偿还的百亿美元之巨的债务，这使得那种前景尤为诱人。

与此同时，美国的角色至关重要，甚至重要得假如不是它，这次入侵可能原本不会发生。侵略中所用的武器大概90%来自美国。虽然1958年的一份美国—印尼协定明确禁止将它们用于印尼领土以外，华盛顿对这次违反协定之事睁只眼闭只眼，尽管中情局明明白白告诉它雅加达准备入侵了。1977年，为了对革阵的山区防御阵地实施大规模空中打击，孤注一掷的印尼军队企图获得OV-10“野马”反游击战攻击机，这时卡特政府秘密提供了飞机，却向国会和公众撒谎说，军用装备禁运令已经下达。在联合国，美国大使莫伊尼汉（Patrick Moynihan）全力以赴集聚支持力量，阻止联合国的外交干预——他在回忆录里夸耀了他的成功。

有两个因素合起来决定了华盛顿的政策。首先也是最重要的，它的越战时期的当权派对苏哈托感激不尽，因为后者在1965—1966年扫除了社会主义集团之外世界上最大的（也是合法的）共产党（而且不费美国人一滴血），还因为后者随后推行的经济政策，让资源丰富的印尼向外国投资与贸易门户大开。其次是美国在那个时代的战略盘算，当时苏联军事（特别是海军和空军）力量正如日中天。印尼盘踞在连接印度洋和太平洋的海道上，苏哈托提出秘议，允许美国核潜艇通过印尼海域，而如今这海域包括了东帝汶沿海的深水海峡，于是核潜艇不会浮出水面让苏联卫星监测到：这等报价美国人难以抗拒。

1977年底，雅加达预备好了一次决定性的防线突破，特别要用它的“野马”攻击机扔炸弹、燃烧弹和化学脱叶剂，摧毁内地的田野和村庄。数以万计的村民被迫逃进印尼控制的沿海平原，在那里他们被驱赶到印
133 尼军方控制的阴惨惨的“重新安置”收容所里。1977—1979年间，全部东帝汶人口约有三分之一死于饥馑、传染病，以及无情的战斗。如彼得·凯里（Peter Carey）指出的，这个死亡人数就比例而言远远高于波尔布特的当代柬埔寨。[1]但是印尼政权长期封锁这个岛屿，让它隔绝于世；美国驻雅加达大使也和该政权合谋，不让国会和美国公众知道这个悲剧。在这期间，革阵政府的几乎所有高层领导人，包括能干的军事指挥官洛巴托（Nicolau Lobato），都被杀或投降。

到1980年代伊始，大多数关注东帝汶的观察家们相信，斗争差不多结束了。然而今天，东帝汶比过去二十年里任何时候都更接近于真正的独立。荷兰人从十七世纪早期到二十世纪早期统治着东印度群岛，没遇到多少麻烦，主要是因为在1700年到1900年间，荷兰像葡萄牙一样，是个软弱、贫穷的帝国主义小国，它在欧洲的战略位置使它成为伦敦的有用附庸。然而到1900年，荷兰资本主义的引擎正全速运转，在海牙，“新帝国主义思维”深入人心。这意味着大规模资金投向殖民地通讯基础设施。它

1 参见Steve Cox and Peter Carey, *Generations of Resistance*（London: Cassell, 1995）。

意味着——诚然是在比较保守的程度上——对原住民的现代教育制度的建立。它还意味着一个警察国家的创生，这种国家能够以1880年代后期无法想象的方式进行监视和镇压。从发展、教育和约制的这种爆炸性结合中，印尼民族主义骤然生长出来，不过几十年的工夫，就要了荷兰统治的命。

苏哈托和他的将军们，唉，他们太不熟悉自己国家的近代史了，结果他们在1980年代动手做的事情，跟荷兰人在本世纪初的所作所为如出一辙。而且，像一切“次生帝国主义者”（second imperialists）那样，他们决心要暴露他们所取代的老迈帝国主义的缺陷。巨额资金被投向东帝汶的基础设施，主要是、但绝非完全是为了军事目的。他们建起了一个精心安排的学校等级体系，最后建了一所大学。入学学生人数比葡萄牙时代高出50倍，文盲率从1972年的90%降到1990年的42%。他们指望这将帮助灌输印尼语言、“新秩序”国家意识形态及对雅加达的忠心。在阴险的天主教徒特务王——穆达尼将军庇护下，一个镇压机构创立了，它很快就凌驾于法律之上，因为它被屏蔽在外部世界以及大多数印尼人的视线以外。它无恶不作：系统的刑讯、失踪、无限期监禁，不一而足。1980年代的这些 134
后果，全然就是1920和1930年代荷属东印度出现的那些。

到1990年，葡萄牙时代沉闷的、小小的帝力，人口增长了不下五倍。识字的、受过教育的东帝汶人群体发展起来并极大膨胀，雅加达的殖民主义类型的经济却只为他们提供了有限的、低下的工作。这些年轻人熟练掌握了印尼语，就像七十年前年轻的印尼民族主义者精通荷兰语一样，这样他们谙熟他们的统治者，凭借印尼语，又有多种渠道接近印尼知识阶层和印尼新闻界，并通过这两者接近外部世界。此外，他们认识到他们正在被殖民化，尽管苏哈托政权吹嘘说在推进同化上大获成功。这一现实的最显著表现莫过于此：雅加达频频提到，他们对印尼为他们所做的一切“忘恩负义”。遇到麻烦的殖民主义者总是提到土著的忘恩负义，民族主义者从来不会。1977—1979年的大屠杀留在年轻东帝汶人的童年记忆中，他们还直接经历了1980年代的有计划镇压。就这样，雅加达大大加深和扩展了东帝汶民族主义。

由于另一项政策，即鼓励天主教化，苏哈托政权不经意地削弱了自身的目标。1965—1966年的大屠杀部分地被合理化为一场反对共产主义无神论的十字军东征，紧接着，政府坚决主张所有印尼人都属于某个有组织的、世所公认的宗教。政府自身对好战的伊斯兰教心存疑虑，鼓励人们改宗东帝汶天主教会，那时政府有千般理由信任它。天主教的军官和文官在这个国家的安全机构里是一股强大势力，势单力孤的天主教少数群体总是暗地里仰仗这个政权保护他们，对付穆斯林。到这个十年末期，东帝汶势不可挡地成了天主教的，这尤其是因为天主教会是唯一的机构，可以给人们提供某种有限的保护，不受军队之害。然而这时，一个意外的问题产生了。在沉重的外界压力下（除了贪图石油的澳大利亚之外，没有哪个国家承认印尼是合法兼并东帝汶），梵蒂冈决定直接管理东帝汶的教徒，而不是依靠印尼的主教团。急速壮大的东帝汶教会配备了本土教士，他们习惯于使用当地的混合语，即德顿语（Tetun），开展教区工作，并在可能的情况下，使用葡萄牙语跟外部世界交流。如同早期爱尔兰的情形那样，教士阶层变得认同于一个受到粗暴殖民化的种群的民族主义。最能代表这种转变的人，是表面上怯生生的年轻人卡洛斯·西门内斯·贝洛（Carlos Ximenes Belo），他1983年被任命为帝力主教，到这个十年末，他
135 已成为他的同胞们的忍耐力的一个大无畏的、直言不讳的象征。

就在1988年底，苏哈托在撤销了穆达尼的总司令职务后断定，东帝汶形势一片大好，某种有控制的公开化（glasnost）的时刻已经到来。这片国土小心翼翼地向普通印尼人开放，甚至向外国游客开放，一位年轻有为的新教徒将军鲁迪·瓦鲁乌（Rudy Warouw）被派去推行一种“怀柔”政策。但是时机不当，这种举措无论如何都来得太晚了。

国际上，曾令苏哈托成为华盛顿宠儿的冷战正走向终结。葡萄牙加入了欧洲共同体，它的饱受良心折磨之苦的领导人开始运用否决权阻

止欧共体同东盟发展商贸关系，因为印尼是东盟最大的成员国。1990年8月，萨达姆·侯赛因侵入、“并吞”（absorb）了首鼠两端的科威特酋长国，引发了1991年2月的大规模国际军事行动，旨在——据官方说——阻止他做出苏哈托1975年干的那种事，即占领与“合并”（integrate）一个小邻邦。在非洲，面对厄立特里亚民族主义者的军事威力，门格斯图（Mengistu）的埃塞俄比亚正土崩瓦解，这又是极似东帝汶的一个案例。而自从大赦国际（Amnesty International）1976年获得诺贝尔和平奖迄今，国际人权运动的势力有增无已。

随着东帝汶的“开放”，成千上万的印尼投机客（carpetbagger）涌入这片国土，想利用政府政策和外国捐赠者造就的商业机会。私有企业这种和平的“二次入侵”被年轻的东帝汶人普遍解释为雅加达策划的诡计，要把他们降低为他们自己国土上人口统计学的少数群体，这样一旦就其前途举行公民投票，苏哈托政权可以指令一个可靠的多数群体赞成合并。外来访客的出现，最有名的是1989年晚些时候教皇约翰·保罗的到访，给东帝汶人造成这样的感觉：他们还没有被外部世界遗忘，而他们也找到越来越多的机会与之交流。他们首次开始组织争取独立的示威，虽然惨遭镇压，但还是清楚表明，斗争焦点已从山区疏疏落落的武装集团转向了大批的城市化青年。

1991年11月12日凌晨，转折点到来了，由年轻人组成的浩浩荡荡的和平游行队伍穿过帝力走向圣克鲁斯教堂的公墓，向一位年轻活动家的坟墓献花，那位活动家最近刚被印尼保安部队杀害。出于至今尚不明了的多种原因——很少有人相信是瓦鲁乌将军下的命令，约两百人的全副武装的军队出现了，居高临下朝着被公墓高墙所困的哀悼者射击。至少有二百五十人当场被射杀，另有许多人受了重伤，其后失踪的不下三百人。 136
这类大屠杀以前常常发生，但这一次被两个勇敢的英国人施塔尔（Max Stahl）和考克斯（Steve Cox）录了像拍了照，他们设法将这些胶卷偷运出境。施塔尔的录像带先在英国电视上播出，然后全世界都播放了，结果它比堆积如山的书面证据有着更为直接的政治冲击力，那些书面证据是各种人权组织积累起来的，记录了过去十六年印尼的野蛮统治。

国际上的喧哗如此嚣嚣，苏哈托被迫断然解除瓦鲁乌将军和他的直接上司、锐意进取的第九军区司令官的职务。（由此一个进程开始了，东帝汶不再是军事晋升的快车道，它摇身变成了精明的军官们避之犹恐不及的地方。）当沙纳纳·古斯芒（Xanana Gusmão），这位诗人、洛巴托死后地下游击队的传奇领袖，最后于1992年底落入军队之手的时候，判他死刑根本不可能了。他是由该政权恭顺的司法系统审判的，不过是在多少还算公开的法庭上，先被判处无期徒刑，随后改判二十年徒刑。（正是像这样子，在1948年底，荷兰人发现不可能判处民族主义领袖苏加诺死刑，因此将他下狱。苏加诺很快挣脱囹圄，把他的国家带入议定的独立。）

圣克鲁斯惨案以后，虽然镇压依旧，东帝汶却第一次成为印尼国内一个公开的政治议题。因为到这个时候，政府对信息的近乎垄断开始崩解，这要感谢CNN，尤其要感谢传真和电子邮件革命。官方声明的调子日渐趋于守势。外交部长阿里·阿拉塔斯（Ali Alatas）告诉印尼新闻界，东帝汶就是"我们鞋里的沙子"，苏哈托则说它是"我们脸上的丘疹"——这些说法，他们决不会用到他们真心以为属于印尼的任何省份。破天荒第一次，较有勇气的印尼记者亲身去调查，看看现场究竟发生了什么事。雅加达有些日报刊载了若干"小故事"，它们其实是对一个受践踏社会的稍稍改头换面的经验描述。爪哇沙塔亚瓦札那（Satyawacana）大学知名的环保主义者阿迪宗德罗（George Aditjondro）公开陈词支持东帝汶独立，而且当政府不许他出席在葡萄牙举行的有关东帝汶的国际会议时，他拒不服从政府禁令。这时候政府骚扰他，但不敢监禁他。印尼政治东帝汶化的尤为显著的证据在1994年底出现了：正当苏哈托欢迎参加APEC峰会的克林顿与其他国家元首之际，一群东帝汶学生闯入了美国驻雅加达大使馆的大院，场面壮观，策划精细。数日之内，雅加达都市区司令官、机敏而胸怀大志的亨德罗（Hendro）将军被解职，他是三年内第三位栽在东帝

汶人手上的将军。除了听任这些学生被安全护送出去流亡葡萄牙，政府一 137
点儿辙也没有。

发生在雅加达的这一戏剧性行动的成功，在东帝汶产生了强烈反响，它在那儿被当成“历史如今站在年轻人一边”的又一信号。后果之一是东帝汶青年与控制了地区市场、多数是穆斯林的投机客之间暴力冲突日益频繁，最后以1995年10月蔓延该领地大部的城市骚乱而告终。成百的——也许是成千的新移民被迫逃回他们西里伯斯岛和爪哇岛的家乡。那个政权，先前已经宣布有改善的状况容许撤回大量驻军，眼下感到不得不派遣新的部队；后果则可想而知——大肆逮捕和野蛮行径，而这不过代表了走进死胡同的政治。爪哇的少数死硬派穆斯林知识分子，愤愤然接受他们逃跑回来的同宗教友的目标，要求惩办那些“不忠的基督徒”，这时苏哈托却玩不起伊斯兰牌：他的政治和军事伙伴中天主教徒或新教徒太多了；有影响的知识分子与有势力的印尼华族商人也是如此。他也知道，要削弱他的政权，最快莫过于让宗教间暴力的燎原之火四处蔓延，超出东帝汶，燃遍印尼的种族—宗教群类的大拼盘。

这一切导致美国政策有一种显著的（尽管是逐步的）转变。在维也纳召开的上次联合国人权大会上，美国投票反对印度尼西亚；国务院阻止向它出售某种军用飞机。克林顿在东京G7会议上温和地责备了苏哈托，旗帜鲜明地支持在加利（Boutros-Ghali）秘书长主持下重启印尼—葡萄牙会谈。与此同时，长期得到两党支持的国会关注点，微妙地从东帝汶人的人权转向了他们的自决权。在这一转向中，苏哈托的上了年纪、印尼普遍骚乱日渐增多的迹象，还有统治精英中间的勾心斗角，无疑都发挥了作用。

对雅加达来说没有出路。重返1970年代末的残酷无情，那想都甭想；而1980年代的“发展”恰恰带来的是东帝汶民族主义和天主教信仰的增强。表明了对这一绝境的意识的，莫过于新近出版的穆达尼将军的回忆录。这本书主要是作者的政治和军事勋业的自吹自擂的一览表；但是对东帝汶事务他三缄其口，只说了1975年那搞砸的入侵，这被归咎于未指名的督办者。或许最终的突破点将不得不等到苏哈托政治或身体的死亡，尽管他过去已经显示了现实主义与出人意外的改弦更张的能力。没有哪个似乎可能的继任者将有这样的力量或能力，得以长久抵抗印度尼西亚
138 帝国主义冒险事业的退潮。

7 撤退症状

君王无道久
十德俱悖逆
万物陷大难
异象兆其迹
乾坤失轨辙
祸殃散四极
迦梨神烈焰
映照云如漆
昭披耶河水
如血汹涌急
狂癫攫原野
昏黄天郁滞
林深鬼竞出
城荒人往匿
瓷瓦浮波间
葫芦坠渊底。

《先知哀大城(Sri Ayutthaya)》(公元十七世纪前后)

引　言

就其本身来说，军事政变在现代泰国史上不是什么新东西。自1932年推翻绝对君主制的那次政变以来，已经有过至少八次成功的政变，以
139 及许多不太成功的政变。[1]因此丝毫无须惊诧，有些西方记者和学者说1976年10月6日的那些事件在泰国政治中非常典型，甚至是在不合时宜地同民主调情三年之后，向常态的某种回归。[2]然而事实上，10月6日标志着泰国史上一个不折不扣的转折点，至少有两条不同的理由。第一，1973—1976年间合法的左翼反对党，其大多数重要领导人都加入了越来越勇猛和成功的游击队，不像他们历史上的前辈那样，在监狱或流亡中吃尽苦头。第二，这次政变不是精英内部的突然袭击，而是达两年之久的公开恫吓、殴打、暗杀等右翼活动的顶点，10月6日精心策划的暴徒武力闹事本身就是那些活动的最好象征。[3]

1　例如，可参见David Wilson, *Politics in Thailand*（Ithaca, NY: Cornell University Press, 1967），第IX章；Fred W. Riggs, *Thailand: The Modernization of a Bureaucratic Polity*（Honolulu: East-West Center Press, 1966），附录B。

2　这种取向的一个自由主义变种是，用西西弗斯式的语言，将10月6日说成是把民主政府引入暹罗的令人沮丧的无尽失败中的又一起失败。关于这一点的绝妙范例，参见Frank C. Darling, "Thailand in 1976: Another Defeat for Constitutional Democracy", *Asian Survey*, 17: 2（1977年2月），第116—132页。

3　《远东经济评论》（*Far Eastern Economic Review*, 1976年4月16日）在对1976年4月选举的描述中，讲到了"接二连三的枪击、爆炸和其他暴力事件，主要针对的是左翼的和改革派的政党"。《巴差查文摘周报》（*Prachachart Weekly Digest*, 20［1976年3月16日］, 21［1976年3月23日］）罗列了1974—1976年间政治暗杀的近五十位受害者的姓名，他们全是左派。

统治集团实施的政治谋杀已经是现代泰国政治的常规特征，不论是在1930年代后期銮披汶·颂堪（Phibunsongkhram）元帅的独裁统治下，还是在1940年代末和1950年代颂堪—炮·西耶侬（Phao Siyanon）—沙立（Sarit Thanarat）三巨头统治下，[1]抑或是1960年代和1970年代早期的沙立—他侬（Thanom Kittikajon）—巴博（Praphat Jarusathien）政权。[2]但是

---

1 有关紧随着1938年披耶·颂·素拉德（Phraya Song Suradet）“叛乱”的镇压活动，参见Wilson, *Politics in Thailand*, 第261页。1949年3月3日，四位著名的议员和前内阁部长在转监途中，被炮·西耶侬的警察谋杀。参见Samut Surakkhaka, *26 Kānpattiwat Thai lae Ratthaprahān 2089—2507*（《二十六起泰国革命与政变，1546—1964》）[Bangkok: Sue Kānphim, 1964]，第472—489页。1952年12月，两位卓越的东北政治家，丁·蒲里帕（Thim Phuriphat）和珍·西里康（Tiang Sirikhan）失踪了。后来揭露出是被炮·西耶侬的警察勒死了。参见Charles F. Keyes, *Isan: Regionalism in Northeastern Thailand*（Ithaca, NY: Cornell University Southeast Asia Program Data Paper no. 65, 1967），第34页；Thak Chaloemtiarana，“The Sarit Regime, 1957—1963: The Formative Years of Modern Thai Politics”（康奈尔大学博士论文，1974年），第118页。

2 譬如，参见Thak，“The Sarit Regime”，第266—269页，其中叙述了几起公开处决：1959年7月5日处决素帕差（Suphachai Sisati），1961年5月31日处决空·赞达翁（Khrong Chandawong）和通潘·素提玛（Thongphan Sutthimat），1962年4月24日处决伦·蓬旺（Ruam Phromwong）。他侬—巴博时代的受害者属于完全超出了知识分子与政客小圈子的那些集团。比如，1975年由内务部实施、该部自己的监察长主管的一项官方调查，证实了学者的指控：1970—1971年里，在博他仑（Patthalung）府，至少有70人被清共行动指挥部（Communist Suppression Operations Command）就地处死。报告写道：“士兵们逮捕的共党嫌疑分子，多数被处死了。以前，士兵们会把这些嫌疑分子射杀在路边[原文如此！]。但是后来他们改变了杀人作风，采用了红油桶杀戮法，以便毁灭一切可能证据。军士会将嫌疑分子乱棍打昏，然后丢进红油桶里，活活烧死。”*Bangkok Post*，1975年3月30日。有关不问青红皂白地用凝固汽油弹轰炸北部少数族群苗族[Hmong]的村落，参见Thomas A.

这些谋杀（有时伴之以酷刑）一般属于“行政”性质，由正规的国家机构
140 执行，往往是秘密从事。公众对发生了什么事知之甚少，更必定不曾有影响地亲预其事。1974—1976年间那些暴行的引人注目之处，在于它们非行政的、公开的，乃至暴徒的性质。1976年8月，曼谷人目睹了此前不可思议的奇观：总理克立·巴莫（Kukrit Pramote）的私人宅邸被一大帮醉醺醺的警察大肆洗劫。[1]2月，社会党总书记汶沙侬（Boonsanong Punyothayan）在他的郊区宅第外面遭到职业枪手伏击，遇刺身亡。[2]受雇用的流氓们展示了大异传统的暴力方式，比如不问好歹地公开轰炸，[3]这与更早时期的审慎缜密的谋杀形成鲜明对比。1976年3月25日，在猜纳（Chainat）举行了一次新势力党选举集会，一颗手榴弹投来，当时有十个无辜者丧命。[4]而10月6日令人发指的私刑处决就发生在全暹罗最光天化日的地方——王家

Marks，“The Meo Hill Tribe Problem in Thailand”，*Asian Survey*, 13: 10（1973年10月），第932页；Ralph Thaxton，“Modernization and Peasant Resistance in Thailand”，见Mark Selden编，*Remaking Asia*（New York: Pantheon, 1971），第265—273页，尤其是第269页。

1 这些警察穿着平民服装，由警车护送，警车闪着灯，前边是摩托车警卫开道。除了偷了白兰地酒和香烟之外，他们给克立的豪宅造成的损失估计达50万美金。*New York Times*, 1975年8月20日。恰在同一时刻，国立法政大学（Thammasat University，学生激进主义的精神家园）遭到袭击，有些地方被红卫队（Red Gaurs，见下）的右翼小流氓付之一炬，而肇事者逍遥法外。

2 这次谋杀发生在2月28日。参见*Far Eastern Economic Review*, 1976年3月12日。

3 1976年2月15日，稳健的新势力党的曼谷总部被右翼小流氓用燃烧弹炸毁。参见*Far Eastern Economic Review*, 1976年2月27日。虽然有个小流氓在这过程中被炸断一条胳膊，但警方仍以“证据不足”为由将他释放。3月21日，曼谷闹市区有大批游行者，他们要求美国驻军全部撤离，这时一颗炸弹飞来，炸死四人，伤者多多。参见*Prachachart Weekly Digest*, 22（1976年3月30日），第1页。

4 *Far Eastern Economic Review*, 1976年4月9日。

田（Sanam Luang），王宫前宏伟的商业广场。

本文打算探讨这一新强度、新方式的暴力行为的原因，因为这些暴力是暹罗当前社会、文化和政治危机的症候。我的论证将顺着两条相互关联的路线发展起来，一条涉及阶级构成，另一条涉及意识形态剧变。 141

泰国社会的阶级结构自1950年代末以来变化迅急。首先，新的资产阶级各阶层出现了，固然规模尚小，力量尚弱，但在一些紧要事项上与旧式的封建—官僚上层阶级离心离德，甚至有点敌对。这些新阶层——包括中产阶级和小资产阶级——是被1960年代越战带来的大繁荣孕育出来的，那时节美国人和美国资本以绝对前所未见的规模涌入这个国家，日本人飞快地尾随而至。正是这些阶层为近乎流行的右翼运动提供了社会基础，那种运动明显有别于较早时期的贵族与官僚的右倾行为。这绝非暗示说，将军、银行家、官僚和皇族的旧统治集团不再掌控现实政治权力的要冲，而是说，这些集团发现他们有了新的、或许是威胁性的、"大众"的同盟者。[1]

意识形态剧变也在很大程度上归因于美国渗透的影响，而且主要表现在1973—1976年"民主化时代"爆发的思想革命。面对沙立—他侬—巴博独裁政权对传统主义符号的粗陋操纵以及那些符号的思想虚无性，许多年轻泰国人做出回应，逐渐公开质疑老式的独尊的文化的某些核心元素。政府对此的反应是，大大增强对一种好战的国族—国教—国王（Nation-Religion-King）意识形态的有意识宣传和灌输，这种意识形态不同于以前占主导地位的"因循守旧"（bien-pensant）的"传统主义"。国族—国教—国王与其说是被普遍视为"天然地属于泰国人的"，不如说愈发明确地变成了少数特定社会圈层的意识形态棍棒。这种自觉的右派意

1　也许在此应当强调，本文主要关心的是新社会构成和新文化趋势的出现，所以特意不大关注这些旧统治集团，或者像军队和内务部这类强大的官僚机构。这些集团和机构的政治作用在有关现代泰国政治的文献中已经广泛讨论过了。

识形态宣讲的明显听众是新资产阶级各阶层，宣讲者既有该阶层自身内部的狂热分子，也有统治集团当中某些狡诈的操纵者。

新阶级的困境

在1950和1960年代，大多数西方社会科学家认为暹罗是一个“官僚制政体”，即完全由一种大体上自我赓续的（self-perpetuating）、现代化的官僚组织支配的政治系统。[1]在这个官僚阶层下面，只有一个卑贱的华
142 人商业阶层和一个未分化的农民阶层，两者都只有低度的政治意识，差不多被排斥在政治参与之外。官僚和农民的关系被认为通常是和谐的、非剥削性的，[2]只涉及税收、劳务、顺从与安全、昌盛和宗教认同之间的传统交换。多亏了十九世纪伟大的却克里（Chakkri）王朝君主们的机智和远见，暹罗在东南亚国家中独领风骚，没有屈服于欧洲或美洲的帝国主义，从而逃脱了强索高额地租、外居地主所有制、长期性的农民债务和乡村无产阶级化的种种祸害，它们在殖民化区域里是很典型的。暹罗经济（1960年代前决不是高度发达的）根本上掌握在华人移民手里，他们由于其外来的、边缘的地位，从来不能发挥一种活跃的、独立的政治作用。[3]

---

1 这个短语我想是里格斯（Riggs）创造的，参见他的《泰国》，第11页。不过这里的基本思想构成了威尔逊《泰国政治》的中心，该书是那个时期最最有影响的研究。

2 Thadeus Flood, “The Thai Left Wing in Historical Context”, *Bulletin of Concerned Asian Scholars*, 7: 2（1975年4—6月），第55页。在这篇优秀论文里，作者从布兰查德等人《泰国》一书（Wendell Blanchard等, *Thailand* ［New Haven: Human Relations Area File, 1957］，第484—485页）中引用了以下几句有意思的话：“［泰国农民］能否设想一种没有地位高下之分的社会环境，这很难说。农民和其他社会地位低的人从不把这样一种社会体系看作是特别不合理或苛酷的，而且泰国不存在全面社会压迫的历史。”

3 参见G. William Skinner, *Chinese Society in Thailand: An Analytic History*（Ithaca,

这幅祥和、刚强、独立的暹罗的图像，在有些紧要方面是虚妄不实的。西方资本、西方“顾问”和西方文化传教士，对1850年代之后的暹罗施加了决定性的影响。[1]另一方面，如果与越战期间美国和日本的渗透所导致的各种变化相比，1960年代之前的岁月真算得上“黄金般的”。迟至1960年，曼谷仍然能够被说成是“东方威尼斯”，是一个静谧的老派皇家港口城市，运河、庙宇、宫殿星罗棋布。十五年后，许多运河被填平了，筑成了道路，许多寺庙成了断瓦残垣。首都的整个重心已然东移，离开了昭披耶河畔的皇家庭院和华人聚居区，来到一个崭新的都市区域，那里外表上和政治上都是巍峨的办公大楼、银行、宾馆和购物广场当家作主。这座城市以癌扩散的速度膨胀开去，吞没了周边的农村，把稻田变成了投机性的房产开发、瞬息万变的郊区和庞大的新贫民窟。[2] 143

这种转变在较小规模上也发生在某些府会城市，它是由外在于暹罗

NY: Cornell University Press, 1957)；以及他的*Leadership and Power in the Chinese Community in Thailand*（Ithaca, NY: Cornell University Press, 1958）。亦见Donald Hindley, “Thailand: The Politics of Passivity”, *Pacific Affairs*, 41: 3（1968年秋），第366—367页。

1　Frank C. Darling, *Thailand and the United States*（Washington, DC: Public Affairs Press, 1965），第29页。书中提到，1932年推翻绝对君主制时，泰国经济的95%掌控在外国人和华人手里。

2　在四分之一世纪里，曼谷—吞武里都市群的人口增长如下：

1947	781,662
1960	1,800,678
1970	2,913,706
1972	3,793,763

参见Ivan Mudannayake编，*Thailand Yearbook, 1975—1976*（Bangkok: Temple Publicity Services, 1975），第E28页。

社会的种种力量引发的。根据三个彼此关联的因素来说明这些力量，或许不无助益。第一个也是最重要的因素无疑是1945年后，美国不客气地将欧洲殖民列强从它们战前在东南亚的经济、政治和军事统治权上赶走了。[1]第二是华盛顿决定使暹罗成为它的全区域范围内扩张行为的枢轴。曼谷不但成了东南亚条约组织（SEATO）的总部，也是美国在毗邻的老挝、柬埔寨、缅甸和越南或公开或秘密的林林总总行动的指挥部。[2]第三个因素——它的重要性别具一格——是技术革命，它使得大众旅游业成为二战后远东地区的一项重要产业。（此前在该地区，旅游是上层阶级的奢侈品。）就这种产业而言，曼谷是天然的节点：它不仅是该区域的地理中心，而且在美军和本地独裁政权的保护下绝对安全，尤其是它还提供了现代享受（国际大饭店、舒适的带空调的交通、最新潮的电影）与有异国情调的古迹的不可抗拒的组合体。[3]在东南亚别的地方，殖民列国通

1　Darling, *Thailand*, 第29, 61, 170—171页。到1949年，美国同暹罗的贸易已增长到最近的战前水平的20倍。到1950年代末美国购买了暹罗90%的橡胶和大部分锡。

2　这一分析思路是在撒克斯顿《现代化》一文里详尽发展出来的，第247—251页。

3　下表提示了这一旅游业规模的某些指标：

	1965	1966	1970	1971	1972	1973	1974
外国游客（千人）	225.0	469.0	628.7	638.7	820.8	1037.7	1107.4
美国	78.3	133.3	159.2	147.0	151.6	161.4	156.8
（美军休整假期）	(15.0)	(70.7)	(44.3)	(26.6)	(7.7)	(4.4)	(3.5)
日本	17.3	42.9	47.0	55.8	93.5	151.9	132.7
旅游业外汇收入（百万泰铢）	506	1770	2175	2214	2718	3399	4292
（美军休整假期）	(50)	(459)	(390)	(240)	(63)	(13)	(11)

注：在评估1972—1974年数据的显著性时，我们必须记住当时的高通胀率。资料来源：世界银行，“泰国：当前经济前景与精选的发展议题”，第二卷（统计资料附录），1975年11月14日，表8.7。在这些年里，旅游业位居外汇收益最高的八大行业之中。

常已经在沿海地区建起了文化平庸、以商业为导向的首府城市，它们远离 144
了古老的本土帝都。（因此旅行者不得不进行旷日持久的远游，从雅加达到梭罗，从仰光到曼德勒—阿瓦，从西贡到顺化，从金边到吴哥。）

如果说美国对暹罗的渗透是二战后的一个普遍特征，1959年后渗透的程度和步伐仍然有明显区别，那时沙立的绝对主义独裁政权建立起来了。他的前任銮披汶元帅，是圣西尔军校与战前欧洲统治下的世界的相对雅致的产物。反之，沙立则是个乡巴佬，是皇家军事学院的产品，是战后美国全球霸权时代上台的人。正是他于1950年首次访问华盛顿之后，亲自主管泰国军队的美国化（在组织、理念、训练、武器等方面）。[1]他在掌权前同五角大楼保持了近十年的密切关系，这意味着1959年后，他感到将暹罗和美国空前亲密地联系在一起轻松又自然。[2]在其他方面，从华盛顿的观点看来，他也是个理想的独裁者。他愿意也热衷于使“发展”成为他合法性诉求的一部分，在制订和贯彻发展计划时接受美国培养的技术官僚的建议。[3]作为无可争议的“铁腕人物”，他比前任有大得多的权

1　有关沙立的无比伦比的资料来源，是塔克的《沙立政权》一文。至于他在泰国军队美国化当中所起的作用，尤请参见第120—122页。不过达林的《泰国》一书对沙立—华盛顿关系的美国一方的论述很有参考价值。

2　沙立特别支持美国在老挝的进攻行动。銮披汶生于中部泰国的大城附近，在其基本取向中是个“泰中人”；而沙立在很多方面都是东北人。他的母亲来自泰老边境的廊开，他本人在那儿度过了一段童年时光。通过母亲，他紧密联系着富米·诺萨万将军（Gen. Phoumi Nosavan），后者长期被五角大楼视为万象的右翼—军国主义的独裁者人选。

3　披汶时代从来没有什么国家计划。暹罗的第一个国家发展六年规划是沙立政府拟定的，1961年正式开始实施。有关这一规划，以及它在多大程度上奴颜婢膝地听从了国际复兴与开发银行的建议，参见Pierre Fistié, *L'Évolution de la Thaïlande contemporaine* (Paris: Armand Colin, 1967)，第334—335页。但亦见塔克《沙立政权》，第327—328页，其中主张沙立没有允许自己完全受国际技术官僚的指导。

力敏捷果断地采取行动。[1]最重要的是，沙立尽其所能地为暹罗吸引外国
145 （尤其是美国）资本，相信外资是巩固他本人及其继承人的统治的必要工具。因此罢工被禁止，工会被强制性解散。外国公司的分支机构不仅获准大体仍为外资所有，而且可以在暹罗买地，大幅免税，甚至获许自由地将技术人员带入这个国家，而罔顾现存的移民法律。[2]泰铢被按照最正统的经济学原理来管理，直到1960年代后期都是稳定性的一块磐石。

执政五年后沙立死于肝硬化。但是他的继承人，他侬和巴博，继续遵循他的政策的基本方略。他们统治的开端与约翰逊对越战的升级大致同时，他们伶俐地逮住了由此提供的机会。华盛顿受到鼓动，把暹罗当成一艘静止的巨型航空母舰：在1968年这个高峰年，泰国境内大约有50,000名美国军人，美国人还被许可建造和运作至少八个较大的军事基地，另有数十座较小的军事设施。[3]泰国统治者在军事援助方面受到充足回报，不但如此，庞大的美国军事存在带来了快速的经济扩张，首要的是建筑与服务部门。[4]与战争相连的经济大繁荣发展起来，它建立在早先沙立时代

1 虽然披汶在1930年代末和1940年代初实质上是个独裁者，但在1948—1957年当总理的第二个漫长任期里，他处于一个软弱得多的位置。他被1947年的政变集团重新扶上台，只是一种有名无实的首脑，能够用来为他们的政权添上某种国际“风采”而已。披汶的屹立不倒，主要是因为美国的支持，以及他在日趋对立的警察总监炮·西耶侬与沙立将军两派之间的圆滑平衡。到1958年、1959年政变时，沙立削弱了警察的权力，让他控制的军队成了泰国政治生活无可争辩的主宰。

2 对泰国吸引外国投资者的一个概述，参见Fistié, *L'Évolution*, 第337页。

3 根据《纽约时报》1968年4月14日的说法，当时有46,000人的部队驻扎泰国，每月还有5,000人的军队从越南到此过休整假期。1967年10月2日的《国家》杂志列出了46,000人的军队，从事经济和宣传活动的人员7,000名，以及8个空军基地。

4 对比1960年和1970年各部门的就业人数，可以部分显示这一转型：

的“战前”繁荣基础上，但远远超过了后者。正是他侬—巴博政权眼看着宾馆、饭店、电影院、超市、夜总会和按摩院扩散开去，那是白人商人、士 146
兵和游客的汹涌而至催生起来的。

如果说繁荣本身基本上是美国（和日本）的投资与花销推动的，那么泰国人分享其收益的方式则受到政府政策的重大影响。其中最具决定性的政策之一是沙立当年的一项法令：取消容许的土地拥有的既定限额——50莱（rai）（相当于20英亩）。[1]这一法令为大规模土地投机奠定了法律基础，只要繁荣本身还在延续，这种投机就持续增加。而且投机浪潮不限于曼谷。当美国人修筑和铺平了通往老挝和柬埔寨边境的多条

	1960	1970	改变量
农业	11,300,000	13,200,000	(+ 17%)
采矿	30,000	87,000	(+290%)
制造	470,000	683,000	(+ 45%)
建筑	69,000	182,000	(+ 64%)
商业	779,000	876,000	(+ 13%)
交通、仓储、通讯	166,000	268,000	(+ 62%)
服务	654,000	1,184,000	(+ 81%)

取整的数字是根据世界银行《泰国》第二卷（1975年11月14日）表1.2计算而得。1960—1965年，国民总收入年增长7.5%，国内总投资年增长14.4%。参见“Report and Recommendation of the President of the International Bank for Reconstruction and Development to the Executive Directors of the World Bank on a proposed loan to the Industrial Finance Corporation of Thailand”，1976年9月1日，附录I。Clark Neher，“Stability and Instability in Contemporary Thailand”，*Asian Survey*, 15: 12（1975年12月），第1100—1101页，给出了1959年到1969年间年均8.6%的GNP增长率。

1 例如，参见Fistié, *L'Évolution*，第353页；Robert J. Muscat, *Development Strategy in Thailand : A Study of Economic Growth*（New York: Praeger, 1966），第138页。

长距离战略公路（特别是“友谊”公路）时，[1]大城市和小地方的投机客们接踵而至，非常廉价地从勉强糊口的农民手里全部买下路旁的土地——那些农民哪里晓得土地是一种可以投机的商品。[2]土地投机是这样一种经济活动，其中法律技能、“内部消息”、“门路”及获得银行低息贷款的渠道等尤为重要。因此不用诧异，房地产兴旺的主要获益者不仅是传统的泰国华人商业阶层，还有中、高级官僚（军官和文官）与政治人脉好的地方显贵。炒得最严重的地皮往往是最接近曼谷的地方，那是资金赖以哗哗流进的漏斗。中部泰国的情形很能说明问题：在披汶时代（学者们一致认为）土地租佃不是个大问题，但到1960年代后期，美国国际开发署
147 （USAID）的报告显示，不到30%的农田依旧是自有自耕的。[3]

1　详细情况及略图，参见Thak，“The Sarit Regime”，附录IV。

2　这种后果的生动证据，见Howard Kaufman, *Bangkhuad: A Community Study in Thailand*（Rutland, Vt. and Tokyo: Tuttle, 1976），第219—220页。考夫曼1954年研究过Bangkhuad，那时它还只是曼谷外缘一个小小的农村社区；17年后重访那里，他发现：1954年1莱（相当于0.4英亩）土地价值3,000泰铢（约合150美元），到1971年涨到250,000泰铢（约合12,500美元）。此外，最值钱的土地不再是最肥沃的，而是最靠近开发中的道路系统的。塔克《沙立政权》（第337—338页）提到，主要公路沿线的许多有地农民被霸道的官员及其帮凶直接赶走了事，不给任何补偿。

3　参见佚名，“The U.S. Military and Economic Invasion of Thailand”，*Pacific Research*, I: 1（1969年8月3日），第4—5页，其中引用了商务部，OBR 66—60，1966年9月，第6页。Neher，“Stability”，第1110页，讲到租佃和债务“陡然猛涨”。Takeshi Motooka, *Agricultural Development in Thailand*（Kyoto: Kyoto University, Center for Southeast Asian Studies, 1971），第221页以下，说到：（1）根据泰国政府1963年的农业调查，中央平原的耕地有60.8%是佃农或半自耕农在经营。（2）从他自己在巴吞他尼府（离曼谷很近）某区的局部研究来看，90%的在耕农民是佃农。另一方面，租佃急增的论点最近又遭到猛烈抨击，见Laurence Stifel，“Patterns of Land Ownership in Central Thailand during the

作为上述诸因素产物的泰国经济的普遍“搞活”（dynamization），有助于造就或扩大至少四个社会圈层（social formations），它们对我们此处的目的很重要——也就是说，它们的生存主要依赖于繁荣的延续不辍。在商品化过程飞速展开的那些农村地区，位居要津的显贵、稻米加工厂厂主、商人、村首等等，一夜暴富，其中大量新财富被重新投入土地。随着农村地主所有制的发展，这就有了年轻人和失去产业者的与此相辅相成的外出，他们流向兴旺的城镇中心。[1]在城镇，尤其是在曼谷，移民流产生了政治上反复无常的两种社会群体：一是大批的失业或半失业的年轻漂流者，他们无论是留在城里还是回到村里老家，都是前途渺茫；二是这样一些数量可观的人，他们能够在迅猛增长的服务型职业中找到一席之地，借此改善自己的处境。这支小资产阶级大军包括理发师、皮条客、指甲美化师、干洗工、私人汽车司机、裁缝、女按摩师、导游、机动车修理工、酒吧招待、接待员、出纳员和小店主。这个新兴的小资产阶级很大程度上服务于第四个群体，并依赖于它的富足。那部分人多是城里土生土长的，总体上是个新兴的中等资产阶级，在某些方面同样密切地勾连着外国资本和泰国国家机器。

表7.1和7.2可以帮助说明泰国阶级结构中的这些变化的性质，并粗略显示中、小资产阶级的绝对规模以及它们占总人口的相对比重。B类的超常增长，A、F和 I 类（主要是中/上和小资产阶级职业）的大幅增长，清楚

Twentieth Century”, *Journal of the Siam Society*, 64: 1（1976年1月），第237—274页。关于北部清莱府日渐增长的地主所有制、债务和地契篡改的某些比较性材料，参见Michael Moerman, *Agricultural Change and Peasant Choice in a Thai Village*（Berkeley: University of California Press, 1968），第五章。

1 这种流动甚至在这波繁荣之前就很广泛了。Mudannayake编，*Thailand Yearbook, 1975—1976*，第E30页，提到在1960年，多达四分之一的曼谷人口是别处出生的。

揭示了十年间繁荣的社会学影响的性质。[1]取自1970年人口普查的数据，
148 其中上述几个大类被分解成诸多细目，使我们得以粗粗估算出（见表7.2），到1970年的时候，中、上资产阶级构成了劳动人口的大约3.5%（或可分成3.0%和0.5%），小资产阶级约占7.5%。[2]

记住下面这一点总是有用的：社会群类（social groupings）一旦通过**家族**加强了它们自身，就变成了社会阶级——这里家族是一种关键制度，在一代人内把权力、财富和地位联成一体，又将它们传给下一代。在沙立—他侬—巴博时代的暹罗，阶级形成的一个重要标志，是各层次教育的大规模扩张，这部分是出于美国顾问和泰国技术官僚的“现代化”要求，但也是官僚机构对有向上爬的抱负的新生社会群体（和其中的家族）的需要的反应。1961年，全部五所大学有15,000名学生注册；到1972

1　这个时代所造就的此等“非官僚”新富的一个显例，是庞大的社会正义党1974—1976年间的首脑，他威·金巴吞先生（Mr. Thawit ［‘Dewitt’］Klinprathum）。他是一个贫寒的政府官吏的儿子，所受的教育不会比中学高出许多，以做记账员开始工作，月收入10美元。后来他当过三轮车夫、货运职员、巴士司机，诸如此类。如他的正式传记所记载的，“当他拿到快递与运输组织（ETO——一家国有公司，同JUSMAG关系密切）的转包合同，致力于卸载和运输设备时，他就认识到对拖车的需求。他用他的积蓄和银行贷款，买了两辆拖车，运送重型机械和设备……他开始为美国联合军事顾问团（JUSMAG）和农村发展促进会（ARD）承运设备。德威特先生选择了恰当的时机购买拖车，因为机械化正成为经济发展所必需的。由于拥有拖车和吊车的本地公司别无第二家，他的公司——拖车运输公司——就攥紧了运输军事设施的合同……**当全国运输网络扩张的时候**，他的货仓扩大了，他的拖车和卡车总共有好几百辆。”*Bangkok Post*，1974年12月24日（社会正义党买下的特别广告版）。着重号系引者所加。到1974年，“德威特”成了亿万富翁，有一幢属于自己的八层办公大楼。

2　靠右两列数字很可能大大偏低。特别是E类必须包含农村零售商店店主和商人的数字，虽然没有办法哪怕大致说出他们有多少。

年，十七所大学里有100,000名学生注册。[1]从1964年到1969年，公立中学入学人数从159,136增加到216,621；私立中学人数则从151,728增加到228,495；公立职业学校人数从44,642增加到81,665。[2] “传统上”（就我们此处的目的而言，是指从1880年到二战），教育分化严重。极少数上层阶级接受了有绅士派头的西式教育，而绝大部分人口要么不上学或上公立

1 Neher, “Stability”, 第1101页; Frank C. Darling, “Student Protest and Political Change in Thailand”, *Pacific Affairs*, 47: 1（Spring 1974）, 第6页。想理解像泰国这样的资本主义社会里的阶级形成，要紧的是去研究“不事生产的”分子（学童，大学生，等等）。为了营建和延续他们的地位/财富，新资产阶级和小资产阶级群体把他们的孩子们领进了教育机构。当我们看到“享特权的孩子”以及两代人的权力时，我们才知道一个阶级（而不是乍然兴起的精英）何时真的渐趋形成。贵族可以靠通婚来强化自身，资产阶级做不到，起码不能同等程度地做到。教育往往代替了婚姻。

2 参见达林《学生抗议》一文第6页。这些数字应当放在塔克《沙立政权》（第437—438页）所引的预算统计资料的背景下来理解，该资料显示了1953—1973年间教育部、国防部和内务部的开支占总预算的百分比。为简洁起见，我只给出他对1958—1973年间数据的计算结果。

	1958	1959	1960	1961	1962	1963	1964	1965
教育部	4.6	18.4	17.3	15.4	14.9	15.6	15.4	15.3
国防部	10.2	19.6	17.8	16.6	16.9	15.6	15.4	15.5
内务部	7.0	16.3	15.1	15.0	13.9	14.3	15.5	16.9
	1966	1967	1968	1969	1970	1971	1972	1973
教育部	14.3	13.2	5.8	5.5	5.9	6.2	6.0	6.7
国防部	15.0	13.6	15.3	15.7	17.0	17.9	18.2	18.2
内务部	17.1	15.6	20.7	21.3	20.7	21.5	22.1	23.5

如果我们记得初等教育的费用出自内务部的预算，那么中等和高等教育的开支规模（表现为教育部的预算）就相当惊人。

表7.1 按职业分类的11岁及以上经济活跃人口

职业群体	1960	1970	增加的%
总计	13,836,984	16,850,136	21.7
A 专业的、技术的及相关工人	173,960	284,104	63.3
B 行政的、执行的和管理的工作者	26,191	246,591	941.5
C 文职人员	154,303	190,238	23.3
D 销售人员	735,457	833,607	13.3
E 农民、渔民、猎人、伐木工及相关人员	11,332,489	13,217,416	16.6
F 矿工、采石工及相关人员	26,255	42,605	62.2
G 交通和通讯业的工作者	144,610	225,204	55.7
H 工匠、产品加工工人及没有归类到别处的劳动者	806,205	1,109,943	37.7
I 服务、体育和娱乐业从业者	273,375	471,999	72.7
J 无法分类者	99,259	30,560	–59.2
K 劳动大军的新来者	64,880	197,869	305.0

资料来源：改编自国家经济与发展委员会、国家统计局和朱拉隆功大学人口研究所，“泰国人口［1974］”，转引自Mudannayake编，*Thailand Yearbook, 1975—1976*，第E41页。

表7.2 按职业和阶级分类的11岁及以上经济活跃人口（1970）

职业群体	总计	国家雇用人数	国家雇用人数比（%）	中、上资产阶级（估计值）	小资产阶级（估计值）
A	284,104	198,792	70.4	250,000	35,000
B	246,591	212,752	86.3	230,000	15,000
C	190,238	108,632	57.1	忽略	190,000
D	833,607	1,492	.2	忽略	600,000
E	13,217,416	10,169	.1	忽略	?
F	42,605	568	1.3	忽略	忽略
G	225,204	24,759	11.0	忽略	100,000
H	1,109,943	106,292	9.6	忽略	150,000
I	471,999	114,528	24.3	70,000	160,000
J	30,560	—	—	—	—
K	197,869	—	—	?	?
总计	16,850,136	777,984	4.7	550,000	1,250,000

资料来源：改编自内务部劳动司，《劳动统计年鉴1972—1973年》[使用1970年的普查数据]，转引自Mudannayake编，*Thailand Yearbook, 1975—1976*，第E41—68页。

小学，要么在佛教寺庙里受点儿教导。[1]不管哪个层次的教育都不曾产生对国家有重要意义的社会流动；相反，每一层次都帮着将它的受教育分子维系在他们现存的社会、经济地位上。西式高级教育润饰那些早已是生而治人的人。国家初等教育初级得似乎引不起什么改变命运的后果：它的存在更其是泰国政府的一个姿态，政府关心的是向外部世界展露一副现代的面孔，而不是响应农民的需求。佛教教育基本上是伦理和宇宙论导向的，没有准备提供与职业有关的技能（虽然对一小撮平民来说，在僧伽分层考试体系中的成功会带来平步青云的社会流动）。[2]

所以，1960年代教育扩张的真正意义，在于它主要发生在中、高等教育上。[3]有史以来第一次，许许多多泰国人开始渴望让子女接受职业导向的教育，而且也存在这样一些机会；过去的历史表明，这种教育是社会地位提升的象征或途径——尤其是稳固的国家官僚机构上层的进入许
151 可。[4]正是以这种眼光，我们务必理解在沙立及其继承人治下大学激增的

---

1 Kaufman, *Bangkhuad*, 第220页，注意到在非常靠近曼谷的这个社区，1954年只有6%的十几岁青少年在上随便什么形式的中学。

2 比如，参见David K. Wyatt, *The Politics of Reform in Thailand: Education in the Reign of King Chulalongkorn*（New Haven, Conn.: Yale University Press, 1969），第1章；以及他早期的论文，“The Buddhist Monkhood as an Avenue of Social Mobility in Traditional Thai Society”，*Sinlapakorn*, 10（1966），第41—52页。

3 亦见上引书，第149页；Kaufman, *Bangkhuad*, 第220页，评论说，到1971年，这个社区60%的十几岁青少年都进了中学。

4 同上，第229—231页，提供了这个主题的一些极好材料。Hans Dieter-Evers，“The Formation of a Social Class Structure: Urbanization, Bureaucratization, and Social Mobility in Thailand”，见Clark D. Neher, *Modern Thai Politics*（Cambridge, Mass.: Schenkman, 1976），第201—205页，指出自1932年政变时期以来这个趋势就在逐步发展。从他研究过的一个高级文官样本来看，1933年前进入政府部门的那些人有26%拥有国外大学学位；二战

政治意涵：它是一种符号确认，确认这繁荣昌盛不是运气而是进步，它的赐福必将传给家族内的下一代。人们有可能这样去想象：在同一个屋檐下，父亲是个成功的干洗工，儿子则是含苞待放的内阁部长。[1]因此大学繁荣起的作用是，在社会学意义上巩固经济繁荣，又从文化上肯定它。[2]

后进入的那些人中，这个数字是93%。

1 在此需要强调的是人们以为可能的流动程度，亦即公众意识的变化。不必惊诧，实际的流动没有那么激动人心，如克拉夫特的抽样调查所示：

大学生父母的职业（1968年前后）

父母职业	注册人数	注册人数比%
业主及自由职业者	4508	53.72
政府官员	2020	25.12
雇员	657	8.19
农民	580	7.31
其他	437	5.31
未知	29	.35
总研究人数	8231	100.00

资料来源：Richard Kraft, *Education in Thailand: Student Background and University Admission*（Bangkok: Educational Planning Office, Ministry of Education, 1968），转引自Mudannayake编，*Thailand Yearbook, 1975—1976*，第117页。克拉夫特估计，政府官员的孩子获准读大学的可能性，比农民家的孩子大267倍（工厂主和实业家的子女也比后者大35倍）。

2 与二战后世界权力从欧洲向美国的普遍转移相一致，泰国教育金字塔的顶端变成了加利福尼亚、印第安纳和纽约的大学教育，而非伦敦和巴黎。Harvey H. Smith等，*Area Handbook for Thailand*（Washington, DC: Government Printing Office, 1968），第175页，说在1966年，留学国外的4000名泰国青年中，有1700人是在美国。（有充足理由相信，这两个数字都是不切实际地偏低。）而近至1955年，留学国外的泰国人总数还只有1969人不过，不管泰国大学在数量、规模和入学人数上怎样飞速扩大，许多有志家庭还是不能让他们的孩子进去读书。于是，在某种程度上，同样快速扩张的技术学院、职业学院、商学院和其他学院就成了次优选择。在这一切分层骚动的背景下，我想我们必须理解“大学生”（student）一词本身在语义上的重大变化。早先那个年代，“大学生”几乎是“国家精英成员”的同义语，是远在他的国人这芸芸众生之上的差不多最高层的人物。然而到1960年代末和1970年代初，社会流动已经造成如此景况：“大学生”或许仍有高层的内涵，但也可能表示类似这种意思：“邻家那个上了法政大学的小子；我的孩子却没上成。”以一种上代人会觉得不妥的方式
152 嫉妒和憎恶大学生变得可能了。

然而即便对那些成功让子女跻身大学的父母而言，“大学生”概念也有了暧昧难言的回味。流动性中的悖论在于，向上运动也是离心运动。没上过多少学的父亲们，根本上是工具性地看待大学教育的，他们发现自己常常被大学生子女举止、目标和品行上的始料未及的变化吓坏了，因为在大学和师范学院里，这些方面日渐受到从美国和中国渗透进来的反传统观念的影响。[1]人们一定想象得到，那些中、小资产阶级的父母们，当他们的儿子蓄着“乱糟糟的”长发，言语无礼，道德上吊儿郎当，观念上非圣无法，纷纷回到家里的时候，他们是如何忧心和愤怒：这种人究竟怎么能够官场得意呢？

大约在1971年或1972年，黄金盛世正在消退之感开始弥漫开来。

（Evers，“Formation”，第202页）。

1 例如，参见Thanet Aphornsuwan，“Khwām khluanwai khong nak suksā Thai nai yukh ræk（早期泰国学生运动）”，见Witthayakorn Chiengkun等，*Khabuankān nak suksā Thai adīt thung patchuban*（泰国学生运动史）（Bangkok: Samnakphim Prachan Siao, 1974），第28页；Sawai Thongplai，“Some Adults’ Ideas about Some Youngsters”，*Prachachart Weekly Digest*, 22（1976年3月30日），第15—18页。

美国人正从印度支那撤军，长期以来暹罗边境上共产主义联合的幽灵，开始呈现为一种危险的现实。官僚机构，曾是众多社会希望的终极目标所系，也膨胀到了饱和点；大学文凭渐渐地不复保障它们一度被假定会保障的东西——稳定的、地位高的工作。[2]在长时间的物价平稳之后，两位数的通胀率给泰国经济猛然一击。[3]当大繁荣看起来行将落幕时，某种不安和不满在它的受益者中间发展起来。只要独裁政权还在经济、治安防卫和教育部门中"开工生产"，被排斥在政治参与之外一直是可以容忍的，但是随着问题日积月累，它就变得远非那么可忍了。再说，无论他侬还是巴博都没有沙立那种令人畏惧的个人势力。[4]

153

在这个背景下，滚雪球似的群众大示威就有了格外重要的意义，那些示威把他侬和巴博拖下了台，当时是1973年10月，世界石油危机爆发的那个月。[5]毫无疑问，新兴资产阶级各阶层决定性地贡献出大批人群，站出来支持学生与知识分子的要求：要有一部宪法，要尊重公民自由。甚至可以证明，是这些阶层确保了示威的成功——假如示威群众是由贫民窟

2　Neher，"Stability"，第1101页；Darling，"Student Protest"，第8—9页。

3　试比较曼谷的消费者价格指数的以下数据（1962年为100）：1964，102.9；1965，103.8；1966，107.7；1967，112.0；1968，114.4；1969，116.8；1970，117.7；1971，120.1；1972，124.9；1973，139.5；1974，172.0；1975年1—8月，176.4。数据摘自World Bank，"Thailand"，（1975），II，Table 9.1。Neher，"Stability"，第1100页，给出的通胀率是：1972，15%；1974，24%。

4　意义重大的是，当这一对独裁者在1969年举行全国选举时，民间的反对党民主党——它在某些方面是新资产阶级各阶层的代表——囊括了曼谷的全部席位。这次全胜应当看作是中产阶级参与1973年10月14日事件的前兆。关于民主党人的全胜，参见J.L.S. Girling，"Thailand's New Course"，*Pacific Affairs*，42: 3（Fall 1969），尤其是第357页。

5　此处值得一提的要紧事情，是反对他侬—巴博政权的最终示威的规模。Neher，"Stability"，第1103页，给出的数字是500,000人——这是泰国史无前例的大示威了。

居民而非通常穿着考究的城里人组成的，独裁者原本可能赢得对镇压的更多支持。

与此同时，资产阶级各阶层的参政应更多看作是他们最近历史的产物，而不是他们未来政治角色的预演。其实明摆着的，他们完全缺乏政治经验，因而对结束独裁的后果会是什么，茫然无真知灼见。这个政权同时因两种缘由受到指责，一是未能更充分地迫使美国对暹罗尽责，二是对华盛顿奴颜媚骨。（正面则是一种急火攻心、茫然不解的反美民族主义，它表达在像这种情绪的组合中：“你们为什么在印支让我们失望？”“瞧你们是怎么败坏我们的姑娘们的！”）巴博的公然腐败，他侬的儿子纳隆（Narong）与巴博的女儿之间的王朝婚姻，以及他借助裙带关系的闪电掌权，全都冒犯了资产阶级的情感。国王和某些高级将领出于各自的原因支持示威者，即便只是间接支持，这也很重要。最后，我们必得记住，大学生的要求本质上是合法的（合宪的）和象征性的。谁也没有料想这些要求会生发出什么危险的或人所不欲的东西。的的确确，大学生们在示威的最后日子里捣毁了不少警察局，可是难道他们没有以十分负责的态度，保持交通的畅通无阻，之后又清扫街上的脏东西吗？随着腐朽无能的独裁者的垮台，繁荣、和平、进步将在国王及其开明亲随的仁慈管理下恢复，那些亲随包括资深的法官、可敬的教授和干练的银行家。

这些期望无一近乎实现。差不多在1973年10月示威的同时，世界石油危机爆发了。到1974年初，暹罗开始感受到危机引发的世界资本主义经济的混乱。1975年春，美国在印度支那的地位土崩瓦解了，快得令人目瞪口
154 呆。而今暹罗不再是美国的东南亚帝国的安全枢纽，反而临近它脆弱的外围。似乎可以设想，从今往后新加坡将扮演曼谷的角色，泰国首都自身则扮演万象的角色。暹罗发现它的经济严重衰退了，这是它边界以外那些事件的一个直接后果。[1]1973年10月后的自由主义政府公开承诺保障公民

1　国内总投资的年增长率，1960—1965年为14.4%，1965—1970年为13.5%，1970—

权利和自由，尤其是农民和工人组织工会、示威与罢工的权利，这似乎是雪上加霜。讪耶·探马塞（Sanya Thammasak）政府（1973年10月—1975年2月）采取了现实的（即便是怯懦的）措施，直接答应工人们的要求。[1]没错，在一定程度上，那些立足未稳的新企业特别易于遭受利润降低和工资要求提高之间的挤压之苦。[2]在独裁制下，中产阶级发达了，工人却不得不接受可怜的收入；如今工人们时来运转了。然而资产阶级各阶层作为一个整体越来越出离愤怒，这有着更复杂的根源。首先，工会的发展本身预示了一种危险，即暗中破坏此前总体上盛行的恩主—附庸的"家族"式雇主—雇员关系。[3]（有社会地位野心的资产阶级分子，从对其部属扮演

1975年降至5.1%。国际收支形势自1973年以来迅速恶化。

年份	国际净收支（单位：百万美元）
1973	–50
1974	–90
1975	–618
1976（估计值）	–745

资料来源：《国际复兴与开发银行行长的报告与建议》，附录I，1976年9月1日。

1　实际上是沙立宣布罢工和组织工会为非法的，这既是为了挫败左翼反对派，也是为了鼓励外国投资。内尔《稳定》一文（第1100页）指出，"1973年发生了两千余起劳工罢工，几乎全是发生在1973年10月起义之后［着重号系引者所加］，1974年前六个月统计出大约有1500起罢工。与此相对照，1969—1972年三年间，总共不过发生了100起罢工。"讪耶政府提高了60美分的日最低工资，先是提到1美元，后来（1974年10月）提到1.25美元。*Indochina Chronicle*，1975年5—6月。

2　有些经营不善的泰国企业的利润率肯定直接依赖独裁政府所保证的极其廉价的劳动力。

3　1966年，向政府登记的30,672家制造企业中，仅5%雇用人数超过50人。Smith等，*Area Handbook*，第360页。

准封建的角色中获得了精神收益，低估这种收益或许是个错误。）第二，许多罢工发生在像交通运输这类部门，在这里，对资产阶级群体来说，要将个人的麻烦解释为对公众利益的冒犯尤为轻巧。第三，也许是最重要
155 的，泰国新闻业的权要部门，它们处在庞大的商业利益集团的掌握之中，频频弹起这样的调子：这种罢工是反国家的，因为它们吓跑了“国民经济”如此仰其鼻息的外国投资者。因此要将整个经济的颓败诿过于工人的不负责任，简直易如反掌。

最后，在另一个平静的领域里，独裁政府种下的恶果到自由主义时期显现出来：中学、职校乃至大学的毕业生中间，失业率节节攀升。[1]实际上，教育繁荣及其提高地位和安全感的指望，都跌入低谷。在这种状况下，大学生的形象——待在家里的失业（找不到工作的？）游民，或是店里厂里不安分的捣乱煽动者——成了新资产阶级各阶层中间理不清的全部怨愤和挫折感的首要焦点，这并不让人大惊小怪。[2]

---

1 “很奇怪，职业学校毕业生找工作这么难办。在乡村地区，只有25%的人能够找到工作；在大曼谷区域，形势好不了多少，只有大约50%就了业。” Mudannayake编，*Thailand Yearbook*, 1975—1976，第110页。

2 意味深长的是这一事实：在1973—1976年间，也许最为好战的劳工工会是旅社与宾馆工人联合会，由大名鼎鼎的活动家贴蓬（Therdphum Chaidee）领导。（到1976年，暹罗单单一流宾馆就至少有50家，雇用了三万多人。*Bangkok Post*, 1975年5月22日。）再没有人比薪水微薄的侍者或女服务员更加苦涩地看到，他们有些同胞实际上过的是何等穷奢极欲的生活。颇可说明问题的是，联合会好战性的主要目标，不是外资或华人的宾馆（它们通常十分乐于承认工会，并通情达理地跟它打交道），而是泰国人（新老富豪）拥有的宾馆，后者执意以恩庇方式对待雇员。1975年最为暴烈的罢工，是在市中心豪华的律实他尼（Dusit Thani）酒店爆发的，当时泰国人管理层雇用了红卫队的枪手来破坏罢工。参见《曼谷邮报》1975年5月30日所做的叙述，其中还引用了总理克立·巴莫对他所谓“私人军队”的激烈批评。

我们可以设想那时一个惴惴不安、突然生成的资产阶级——潮涌而来的第一代轿车拥有者和驾驶者部分造成了曼谷严重的交通问题[1]，他们直面着拮据的经济景况，将至未至的更糟的困境威胁着他们；他们不仅担忧长期繁荣的终结，而且种种恐惧感萦绕心头：害怕这繁荣是一条单程的历史抛物线的一部分，害怕沙立的黄金时代一去不复返，害怕他们发于巷陌微尘，又将终于巷陌微尘。再者，我们必须知道，这个资产阶级特别容易表现出对窘迫境遇的偏执狂反应，他们没多少政治经验，对政府只有些简单观念，但是恰恰因此有一种强烈意识："乱局不该怪他们。" 156
（依托当时环境，我们能够想象迁怒于腐败、大学生、共产党人、外国人或华人的这种偏执狂。）结果，在1975—1976年，出于后面将要论及的原因，激进化的大学生——资产阶级的成功者，但似乎唾弃那种成功——渐渐成了这一受惊的怒火指向的主要目标。为什么真诚支持1973年10月的群众大示威的同样一些人，有许多在三年后欢迎独裁政府卷土重来呢？我想这就是解释。

不过他们不是10月6日暴行的直接行凶者。为此我们仍需努力辨认出凶犯，并将他们置入迄今为止所勾勒的广阔的社会学架构中。毫无疑问，最臭名昭著的施暴人是"红牛"（Krathing Daeng，即红卫队），不光在1976年10月6日，还在先前两年间，他们都是施暴人。记者和学者们（我想有点误解地）赋予这些流氓一种准社会学的可敬身份，把他们简单认作是职业学校学生。这论点认为：既然1973年10月警察镇压之际是职业学校学生而非大学生首当其冲，那么将红卫队攻击大学生解释为表达了一

1　Chaktip Nitibhon, "Urban Development and Industrial Estate in Thailand"，见Prateep Sondysuvan编，*Financial, Trade and Economic Development in Thailand*（Bangkok: Sompong Press, 1975），第249页，记述说，1967—1971年间，曼谷登记的车辆数增加了15%（路面增长了1%）。1973年，随着32万多辆车的登记，暹罗首都容纳了全国车辆总数的一半有余。

种率真的憎恨，长期遭受苦难的地位卑下的职校学生对养尊处优、傲慢胆怯的“学院小子”的憎恨，也就似乎有理了。[1]红卫队—职校学生间的等同，也许在许多人心目中被一系列惨烈（但多数无关政治）的冲突加强了，1974年末和1975年，那些冲突发生在相互竞争的各职业学校的青少年之
157 间。[2] 既然这些男孩彼此枪弹相向，而枪和炸弹也是红卫队喜爱的武器，那就容易跳到这个结论：后者在政治上代表了前者。

1 例如，参见Somporn Sangchai，“Thailand: Rising of the Rightist Phoenix ［原文如此！］”，见*Southeast Asian Affairs 1976*（Singapore: Institute of Southeast Asian Studies, 1976），第361—362页。

2 “警方说，来自娄天他崴（Uthane Thawai）建筑学校的大约300名学生，手持炸弹、棍棒、枪支和其他武器，［昨天］行进到国家体育场前面的帕度万（Pathumwan）工程学校，同300名帕度万学生进行了一场近距离战斗。”（*The Nation*，1975年6月17日）稍早和随后的一些对抗包括以下这些：（1）1974年10月29日，在律实（Dusit）建筑学校、暖武里（Nonthaburi）工程学校与邦散（Bangsorn）工程学校的学生间发生一场交锋，丢了一颗炸弹，炸死一个小男孩，炸伤十四人（*Bangkok Post*，1975年12月9日）。（2）12月26日，邦散工程学校与北曼谷工程学校的男生干了一仗，用上了炸弹和步枪，一名学生被杀，多人受伤（*The Nation*，1974年12月27日）。（3）1974年12月27日，在律实建筑学校和阿齐瓦希帕（Archivasilpa）学校的两伙人之间的斗殴中，三名学生受了严重的刀伤和枪伤。（*Bangkok Post*，1974年12月28日）1975年1月22日，邦散学校和北曼谷学校间一场变本加厉的瓶制炸弹、步枪和手榴弹的大战，导致《曼谷邮报》一位摄影记者毙命（*Bangkok Post*，1975年1月23日和24日）。（4）6月12日，来自拉玛六世工程学校、邦散工程学校、娄天他崴建筑学校、暖武里工程学校、帕度万工程学校和其他职业学校的男生们爆发一系列瓶制炸弹和塑料炸弹混战，两名学生身亡（*The Nation*，1975年6月13日）。（5）6月18日，阿齐瓦希帕学生与巴士工人和建筑工人发生争执，之后学生们用火焰炸弹炸毁了几辆巴士，造成重大伤害（*The Nation*，1975年6月19日）。这些学校当中，只有拉玛六世工程学校有几分（左派的）政治声誉。

下面这段话摘自保守的《曼谷邮报》某篇文章，提示了一幅更为复杂的红卫队画像：

> 另一个有意思的人是杜伊（Doui），他被任命为［红卫队］一支机动分队的头目，那支部队能够快速地从一个地方转移到另一个地方。杜伊学嬉皮士的样儿留着一头长发，脸上长个大伤疤，他说他手下有50人。这些人大多是雇佣兵，他说，他们住在黎府，作为该地区道路修筑的安保部队。
>
> 我从前是当兵的，但是后来我做了雇佣兵。我喜欢军服，可我不喜欢军队里有太多纪律和规定。我喜欢我行我素的自由，蓄长发，想穿什么穿什么。[1]

曼谷的消息灵通人士证实说，红卫队的许多核心干部都是过去的雇佣兵和因违反军纪从军队除名的人，他们的部属主要由失业的职校毕业生、中学辍学者、街头无业少年、贫民区恶棍等等组成。[2]红卫队受雇于ISOC（国内安全行动指挥部）内各派系以及专门从事警务和情报工作的其他机构，[3]它征募新人，主要不是基于意识形态承诺，而是靠高工资

---

1 *Bangkok Post*, 1975年6月1日。

2 私人交流。关于职校毕业生中的失业率，试对照前面第203页的注释1。

3 红卫队诸集群的两位较有名的头目直接上通ISOC。他们是巴潘·翁堪（Praphan Wongkham）和色赛·哈沙丁（Suebsai Hatsadin），前者被认出是“国内安全行动指挥部的一名27岁职员”，后者是从前掌管ISOC“山地部落处”（Hill Tribes Division）的特别上校成赛·哈沙丁（Special Colonel Sudsai Hatsadin）之子。*Bangkok Post*, 1975年6月1日；Norman Peagam, “Rumblings from the Right”, *Far Eastern Economic Review,* 1975年7月25日。众所周知，红卫队的其他集群分别控制在以下两人手里：韦通·耶沙瓦（Withoon Yasawat）将军，驻扎在老挝，受雇于中央情报局的泰国雇佣部队的前领导人；差猜·春

的许诺、丰富的免费烈酒和逛妓院的优惠，还有名扬四海的诱惑。引人注目的是，这些酬劳如何折射了成功的大学生进入政府部门时预期的特权
158 （金钱、声望、出入夜总会和按摩院可以报账）——至少处在一心往上爬的小资产阶级环境下会如此预期，正是从那种环境里冒出了红卫队。[1]易言之，这些流氓扮演的政治角色有一种社会学基础。新兴的、脆弱的小资产阶级的孩子们，困在一个广泛失业的时代，[2]得不到政府部门的工作，又瞧不起工厂里的工作，他们是反（不成功的）大学生和反工人的宣传的易感对象。

还有一个群体是乡村童子军（Village Scouts），并未少掺和1974—1976年的右翼暴行，[3]但公共形象稍微体面些。它建立于1971年，由边防

哈旺（Chatchai Choonhawan）将军，前任警察总监炮·西耶侬的连襟，泰国民族党（Chat Thai）的头号人物，还是克立·巴莫政府（1975年3月—1976年4月）的外交部长。应当一提的是，ISOC也大量渗透进了教育部负责职业教育的部门，是NVSCT（全泰职业学生中心）幕后的出钱人和操纵者。NVSCT是庞大的NSCT（全泰学生中心）的小规模、攻击性的右翼对手，后者在自由主义时期是左翼学生活动分子的先锋队。

1 虽然红卫队的主体大概是小资产阶级出身（泰国工人阶级让子女念书念到中学或职业学校的可能性甚微），但是有可能——甚至很可能有一部分是从前面第148页提到的进城无业人口中招募的。

2 总理他宁·盖威迁（Thanin Kraiwichian）在1976年10月17日的一次广播节目中讲到："面临贫困的另一个人群，是季节性工人、辅助工、新毕业生和其他失业者。眼下的失业人数已逾百万。" FBIS（对外广播新闻处）每日报道，1976年10月18日。着重号系引者所加。

3 他们起了重要作用的事情有：在1976年竞选运动期间威吓自由主义人士和左派分子；驱逐试图在村里组织农民和佃农协会的学生活动分子；在1976年10月6日政变前夕要求社尼·巴莫（Seni Pramote）政府三名"进步"部长（素林·马沙滴［Surin Masdit］，川·立派 ［Chuen Leekphai］，丹龙·拉塔比帕［Damrong Latthaphiphat］）辞职；还有10

巡警（BPP）和内务部联合领导，那时显然被构想为一种辅助正规军的、反共的乡村治安防卫组织。[1]然而在自由主义时期，它发展出一支可观的城市分部，发挥了动员各种右翼势力的重要作用。如果说在1973年10月前，乡村童子军是军队强权人物、内务部长巴博与在BPP中势力极大的皇室之间审慎竞争的舞台，那么当独裁者垮台以后，它更是明目张胆地成了构建一个激进主义保皇派的工具。甚至在独裁政府下，宫廷就已利用种种公共关系技术，拼命把自身与经济繁荣的受益者们绑在一起。[2]当1973

月6日当天的暴行。例如可参见，Sarika Krirkchai，“Do Not Corrupt the Village Scouts”，*Prachachart Weekly Digest*，23（1976年4月6日），第14—15页。

1 后面几句话所包含的有关乡村童子军的很多信息，出自这篇富于启发、资料翔实的文章：Natee Pisalchai，“Village Scouts”，见*Thai Information Resource*（Australia），no. 1（1977年5月），第34—37页。

2 塔克《沙立政权》（第414—425页）提供了关乎三种这类技术的有益资料。第一，国王增加了他所主持的婚礼的绝对数量，也增加了牵涉到资产阶级夫妻的婚礼较之皇亲、贵族或军人婚礼的相对数量。第二，通过老练地分配官方勋章，君王得以从新兴资产阶级那里征集到巨额款项，形式上他们是为慈善（1966年后是为反共）组织和运动捐款。（但是，捐款甚至也取之于贫穷的三轮车夫，特别是为了“平民主义的”形象制造目的。）第三，这位统治者格外醒目地增加了他同官场外各集团的私人接触。

国王同非官僚集团接触的频率

年份	私人领域社交聚会	公民团体接见	会见学生	会见臣民
1956	17	1	—	—
1961	35	45	3	—
1966	71	116	9	5
1971	121	191	10	31

本表摘自《沙立政权》，第422页。如塔克正确评论的，这一切活动“清楚表明，君王正在发

159 年10月后童子军扩编时，这种经验证明非常有用。童子军的领导层多出自富人和中年人，地区官员、乡村闻人和城市新富。[1]这样的人不仅在意识形态上倾向于担负如许职责，而且有私人资财能帮助组织既快速发展，又在相当程度上独立于国家官僚机构。[2]由 BPP司令部系统安排的“训练计划”，本质上是政治性的：右翼僧侣的讲座、游行检阅、宣誓、敬礼、选美和赛舞、参观军事设施、皇家捐赠典礼和“歌咏会”。[3]从右翼角度来看，乡村童子军美就美在，该组织是靠以下这个互惠之举运转的：对宫廷而言，它提供了持久不辍的公开证据，证明在曼谷上层阶级之外，在地区首府、小镇甚至某些村庄的“礼俗社会”中，存在着对皇室的激进政治支持。（它的名号里的“乡村”［“村庄”］一词，给出了一幅令人欣慰的——尽管是欺骗性的——田园共同体的图景，那种共同体是从组织上予以保证的，可以说，它是国族和国王间天然纽带的一种具体表现。）另一方面，对童子军领导人而言，有了皇室的庇护，他们对起而抗议的农民和学生激

展与冉冉升起的（私有）中产阶级部门的联系”。

1 那提（Natee）记载说，1976年9月和他一道申请加入童子军佛统（Nakhon Pathom）分部的496名同伴中，70%的人年纪在35到42岁之间，2—5%是年轻人，剩下的大多六七十岁。他还说，“参加这个计划的人多数相当富裕”。参见“Village Scouts”，第34—35页。其实，大概不富不行，因为受训者须购买昂贵的徽章和团队彩色相片；每天掏40—50泰铢的伙食费；做宗教捐献；为在选美和赛舞大会上穿的考究服饰买单。（同前，第36页。）

2 虽然府尹经常是童子军的地方主席，出钱之事却故意留给了注重声望和地位的地方闻人。（同上，第34—35页。）

3 精彩的描述可参见同上，第34和37页。那提的团队被拉去参观皇家胜地华欣镇附近的那黎宣（Naresuan）伞兵训练营。（这些伞兵部队在10月6日暴行中的所作所为密切配合乡村童子军。）受训者所受教导的风貌，或可从要求他们学会的歌曲中管窥一二。这些歌曲有：“醒来吧，泰国人！”“皇太后颂”“国王颂”“他们就像我们的爹娘”“守时”，还有“干什么都行！”上演的戏剧的主题包括共产党人在地狱受尽折磨的场景。

进分子采取的那种私人化、地区化的镇压行动，就可以轻而易举地合理化为维护国族—国教—国王之所必需。

除了红卫队和乡村童子军，还有右翼暴力行为的其他一些行动者， 160
它们组织和指挥要稍逊一筹，但同样是大繁荣及其后一段焦虑时期的产物。一般而言，这些人来自安保机构的边缘和/或新设部门：内地警察和平叛人员，由于世界经济萧条和美国的战略撤退，他们眼看着预算、编制和晋升机会都减少了；被派往南方任职、职业生涯走入死胡同的官员（不管是因为缺乏良好的关系，还是因为在别的地方政绩不佳）；还有美军基地弃用的卫兵。[1]这些人发现自由主义年代的经验几乎在每一方面都令人沮丧、扰乱人心。他们习惯了要别人吓得服服帖帖，经常对人施加专横的地方权威，尤其是要享受法律和批评的实质豁免权，[2]所以他们被1973年10月以后容许的出言不逊、揭发黑幕的新闻记者深深激怒了。作为靠薪水为生的人，他们因为通货膨胀，也因为兼职和勒索机会的某种减少而受伤。1960年代官僚机构大扩张给了他们机会进入政府部门，如今他们也面临与非官僚的新中小资产阶级那部分人相同的前景：停滞，如果不是衰退的话。从这失意和怨恨中，生发出对独裁制全盛时期的怀旧，对独

1 1975年6月，各美军基地的2000名“安保卫兵”发动了一场蔚为壮观的罢工。卫兵们不但要求政府保障他们将来的生计，还指控最高司令部贪污了美国弥补给他们的超过8,000,000,000泰铢（约合$400,000,000）的离职金。最高司令部参谋长江萨·差玛南（Kriangsak Chomanan）将军匆忙否认了这一控告。*The Nation*，1975年6月19日，21日。全泰学生中心（NSCT）大力支持卫兵们的要求，而且很奇怪，还同他们中间一些人发展出亲近的工作关系。

2 人们一定想象得出，这些社会集团的人获悉下述事情时所体验到的震惊：1975年1月22日，洛坤府府尹凯·七彼达（Khlai Chitphithak）的官邸，被大约3000人的愤怒人群烧为平地。人们普遍怀疑这个府尹在处理为最近的大洪灾灾民提供的救济物资上贪污、渎职，他被迫悄悄逃往曼谷。*Bangkok Post*，1975年1月23日和24日。

裁制那些桀骜不驯的敌手的暴怒，这就不算出奇了。

意识形态剧变

上文简述的经济和社会变化又引发了文化危机，理解这一文化危机深度的途径之一，就是从暹罗与它的区域邻邦之间一个显著差异入手。大多数东南亚国家，部分由于它们殖民化的历史，承袭了一套与自身特性相称的、本质上是激进—民粹主义——即便不是左翼——的政治词汇和修辞。在别的任何地方（也许菲律宾例外）都很难找到一种沉着自信的保守意识形态：实际上，自十九世纪以降，保守的文化一直处于认识论的休克
161 与政治的守势中，它的民族主义信任状也饱受怀疑。在暹罗，主要由于这个国家躲过了直接的殖民控制，直到最近，情况几乎完全颠倒过来。[1]泰国儿童教科书里的英雄人物，从来不是记者、工会领袖、教师和在殖民当局大牢里蹲过多年的政治家，而首先是统治王朝的“伟大国王”。事实上，一直到1973年，人们大概难以想象，泰国儿童的某个英雄竟然曾坐过牢。主流的修辞往往是保守、因循和尊王的。恰恰是左派老是处于守势，针对说它是“中国的”、“越南的”、“非泰国的”和“反君主的”（这最末一项清楚显示了皇家象征与民族主义象征间的有效等同）那些指责，急于捍卫它的民族主义信任状。这样说想必不为过：在10月6日的镇压行动之前，即便是坚定不移地站在左派立场的那些人，也接受了这一禁忌：不可批评作为制度的君主制或者作为个人的君主。[2]

1　尽管有弗勒德（Flood）的佳构《泰国左派》（*Thai Left Wing*）汇集的材料，我还是要这么说。弗勒德巧妙表明了关于泰国左派的现实连续性因素，但也表明了——也许不是有意的——它直到最近多么受压制和边缘化。

2　这话对游击区里的泰国共产党的适用程度，丝毫不亚于力求参与议会政治的左翼分子。是的，君主制在1930年代经历了一段艰难时期，以至于拉玛七世自愿接受远遁英格

诚然，十九世纪的贤能君主们，特别是拉玛四世和拉玛五世，通过向欧洲帝国主义列强的机敏让步，以及在列强间巧施计谋，的确在某种意义上“拯救”了暹罗免遭征服和殖民化。但是我们可别忘了事情的另一面：“拯救”暹罗使这些统治者成了泰国史上最强大同时也最依附的君主。因为如果说在十九世纪内这些欧洲大国威胁到暹罗，它们也干净利落地消除了她的传统之敌的威胁——缅甸人、高棉人、越南人和马来人。泰国军队没有跟任何人打过一场大仗，几达百年之久（约1840—1940年）。[1] 旧敌太弱，新敌太强。这种外力生成和维持的安全使统治者们能够空前地专心于他们国内权力的巩固。然而在很大程度上，即便这种巩固也只有多方仰赖欧洲的顾问、技术、资金和武器才行得通。[2] 在一种预示了沙 162
立“专制主义”的模式下，这个王朝得以利用外力造就的安全与外力产生的资源，最大限度地增强国内控制。正当暹罗最彻底地听任欧洲人摆布时，泰国的“绝对君主制”也最接近于实现。[3]

兰。但是似乎不存在消灭君主制本身的现实问题，所求者不过是让它与国际上尊崇的宪政标准相一致。

1 到1894年，近代类型的国防部才建立起来。

2 有关这种依赖性的种种事实，是近现代暹罗历史编纂学的老生常谈。但是传统上它们被按照善意而正统的方式，解释成统治者的“现代”和“进步”的标志。有关暹罗东北（Isan，伊森）如何在拉玛五世、六世、七世当政时被曼谷征服的极富教益的描绘，参见凯斯（Keyes），《伊森》，第二章（“泰国［原文如此］控制的加强”）。他强调了外部和平，铁路、公路、电报和电话系统的扩展，以及国家管理下的“现代”教育这三方面的重要性。

3 欧洲帝国主义对泰国君主制产生的后果，在另外两方面也很重要。第一，它改变了继位的有效原则，从政治才干和资历转成了准长子继承制。要是按帝国主义到来前的条件，拉玛六世或七世本来不可能登上王位，因为他们很缺乏现实的政治—军事能力。第二，它终止了开创新王朝的可能性。实现这一点一定是在世纪之交就已开始了。像銮披汶和沙立这样有才无情的人物，在诸多方面极似拉玛一世，却不再能够开启新的皇族世系。然

1932年，大肆膨胀的“西式”文官机构和军事机构，突然变成了皇室的主人，它们早先不过是皇家扩大自身权力的工具而已。1932年政变的领导者们决定性地让君主制直接的、实际的政治权力寿终正寝，虽然不曾试图采取任何非同小可的措施永久性削弱它的文化中心地位和“民族主义”声望。“泰国”——披汶终将这样称呼暹罗——依旧被定为（立宪）君主制。拉玛七世曾深深卷入1920年代末、1930年代初的政治危机之中，当他于1935年逊位时，政变领导人立即将皇位交予民族传奇救星拉玛五世（朱拉隆功）的一个孙子，万幸的是，当时他尚未成年。[1]二战期间这个男孩在瑞士上学，这一事实不过保护了君主制的清白，使它免遭披汶与日本军国主义勾结的玷污。

然而也有一种看法认为，1930年代末、1940年代初的披汶时代确实标志着暹罗实实在在的文化—意识形态变迁。因为这个独夫竭力通过民族主义宣传使他的权力合法化。很大程度上，他有能力让官僚机构——首要的是他实际权力所系的军事部门——显得是民族利益的公共看管人。比以往清晰得多的是，民族与君主制成了思想上可分的两个概念，而政府（最根本的是武装部队）是其中一个的代理人，是另一个的拱卫者。[2]在一些重要方面，这种发展有助于将君主制供奉为民族的某种可贵
163 的保护神。[3]

而，在銮披汶1930年代末、1940年代初所执行的扩张主义和领土收复主义政策中，我们可以看到王朝的历历轮廓。可以说，他是在恢复大暹罗（Greater Siam，缅甸、柬埔寨、老挝和马来亚都占它几块地），就像达信（Taksin）大帝和拉玛一世先他而为的那样。

1 参见Wilson, *Politics in Thailand*, 第18页。

2 这里同日本德川时期幕府将军与天皇的关系有着奇特的相似之处，这一点可能不会完全逃过披汶的注意。

3 传统老挝和暹罗的权力斗争的赌博中，重要的奖品之一就是某种受人膜拜、富含神力的物体（特别是佛像），它们被西方许多暹罗史家当作保护神来提及。1932年后，人们

尽管如此，披汶的过深卷入1932年政变，以及他对1934年波沃拉德（Boworadet）亲王的保皇党反政变的镇压，还是让他遭到皇室家族的持久痛恨。因此在他的第二个公职任期内（1948—1957），他不能如己所愿地利用君主制的符号资源。[1]也许不得已而求其次，到1956年当他感到权衰势微时，他转而求助于民主制的符号。[2]

正是沙立元帅展现了披汶早期军国主义的"幕府将军式的"全部潜力，进而显著改变了泰国政治的整个意识形态氛围。沙立是皇家军事学院的国产产品；在1932年政变及其后续中，他太年轻，还不能扮演什么重要角色；也不像披汶，他甚至从未假装对宪政主义或民主主义观念感

觉察到有一种兴趣在发展起来：控制作为神器的国王。皇家的国内境遇或许促进了这一趋势。1930年代末、1940年代初，拉玛八世还是个孩子，多数时间在海外求学。（结果，那时的暹罗几乎没有皇家的亲身在场。）二战后不久他回国，但差不多立即在一个如今依然扑朔迷离的情形下中枪身亡。他的弟弟即位，就是当今国王，其时也尚未成年，因之不能发挥独立的政治作用。

1971年保护神化达到一个壮观的峰巅，当时他侬元帅组织了一场反对他本人的政府的政变，然后现身电视，在观众们面前庄严地打开一封据称是那位保护神表示赞成的信，信是用金盘端出来的。

1　然而他的确做了努力，要给自己披上佛教的合法性外衣，尤其是在紧张不安的时刻。例如1956年，当他的政权日薄西山的时候，他拿政府的钱整修了1239座庙宇。（1955年，这个数字还只是413座，而1954年更是区区164座。）参见Thak，"The Sarit Regime"，第128页。他也耗金无数，用于佛历2500年的庆祝活动（1957年），还企图不让君主制分享这随之而来的荣耀。作为回敬，宫廷针锋相对地置身该进程事外。同上，第129—130页。

2　披汶之"恢复民主"在1957年的舞弊选举中臻于顶点，对此的描述，参见Wilson，*Politics in Thailand*，第29—31页。现代暹罗政治史上最古怪的讽刺之一是：曼谷市中心著名的民主纪念碑——1973年10月14日示威及之后的学生激进主义最重要的视觉符号，竟是暹罗踞位最久的独裁者建造起来的。

兴趣。这样就没有什么大不了的障碍能阻止他迅速与王宫重修旧好。掌权后不久，沙立发动一场系统运动“修复”君主制，而且在给了它新的光辉之后，强固了自己的位子。在披汶时代，国王和王后几乎不敢越国都一步。现在他们被送出去，满世界长途旅行，同别国首脑尤其是欧洲君主们
164 亲切会谈；形形色色欧洲王室成员的回访受到鼓励——如此等等。[1] 自绝对君主制时期以来不曾举行过的王室礼仪，而今恢复生机。[2]国王和王后不仅频频出面与泰国百姓接触，而且也被派出去，通过仁慈的捐赠，帮助“融合”部落少数族群。我们几乎可以说，在沙立统治下，发生了传统角色的一种奇怪置换：陆军元帅扮演了统治者角色（犯罪的惩罚者，[3]税收的征集者，军队的调度者，总体而言的政治权力大佬），统治者却扮演了佛教僧侣领导层的角色（把权威神圣化的人，无私美德的典范）。所以我们不必惊讶，当独裁制坐稳江山时，君主制在某些方面变得更为“神圣”了。

沙立不满足于利用君主制，他还利用佛教。1962年，他消除了分权的、颇为民主的现存僧伽组织，代之以僧王（Supreme Patriarchate）控制

1　对沙立玩弄传统符号这方面的分析，见Thak，“The Sarit Regime”，第397—402页。1959年底、1960年初，国王和王后首次离开这个国家，访问了西贡、雅加达和仰光。1960年6月和1961年1月之间，他们先后访问了美国、英国、西德、葡萄牙、西班牙、瑞士、丹麦、挪威、瑞典、意大利、比利时、法国、卢森堡及荷兰（请注意这些国家有一半都多少称得上君主制）。在沙立于1963年末死去之前，他们出访了更多的国家：马来西亚、巴基斯坦、澳大利亚、新西兰、日本和菲律宾。随着马来西亚和联合王国王室成员的来访，对泰国君主制的国际“承认”水到渠成。

2　同上，第410—425页，有精彩的详细描述。塔克也提到，皇室有组织地、直接地参与了反共、平叛的宣传运动。

3　沙立愿意为人犯处决和其他体制暴力承担个人责任，这完全符合十九世纪前泰国国王的作风。

下的一个专制、集权体系，把柔顺媚主的人塞进这个机关。[1]在他的授意下，两位得人心的、有自由思想的高级僧侣被褫夺了教阶，并因莫须有的罪名遭到起诉（一个被控同情共产党人，另一个被控鸡奸）。[2]最后，很大部分僧伽被动员起来支持（对不信佛教的山地部族）“一体 165
化”（integrationist）、反对叛乱的计划，尤其是在不太平的北部和东

1　参见Mahāmakuta Educational Council编，*Acts on the Administration of the Buddhist Order of Sangha*（Bangkok: The Buddhist University, 1963），其中全文收录了1962年条例及其取代的管理制度（1941年起生效）。1941年体系是三分的，权威在立法、行政和司法部门间分划。1962年体系创立了一个单一的行政—司法统治集团。石井米雄（Yoneo Ishii）说得很对，新规定完全泯除了“民主的理念，那本是前一法令的精神”。（参见他的“Church and State in Thailand”，*Asian Survey*, 8: 10［1968年10月］，第869页。）它们还允许世俗当局（警察）无需征求僧伽当局意见就逮捕僧人，我相信这是开先河的。

2　关于这个案件，参见Somporn，“Rightist Phoenix”，第384页；S.J. Tambiah, *World Conqueror and World Renouncer*（Cambridge: Cambridge University Press, 1976），第257—260页。尽管这两个人，帕·披莫丹（Phra Phimonladham）和帕·萨沙纳索蓬（Phra Sasanasophon），已经被法庭彻底宣布无罪，但掌权僧伽太怯懦、贪财或妒忌，没有恢复他们的原位。1973年10月后，为他们平反昭雪的一场静悄悄的运动展开了，起初收效甚微。然后到1975年1月12日，在现代泰国史上没有先例的一桩行动中，许多年轻僧人在曼谷的玛哈泰寺绝食示威，除非僧王同意重理此案，否则拒绝进食（*The Nation*, 1975年1月13日）。示威引起轰动，1月17日，僧王屈服，答应本月内恢复名誉。（*Bangkok Post*, 1975年1月18日。）1月30日，一个特别任命的僧伽委员会终于为两人洗清罪名。（*Bangkok Post*, 1976年2月23日）

僧王颂德·帕·阿力雅翁沙达雁（Somdet Phra Ariyawongsakhatayan）在起初的陷害中与沙立合谋，1971年12月18日，他在一起交通事故中死得让人毛骨悚然。许多泰国人都认为他的下场是滥用权力的因果报应。

北。[1]佛教符号和制度被玩世不恭地操纵着，给政权生成合法性，此举多得前所未见。[2]正是在沙立时代，这个小三重奏"国族—国教—国王"由温和的箴言变形成了好战的政治口号，而且越来越被认为就是这样子。[3]

然而，要是从上文推断君主制和僧伽的声望是以相同方式受到独裁制与大繁荣的影响，那可能就错了。我们已经看到，有充足理由相信君主制这一方面是提升了地位。"皇室的复兴"与繁荣之始重合，对许多新近发家的泰国人来说，这种重合很难说是偶然。在你来我往中，发展肯定了御座的合法性，御座又赋予发展以道义光辉。另一方面，看起来很清楚，资本主义的强大世俗化影响同时腐蚀了佛教的权威，特别是在贵族和上层资产阶级社会集团里。这些阶层的男孩们越来越不乐意做和尚，哪怕是象征性地做一段时间，更不要说终生献身于宗教信仰了。信念坚定的年轻和尚往往出身于低等阶级和乡村背景，这种情况比以前更为多见了。可想而知，结果是僧伽自身内部激化的政治—宗教冲突。[4]数量日增的

---

1 参见Charles F. Keyes，"Buddhism and National Integration in Thailand"，*Journal of Asian Studies*，30: 3（1971年5月），第551—567页，尤其是第559—565页；另见Ishii，"Church and State"，第864—871页。

2 宏扬佛教的沙立死后，结果显示他靠贪污聚敛了1.4亿美金的财富，养了大约80个情妇。参见塔克，《沙立政权》，第427—430页，他还引述了有关这桩丑闻的许多当代泰语文献。

3 史密斯等人《区域手册》的"教育与社会"部分（第175—177页）对此有朴实的说明。

4 关于这一点的一些有用材料，参见Chatcharintr Chaiyawat的文章，"Protests divide the monkhood"，*Bangkok Post*，1975年2月23日。亦见Kaufman，*Bangkhuad*，第224—226页，提供了一个地方社区环境下的类似资料。1971年左右，对高级僧侣的胡作非为的讽刺性评说，开始可以公开听到。例如参见Phra Maha Sathienpong Punnawanno，"Phra Song Thai nai Rọb 25 P ī"（泰国僧伽廿五年），见*Sangkhomsat Parithat*（社会科学评论），9:

年轻僧人，尤其是出自贫穷的东北部的那些僧人，走向社会激进主义[1]和 166
对宗教教义的左倾解释。[2]另外一些人，比如声名狼藉的吉滴乌斗（Kitti Wuttho），公然把佛教与极右意识形态联系起来。[3]于是通过这一切方

6（1971年12月），第28页。这条引证我受惠于颂汶·素森兰（Somboon Suksamran）先生的未刊稿，"泰国政治中的佛教僧侣"。在导致他侬和巴博被推翻的一系列抗议示威期间，僧侣们日益作为同情的见证人到场。

1 1974年11月19日，有一群共百名僧人，手挽着手，实际上组成了一场大规模农民示威的第一线。那些农民11天前就来到曼谷，力陈土地改革的要求。Somboon Suksamran，"The Buddhist Monkhood"，第6页。可以想见，这一举动在"中庸的"和右翼的新闻界激起了发疯般的反应，它们冷着脸坚持说，僧伽过去始终超脱政治，应当继续发扬。12月8日，"激进"僧人空素法师（Phra Maha Jad Khongsuk）宣布成立"泰国佛教徒联合会"，以期推进僧伽的民主化与佛徒教育的社会服务取向。*Prachathipatai*，1974年12月9日，亦见*Bangkok Post*，1974年12月10—12日。前面第215页注释2提到的、发生于1975年1月的绝食示威，是叫做Yuwasong（青年僧侣）的一个团体组织的，它向1974年以来的全泰学生中心（NSCT）学到很多有关政治组织的东西。

2 比如，参见空素法师在"泰国真是佛教国家吗"研讨会上的演讲，发表在*Phā Tat Phutsasanā*（给佛教动手术），Bangkok: Pharbsuwan Press，1974，第48—49页，转引自Somboon Suksamran，"The Buddhist Monkhood"，第22页。

3 对吉滴乌斗职业生涯和政治思想的最佳叙述，见Charles F. Keyes，"Political Crisis and Militant Buddhism in Contemporary Thailand"，见Bordwell Smith编，*Religion and Legitimation of Power in Thailand, Burma, and Laos*（Chambersburg, Pa.: Wilson, 1977）。这篇文章包含了对吉滴乌斗著名的1976年演说——"杀死共产主义者不是过错"的精妙透析。凯斯引用演说文字如下："［杀死共产主义者不是杀人］因为不管谁破坏国族、国教、君主制，这等兽类就不是完全的人。所以，我们必定不想杀人，但想杀死魔鬼（Māra）；这是全体泰国人的义务……当我们杀一条鱼，做成一道烧菜，放进一个和尚的化缘钵里时，正好与此相似。杀鱼肯定有罪孽，但我们把它放到和尚的化缘钵里，就增进了大得多的功

式，僧伽被直接带入政治冲突当中。

到目前为止我们只考虑了占支配地位的文化传统诸要素的转变。但是正如弗勒德相助表明的，在该传统的反对者当中，变化也在发生。学生和知识分子尤其受到越南战争的深刻影响。越南人抵抗美国巨无霸的勇气和毅力唤起了越来越多的景仰。曾在1960年代后期赴欧美留学、前程似锦的许多大学生，受了反战运动影响，也参加了反战运动。在中国，文化大革命正洪水滔天，毛泽东反官僚制思想的国际威望正当鼎盛。在暹罗自家，庞大的美国军事存在正引发严重的社会问题——猖獗的卖淫、没
167 父亲的混血婴孩、吸毒成瘾、环境污染，以及泰国生活诸多方面的庸俗的商品化。到1970年代早期，日见强烈的反美（和反日）民族主义正显山露水，其象征是1971年出版的一本影响很大的书那满腔仇恨的书名：《白祸》（*White Peril*）。[1]1972年，学生们在曼谷成功组织了一次抵制日货运动。[2]

然而独裁政权强加的审查制度（无可否认，他侬治下比沙立治下宽松些）向几乎每个人隐瞒了发展中的思想骚动的真实程度。1973年10月14日以后，审查制度一夜间无影无踪，批评性的诗篇、歌曲、戏剧、散文、小说和书籍的一股日见浩荡的激流，先是在首都，然后在外地，泛滥开去，令公众惊讶不置。这些作品里有很多都是在独裁政权下写作或谱曲的，

德。”凯斯的译文是根据Kitti Wuttho, Khā Khōmmūnit mai bāp（Bangkok: Abhidhamma Foundation of Wat Māhadhātu, 1976）。自由主义报刊、全泰学生中心和其他人高声抗议这篇演说的“反佛教”性质和吉滴乌斗在秘密极右组织纳瓦朋（Nawaphon，见第220页注释2）的成员身份，但僧伽统治集团对此视若无睹，拒不给予哪怕是温和的申斥，尽管先前他们曾以“不合僧侣身份的政治活动”为名，准备将空素等人（暂时）赶出所在寺院。

1 参见Thanet，“Khwām khluanwai”，第30页。

2 参见Neher，“Stability”，第1101页。

但从未得见天日。[1]而10月那些日子本身的激进化感受，以及自由主义时期的自由风气下大学生中间的政治意识猛增，这些因素造就了另一些作品。

1973年10月的文化和意识形态后果采取了两种截然对立的形式。左派那面，一种几乎令人眩晕的兴奋感、偶像破坏和创造力生成了。有一段时间里，仿佛人们说、唱、做不管什么事情都行。右派那面，一种错觉迅速扎根：新成立的自由主义政权是颠覆性观念突然流行的原因。很快地，民主政权因为独裁政权及其与美日资本主义的串通所引致的种种后果而遭到责难。

可以预料，有意打造来支撑沙立独裁政权的那些意识形态工具，渐渐与这个问题连接起来：国族—国教—国王。这中间，国教是最次要的，起初没有引发多大激动。但是在国族问题上，左派很快进入攻势，或多或少按照以下思路论证它的立场：正像披汶与日本通敌一样，沙立及其继承人也把国家出卖给了美国人。泰国历史上以前从未有过几达50000人的外国军队驻扎在泰国领土上。政府听任经济势不可挡地落入外国人手中。在民族认同的一切言论之下，独裁者漠然地容许泰国社会和文化的腐 168
败。这个过时的政权那么奴性十足地追随美国人的反共主义和对中国扩张主义的妄想症，而面对尼克松—基辛格马基雅维利式的靠拢北京，它只剩下可笑的呆若木鸡。概而言之，右派的政策业已证明不仅是贪腐的、机会主义的，也是鼠目寸光和终必破产的。

1　重中之重的是才华横溢的马克思主义历史学家、诗人、语言学家、随笔作家和社会评论家集·普密萨（Jit Phumisak）的各种著作，他刚过36岁就被独裁政府的特务杀害。1974年之前，他的多数著作要么是甫一出版即遭查禁，要么只能以手稿形式存在。在他侬—巴博政权下，人所共知的是，哪怕提一提集·普密萨的名字都是忌讳。然而1974—1975年，他的*Chomnā Sakdinā Thai nai Patchuban*（今日泰国封建主义的面目）出了三版，成为整整一代激进化青年人的圣经。

长远看来意义更大的是一种哥白尼式视角转换的清晰征兆，这种视角关乎保守的泰国意识形态的核心元素：君主制的历史中心地位和民族主义合法性。集·普密萨《今日泰国封建主义的面目》的风行一时就是这一点的明证，因为这部论证严密的书，专心一意论述十九世纪前（故而也是欧洲帝国主义东来前）的暹罗，根据压迫的统治者与抗争的被统治者之间的**基本冲突**来解释泰国史的全部历程。但是集·普密萨的书不过是1973年后出版的大量学术性和新闻性著作之一，那些著作究问泰国的过去，所用范畴暗中拒斥或边缘化了传统的保皇主义—民族主义神话。努力从这样一些文化—意识形态发展中揣想日常的社会反应，这很有用处。我们一定会想到，泰国大学生当着父母的面讨论暹罗的十九世纪，但谈论的重点不是伟大的拉玛五世国王，却是农业的商品化、买办群落的增长、外国的渗透、官僚机构的权力扩张，如此等等。仅仅运用社会过程和经济力量的语汇，就是对作为国史主角或国史化身的泰王中心地位的否定。的确，在某种程度上，这种绕过传统历史范畴的做法，虽则肯定常常是年轻人怀着幼稚的慢待或狂妄的轻蔑之心胡搞一气，却可能比直截了当否定王室的声望和权威看起来更有威胁。[1]（我们绝不应低估代际敌意加剧
169 意识形态对抗的力量。[2]）

1　可见一斑的是1976年11月6日他宁政权的公共关系处发表的恼羞成怒的如下评论：“我们的文化，被我们的祖先和风俗［原文如此！］保持着的文化，受到了忽视，说它过时了，认为它是一只恐龙或者别的灭绝生物。有些人不敬父母，学生蔑视老师。他们奉行一种外来的意识形态，没有意识到这样的行为对我们的文化多么危险，也听不进更了解那种意识形态的那些人的忠言。过去三年里，国家安全时时受到威胁。对国家安全表示关注的任何人，都遭到自称有进步思想的那些人的嘲弄，认为他们是官僚社会的废物……” FBIS每日报道，1976年11月8日。

2　有趣的是，创立于1974年的极右组织纳瓦朋（总理他宁被普遍认为是它的成员），它的重要组成部分过去是（现在还是）中老年的大学教授。这些人多是在国外二流大学拿

现在应该有可能更清楚地理解，为什么在自由民主政府成立、审查制度废除之后没多久，对“大逆不道罪”的起诉就开张了。[1]事情并非单纯是统治集团被激进化的大学生的敌对修辞惹恼了。倒不如说，泰国社会盘根错节的全部危机开始围绕着君主制这个象征具体化了。长期经济繁荣的结束，教育飞速扩张所带来的意外挫折，代际疏远，[2]还有美国的战略撤退与军事领导能力的让人生疑所引发的惊慌——这些相互勾连的危机被心神不宁的新资产阶级各阶层锥心刺骨地体会到了。对这些阶层而言，君主制既是一道护身符，又是一种道义托辞。该制度的历史厚度和稳固性仿佛是防止动乱和分裂的一种魔法。不管他们生活多么腐化，也不管他们经济和文化上其实有多依赖外国人，这些阶层的成员们感到，他们的民族主义自尊，要靠他们对君主（民族传统的缩影）的忠贞给予道义保障。因此对君王合法性的任何攻击，即便是间接的，都必然让他们觉得是对那个托辞的威胁。

1974年的隐忧（它引致了第一桩大逆不道罪的审判）后来被印支事件

的文学硕士学位，向独裁政府献媚早有前科，被年轻人看待他们的那种公然批评甚至鄙夷的方式激怒了，那些年轻人拿的是一流大学的哲学博士学位，受到了反战运动的理想主义影响。在许多要案中，一些大学高官被罢免，罪名是腐败、可耻的怠惰和无能、替国家官僚机构暗中监视学生。关于纳瓦朋，譬如可参见Keyes，“Political Crisis”，第8—12页。

1　第一个案子，案主是左翼学生活动分子巴登·丹龙乍龙（Praderm Damrongcharoen），他被控在为一家无名学生杂志写的诗里影射国王。巴登很幸运，最终于1975年2月底被判无罪（事详*The Nation*，1975年3月1日）。第二个案子涉及记者社尼·宋那（Seni Sungnat），他因在狂热的右派报纸《暹罗之星》上批评王后的一篇演讲，被控冒犯王后。1976年2月4日，社尼被判两年监禁。（参见*Prachachart Weekly Digest*，15［1976年2月10日］，第36页。）对一名右翼记者的惩处，清晰表明了“大逆不道罪”（lèse majesté）的起诉并非只是针对左派的别有用心的弄权，而是根源于真心的文化—意识形态恐慌。

2　Kaufman，*Bangkhuad*，第229—231页，精当描写了一个地方社区里的这种冲突。

无限加重了。1975年春季的数周之内，万象、金边和西贡通通被共产党军队攻克。在短时间里，主要后果是惊慌失措的资本外逃。在稍长时期里，君主的实际（相对于象征）角色发生了关键变化。因为几乎不用怀疑，12
170 月老挝君主制的废除搅得人心惶惶：拉玛九世最后或许是他的家族的末代君主。（五年前高棉王朝丧于右派之手，实际上曾经引起喝彩。）[1]于是国王在他的公开讲话中，日益采取一种背水一战的保守主义反共路线。王室的转变适时地被所有右翼集团注意到了，他们因而大受鼓舞，继续暴烈地采取攻势。

由于右翼分子在大众传媒特别是广播电视[2]中的稳固地位，1975年秋发动起来的这一攻势，到1976年春（特别是为四月议会选举开展的竞选运动期间）即进入高速运转状态。比如，泰国民族党党首巴曼·阿滴列山（Pramarn Adireksan）将军，利用他对国家控制的媒体的行政权力，公然喊出口号“右派干掉左派！”——这种事一年前他是没胆量做的。[3]被右翼分子控制的各家电台，特别是极右的装甲师广播电台（Armored

1 他侬—巴博政府立即恢复与金边的外交关系，在1970年夏差点儿就要向柬埔寨派遣泰国军队，支援朗诺政权和美国—南越的“进驻”。甚至在1950年代初，当高棉国王诺罗敦·西哈努克在他争取柬埔寨独立的“国王十字军”（Royal Crusade）过程中来到曼谷，披汶政府就带着不加掩饰的轻蔑对待他。参见Roger M. Smith, *Cambodia's Foreign Policy*（Ithaca, NY: Cornell University Press, 1965），第48页。不过，柬埔寨的政治变局并不是全然没有越过国界被人利用。例如吉滴乌斗证明他反共的好战性有理，部分根据就是据称在柬埔寨内战的最后阶段，共产主义者大肆屠戮高棉和尚。

2 那时候，军队独自拥有全国一半以上的电台，以及曼谷除一家之外的全部电视台。参见全泰反法西斯阵线（National Anti-Fascism Front of Thailand），“Three Years of Thai Democracy”，*Thailand Information Resource*, No. 1（1977年5月），第3页。

3 巴曼是日本大企业的知名合伙人，也是最近死去却无人哀悼的警察总监炮·西耶侬的连襟。炮·西耶侬在1940年代末、1950年代初的暴虐行为，前文已简要列举过。

Division Radio)，请人写了暴力歌曲并不停播放，如“Nak Phaendin”（人间恶棍），“Rok Phaendin”（地上人渣）等。吉滴乌斗“佛教赞同杀死共产主义者”的名言得到广泛、持久的宣扬。当然暴力也不单是口头上的。前面提到过，1976年春夏，人们目击了一整套肉体暴行。

关键之处在于，整个右翼攻势围绕之展开的枢轴是君主制，后者愈益认同自由主义政权的敌人，并处其羽翼之下。所以很有特色的是，1976年10月6日推翻现政权的爆发点，竟然是一桩纯属捏造的“大逆不道”案。十来天前，9月24日，佛统那儿的两个工人，因为张贴传单抗议前独裁者他侬伪装成僧侣重入暹罗，结果被几个当地警察殴打至死，尸体还被悬 171
吊起来。[1]政变前两天，一个激进的学生剧团在法政大学的菩提树（Bo-Tree）庭园上演了一出戏剧，生动再现了那起谋杀，这场演出也是驱逐他侬的全国性运动的组成部分。[2]狂热的右翼报纸《暹罗之星》将演出照片稍作加工，暗示“被扼死”的一个演员化妆化得像太子。[3]在狼狈为奸的伎俩中，装甲师广播电台播报了这起对王室的毁谤，敦促市民们去买一份《暹罗之星》报纸，要求惩罚这种对皇家的“残忍攻击”。[4]行私刑的暴众

1 Natee，“Village Scouts”，第35页，声称，这起杀戮发生之前数小时，佛统的乡村童子军训练营举行了模拟演练：杀死“坏学生”并悬挂其尸首。他也证实，真实生活中的杀人者有几个就出自这一营地。

2 菩提树庭园已经成为反抗独裁的全国象征，因为1973年10月推翻他侬和巴博的示威活动正是从这个庭园出发的。

3 值得注意的是，由一个典型的暴发户人物创办的《暹罗之星》，开设了报道乡村童子军活动的一个定期专栏。有钱的捐献者和积极分子可以看到他们的名字被广为传扬，甚至间杂在皇室、贵族、政府要员们的大名中间。该报因而是发动一场迅捷、暴力的乡村童子军动员运动的当然场所。

4 装甲师广播电台的后台老板乌坦（Utharn Sanidwong na Ayutthaya）上校，是王后的亲戚，从而也是太子的亲戚。参见*Far Eastern Economic Review*，1977年2月11日。他在10

由此发端，为军事接管铺平了道路。

也许值得强调的是，这类陷害与串通一气的媒体运动在泰国政治中是极新之物。当沙立陷害披莫丹和萨沙纳索蓬，或是炮·西耶依谋杀反对派国会议员时，他们是关起门来以行政手段犯下罪行的。1960年代的大众传媒总是提醒说，政府会严厉处置那些共产主义者和颠覆分子。然而在1976年，陷害被展现在光天化日之下，并邀请公众为颠覆报仇。

这一点的原因在于，被国内外的发展所削弱的旧统治集团，一直在寻找新的国内盟友，终于在旧独裁政府造成的迭遭打击、迷茫愤怒的中小资产阶级中间找到了。像国族—国教—国王这些公式化表述被提炼发挥
172 和加以运用的露骨方式，既表明了一种渐增的普遍意识，感到他们不再真正具有支配地位了，也表明了因1970年代的文化革命而起的现实的忧惧和仇恨。[1]

10月6号的后果于是指向两个相异又相连的方向。一方面，政变明显加速了泰国政治的世俗的去神秘化（demystification）。对君主制的直接、公开攻击森然迫近。[2]自由化的和激进的大量群体，渐渐明白他们在曼谷现存秩序里没有位置，于是纷纷流亡异乡或参加游击队，人数空前。另一方面，一度占据统治权的右派，其政治观念和符号变成了自觉的口号，有

月5—6号的造谣中的核心角色，标示了宫廷是推翻立宪议会政权的同谋。另一个有影响的煽动仇恨者是乌迪·那沙瓦（Uthit Naksawat）博士，他是康奈尔大学的毕业生，Chomrom Witthayu Seri（泰国独立广播集团）的总裁。

1 这是他们陷入近乎宇宙论恐慌（cosmological panic）的一个怪诞却典型的信号：他宁政权竟然禁止泰国学校讲授一切（就是说，即便是右翼的）形式的政治理论。参见*New York Times*, 1976年10月21日；*Far Eastern Economic Review*, 1976年11月5日。

2 从最近游击区电台的广播中，以及从曼谷流传的地下传单中，这一点清晰可见。很有意思的是，有迹象表明，某些心怀不满的右翼集团正变得越来越持批判态度，即使不是批判作为一种制度的君主制，起码也是批判当今在位者及其配偶。

着日益特定的社会支持者。在1950和1960年代，对许多泰国保守人士来说，真诚地把泰国左派视为一种外来的少数族群（“其实是”越南人、中国人，或诸如此类），把反共斗争视作一种崇高的民族圣战，尚可自圆其说。如今，这样的观念就算对右派也愈益难以置信。10月6号事件加快了这一进程：右派（几乎是不知不觉地）慢慢承认它卷入了内战。长远来看，这种变化很可能证明是决定性的，因为现代历史表现得清清楚楚，除了列宁的布尔什维克党之外，任何革命运动，只有赢得或被授予民族主义 173
的荣衔方可成功。[1]

1　在本文展示的分析里，我特意聚焦于泰国政治格局中的新元素。我确实无意暗示新资产阶级各阶层不只是曼谷权力结构中的次要元素；从统治集团的观点看来，他们也许甚至是不可靠的次要元素。有启发性的是，10月6号政变之后，军政府尽可能回到压制的老“行政”模式。红卫队被勒令停止活动，或者被打发到北部、东北和南部作战地带，据报道他们在那里伤亡惨重。纳瓦朋被奉劝别再露面。乌坦上校被解除了对装甲师广播电台的控制。眼下居高位的将军们全是“稳健派”，也许宁愿以沙立—他侬—巴博风格执政。但是我们怀疑这可能最终不复可行。新资产阶级各阶层在那儿，新地方地主在那儿——这些昔日的盟友不可能被安然忽视或遗弃。或许将军们也不可能解决这些阶层的种种问题。繁荣不太可能某一天携旧日之势归来；昔时的意识形态严整性（seamlessness）不可能修复；失业率增大；官僚机构变得更加人满为患，开支庞大；大学的怪象似乎无计可施。新右翼群体经历过了政治参与，想要再次将他们全盘排斥在外，不大现实。妖怪已经从魔瓶中放出来了，军政府或其继任者想把它再永久装回去，可就难上加难了。

8
现代暹罗的谋杀与演进

1983年，暹罗最叫座最流行的东西之一，是一部非同凡响的电影，名唤*Mue Puen*。英语广告把这题目翻译为“The Gunman”（枪手），不过另一种或许更佳的译法当是“The Gunmen”（枪手们）。因为导演邀请观众思忖两个受雇于人的刺客——英雄和恶棍——之间的差异，他们一个为私人企业干活，一个为政府干活。在开始的闪回镜头里，两人被展现为一对战友，效命于中情局付钱的“秘密”雇佣军，在1960年代末的老挝作战；他们在那里练成了使用高性能自动步枪的神枪手。然而在一次惨烈的交火中，英雄受了重伤，被他那怕死的战友扔下，任凭敌人摆布。电影的故事正片被设定在当代曼谷，讲述了两位主人公以后的职业生涯。英雄有条腿严重残废了，形式上靠做理发师谋生，但我们很快看到，他暗地里是个收费高昂的职业杀手。他的主顾是富商们，他的枪下鬼亦然。

另一方面，恶棍已成为曼谷都市警察一个名声远播的特种部队小组的头目。他精于将罪犯诱入陷阱，在那里以冷冰冰的、百步穿杨的精确性击倒他们。大众媒体通常称他Mue Dam（黑手），因为当他准备为雇主即政府杀人时，持枪那只手上招摇地戴着黑手套。换一个社会，他兴许就是某个暗杀小队的天然老大。

电影向我们展现了杀手们的处境和动机，由此从道义上把他们区别

开来。英雄已经被妻子抛弃了，照料重病的孩子的责任，也全落到他本人
头上。谋杀是他唯一的手段，可以筹集到为小家伙施行昂贵的外科手术 174
所需的款子。恶棍杀人是想补偿他对早年的懦夫行径的记忆，想获得媒体的关注，还想让酒鬼老婆佩服；他跟她的性关系明显是施虐狂的。因而他利用政府特许的杀手地位，满足各种令人厌恶的私欲。但是唯恐观众以为恶棍是一种疾病所致的反常情况，导演不忘给他配了个小警察心腹，后者在替政府暗杀中获得了更阴森的快感。

很难想象这样一部电影会在东南亚其他地区摄制，别说放映了。而且我想，就算在暹罗，除了1980年代，其他时间也做不到。特别有趣的是，泰国警方只是成功坚持对电影公开发行前的原始拷贝做了两处改动。英雄的大主顾不能表现为一个兼差的高级警官；被黑手枪杀的蒙面摩托车匪徒不能表现为年轻妇女。另一方面，这部电影受到公众喜爱，其中也有费解之处。我们容易理解，为什么年轻观众会喜欢邪恶警察这种稀奇的电影场面。但是他们会喜欢一个为了金钱杀害“无辜者”的英雄吗，即便他是最卖座的明星索拉朋（Soraphong）饰演的？我猜答案是肯定的，如果他的受害者明显是中年男性、非常有钱（换言之即大资本家）的话。又假如银屏上之所见与泰国社会的当代现实之间存在某种共振的话。

这个现实——或者准确点说，我此处关心的那部分现实——就是，1980年代暹罗的政治谋杀已经呈现出一种全新的特征，说来奇怪，该特征兴许是未来的一个好兆头。因为它似乎牵连着一个经久不衰的军事—官僚独裁传统的消逝，以及稳定的资产阶级议会制政治系统的取而代之。为了更清晰地透视“枪手们”与急变中的泰国政治结构之间关系的轮廓，略述一下此前暹罗的政治谋杀模式大概有些好处。

早期模式

遢罗历史的近代时期习惯上说始于1855年。那一年，维多利亚女王的代表、“自由贸易即耶稣基督，耶稣基督即自由贸易”这句不朽格言的创造者包令爵士（Sir John Bowring），用一纸条约，迫使泰国废除了有碍帝国主义经济渗透的一切实质性壁垒，把他的商业之神硬塞进来。[1]在1855
175 年以前，政治谋杀的模式，恰好就是人们对这样一种社会可能预料的那样子：在该社会里，政治参与多数时候仅限于一个小之又小、主要是族内通婚的“封建”上层阶级。遇害者往往是这个阶层的成员——王公、贵族、廷臣、高官，大体上，他们的行刺者亦然。如果平民侍卫或军士参与其事，那极少是为了他们自身的利益，而是遵恩主之命行动的。政治谋杀是一桩家族内部事务，父子相残，叔侄相斗，同父异母的兄弟阋墙。多数谋杀发生在皇城根下，那里是政治逐鹿唯一现实的竞技场。国家古风尚存，而且属统治者个人所有，所以在处决和谋杀、“国家”杀人和“私人”杀人之间，没有什么明显的观念分野。

1855—1932年间，这种上层阶级内部谋杀的模式中止了，很可能是由于担心欧洲的政治干涉，也多亏了欧洲的经济介入。曼谷的政治领导人可能看到，在东南亚邻邦，统治集团放纵自己从事族内残杀，于是欧洲帝国主义者找到了心安理得的借口进驻都城，确立法律和秩序，或者让一个“正统的”、听话的、要求拥有当地王位的人复辟。另一方面，十九世纪下半叶飞速扩张的自由贸易经济，通过做大可分的馅饼，减弱了精英内部竞争的残暴性。（比较一下暹罗的经验和缅甸的情况不无启示：缅甸君主制最后那血雨腥风的几十年，被两次英缅战争夺去了它领土上一半以上的岁入基础。）这些环境状况一直十分稳定，甚至于当旧贵族阶层面对来自

1 引文出自Charles R. Boxer, *The Dutch Seaborne Empire, 1600—1800*（London: Hutchinson, 1965），第249页。

拉玛五世（1868—1910年在位）所创的近代官僚制的那些“新人”的政治经济挑战时，冲突都被滴血不溅地解决了。

1932年后，这才开始出现有几分类似1855年前的模式的某种东西。那时，自命的绝对主义君主制在一起不流血的政变中被推翻了，政变是平民出身的军官和文官策划的，他们自称“民党”（Citizens Group）。[1]1930年代后期，重大的刺杀企图直指民党的两位最高军事统帅，披耶·帕凤将军和披汶·颂堪将军，这是他们圈内人干的；而这个依旧带有浓重的私人所有色彩的国家，则依恃“合法的”处决，施以暴戾的报复。到这时，对这样 176
的杀戮会招致外来干涉的现实忧虑已不复存在，因为帝国主义列强连他们长期享有的治外法权都正在放弃。与此同时，立宪君主制的草创——以及创建新（比方说，披汶）王朝在二十世纪的不可能性——原则上意味着，有远为广泛的社会集团参与政治经济支配权的斗争。1940年代末、1950年代初，当1932年民党的残余分子、他们的追随者和某些潜在继承者内部的暴力冲突喷涌而出时，这个模式变得愈加明晰。我们可以把1949年3月3日对四位前内阁部长的暗杀当成这一时期的典型，他们全是来自贫困的东北部的文官，却被警察总监炮·西耶侬的凶残asawin（“武士”）杀害了。[2]这四位遇难者跟炮·西耶侬生活在同一个社会环境里；他们在首都遇害；他们之死无关乎广义上的阶级冲突甚或地区冲突。正如1855年前的时代那样，若问这谋杀是政府还是私人所为，那几乎是不着边际的。的确没有任何形式的法律过程介入进来；但是即便有，我们从这一时期所谓弑君者审判中对清白无辜者的依法处决可知，法律机制轻轻巧巧

1　最完整的英文叙述见Thawatt Mokarapong, *History of the Thai Revolution: A Study in Political Behaviour*（Bangkok: Chalermnit, 1972）。

2　详见Thak Chaloemtiarana, *Thailand: The Politics of Despotic Paternalism*（Bangkok: Social Science Association of Thailand, 1989），第48页。

就移用于私人谋杀。[1]不过这种看法也没错：炮·西耶依和披汶掩盖这些谋杀的笨拙举动，说明他们意识到二战后政治公众扩大了。

政府谋杀

在依靠1958年政变上台的陆军元帅沙立的专制政权下，政治谋杀一如现代泰国史上其他诸多方面那样，呈现出新的特征。[2]在他这个时代，
177 政治谋杀受害者的范围向外向下扩展，而凶手比以往更清楚无误地变成了政府本身及其雇员。下列处决提供了这种变化的事例：1958年处死五个"臭名昭著的"纵火犯，1961年处死两个左翼的前议员，1962年处死一个号称的共党首领。[3]这些受害者完全处于沙立精英圈子之外（他可能从没见过其中任何人）；他们都被指控危害国家安全；都是由公认的国家代理人公开行刑的。[4]这些杀戮的真正原因，不过是要向如今是全国性的报刊读者和广播听众们，以及潜在地向选民们，树立沙立的绝对独裁者形

1　1946年6月9日，21岁的国王拉玛八世被发现在他的龙榻上中弹身亡。他死亡的原委从未澄清过。但是泰国军方（由于盟军对披汶跟东京的战时结盟很恼火，它在1945年后暂时靠边站了）抓住这次事件，指责文官政府合谋了对国王的所谓谋杀，最后在1947年底推翻了该政府。举行这种摆摆样子的公审，是炮·西耶依将军操纵的。对国王之死（附带着对替代性解释的重要考察）与这些审判的最完整描述，参见Rayne Kruger, *The Devil's Discus*（London: Cassell, 1964）。该书在暹罗一直被禁。

2　对沙立政权的最完整叙述，参见塔克的《泰国》。"铜嗓子"（bronze-throat）沙立1963年死于肝硬化，可是他的政权在他的两大副手他侬陆军元帅和巴博将军的控制下，存活到1973年。

3　同上，第193—195，203—204页。

4　"纵火犯"的处决是在曼谷大商业区王家田广场上执行的，就在大王宫前面，受害者们背靠庄严的玛哈泰寺的院墙，站成一排。

象。[1]换言之，这些杀戮是以一种公共关系精神与大众传媒风格搞出来的。

大众传媒受众群（政治谋杀需要演给他们看）的出现，也意味着别的某些政治杀戮必得对他们保密。1971—1972年在博他仑府发生的红油桶（Tang Daeng）屠戮案件，就是这个悖论的恰当例证。[2]这些屠杀，意在恐吓有同情共党嫌疑的当地农民群体，但全国受众是无法接受的，对后者，即使沙立继承人的军政权也感到多少要强装尊重。类似地，作为1973年10月军政权垮台（见下文）的直接后果，学生活动分子得以披露地方层面公开、全国层面保密的班那赛（Ban Na Sai）事件，重创了国家安全机构的合法性。[3]作为法律的国家与作为机构的国家之间的醒目裂隙正在揭示出来。

武装斗争

沙立、他侬和巴博时代的另一个重大变化，是泰国政治两大新型参与者的异军突起。其一是泰国共产党（CPT），自1965年后，它在国家的外

1　一上台，沙立就废除现存宪法，关闭议会，取缔政党和工会，逮捕数以百计的知识分子、政客和记者，建立严厉的审查制度。他死后，这种冷酷控制稍稍缓解，一部临时宪法最终出台，（饱受操纵的）选举也举行了。

2　受害人——有的是死人，多数还活着——被安保部队放进装满汽油的旧油桶里焚烧。参见Norman Peagam, "Probing the 'Red Drum' Atrocities", *Far Eastern Economic Review*, 1975年3月14日。

3　因为被怀疑亲共，班那赛村被烧成平地，许多村民被就地处死。参见Marian Mallet, "Causes and Consequences of the October '76 Coup"，见Andrew Turton, Jonathan Fast和Malcolm Caldwell编, *Thailand: Roots of Conflict*（Nottingham: Spokesman, 1976），第80—103页，第82页；David Morell和 Chai-anan Samudavanija, *Political Conflict in Thailand*（Cambridge, Mass.: Oelgeschlager, Gunn & Hain, 1981），第169—172页。

围地带开展日渐成功的武装斗争。[1]泰共领导人不属于旧式的都城政治精英，也不企图直接参与都城政治。他们小心翼翼地待在国家刽子手的势力范围以外。他们是在偏远的农村地区从事斗争，那些地区传统上近乎毫无政治价值，但在如今这个按领土界定民族—国家的时代里，它们渐渐被国家接纳为重要的政治舞台。由于泰共在许多乡村共同体里成功动员了低地农民和高地少数族群——其实就是让他们参加全国夺权斗争，这些人开始加入政治杀戮的潜在受害者行列。在政府平叛运动的早些年里，针对乡村人口的暴力（包括谋害）很大程度上是中央政府机构本身的特权。但是当冲突深化、泛化时，随着泰共的武器不单攻击政府的官方使者，还攻击政府的当地民间支持者，于是在谋杀领域的“国营部门”旁边，出现了一个重要的“私人企业”部门。在东北、北部和南部，自发组织的治安团体、村子里的无赖、赚外快的保安人员，诸如此类，纷纷开始加紧活动。枪支的前所未有的可获得性（全仗了美国对泰国军队和警察的援助，以及美国在老挝的“秘密战争”），大大加剧了农村政治中的暴力水平。[2]特别要紧的是，有数量可观的农村和小镇的泰国人，他们在美国人的钱够用时被征入辅助正规军的安保部队，一旦钱花光了就复员。[3]复员则表示他们不再受雇于政府；但是他们将军事化的态度和恐怖主义的技能带回了私人生活，我们将要看到，那种态度和技能在1970年代开始

1　参见Morell和Chai-anan, *Political Conflict*, 第80—81页; Patrice de Beer, “History and Policy of the Communist Party of Thailand”, 见Turton, Fast和Caldwell编, *Thailand*, 第143—194页。

2　参见Andrew Turton, “Limits of Ideological Domination and the Formation of Social Consciousness”, 见Andrew Turton和Shigeharu Tanabe编, *History and Peasant Consciousness in Southeast Asia*（Osaka: National Museum of Ethnology, Senri Ethnological Studies no. 13, 1984）, 第19—73页。

3　参见本书前面第七章，尤其是第161页。

获致真正的商业价值。在此背景下值得注意的最后一点是，中情局的秘密部队是一支雇佣军，它的新兵完全就是这样理解它的。这样，我们或可说，雇佣枪手这个职业——对暹罗而言一个崭新的职业——直接源于美国打的印支战争，因而自始即带有政治性。 179

新资产阶级

泰国政治的第二个新参与者可以统而言之为官僚制外的资产阶级。它的起源是泰国华裔商人与商贸社群，他们活跃于曼谷、春武里、北榄和兴盛的南部的几个市镇。[1]在1940和1950年代，他们还人少财薄，政治影响微不足道（尤其因为许多情况下，同化的过程尚未完成）。然而到1960年代初，完全同化的一代泰国华人正值上中学、大学的年纪，那时恰逢越战带来的大繁荣如火如荼。他们及时赶上了利用1960年代高等教育的大发展，利用繁荣带来的就业大扩张和多样化。[2]

暹罗在历史上从未如此被洪水般涌来的外国经济资源所淹没——这不仅是由于美国对军事基地和战略性基础结构发展的资本投资，也是由于美国对泰国政权的直接援助，以及日本和美国在一个低工资、无工会社会里的大量私人投资。这一洪流有三个尤可注意的后果。第一，它绝非一股脑集中在首都区域，而是对东北部、北部和南部许多地区产生了直接和间接的较大影响。第二，它促成了一个商人阶层的浮现，他们远不像旧式的泰国华裔商人那样同现代官僚针锋相对。这个阶层的领导者中间，有大宾馆、购物广场、汽车经销商、保险公司，当然还有银行的所有

1　权威著作是两部书：G. William Skinner, *Chinese Society in Thailand: An Analytical History; Leadership and Power in the Chinese Community of Thailand*（Ithaca, NY: Cornell University Press, 1957, 1958）。

2　对这一时期阶级形成的详细讨论，参见本书前面第七章。

者和经理人。[1]这些人穿戴得像官僚，挨着官僚住在新郊区的住宅群里，进餐、聚会、购物、旅游，都是官僚去的同样地方。1960年代以降，他们越
180 来越多地出于一个单一的公共机构——大学。第三，它与泰国华人银行系统的闪电般兴起配合无间，而且实际上可能是这种骤兴的主要原动力。这些泰国华人银行没有被日本和美国巨头挤到一旁。的确，它们受益于外国人所面临的掌握泰语和汉语上的困难（这些语言令人生畏的书写就更甭提了），敏捷地动手开发国内资本市场。它们很快发现，在这繁荣岁月里搞好地方业务大有赚头。1960年代早期，大多数府会城市里最最宏伟的大厦是府尹办公大楼，那是支配着泰国社会、政治生活的旧官僚统治的象征。十年后，泰国这许多的爱德华七世时代风格的建筑，在壮观的玻璃—混凝土—大理石高楼面前黯然失色，曼谷大银行的地方分支机构就驻在那种高楼里面。

新生的议会民主制

因而我们需要从两个角度来看待官僚体制外的资产阶级的兴起。第一个、也是很常见的角度强调为数众多的知识青年的出现，他们中有一部分使全泰学生中心（NSCT）在1970年代初一时成为可怕的政治力量。早在1960年代末，他们已经不再能够像先前的大学生那样，被官僚机构接纳。但是他们意识到，他们置身于传统上是为新一代统治阶级承担重任预作准备的机构里，所以他们觉得有参政的自然权利。他们许多人如今来自外地各府，就此而论，他们期望不仅在曼谷，也在他们最终成就的职业生涯的任何地方，行使那种权利。这样，地区上出现非官僚的、重要的小知识分子阶层，就有了现实可能性，这在泰国史上尚属首次。第二个不

1 参见Suthy Prasartset, *Thai Business Leaders: Men and Careers in a Developing Economy*（Tokyo: Institute of Developing Economies, 1982）。

那么常见的角度主要关注小镇企业家的实力增强，他们有的独立经营，有的给首都大公司做代理，以银行信贷与地方生活普遍快速的商业化为基础壮大起来。在多数地方市镇，这类人很快赚得堪与驻在当地的政府官员相匹敌的收入，进而养成相仿的生活方式和地位派头。而且，既然官员会常规性地调任别处，而他们无须如此，他们就打下了坚实的地方根基——社会根基和商业根基。这些根基要产生地方权力，唯一必要的是，中央政府机器的统一和权威——那是地方官员的后盾——大大削弱。

历史的"断裂"随着1973年的民众运动到来了，10月14号，那场运动以他侬—巴博政权的垮台而告终。[1]诚然，要不是国王和军队统帅吉·西瓦 181
拉（Krit Sivara）将军的高层派系干涉，这个二头政治原本不会垮台。但是吉·西瓦拉搞掉他的长官，不靠政变，靠的是给学生和知识分子——联合了曼谷的人民大众，包括中产阶级、下中产阶级部分——的行动主义煽风点火，这个事实显示，他本人认识到传统形式的"合法性政治"不复可行。国家变化太大了。1973—1977年间的事件表明，纵使反动集团依然强势，这种认识甚至在国家机构内部也在周流蔓延，结果该机构不能以其先前的目的统一性展开行动。

正孕育而生的是那种典型的资产阶级政治体系，我们所熟悉的议会民主制。这是一切壮志凌云、富实自信的资产阶级感到极为惬意的那种政体类型，恰恰因为它最大化了他们的权力，最小化了他们对手的权力。如果我们认为1973年是暹罗的1789年，那么我们可以在某个单一视角内观察整个后续时期（直至今日），那就是资产阶级斗争的视角，这个阶级努力发展和维持它的新政治权力（以议会形式制度化了），防止左右两派、民众和政府机构的威胁。这十六年间政治谋杀的模式充分证明这个视角很管用。

1　对此的简洁明快的叙述，参见Morell and Chai-anan, *Political Conflict*, 第146—150页。

巩固时期

这个时期大概可以合理地分成两段：1973—1978年，1978—1989年。第一时段是极不稳定、极不确定的时段，摸着石头过河的资产阶级处在一种外露的矛盾地位上。一方面，它需要民众的支持（理想情况下主要通过选举机制传达出来），以便强化它的正当性和权力，防备军人和文官。在这一斗争中，“民主”是一件在国内有威力、在国际有令名的武器。另一方面，它也感到需要政府机构镇压性武器的支持，以便遏制城市地区的“民众过激行动”，跟农村地区新兴的泰共战斗，而且考虑到美国在印支地位的急剧衰落，还要保卫民族—国家不受东边共产党统治的新邻国侵
182 犯。[1]在第二时段，资产阶级的主要问题是抵挡安全机构中的机会主义分子和极右分子的种种图谋，这些人企图利用“外部威胁”，诉诸假平民主义的、“反资本主义的”公共修辞，重获他们旧日的统治地位。

在资产阶级的成功斗争中，报刊的重要性不应被低估；首屈一指的是流行报纸《泰国日报》（*Thai Rath*）的重要作用，它拥有全国性的庞大读者群，代表了另一种想象的民族共同体，与议会制度或旧政权的国族—国教—国王口号所想象出来的民族共同体并排在一起。多数报刊即使不是明确反对军人—官僚的图谋（更无论政变），至少是疑虑重重。毕竟，成功的报纸是大型商业企业，它们之所以成功，是因为它们起码在一定程度上抒发了读者的心声。相应地，这一时期报刊的角色可视作新资产阶级政治优势地位的盟友。然而，更有意思的是，在这一时期，资产阶级对它的权力变得如此自信，对议会制度在保护它自身利益方面的价值如此肯定，以致表现得愿意容许本阶层中存在暴烈的内部竞争。我们在1980年代目睹了议员遇刺的奇特壮观场面，暗杀他们的不是共产主义者或军

1 想想暹罗在美国战争努力中的大量共谋行为，泰国资产阶级有足够理由害怕报复。

事独裁者，而是其他议员或想做议员的人。

在转而细察这两个时期政治谋杀的对比性模式之前，我们可以再度提醒自己，是什么原因让议会制度那么吸引当前泰国这种新中产阶级。首先，面对专横跋扈的文官和军人官僚机构，它拓宽了通向政治权力的纵向和横向渠道。要被选进议会，人们不必具备大学学位，也不必在青春年少时进入过某种机构等级体系的下层。女性身份不再是致命的政治弱点。因此，在社会、政治的垂直流动上，受教育不多者和非男性就有巨大的——至少是理论的——增长。与此同时，在以地域为基础的选举体系中，府籍不是什么特殊障碍，甚至可以是一种优势。一个人可能根基在那空沙旺，仍然做着内阁部长；其实，情况可能是，一个人只有牢牢地把根基定在那空沙旺，他才能够获得内阁席位。议会由是给了府县精英们机会，得以绕开内务部那强大的、以地域为基础的等级体系，也得以按照他们自己的条件，在官僚机构自身的首都总部，即Krung Thep Maha Nakhon（天使之城）、又叫Bangkok（曼谷）的这座城市里，设法脱颖而出。更一般性地说，基于选举的议会体制比其他任何政体类型更有助于缩小各府与首都之间的权力差距：这自然就是它们何以对府县名流如此富于吸引 183
力的缘由。[1]第二，官僚机构权力的缩减，往往削弱了由官僚机构控制和保护的专卖权体制，后者到头来总是使资产阶级臣服于政府机构。这种专卖权当然会让特定的商人或商人集团捞到好处，但却有损这个阶级的普遍利益。第三，选举政治以更细微的、技术性的方式关照资产阶级利益。金钱对支撑选举成功至关紧要，金钱也正是资产阶级最为丰厚的天

1 参见这篇格外详尽、见识广博的文章：Anek Laothamatas，“Business and Politics in Thailand: New Patterns of Influence”，见*Asian Survey* 28: 4（1988年4月），第451—470页。阿内克指出，在1979年，仅四个府拥有地方商务会所，但是到1987年，所有七十二府都把它们建起来了。而且，这些商务会所的府际联盟还利用议会的途径，奋力拼争，日渐成功地扩张了它们相对于首都（既有首都的官僚，也有首都的大资产阶级）的势力。

赐资源。[1]另一方面，选举政治如果能够稳固确立的话，它的声望有助于使议会外政治活动丧失正当性，特别是罢工、示威和民众运动，资产阶级不大可能控制得了它们，而且有时会深感恐惧。最后，像暹罗这样的国家里，尤其是在农村地区，“封建”残余依然强大；很明显，在这里，议员的位子可以提供机会，让人在地方层次上变得有权有势，那种权势比工业社会一般情形下要煊赫得多。因此，暹罗议会制的巩固与所谓“昭魄”（chao phaw）的招摇现世同时发生，这并非偶然。“昭魄”是黑手党那样的政客—资本家，他们靠使用暴力、政治关系、控制地方市场和非法行当，成为令人畏惧的土皇帝。

地方性和国家性谋杀

这下我们可以回到政治谋杀的主题了。从1974年底到1976年10月6日政变这段时期，典型的受害人是与NSCT有关联的中产阶级学生活动
184 分子、农民组织的带头人、工运分子与揭发丑闻的左倾记者。[2]谋杀似乎可分为两大类。(1)地方性谋杀——通常针对农民领袖、工运分子和记者，他们被认为危及了包括地主、商人和腐败的村首在内的地方要员们的权力或利润。这些谋杀多系私人所为，当地要员们就从越战时期囤积下来的大批职业杀手、前保安人员、赚外快的警察和小匪徒中雇用枪手

1　阿内克有几个显著的数字说明这一点。在1963—1973年军人独裁者沙立、他侬和巴博控制下的三个内阁中，确切地说，商人有2人，不到总数的4%。在1975—1976年以选举为基础产生的内阁中，商人有35人，约占40%。1976年10月6日政变之后的一段时期里（1976—1980年初），这个比例降至13%。在1980年代（1980—1986）恢复的以选举为基础的议会系统中，它又蹿升到将近44%。同上，第455页。

2　对这些谋杀的附有翔实统计资料的严谨探讨，参见Morell和Chai-anan，*Political Conflict*，第225—253页。

（mue puen）。[1]（2）国家性谋杀，一个显眼的例子是社会党领袖汶沙依博士，他于1976年2月28日在曼谷遭到伏击行刺。但是，对杰出学生领袖不时的暗杀，以及最重要的，1976年10月6日那天在曼谷法政大学发生的大屠杀，构成了这个普遍类型。这些受害者没有威胁到特定的私人利益。毋宁说他们是被当作政府的敌人，或者是被恶意地说成这样子，为了一些马基雅维利式的理由（譬如，要创造一种氛围，政府机构能够借此貌似成理地逆转议会制的潮流）。所以杀手们差不多是这个机构的直接代理人。[2]10月6日在法政大学对学生的残杀，特别利于说明第一类和第二类谋杀之间的区别。因为这一次的受害者，有不少人是资产阶级自身的特权孩子们（一个人只需在工作周的随便哪天，去看看法政大学校门内的学生们那一张张泰国华人的脸，再看看校门外小贩们那一张张泰国泰人的脸，就能体会这一点）。简直没有理由认为泰国资产阶级祈盼这些杀戮——首都以外任何地方都不曾重演这一幕。

所以，由政府代理人执行的“国家性”谋杀，是反中产阶级的，意欲恢复1973年10月14日前的那种政治秩序。由私募雇佣兵实施的“地方性”谋杀，是亲中产阶级的，意欲恫吓下层阶级的成员及其自命的民权保卫者。

乡村起义的失败

已经合理论证过，暹罗、泰国议会民主制和/或泰国中产阶级，在泰

1　多数谋杀都是在小镇和村子里干的。它们极不均衡的地理分布（北部居多）突显了中央政府本身无预这种暴行。

2　最恶名远扬的是所谓“红卫队”，其中许多人是出自中情局驻老挝“秘密部队”的前雇佣兵，他们的行动，听命于在武装力量的“国内安全行动指挥部”（ISOC）里占主导地位的派系。但也有乡村童子军，它是有王室撑腰的右翼治安维持队。参见前文第七章，第157—160页（边码），以及该处所引文献；还有Morell和Chai-anan，*Political Conflict*，第241—246页。

185 共乡村起义的失败中，得益于一次飞来的好运，那是拜1978年12月开火的柬越中三角战争所赐。诚然，泰共领导层决定仍然全盘忠于北京立场，这使该党遭受了重创。它因之丧失了它在老挝和柬埔寨的安全潜伏地，丧失了它在越南培训干部的机会，甚至丧失了它在云南的大功率无线电广播发射机。（总理江萨将军精明得很，深悉同“小瓶”［邓小平］及其羽翼搞好关系的好处。）[1]但是也可以论证说，这次损失之所以特别严重，是由于泰共已经在同这样一个问题进行斗争：怎么处置数百名中产阶级青年活动分子？——他们在血雨腥风的1976年10月6日政变后赶紧逃到了它的丛林保护伞下。这些活动分子来自年轻得多的一代人，来自生活优裕的家庭，博览群书，能说会道，还有参与国家层面的合法政治的一点儿实际经验，他们发现很难机械地接受泰共的许多立场，而党对1978—1979年危机的迟钝反应让这种接受变得几乎不可能。总理江萨老谋深算，实行全面大赦，让活动分子们能够安全回家。耐人寻味的是，泰共没采取什么措施阻止他们，即使这“大规模叛逃”的奇观加剧了它早已遭受的严重政治损失。是国际政治的发展与泰共自身的内出血，而不是泰国军队的战场胜利，造成了泰共的衰落；总的来说，毫无疑问，这一衰落主要使泰国的新资产阶级得利。1978—1979年后，资产阶级没遭遇左派或底层的任何严重威胁。到那时，它也不再被国家东部边境的越南军队的存在吓得惊慌失措了，虽然军方竭力想造成这种效果。资产阶级认识到越南力量的真实限度，认识到暹罗在获得美中日轴心的坚定后援上的优势。

1　在1976年10月6日政变之后的最初一段时期里，王室与政变领导人达成的一项笨拙妥协方案，产生了以最高法院法官他宁为首的极右却是文官执掌的政府。几乎刚过了一年，这个政府就被江萨将军，一个异常老谋深算的军人政客，兵不血刃地推翻了。说服北京停止支持泰共，以换取暹罗在支持红色高棉反抗入侵的越南军队上的合作，这是江萨的韬略。当“小瓶”作为王储出家仪式上的贵宾突然现身曼谷的时候，这笔交易就公开定案了。（在暹罗，习惯上大多数年轻男子都要做短期的和尚。）

但是柬越中战事刚巧是在后10·6的他宁右翼政权垮台之后爆发的，正是他宁的兴衰对理解资产阶级时代泰国政治的变换中的动力很有启发。 186

他宁政权

他宁本人是个思想古怪而极端的泰国华人法学家，[1]并无自个的任何政治基础，也不代表任何重要集团或机构。他被任命为总理，反映了宫廷和将军们之间的冲突。王室被最近老挝君主制的废除吓坏了，它又被认为跟后者有关联，所以它想要一位强硬的反共分子，但还得是文官（因为它从未对军人放心）。将军们更关心权力而非反共，想让他们当中的一位上台。起初宫廷占了上风，但好景不长。他宁政府的虚夸言辞荒唐可笑，结果不久它就被民间叫做“蛤蜊内阁”；[2]由于它的无能与意识形态的极端主义，它很快让几乎每个人都敌视它。但是它的领导者们一本正经地看待他们的历史使命——反共，还有文官至上和（右翼的）法治，以致做出了现代泰国政治上绝对开天辟地的事情：把一个高级将领判处死刑并立即执行。无可否认，差拉·希兰西里（Chalard Hiransiri）将军，1977年3月一场未遂政变的首领，在他竞逐权力的短暂过程中企图谋杀宫廷红人阿伦·德瓦塔辛（Arun Dewathasin）将军，但是，假如是一个真正的军政府当权，他极不可能还会被处以死刑。[3]差拉的命运的确是一个因素，它有助于解释，为什么江萨将军在当年10月发动的不流血的成功政变，从一开始就被宣扬为是一缕“克制”的清风，是恢复起码算准议会制政府的

1 他出版过涉及强奸、洗脑和共产主义威胁的一些神经兮兮的书。

2 在一篇早期的演说中，他宁愚蠢地把他的政府比作一只柔弱的软体动物，需要又硬又厚的外壳保护，这外壳将由军队、宫廷与正在激增的右翼治安维持队来提供。

3 不排除这种可能性：有的将军乐于看到脾气暴躁的差拉快点去和上帝作伴。

先声。这种宣传的受众不单是美国和西欧（“国际舆论”），而且首先还是泰国资产阶级。[1]江萨本人煞费苦心地在公众场合表现得像慈祥、恋家的资产阶级，他是这么做的第一个泰国政变领导人。例如，在一次漂亮的戏剧性行动中，他让媒体拍摄了他亲自在家为曼谷十八君子煮面条的场景，这十八人是因“大逆不道”的严重指控，自1976年10月6日以来遭到监禁的学生。这一切统而言之，甚至在印支政局纷乱和泰共垮台之前，他宁
187 政权的兴衰也证实了泰国政治中资产阶级权力的持续巩固。

议员和枪手

最后，我们可以转向最近的过去，转向“枪手”的主题。1978年后泰国报刊的任何读者，想来都留有深刻印象：关于昭魄和phu mi itthiphon（“势要”）的故事骤然夺人眼目，地方政治生活新近危险四伏。议员被“来历不明的枪手”杀害已经是家常便饭了，尽管很少有什么案子像刺杀“Sia”雅俄（Jaew）[2]那么场面壮观——这位春武里名震江湖的昭魄，遭到一伙人像军队那种阵势的伏击，那伙人开着装甲车用冲锋枪扫射。暴发户大亨、大投机商和/或走私者以及法官（地方大佬或潜在的大佬）等排在议员后面，也都常是枪下之鬼。这些人似乎业已取代了农民领袖和学生活动分子，后者如今几乎不再是攻击目标了。然而有充分理由认为，杀人者和1974—1976年那些凶手是同一些人，至少是同一类人：mue puen，职业杀手。他们的主顾几乎总是受害人的同为资产阶级的政治、生意对

1 军方自身正日渐意识到，在历经巨变的泰国社会，梦想一种新的沙立式军队专制统治已经过时了。

2 “Sia”是潮州话“大亨”的泰语化说法。早先这个词只对泰国华人使用，包含着轻蔑和敬畏交织的暧昧情感；晚近它越来越多地用于节节攀升的泰国泰人大亨，轻蔑感少了，敬畏感多了。

头。（凶案极不平均的地理分布，说明政府本身很少或全未卷入。）

所有这些凶杀表明，在1980年代，议员这种知名人物也获得了稳定的市场价值。换句话说，成为一名议员不仅提供了赚钱捞权的大好机会，而且很惬意地有望长久这么干下去。因此一个人杀掉他的议席竞争对手，这可能是值得花点功夫的——但在1950和1960年代却不可想象，那时议会的权力和寿命被看得很低。

眼下我们在暹罗所目睹的，是它的“美国时代”所造就的经济、政治赛道的巩固。几乎不间断的三十载繁荣给予这个国家全东南亚（新加坡自治市除外）最发达、高产的资本主义经济。曼谷的大银行将从前做梦都想不到的贷款注入各府县，这些资金可以用于生产性的企业家活动，也同样可用于政治和犯罪。各银行间在所有层次上的竞争，意味着每家银行都有浓厚兴趣发展政治代理人和盟友。作为许多议员的财务上的庄家，银行能够以某种方式施加直接、独立的政治影响，那在中央集权的、权威主义的军人执政下很难办到。而且，议员群体是全国选民的代表，这 188
就用一种新的合法性光环掩饰了银行权力（以及大工业和大商业集团的权力）。这是一种实在的、宝贵的资产。因而可以暂且下断语说，资产阶级各阶层——从曼谷巨富的银行家到地方小镇野心勃勃的小业主，大多数都认定议会体制是最适合他们的体制；他们如今信心十足，相信自己能够抗击一切敌人，坚持这一体制。这些敌人依旧存在，尤其是在军队和文官机构里。但是它们似乎处于长期衰落中。尽管官场对“邪恶势力”（这是美化自己的宣传，想要暗示“仁善势力”是官僚机构独擅之物）啧有怨言，它还是渐渐让自己适应新体制。[1]

1　虽军队亦然。自江萨1977年10月奇袭得手以来，两次政变企图均告完败。它们的领导人是一群心比天高的上校，被不严谨地称作“青年土耳其党”（Young Turks），从未能够把军队统一起来支持他们的图谋。然而很说明问题的是，青年土耳其党的“纲领”宣称他们负有拯救国家的使命，但与其说是从共产主义手中拯救，不如说是从贪婪的大资本家手里

正是在这个背景下，职业杀手对议员的暗杀可以看成是一种历史的征兆。议会民主制不费力地赢得了自由知识分子的拥戴。但是他们还不足以支撑它。数量可观的人，来自全国各地，无情、富有、精力过人、争强好胜，他们也必得愿意投入这个体制。在暹罗，这样的人为了当议员，准备好了彼此厮杀，这指明了某种真正新出的东西而今就位了。

电影《枪手们》反映了这种形势。它拒绝站在政府谋杀一边反对私人谋杀——政府也没打算强使它改变想法。它让观众们宽心，新资产阶级世界安如泰山。毕竟，如果资本家在遭到谋杀，他们的杀手既不是共产主义者、学生激进分子，也不是警察国家的代理人，而只不过是资本家同类的雇员。对电影观众中间的失败左派来说，这里想必有这样全然有意的潜台词：起码有**一些**资本家正在被杀，杀他们的人，是美帝国主义加上不公正社会体系的受了重创的牺牲品。为1976年10月6日的一种梦中复仇。

附　言

在完成本文的过程中，我从我的一位最近重返美国的泰国学生那儿
189 收到一篇记叙文，讲的是新近一次很有代表性、细节很丰富的暗杀，我实在忍不住把它稍加删改，放入此处。

1990年4月伊始，披帕先生（Phiphat Rotwanitchakorn，人称“Sia Huad”［滑头大亨］），曼谷东南春武里地区的一个显赫昭魄，蔚为壮观地遇伏身亡，他的司机和贴身保镖（当地警察局的副巡官）也未能幸免。他久已知悉自己是暗杀的目标，几乎从不离开他那宽敞的、戒备森严的宅第。但是清明节那天，即泰国华人家庭祭祖的时节，亿万富豪泰差拜普（Tejaphaiboon）家族在春武里的私人墓地举行仪式，他的好友、该家族

拯救。这些理想主义者的薪水与购买他们郊区豪宅所需的款项之间的缺口，提示了他们缺乏政治说服力的另一个缘故。

一位杰出的曼谷银行家邀请他出席。[1]他觉得不能不去，因为这位朋友先前曾授予他10亿泰铢（40,000,000美元）的信贷额度，使他得以出高价击败昭魄对头傅锦南（Kamnan Poh），竞得对春武里商业区一座大型商贸中心建筑项目的控制权。“滑头大亨”担心丧命，叫上他的弟弟和几个职业枪手坐另一辆车跟在后面。从墓地返回时，他甚至换了车，指望躲开敌人。但是行刺者开了三辆车，第一辆猛撞进而阻挡了他弟弟那辆车。然后他们追杀他，疯狂扫射了大约五分钟，此时他的车停下了，里面三人全部丧命。然而为了核实这一点，一个跛脚枪手（不是索拉朋吗？）从车里钻出来，戴着面具，走近那几具尸体瞧了瞧，一群越来越浩荡的好奇看客围着他。

“滑头大亨”最初给一个地方昭魄做个卑贱的打手，职业生涯由此起步。当他的老板被杀的时候，他自立门户，找了当地一个政治领导作新庇护人。他最小的妹妹随后嫁给了春武里一位著名议员的公子，这位议员后来成了内阁部长；在选举时节，“滑头大亨”亲自为他效力，当“拉票人”。他的财富和权势增加了，他的敌人的数量也增加了。他专做土地投机，在那些已经列入工商业开发时间表的地区，他命令他的帮伙用最残酷的手段，逼迫有地小农把土地贱卖给他。他还卷进了一起成功的阴谋，搞垮了一个当地市长（也是政治老板），将他本人的亲信安插到市政府里。他及其帮伙对待当地警察的傲慢架势，给他招来了许多穿制服的敌人。这样，190
当势焰熏天的傅锦南（他因竞拍商贸中心建筑项目落败而怀恨在心）点头批准时，想让“滑头大亨”死的许多人组成一个反对他的联合阵线，凑齐了一百万泰铢（40000美元）和大量枪支。

---

1 泰国华裔泰差拜普家族拥有庞大的曼谷城市银行。年轻一代中有两位泰差拜普在1986年竞选议员成功——这是该家族首次认为值得将它的子孙推入选举政治；其中一位还是湄公酒业集团董事会前主席。披帕先生的朋友通常唤作“老八大亨”（eighth Sia），意思是说，他的全部七位兄长也都是位重名显的大亨。

这次喋血之后约莫一个月，警察拘捕了涉案的数人，包括死者的几个昭魄对头、一些政客和枪手，以及最重要的，特种警察部队的四名成员——据称是实际执行的刺客。[1]

广泛传言说，这次暗杀行动的主脑是傅锦南，虽然没有哪家报纸杂志胆敢这样讲。但是如今谁敢碰他呢？就在杀人后一周，傅锦南庆祝了他在新成立的沈蜀区（Saensuk，靠近旅游胜地芭堤雅）第一次区长选举中获胜，举办了一个万人舞会，其中包括社会行动党的几个内阁部长、其他知名议员、流行歌手和电影明星。论排场，论轰动，它都远在总理差猜·春哈旺当选总理时举行的舞会之上！有记者问到“滑头大亨”之死的问题，傅锦南回答说：“在春武里，坏人必须死。”但是也许死得不像“滑头大亨”那么壮观。眼下，为枪手所杀正在成为资产阶级的阶级特权。毕
191 竟，谁愿意付给枪手百万泰铢，取一个穷人的性命呢？

1　这个组织不在国家警察总署控制之下，而是一种特别的准军事队伍，受武装部队管辖。它最初的创立，是作为反共平叛运动的组成部分。

9

菲律宾的地方巨头民主制

1987年3月9日，科拉松·阿基诺总统撒了一个极富启示的公开谎言。在对菲律宾华人联合商会所发表的气势恢宏的演说中，她把自己突然出现在他们面前说成是“回归故里”，因为她的曾祖父是个从中国东南的福建省过来的贫苦移民。[1]念及菲律宾近乎破产的经济和280亿美元的外债，[2]无疑地，她急切需要在马尼拉商业阶层的这个强势群体中鼓动起团结感、信任感，因而夸大其词也情有可原。然而真相是，总统原名科拉松·许寰哥（Corazón Cojuangco），是菲律宾寡头政治集团内最有钱有势的统治家族之一的成员。她的祖父，就是那位身无分文的移民的推定儿子，是唐·梅莱西奥·许寰哥（Don Melecio Cojuangco），1871年出生于中吕宋的马洛洛斯。他毕业于多明我会的拉特兰圣胡安学校（Colegio de San Juan de Letran）和师范学校（Escuela Normal），还是打拉省一个功成名就的农民（agricultor，亦即hacendado，农场主）；在1907年他36岁时，被选入菲律宾议会（Philippine Assembly），那是美帝

1 *Philippine Star Week*，1987年3月8—14日。

2 1987年7月，她估计在未来六年里，偿债将花费政府税收的40%和全部出口收益的27%。1986年的经济增长率是0.13%。*Philippine Daily Inquirer*，1987年7月28日。

国主义者当年建立的准立法机关。[1]他的一个儿子（科拉松的叔父）于
192 1941年当上了打拉省长，另一个（她的父亲，唐·何塞）是该省最负盛名的众议员。1967年，他的一个孙子（她的堂兄），爱德华多·“丹丁”·许寰哥（Eduardo “Danding”），在马科斯支持下成为打拉省长，此后一直算得上马科斯最声名狼藉的密友之一。另一个孙子（她的弟弟），何塞·“佩平”·许寰哥（José “Peping”），那时就是打拉省的众议员之一，今天又成了众议员——是这个国家最有权势的半打政客之一。她嫁给小贝尼尼奥·阿基诺（Benigno Aquino, Jr.），后者在不同时期担任过打拉省长和参议员。这桩婚姻把她和中吕宋的另一个核心统治家族连在一起。老贝尼尼奥·阿基诺在美国统治后期已经是参议员，因为与日占政权勾搭成奸而丑名长存。当前，她的一个大伯子阿加皮托·“巴茨”·阿基诺（Agapito “Butz”），是参议员；另一个大伯子保罗，是人民力量党（Lakas ng Bansa，她的选举联盟的三个主要“政党”之一）的党首；有个姻叔埃米尼奥·阿基诺（Herminio）是众议员，表兄埃米迪奥·“丁”·陈华哥（Emigdio “Ding” Tanjuatco）和小姑特雷西塔·阿基诺—奥雷塔（Teresita Aquino-Oreta）也是众议员。[2]一个舅舅，弗朗西斯科·“科芒”·苏穆隆（Francisco “Komong” Sumulong），是众议院多数党领袖。科拉松本人也不像她的竞选海报宣称的那样，在成为总统时仅仅是个家庭妇女。有十三年之久，她担任了许寰哥家族控股公司的财务主管，该公

1 *Philippine Daily Inquirer*, 1987年2月12日；以及菲律宾历史学家卡利南（Michael Cullinane）友好地提供的信息。他是作为进步党（Progresistas）候选人参加竞选的，那时的所有党派中，该党最明目张胆地坚持与美合作。上面这篇文章似乎不可信地表示，梅莱西奥的祖父，某个叫“马丁”·许寰哥的人，才是这个统治家族真正的移民创始人。

2 埃米迪奥是人民力量党总书记。何塞·“佩平”·许寰哥是联盟另一主要组成部分“菲律宾民主党—战斗党联盟”（PDP-Laban）的主席。

司掌控着一个巨大的金融、农业和城市房地产大帝国。[1]

不过，在阿基诺总统1987年3月9日的声言当中，有一个真实的内核，这个内核对理解现代菲律宾政治的独特性提供了有用的指南。她娘家姓的后缀“-co”，是这个国家寡头集团内为数可观的其他统治家族共用的：Cuenco（昆哥），Tanjuatco（陈华哥），Tiangco（田哥），Chioco（乔哥）等。它源于闽南话的“哥”，是对比自己年长的男子的尊称；它表明她的家族起于华人梅斯蒂索之中，这个混血群体在西班牙殖民政权下发家，在美国人统治下将他们的财富与政治权力合为一体。[2]正是这个群体的支配地位决定性地将菲律宾与西属美洲和东南亚其余地区分别开来：在西属美洲，梅斯蒂索混血儿往往当权，但不是华人梅斯蒂索；在东南亚其余地区，华人梅斯蒂索，甚至任何梅斯蒂索混血儿，都无缘染指政治权力，唯暹罗是个模棱两可的例外。这是如何发生的呢？ 193

西班牙殖民主义，教会和混血精英

到1560年代西班牙人前来征服的时候，菲利普二世的帝国已臻极盛，这个以他的名字命名的群岛，是帝国最后的大猎物。伊比利亚人的精力专注于欧洲和美洲。真正到菲律宾游历过的寥寥几个西班牙人，发现当地没什么可以餍足他们的欲壑。快速致富的一个重要源泉，不在开矿，而在与中华帝国通商。马尼拉很快成为“大帆船贸易”（galleon trade）的转口港，靠这种贸易，墨西哥银元换来了中国的丝绸和瓷器，然后穿越太平洋最终运抵欧洲，把货物转卖掉，利润惊人。做这种生意并不需要太多才能或勤奋，一个人只需住在马尼拉，有对路的政治关系，同云集这个转

1　*Time*, 1987年1月5日。

2　有关这个阶层，最权威的书仍然是Edgar Wickberg, *The Chinese in Philippine Life, 1850—1898*（New Haven, Conn.: Yale University Press, 1965）。

口港的中国商人和匠人们建立联系即可。[1]

采矿的缺乏，以大农场为基础的商业化农业的缺乏——它要到很晚才有，不但意味着西班牙人集中在马尼拉地区，也意味着不存在任何持续的兴趣，去大规模利用作为劳动力的本土（或输入）人口。与此同时，西班牙人到来前的菲律宾有别于缅甸、暹罗、柬埔寨、越南或爪哇，缺少具备可观军力或官僚权力的任何国家，这个事实意味着，最初的征服及随后的巩固仅需小小的武力。小股的卫戍部队，分驻在各处，大体就够使了。[2]因此，**在外省**，西班牙在菲律宾的权力很大程度上靠了教会居间协调，这种程度是美洲各地（巴拉圭除外）都比不上的。

热心从事天主教改革运动的教士们运气不错，找到了大批还是“泛灵论者”的土人。佛教和印度教不曾延伸到这么远。虽然伊斯兰教从今
194 天是印度尼西亚的那块土地昂然挺进，它却只在棉兰老岛及邻近的南部岛屿地区站稳脚跟。在那里它可能受到遏制，虽然从未被制服。[3]当此之

---

1 关于大帆船贸易，参见William L. Schurz, *The Manila Galleon*, 重印版（New York: Dutton, 1959）。此外，一些开明的教士和官员，惊骇于美洲殖民者的野蛮勒索，他们施加压力，迫使马德里试图在菲律宾做些改良，时断时续地禁止无官职的西班牙人在外省居住。

2 有关西属菲律宾的文献颇为丰富，但尤请参见James L. Phelan, *The Hispanization of the Philippines: Spanish Aims and Filipino Responses, 1565—1700*（Madison: University of Wisconsin Press, 1959）; Nicholas P. Cushner, *Spain in the Philippines: From Conquest to Revolution*（Quezon City: Ateneo de Manila University Press, 1971）; Renato Constantino, *The Philippines: A Past Revisited*（Quezon City: Tala, 1975），第一和第二部分；许多令人叹服的论文，参见Alfred W. McCoy和Ed. C. de Jesus编, *Philippine Social History: Global Trade and Local Transformations*（Quezon City: Ateneo de Manila University Press, 1982）。

3 借用他们在伊比利亚半岛的经历，西班牙人称这些东南亚穆斯林为“摩尔人”（“摩

际，一场声势浩大的改变信仰运动发动起来，致使当代菲律宾有90%的人是基督教徒。[1]（只是在二十世纪的韩国，亚洲的基督教化才达到可相媲美的成功。）这场运动最值得注意的特点在于，它的施展不是通过西班牙语这个媒介，而是通过数十种地方语言，那真是难于上青天。一直到西班牙统治告终，顶多5%的当地人口能够比较熟练地使用殖民者的语言。西班牙语始终没有成为一种流布四方的通用语，就像它在美洲做到的那样；结果，群岛各地区的农民和渔民们不能彼此交流，只有他们的统治者

洛人”）。这个名称过了四个世纪还继续在使用。今天，那些寻求从菲律宾独立出来的穆斯林，就松散地团结在他们所称的“摩洛民族解放阵线”的旗号下。菲利普二世的魂灵一定被逗乐了。

在历史学/人类学上有关“摩洛人”（Moros）的最佳资料来源是：P.G. Gowing, *Muslim-Filipinos—Heritage and Horizon*（Quezon City: New Day, 1979）; Cesar Adib Majul, *Muslims in the Filippines*（Quezon City: University of the Philippines Press, 1973），和他的*The Contemporary Muslim Movement in the Philippines*（Berkeley: Mizan, 1985）; T.J.S. George, *Revolt in Mindanao: The Rise of Islam in Philippine Politics*（Oxford: Oxford University Press, 1980）。有关摩洛族内两个较大的种族—语言群体的重要专著有：Thomas Kiefer, *The Tausug. Violence and Law in a Philippine Muslim Society*（New York: Holt, Reinhart & Winston, 1972）; Reynaldo Clemeña Ileto, *Magindanao, 1860—1888: The Career of Dato Uto of Buayan*（Ithaca, NY: Cornell University, Southeast Asia Program Data Paper no. 32, 1971）。

1　典范之作是Horacio de la Costa, *The Jesuits in the Philippines, 1581—1768*（Cambridge, Mass.: Harvard University Press, 1961）。但亦参见Gerald H. Anderson编, *Studies in Philippine Church History*（Ithaca, NY: Cornell University Press, 1969）；以及敏锐地挑战传统观念的这部书：Vicente L. Rafael, *Contracting Colonialism: Translation and Christian Conversion in Tagalog Society under Early Spanish Rule*（Ithaca, NY: Cornell University Press, 1988）。

才有一种在全群岛内共用的言语：1900年的时候必定如此，在较小程度上甚至今天依然如故。

教士统治权的另外两项特征对菲律宾社会结构的演化产生了持久后果。一方面，十六世纪的时候，菲利普二世把争吵不休的各修道会分配到不同岛屿上，到十八世纪后期，在卡洛斯三世的最后一任总督、开明的何塞·巴斯科·巴尔加斯（José Basco y Vargas, 1777—1787）鼓励下，它们开创了商业化农业。正是它们建起了事实上最早的大农场。但是这些“联合企业”仍然是公共机构的财产，而不是家庭（统治家族）的财产。修士们可以随意跟当地妇女生孩子，却不能娶她们，或将财产传给后人。终有一天，得胜的美国人会霸占修士们的土地，就像十八世纪波旁家族剥夺耶
195 稣会的土地一样；这些土地也会像成熟的芒果，落入阿基诺总统的直系先祖之流手里。[1]因而菲律宾从未有过一个实力强大的克里奥耳农场主阶级。

另一方面，至少在早期，天主教会真诚憧憬着让天朝基督教化。从一开始，它就热切着手改变西班牙人通常称之为“生理人”（Sangleys）的宗教信仰。[2]这在四海为家的父亲那里不太走运，在这些父亲跟当地母亲生的孩子那里却立竿见影。西班牙的殖民地法律帮了忙，它给这些孩子指定了一个明确的司法地位：梅斯蒂索人（mestizos，没过多久，这个词一般表示华人和当地妇女的后代，而不是西班牙人和“土人”的后代）。这些孩

1 单在马尼拉的周边省份，截至十九世纪末，教士们聚敛了超过50万英亩的土地。关于这些发展的基本文献是Dennis Morrow Roth, *The Friar Estates of the Philippines*（Albuquerque: University of New Mexico Press, 1977）。

2 该词源出闽南语的“生理”（sengli），意为经商的人。西班牙人和闽南人那时都还无法想象“华人”的概念，这对我们这个民族主义时代是个告诫。在这方面，他们远远落后于阿姆斯特丹的联合东印度公司，十七世纪的这家大型跨国公司，认真致力于涉及刑罚、司法和“禁止奢靡”的努力，迫使它治下的目标群体认识到他们归根结底是“华人”。

子经由他们的母亲被基督教化，在他们自己的行会（gremios）里组织起来，被迫通过穿戴与众不同的服饰和头饰来防止政治易装癖，他们以及他们往后的婚生后裔，逐渐形成殖民地社会的一个独特阶层。有些情况下，也许只有他们姓名上的后缀“-co”透露了遥远的天朝出身。

然而，要不是英帝国主义相助，他们兴许依旧是一个边缘的污名化群体。当马德里加入七年战争时，伦敦做出的回应之一，就是于1762年占领马尼拉，此后两年一直控制着它。当地的生理人，由于经常受伊比利亚人的勒索和蔑视之害，于是联合起来支持入侵者；后者在撤退的时候，却漠然地将这些卑微的盟友丢下，任凭他们从前的压迫者复仇心切的发落。后来大多数生理人被驱逐出菲律宾，法律禁止新的移民几达一个世纪。这种驱逐所造成的真空，梅斯蒂索人填补进去了，他们接管了许多当地贸易，开始学修士的样儿，进军小型的大庄园。[1]

但是就世界历史来看，他们比在美洲的拉地诺混血儿同类晚了几代。他们当中，还没有乡村豪强，没有律师，只有很少的教士或出口商人；特别是没有知识分子。教会一贯地反动，掌控着印刷业和现有教育机构， 196
而后者是何其蹩脚的仿造品啊。因而1810—1840年间震动美洲的民族主义巨变，在菲律宾群岛直到1880年代才有了相当之物。

不过，十九世纪对梅斯蒂索人不薄。人们本来预料，丢掉美洲以后西班牙人会成群结队赶来。但是最后的大帆船是在1811年起航的。西班牙自身被无休止的冲突闹得不得安生。再说古巴要近得多，富得多。有新的人群到来，但要紧的新来者不是西班牙人，而是盎格鲁—撒克逊人（英国人和美国人），此外还有生理人，如今当然叫“中国人”了。1834年，马尼拉完全向国际贸易开放，没多久宿务城和其他小港口纷纷效尤；对中国移民的禁令废止了。中国人的纪律、俭朴和干劲，迅速将梅斯蒂索人逐出岛间贸易和城市小买卖。另一方面，1834年后经济的国际化又为梅斯蒂索混

1　这一点上的叙述及随后几段，节略自魏克伯格，《菲律宾生活中的华人》。

血儿(如今在400万总人口中已达25万之数)献上了农村的新机遇，跟英国人和美国人的商行合伙的机会。这些生意预见到菲律宾农业全面商业化的发展前景，为此提供了必要的资本和商业销路，使梅斯蒂索混血儿得以首次成为真正的农场主。

内格罗斯岛如今已是菲律宾的上乘“糖岛”，它的近代史最能说明盎格鲁—撒克逊人、梅斯蒂索人与华人之间的这种交互作用。当英国业界1857年在那里开办第一家糖厂时，这个岛屿几乎荒无人烟；到该世纪末，它的人口增长了约有十倍，有274家蒸汽动力的厂子在运转。[1]如果说是英国人供给资金、跨洋运输和市场，那么，是来自班乃和宿务的梅斯蒂索人(他们受到涌入港口城市宿务城和伊洛伊洛的华人的威胁)，在经管着种植、加工甘蔗所需的农民劳动力的输送。转眼之间，这些边远地区的资本家已经学着西班牙人的榜样，以暴发户的宏大气派，摇身变成“封建的”农场主。所以在1987年夏，当土地改革的谣言风传马尼拉时，女众议员霍滕西娅·斯塔克(Hortensia Starke)，西内格罗斯的糖料作物大种植
197 园主之一，会这样对报纸讲道：“你的土地就好比你最漂亮的衣服，这件衣服会给你带来好运。要是有人拿走了它，他不过是想扰乱你，扒光你。”[2]

1　参见David Steinberg，“Tradition and Response”，见John Bresnan编，*The Marcos Era and Beyond*(Princeton: Princeton University Press, 1986)，第44页。这本书还包含了阿尔塞(Wilfredo Arce)和阿瓦德(Ricardo Abad)论“社会形势”的论文，以及比列加斯(Bernardo Villegas)论“经济危机”的论文。

2　*The Manila Chronicle*，1987年7月19日。她接着说：“放弃土地，就是跟你从小被教导的一切作对。这就好似改换你的宗教信仰。”另一个女强人，椰子庄园主，女众议员玛丽亚·克拉拉·罗布雷加特(Maria Clara Lobregat)哀诉说：“土地就在那里，一年又一年，你发展起对它的某种依恋之情。就像你有一幢多房间的房屋，你被要求跟别人共享这些房间。”

民族情绪的滋长

下一步将是接受教育。在这个殖民地，要获得一种严肃的教育不容易，因为教会猛烈反对马德里自由主义的侵袭，掌握了大多数当地学校。但是梅斯蒂索人日渐增长的财富，经济的国际化，还有汽船，它们结合起来，使不少年轻的梅斯蒂索男子有机会到欧洲学习。他们很快被叫作ilustrados（知识人），在1880年代造就了殖民地第一批真正的知识分子，开始对蒙昧的教权主义展开文化反攻，后来又讨伐西班牙的政治统治。[1]同等重要的是这一事实：他们上相同的学校，读相同的书，为相同的杂志写稿，娶彼此的姐妹和堂表姊妹为妻，于是他们开创了一种泛菲律宾（摩洛地区除外）的梅斯蒂索阶层的自觉联合，在这片土地上，他们的长辈业已形成分散的成团成簇的地方巨头。就在那个世纪末，正是这些人开始自称“菲律宾人”（Filipinos），这个称呼过去仅指称西班牙克里奥耳人。[2]

那时他们或许有财富有知识，但是没有政治权力。十九世纪晚期，西班牙在经济上软弱无力，政治上四分五裂，不能明智地应对成长中的梅斯蒂索人的种种要求。镇压是当时的通例，竟至于在1896年处死了才华横溢的梅斯蒂索博识者黎刹。他的两部遭禁的伟大小说，《不许犯我》和

---

1 尤请参见Horacio de la Costa, *The Background of Nationalism and Other Essays*（Manila: Solidaridad, 1965）; John N. Schumacher, *The Propaganda Movement: 1880—1895*（Manila: Solidaridad, 1973）; Cesar Adib Majul, *Political and Constitutional Ideas of the Philippine Revolution*（Manila: University of the Philippines Press, 1967）; Renato Constantino, *Insight and Foresight*（Quezon City: Foundation for Nationalist Studies, 1977）。

2 “这些人”包括——在没有亲炙欧洲教育的边缘——唐·梅莱西奥·许寰哥。

《起义者》，用西班牙语无情地讽刺了教士的反动、世俗的暴政，以及他本阶级的屡见不鲜的机会主义和贪得无厌。[1]

然而，并非不足为奇的是，势在必至的起义不是肇始于知识人。1892
198 年，安德烈斯·博尼法西奥，出身马尼拉工匠的一个贫困潦倒的自学者，依循共济会的先例，组建了一个秘密革命社团，取了一个动听的他加禄语名字：Kataastaasang Kagalanggalang na Katipunan ng mga Anak ng Bayan（至高至尊民族儿女协会，简称"卡蒂普南"）。[2]"卡蒂普南"这个称号已经暗示了它的影响范围和局限。使用他加禄语，而不用只有少量精英才理解的西班牙语，这表明博尼法西奥有意吸引和动员殖民地土著大众。另一方面，那时候他加禄语仅中、南吕宋的民众会说，在棉兰老岛、米沙鄢群岛乃至讲伊洛卡诺语的西北吕宋，人们都不懂。[3]1896年8月，博尼法西奥在马尼拉发动了一场准备不足的暴动，旋即遭到镇压，但这场运

1　这两部小说有好几种英语译本，最新的是拉克松—洛钦（Soledad Lacson-Locsin）所译，火奴鲁鲁，夏威夷大学出版社，1997，1998。

2　关于卡蒂普南及其发动的革命，权威的民族主义著述有：Teodoro A. Agoncillo, *The Revolt of the Masses: The Story of Bonifacio and the Katipunan*（Quezon City: University of the Philippines, 1956）；和*Malolos: The Crisis of the Republic*（Quezon City: University of the Philippines, 1960）。阿贡西罗的论文遭到伊莱多（Reynaldo Clemeña Ileto）的名作《帕西恩与革命：菲律宾民众运动，1840—1910》（*Pasyón and Revolution*. Quezon City: Ateneo de Manila University Press, 1979）的削弱，后者无疑是论十九世纪晚期菲律宾的最深刻、最锐敏之作。亦见T.M. Kalaw, *The Philippine Revolution*（Kawilihan, Mandaluyong, Rizal: Jorge B. Vargas Filipiniana Foundation, 1969）。

3　迟至1960年，美国式独立过了十五年，决定推广他加禄语作为官话和国语过了三十年，仍然只有不到45%的人口理解这种语言——稍多于声称懂得英语的40%人口。参见1960年人口普查资料，转引自Onofre D. Corpuz, *The Philippines*（Englewood Cliffs, NJ: Prentice-Hall, 1965），第77页。

动迅速蔓延到周边省份，在那里，领导权日益落入年轻的梅斯蒂索人掌握之中。[1]西班牙人专心于1895年2月古巴爆发的革命运动，未几即放弃了菲律宾的斗争。1899年，一个菲律宾共和国宣告成立，首脑是阿奎纳多"将军"，来自甲米地省的年轻元首（caudillo），他曾在1897年通过司法判决杀害了博尼法西奥。[2]

然而那是个脆弱的共和国，同玻利瓦尔夭折的"大哥伦比亚"有不少相似之处。它在穆斯林的西南部毫无立足之地；米沙鄢群岛有些地方似乎有可能走上独立之路；甚至在吕宋，形形色色的宗教幻想家，以及发扬博尼法西奥激进主义传统的农民民粹主义者，都要争夺梅斯蒂索人的领导权。[3] 而且，梅斯蒂索将军们自身（包括费迪南德·马科斯和小贝尼 199
尼奥·阿基诺各自的祖父）开始遵循他们美洲前辈的模式，自立为独立的元首。人们几乎可以说，要不是因为威廉·麦金莱，二十世纪初叶的菲律宾群岛可能已经分裂成三个弱小的、元首横行的国家，国内政局同十九世纪的委内瑞拉或厄瓜多尔一般无二。

但是麦金莱政府在威廉·赫斯特的怂恿下，1898年4月同西班牙开战，号称同情菲律宾（和古巴）革命者。一周之后，海军准将杜威在马尼拉湾消灭了西班牙舰队；到12月《巴黎条约》签订的时候，菲律宾被卖给了美国人。从那一刻起，"平定"代替了"同情"。到1901年，阿奎纳多投

---

1 参见Milagros C. Guerrero, "The Provincial and Municipal Elites of Luzon during the Revolution, 1898—1902"，见McCoy和de Jesus编, *Philippine Social History*, 第155—190页；Nick Joaquín, *The Aquinos of Tarlac, An Essay on History as Three Generations*，未删节版（Manila: Solar, 1986），第一部分。

2 Teodoro A. Agoncillo, *The Writings and Trial of Andrés Bonifacio*（Manila: Manila Bonifacio Centennial Commission, 1963），该书内含了大多数相关的他加禄语文献和译成英语的文献。

3 参见伊莱多在《帕西恩与革命》里常常是痛心疾首的叙述。

降了，其他多数地方巨头也步其后尘，尽管有些地区的农民抵抗持续到1910年。

美国的殖民与全国寡头集团

美国的殖民改变了一切。[1]首先，它通过经常极其野蛮地粉碎任何对

1 古巴和菲律宾的当代反殖运动的悬殊命运很有启发性。在古巴，美国帝国主义声称站在革命者一边，赶跑了西班牙人，建立了它自己的军事统治达四年时间，然后扶植了一个半独立的共和国，不过这个共和国完全处于它的经济控制之下。该岛所具有的战略价值远低于金钱价值。对菲律宾而言，情况大体上倒过来了。华盛顿的战略家们，目眩于他们海军的首次盛大的全球环航，在马尼拉湾的这个良港看出了一个完美的跨太平洋的"加煤港"，向中国渗透、对日本侧翼包围的出发点。这些"基地"只有凭借政治手段即殖民化才能守住，特别是不让竞争的帝国主义列强插足。自此迄今，美国与菲律宾的关系最终是以军事考虑为中心。对美国干涉背后的思想的简明叙述，可参看William J. Pomeroy, *American Neo-colonialism: Its Emergence in the Philippines and Asia*（New York: New World, 1970），第1、2章。1897年，阿尔弗雷德·马汉舰长被委派到麦金莱的海军顾问团，他从这里贩卖他的帝国海权论，产生很大影响。

关于美国时代的文献汗牛充栋。经典之作是Joseph Ralston Hayden, *The Philippines—A Study in National Development*（New York: Macmillan, 1942）。最佳的现代指南是斯坦利（Peter W. Stanley）鞭辟入里又赏心悦目的大作：*A Nation in the Making: The Philippines and the United States, 1899—1921*（Cambridge, Mass.: Harvard University Press, 1974），以及他后来主编的书册：*Reappraising an Empire: New Perspectives on Philippine—American History*（Cambridge, Mass.: Harvard University Press, 1984）。亦见Norman G. Owen编，*Compadre Colonialism: Studies on the Philippines under American Rule*（Ann Arbor: University of Michigan, Papers on South and Southeast Asia no. 3, 1971）；还有弗兰德（Theodore Friend）无心地道出真相的书：*Between Two Empires: The*

抗，确保了群岛的政治统一。[1] 即便是西班牙从未完全征服的穆斯林地 200
区，也向马尼拉俯首臣服，由此可能丧失了它们主权独立的最后机会。第二，它大幅提升了梅斯蒂索人的经济地位。美国殖民政权决定没收到目前为止掌握在修道会手里的大量肥沃农地（约40万英亩），并把它们公开拍卖。梅斯蒂索人甚至早在西班牙人统治晚期就已是富裕的农场主，他们是有钱有兴趣利用这个机会的群体，结果以前的教会财产多数落到了他们手中。更重要的是，1909年后，通过佩恩—奥尔德里奇法案（Payne-Aldrich Act）的条款，菲律宾被纳入美国的关税壁垒之内，这样它的农产品就可以宽松、免税地出口到世界最大的国内市场，而且在那里，价格（尤其是糖的价格）往往大大高于世界标准。

然而，恰恰首先是美国的政治革新，造就了一种稳定、显著的“全国

Ordeal of the Philippines, 1926—1946（New Haven: Yale University Press, 1965），一本有益新书是Daniel B. Schirmer和Stephen R. Shalom, *The Philippines Reader: A History of Colonialism, Dictatorship and Resistance*（Boston: Southend, 1987），第1、2章。

1 参见Leon Wolff, *Little Brown Brother*（London: Longman, 1960）; Russell Roth, *Muddy Glory: America's "Indian Wars" in the Philippines, 1899—1935*（West Hanover, Mass.: Christopher, 1981）。刚刚受洗的“菲律宾人”进行了顽强抵抗。镇压行动耗去了至少5000名美国人的生命和6亿当时还是金本位制的美元。也许这高昂的代价，以及派遣军的“印第安猎人”的心态，说明了美国人惨无人道的原因。菲律宾人中的死伤比为5∶1。少说有2万人在行动中丧生，另有20万人死于战争引起的饥荒和瘟疫。受命平定负隅顽抗的萨马岛的“杰克”·史密斯将军告诉他的手下：“我不想要俘虏。我希望你们去杀，去烧；你们烧杀得越多，就越让我高兴。”萨马岛要变成“荒无人烟之地”。第43步兵团的军士霍华德·麦克法兰（Howard McFarlane），给缅因州费尔菲尔德（Fairfield）镇《日报》写信说：“[1900年]3月29日，星期四，我们连的18人杀死了75个下贱的大刀手，10个下贱的枪手……如果我们发现谁还没死的话，我们有的是刺刀。” Wolff, *Little Brown Brother*, 第360，305页。

寡头集团”。关键的制度变革是逐步创立一种美国国会式的两院制立法机关，它（至少在下议院）建基于单一选区的、胜者全得的选举。[1]新的代议制度证明有效顺应了梅斯蒂索新富们的野心和社会地理学。他们的经济基础在庄园农业，而不在首都。他们的地方领地也被这个国家纷繁多样的语言保护起来。他们可能全说精英的、“全国性的”语言（西班牙语，后来是美国英语），但是也各自说着他加禄语、伊洛卡诺语、邦板牙语、宿务语、伊隆哥语和别的一打语言。如此一来，任何一个既定选区内的竞争，在电视出现前的年代里，就被有效地限制在一小撮势均力敌的当地巨头中间。但是国会不但由此给他们提供了接近国家层次的政治权
201 力的保障通道，也让他们定期聚首都城。在那里，他们参与一种由美国人严厉地充当裁判的文明“竞技”，变得比以前任何时候都更加彼此熟识。他们可能互相厌恶，但是他们出席同样的招待会，上同样的教堂，住在同样的住宅区，在同样的时尚街购物，和彼此的老婆偷情，安排彼此的子女通婚。他们正在首次形成一个自觉的统治阶级。[2]

美国殖民的时机对正在浮现的寡头集团及其统治方式也有深远的构成性影响。1900—1930年的美国，是伍德罗·威尔逊所哀叹的“国会的政府”的美国。这个宗主国没有强大的、集权的职业官僚；官职仍然极大程度上是政治恩赏的事情；腐败的城市机构、贪污的县政府大楼的乡村集团，仍然无处不在；而总统的权威，除开战时之外，仍然掣肘良多。所以，二十世纪东南亚的其他现代殖民政权都是通过庞大、专制、白人操纵的官僚机构在运转，美国在马尼拉的政府却与此不同，那时它确信梅斯蒂索人对母国的利己主义的忠诚，于是只建立了一个简之又简的行政机构，

1 但是选举权是高度受限、以财产为基础的。甚至在二战前夕，也仅仅14%左右的潜在选民获准投票。

2 在华金《打拉的阿基诺家族》（第155—198页）中，我们会以特写镜头般的细致入微感受到这一变化。

而且很快将其大部分职位移交给土著。1903年，菲律宾人仅仅占据了该行政机构里总共约5,500个职位的不足一半。到1921年推行“菲律宾化”政策的总督—将军（民主党人）弗朗西斯·哈里森（Francis Harrison）任期届满时，这个比例升至（总共14,000个岗位的）90%；到1930年代中期的时候，美国人只占据了1%的文官职位，大多数是在教育领域。[1]（美国的权力依靠军事优势和关税。）和美国的情况一样，公务员通常将他们的就职归功于议员恩主，而且一直到美国统治时期终了，国家的文官机构始终虚弱而分裂。

新的寡头们很快领会到，国会体制如何能够有助于扩充他们的权力。早在哈里森时代，美国人就默许了对菲律宾中央银行的劫掠。下院议长老塞尔吉奥·奥斯梅尼亚（Sergio Osmeña, Sr.）和他的朋友们帮自己弄到几乎是无息的巨额贷款，为建造糖业中心提供资金，欣欣然地无视放款银行随之而来的破产。从更一般的意义上说，国会对钱袋、对高级司法职务的掌管，让这个寡头集团懂得，“法治”是对它的财产和政治统治权最为有力的普遍保障，如果是它制定和操纵法律的话。（我们将会看到，正是马科斯在1970年代和1980年代初对“法治”的中止，引发了该寡头集团很大一部分人的惊恐和敌视。） 202

美式政治系统的最后一个特征值得强调一下，那就是省级和地方选举机关的大扩散——在缺之专制的地区官僚机构的情况下。从很早的

1 参见Teodoro A. Agoncillo, *A Short History of the Philippines*（New York: Mentor, 1969），第169页；David Wurfel，“The Philippines”，见George McT. Kahin编，*Governments and Politics of Southeast Asia* 第二版（Ithaca, NY: Cornell University Press, 1964），第679—777页，在第689—690页。

隔壁，就在荷属东印度，1930年代的殖民政府大约雇用了25万官员，其中90%是“土人”。参见拙文，“Old State, New Society: Indonesia’s New Order in Comparative Historical Perspective”，*Journal of Asian Studies*, 42（1983年5月），第480页。

时候起，梅斯蒂索地方巨头领悟到，这些机关如果掌握在正确的手里，就能够巩固他们当地的政治王国。不出所料，这“正确的手”是他们亲属和朋友的手。亲兄弟、叔伯、堂表兄弟担任高级职务，子侄们担任初级职务。[1]这就是“政治统治家族”——阿基诺家族和许寰哥家族位列其中——的起源，它使得菲律宾政治跟东南亚其他任何国家的政治都有着天壤之别。

那时是兴盛时代。然而1930年后，乌云开始汇聚。由于大萧条重击了美国，华盛顿面临着来自工会和农场组织的日益增加的压力，它们反对菲律宾劳动力和农产品流入美国，硬要这个殖民地独立。不过独立是地方巨头们渴望的最末一件事，虽然他们体面地不能当众这样说；原因恰恰在于，独立威胁了他们发大财的路子：进入美国市场的通道。再者，他们而今从西班牙语转向了英语，他们的子女此时正在曼哈顿和波士顿上学。他们也缺乏帝王孑遗，这种孑遗经过适当改造，可以支撑起高棉人、缅甸人和印尼人想象的“民族传统”：梅斯蒂索人却没有吴哥、蒲甘或婆罗浮屠供其驱使。因此，1935年他们接受自治政区的地位，是真的心不甘
203 情不愿。唯一的明显好处是创设了一个菲律宾人行政首长。文雅、卑鄙的梅斯蒂索人曼努埃尔·奎松（Manuel Quezon）成为自治政府总统。[2]

日本占领及其后

六年之后，1941年12月，日本帝国的军队向南突袭。几个星期的光景，

1　这样的策略并不总能保证和谐。这些地方巨头家族的成员们常常在当地选举中彼此争吵、争抢。但是可以有把握地说，当统治者和反对派领袖、执政党和在野党都出自同样一些家族时，一个寡头集团的确已然当道。

2　全面叙述请参见弗兰德《两大帝国之间》，第3—11章。华金的《打拉的阿基诺家族》（第3—5章）在拉家常式的细节里，娓娓讲述了阿基诺总统的公公的角色。

大多数美国人仓皇逃走，包括麦克阿瑟将军，他逼迫奎松总统和奥斯梅尼亚副总统与他同行。[1]寡头集团的剩余部分（一两个有名的例外暂且不论）慌不迭地跟侵略者合作。这些通敌者中最著名的是阿基诺总统的公公和她那位副总统的父亲，前者成了日占议会的议长和亲日的“群众组织”卡利巴皮（Kalibapi，报效新菲协会）的理事长，后者即老唐·何塞·劳雷尔（Don José Laurel, Sr.），他在1943年当上了东京扶持的傀儡共和国的总统。[2]

可是通敌也无济于挽救以大农场为基础的出口型经济。日本不会容许向美国出口，而美国的轰炸机和军舰在1942年后也力保没几粒粮食运达日本。由于物价飞涨，日本的苛捐杂税也增多，一支支抗日游击队在偏远的乡村地区壮大起来，它们有时是弱小的社会主义和共产主义政党领导的；于是奉为圭臬的“法治”开始崩坏。从前的佃农和无地劳工胆气壮了，霸占了农场土地，种植他们日常生存所需的庄稼而不种糖料作物。许多人如今拒绝缴纳过去的横暴地租，而且蛮横地威胁向他们索求的地主管家。特别是在许寰哥家族和阿基诺家族所在的中吕宋，那儿乡村的贫

1 麦克阿瑟和菲律宾渊源颇深。他的父亲阿瑟·麦克阿瑟将军，曾经是最初的美国远征军的副司令，1900年5月取代了他那可憎的长官奥蒂斯（Elwell Otis）将军。他掌权掌到1901年7月4日，那时“文官统治”代替了军人统治。麦克阿瑟家族在这个群岛上还有大笔商业投资。

2 对这些上蹿下跳的高贵流氓的好玩的几瞥，见Renato和Letizia Constantino, *The Philippines: The Continuing Past*（Quezon City: Foundation for Nationalist Studies, 1978），第五章。有关日本占领的权威文本，依然是David Joel Steinberg, *Philippine Collaboration in World War II*（Ann Arbor: University of Michigan Press, 1967）。不过亦见Hernando J. Abaya, *Betrayal in the Philippines*（New York: A.A. Wyn, 1946）；还有麦科伊（Alfred McCoy）的论文，收在他本人主编的*Southeast Asia under Japanese Occupation*（New Haven: Yale University, Southeast Asia Studies, Monograph Series no. 22, 1980）。

204 困和剥削最严重，这种农民与游击队携手合作组成人民抗日军，袭扰日本人，暗杀他们力所能至的菲奸。[1]不用奇怪，很多寡头把他们的庄园丢给倒霉的管家，自个儿退居马尼拉，在那里，他们把老练的手腕转向发战争财。[2]

人们或许预计，打回来的美国人会为这些寡头的通敌行为惩罚他们。华盛顿的高官们倒真是吵嚷着要这么干。可是现场的那位解放者，当然就是麦克阿瑟，他同战前的寡头集团有着密切的私人联系和商务往来，而且他像摩洛哥的利奥泰（Lyautey）一样，喜欢向土著男仆们趾高气扬地摆出总督派头。[3]那时奎松已经去见他那粗心大意的上帝了，麦克阿瑟在1946年安排了他的梅斯蒂索老友（也是出名的菲奸）曼努埃尔·罗哈斯（Manuel Roxas）当选为新独立的菲律宾共和国第一任总统。[4]

1　有关日占期间的农民抵抗及其同社会主义、共产主义干部的关系的经典文本，是Benedict J. Kerkvliet, *The Huk Rebellion*（Berkeley: University of California Press, 1977）。亦见Eduardo Lachica, *The Huks: Philippine Agrarian Society in Revolt*（New York: Praeger, 1971）；和“Documents—The Peasant War in the Philippines”，*Philippine Social Sciences and Humanities Review*, 23: 2—4（1958年6—12月），第375—436页（汇编的这些文献，初编于1946年，提供了关于土地集中水平、农民无地程度、租佃率和对佃农的剥削等方面的珍贵资料）。另外，请注意《团结》期刊的精彩专号（*Solidarity*, No. 102［1985］），它主要专注于对人民抗日军（Huk）起义的回顾性探讨。

2　比如，参见Resil B. Mojares, *The Man Who Would be President: Sergio Osmeña and Philippine Politics*（Cebu: Maria Cacao, 1986）。这部杰作展现了，当父亲老塞尔吉奥·奥斯梅尼亚在华盛顿做流亡副总统的时候，儿子小塞尔吉奥如何通过给马尼拉的日本占领政权供应物资，大把大把地捞钱。

3　参见威廉·曼彻斯特（William Manchester）富于启迪的著作：*American Caesar: Douglas MacArthur, 1880—1964*（Boston: Little, Brown, 1978）。

4　奎松于1944年客死美国，暂时由他的副总统老塞尔吉奥·奥斯梅尼亚继任。麦克阿罗哈斯只在位两年，就跟奎松做伴去了；但这两年是成果丰硕的两年。一纸特赦令颁行，所有“政治犯”（主要是因通敌罪蹲了班房的寡头兄弟们）通通赦免。1947年，菲美签署协定，允许美国继续控制它的23个大大小小的陆海空军事基地，延期99年（和1900年的时候一样，这对华盛顿最为要紧）。[1]1935年宪法被大加修正，以致给予美国公民“同等”权利，去使用这个新独立共和国的资源（作为回报，菲律宾寡头集团获准在规定时期内，可继续进入受保护的美国市场。）[2]这一举动还有额外奖金，因为它确保了对菲律宾启用泰丁斯复兴法案（Tydings Rehabilitation Act），提供6.2亿美元资助那些可以证明自己遭受了500美元以上的战争损失的美国人和菲律宾人。[3]（既然那时菲律宾的人均年收入只有这个数 205
的四分之一，那么参议员泰丁斯的慷慨解囊，地方巨头们是菲律宾的主要受益人。）

下一个目标是全盘恢复战前的农业和政治秩序。由于三个基本原因，这一目标事实证明是难于达到的。首先是独立本身的代价：国内政治竞争搬掉了美国人的一手主持；国家集中控制武力部署的能力大为削弱；[4]

瑟瞧不起奥斯梅尼亚，认为他老朽陈腐，在个人做派上太西班牙化了。

1　Wurfel，“The Philippines”，第761页。

2　受困于宪法修正案的法定人数要求，罗哈斯发现，除非以恐怖主义和选举舞弊的罪名，剥夺代表人民抗日军控制地区的反对派众议员的资格，就再没办法获得必要的变革。参见Kerkvliet，*The Huk Rebellion*，第150—151页。

3　参见Friend，*Between Two Empires*，第258—260页。

4　菲律宾军队还很稚弱，是名副其实的“次等军队”。换句话说，它属于那种雇佣军之列，种族分裂，装备和训练很差，适用于“国内治安”的目的：我们在整个晚期殖民世界都找得到这种军队。（独立以后，它们以前的一些军士——诸如阿敏［Idi Amin］、拉米扎纳［Sangoulé Lamizana］、苏哈托、博卡萨［Jean-Baptiste Bokassa］之类，都在不祥的停战中成了上校和将军。）这跟工业化世界的“上等军队”适相对照，后者包括苏联军队在内，自国库不复有外来保障；经济饱受战争摧残，濒于破产。其次，至少在中吕宋，出现了一个有人民军武装力量作后盾的胆大妄为的农民阶层，他们既然被罗哈斯的花招否定了宪政参与的权利，也就没什么理由要迁就通融了。最后是选举权的急速扩大，在那天真的年代，联合国成员国地位使得这一点无法拒绝。

地方巨头民主制的全盛时期

因此正是在罗哈斯生命的最后一年里，菲律宾目睹了这个国家如今臭名昭著的“私人军队”的横空出世。这些武装帮伙从马尼拉和农村地区的游民分子中召集人马，由它们的庄园主主子出钱，恐吓非法的占地者、农民协会和左翼政治领导人，目的是恢复无人与争的地方巨头统治。[1]“军阀”这个词进入了当代菲律宾的政治语汇中。不用奇怪，新军阀们发现，他们的私人军队对一种眼下已没有裁判的选举政治也很管用。1949年的总统选举，罗哈斯的副总统、罗哈斯死后的继任者埃尔皮迪奥·季里诺（Elpidio Quirino）获胜了；[2]这次选举不但一如战前那般腐败，还极其
206 血腥和弄虚作假：这与其说是由于中央的管理部门，不如说是由于在普遍选举权和阶级对抗尖锐的状况下，国家权力和地方巨头野心之间的失调。[3]（代表这个时代独有特征的，就是菲律宾最负盛名的作家尼克·华

制武器，军事学院毕业生充任军官，技术尖端，财源充足，有能力实施重大的对外攻击。

1　正是私人军队的抢掠，甚于其他任何东西，促成了1948年人民军反政府的公开叛乱。精彩的叙述，参见Kerkvliet, *The Huk Rebellion*，第五章。

2　他击败的对手不是别人，正是同为寡头的老唐·何塞·劳雷尔，战时傀儡共和国的总统。

3　私人武装只在这样的状况下出现，或许是一条普遍规律。这些军队在阿基诺总统的任期内重现，表明了政府军的虚弱与广泛的社会分裂。

金所谓拉克松家族的“血腥采邑”，它位于这个糖料作物大种植园主的西内格罗斯乐国里。面对省长拉斐尔·拉克松凶残的“特种警察”和“平民警卫队”[1]，马尼拉实际上无计可施。）

这可是美国人始料未及的。再说，中国刚刚“失去”，越南看起来可能要重蹈覆辙，毗邻的马来亚和缅甸爆发了严重的共产主义叛乱。爱德华·兰斯代尔（Edward Lansdale）上校被派往菲律宾，借助季里诺的国防部长拉蒙·麦格赛赛（Ramon Magsaysay）的力量恢复秩序，后者是那个时代没有地方巨头血统的屈指可数的杰出政治家之一。多亏了军事援助和其他援助所投入的区区百万美元，菲律宾的自然隔离，人民军受限制的吕宋根据地，以及人民军领导者自身所犯的种种失误，兰斯代尔胜利了。[2]到1954年，人民军起义被荡平了；数以千计的吕宋贫苦农民徙居“空荡荡的”棉兰老岛[3]（在那里他们迅即陷入跟当地穆斯林的剧烈冲突

1　今日所谓“民团”（vigilantes）的最近的前身。参见*The Aquinos of Tarlac*，第221页以下。

2　很典型地，即便是菲律宾共产党也挡不住地方巨头政治的影响。1940年代末，它的高层领导有卡斯托·亚历杭德里诺（Casto Alejandrino），一个大地主家庭的子弟；还有拉瓦（Lava）家的兄弟们，地主出身的知识分子（一位叔叔曾是阿奎纳多革命军的上校）。他们最终与人民军最高领袖路易斯·塔鲁克（Luis Taruc）吵得不可开交，后者出自佃农家庭（他的祖父、外祖父都曾当过卡蒂普南军的军士）。没什么好奇怪的：出身名门者支持好战的平民左派。这一信息来源于《团结》编辑希欧尼·荷西（F. Sionil José）最近对卡斯托·亚历杭德里诺、赫苏斯·拉瓦、路易斯·塔鲁克和弗雷德·绍洛（Fred Saulo）进行的非凡的联合访谈，该访谈发表于上文引用过的《团结》1985年专号上。

3　参见前中情局官员阿尔文·斯卡夫（Alvin Scaff）虽朴实无华但很有价值的书：*The Philippine Answer to Communism*（Stanford: Stanford University Press, 1955），特别是第3—6章。

中)；麦格赛赛施展策略，坐上了总统位子。[1]

1954—1972年这段时间，可说是菲律宾地方巨头民主制的全盛时
207 期。[2] 寡头集团没有面对任何重大的国内挑战。随着独立后的关税壁垒缓慢增强，通向美国市场的渠道在减少，不过，通向政府金融机构的完满渠道弥补了这种倒退。在推进经济独立和进口替代工业化的幌子下，汇率被操纵，专卖许可证被瓜分，大额的、低息的、往往有借无还的银行贷款被分发，国家预算都在分肥立法中挥霍掉了。[3]有些更富创业精神的豪族，进入了多个商业领域：城市房地产、宾馆业、公用事业、保险业、大众传媒，等等。由相互竞争的多个巨头家族所拥有的新闻业，是出了名的自

---

1 Raymond Bonner, *Waltzing with a Dictator: The Marcoses and the Making of American Policy*(New York: Times, 1987)，其中引用的解密文件细致描绘了兰斯代尔—麦格赛赛的关系。在1953年竞选运动期间，兰斯代尔执意要让麦格赛赛的全部讲话稿都由中情局的一位密探（公开身份是《基督教科学箴言报》记者）捉刀。当他发现总统候选人有一次竟贸然用了一个菲律宾人写手时，这位火冒三丈的"文静"美国人径自走进麦格赛赛的办公室，把他击倒在地（第39—40页）。

2 就是这个时候，费迪南德·马科斯与科拉松的丈夫小贝尼尼奥·阿基诺开始名扬全国。

3 参见Frank H. Golay, *The Philippines: Public Policy and National Economic Development*(Ithaca, NY: Cornell University Press, 1961)。亦见布雷斯南（Bresnan）所编之《马科斯时代》中的比列加斯（Villegas）一章，特别是第150—155页。这位好心的经济学家温和地如此说道："如果有谁想要为这种错误的经济政策寻找一种政治解释，他会在羽翼初成的民主制的缺陷中找到它；在那个民主制里，权力依旧集中在拥有大量土地的前绅士阶层之手，他们在五六十年代已经摇身变成了工业企业家。关税、财政和货币改革须得经它批准的菲律宾立法机关，被一些集团所支配，这些集团代表的正是因过度保护而娇生惯养的工业部门。"

由不羁。[1]它揭露每一桩可能形态的腐败和权力滥用（只是各家报刊的所有者的那些烂事不在此列），但是，用历史学家、政治学家奥诺弗雷·科尔普兹（Onofre Corpuz）的话说："菲律宾没人曾经听说过一起对贪腐行为的成功起诉。"[2]这个事实清楚表明了重新巩固却又分散化的寡头集团权力。就是在这黄金时代里，科拉松·阿基诺的父亲唐·何塞·许寰哥，将打拉省10300公顷的路易西塔大庄园（Hacienda Louisita）中的7000公顷搞到手，再把经营权转交给他那精力旺盛的女婿小贝尼尼奥·阿基诺。[3]

但是地方巨头民主制在它自身之内包含了败落的种子，大约1960年代末，这些种子明显开始发芽了。对国家和私人资源的无节制、寄生性的巧取豪夺，使菲律宾倒向长期滑落的轨道：它从1950年代东南亚地区最"先进的"资本主义社会，跌成了1980年代最萧条、最贫穷的社会。到黄 208
金时期尾声，这个国家5%的挣钱者大概拿到了总收入的50%左右。与此同时，超过70%的政府岁入来自税率递减的销售和消费税，只有27.5%来自所得税——大半是外国公司缴纳的。[4]加上高于3%的典型地是热带地区的天主教出生率（自1850年以来，它让这个群岛的人口增长了8倍），结

1　这一自由的国际知名象征是专揭丑事的《菲律宾自由新闻》。较不为人所知的是，掌控它的洛钦家族激烈反对它的全体职员的任何形式的工会化，不惜采用无耻、粗暴的手段阻挠之。

2　*The Philippines*，第86页。

3　参见华金《打拉的阿基诺家族》（第273—286页）的俏皮讲述。路易西塔今天无疑是菲律宾最有名的大庄园，而且在土地改革之前，仍然掌握在许寰哥家族手里。唐·何塞是从一家法国人出资、西班牙人经营的公司得到它的，那家公司被持续的"劳工骚乱"搞得心灰意冷。在1950年代中期，它的糖料总站为1000名糖料作物种植园主提供服务，而它的年产值达1800万比索。

4　参照Corpuz，*The Philippines*，第77，105页。

果就是社会底层的大面积贫困化。[1]

费迪南德·马科斯：最高巨头

独立菲律宾的地方巨头民主制，也带来了政治系统运转上的长期变化。寡头们越来越听从毛主席的建议，用两条腿走路。马尼拉是总统寝居之处，国会议事之所，政治分肥的资金在这里瓜分，许可证和贷款在这里到手，这里的教育机构节节壮大，这里进口的娱乐活动欣欣向荣。豪族开始纷纷将庄园交给女婿和管家打理，自己迁到古都市郊新修的豪华居住区里。福布斯公园就是这些高尚住宅区（beaux quartiers）中最早兴起的，至今依旧名声最响；这种高尚住宅区在东南亚仍然是社会学上独一无二的。在这个区域的其他地方，奢华的住宅同穷人的寒舍混杂在一起。[2]但是福布斯公园这个黄金聚居区，作为一个建筑群，有武装保安维持治安；哪怕只是去它的街上，也需要出示身份证明。

这种向马尼拉的偏移，结合着人口的增长与战后选举权的扩大，使政治生活货币化了。靠溜须拍马赢得选举，即便是地方选举，是越来越行不通了。竞选费用在1960年代以几何级数增长，尤其是因为这个时期目睹了私人军队的进一步发展。相比于1940年代后期，这些武装队伍如今主

1　马科斯时代并未启动这一进程，不过是加速了它而已。今天，70%的人口生活在世界银行高高在上的贫困线以下。《菲律宾每日询问报》（*Philippine Inquirer*, 1988年1月17日）最近一篇文章提供了曼谷和马尼拉的有启发性的人口统计学比较资料。曼谷出生率为25‰，婴儿死亡率为17.2‰；马尼拉的相应数字是63.9‰和69.5‰。

2　我记得1960年代末在雅加达，一群光着身子的贫民区孩子，在距离最高法院一位法官的宅邸三十码开外的泥地上踢足球。曼谷一些最有钱的家庭的住宅，仍旧坐落在离臭气熏天、藏污纳垢的擅自占住者的住房群仅一箭之遥的地方。但是随着新的、隔离的郊区发展起来，马尼拉的方向是大势所趋。

要用于寡头集团内部的竞争。[1]当科拉松·阿基诺的夫君坐在一辆黑色奔驰车里，周围带着手持阿玛莱特自动步枪的保镖，竞选参议员席位时，他是在遵从1960年代末的一般惯例。[2]参议员小塞尔吉奥·"塞尔金"·奥斯梅尼亚，在1969年总统竞选中败给马科斯之后，带着漂亮的、有牢骚的漠然抱怨说："我们武器不如人、力气不如人，财气不如人。"[3]那时候，菲律宾是全世界谋杀率最高的国家之一，每十万人中有四十人被杀。 209

因此赌注缓缓增大了，美国时代的限制松弛了。问题的症结是总统宝座，它始终有潜力搅乱地方巨头民主制。我们早先注意到，这个体制的稳定、这个寡头集团的团结，有赖于菲律宾国会，是它为所有你争我夺的地方豪族提供了大致平等的出头之地。然而一人独占的总统位子是不可分割的，在独立年代里渐渐看起来是无与伦比的奖赏。老奸巨猾的老寡头

1 关于这个系统的混乱无序，结构最为整严的说明依然是Thomas Nowak和Kay Snyder, "Clientelist Politics in the Philippines: Integration or Instability?" *American Political Science Review*, 68（1974年9月），第1147—1170页；以及他们的"Economic Concentration and Political Change in the Philippines"，见Benedict J. Kerkvliet编, *Political Change in the Philippines: Studies of Local Politics Preceding Martial Law*（Honolulu: University of Hawaii Press, 1974），第153—241页。

2 *New York Times*, 1967年8月9日。同一篇报道记述了许寰哥家对阿基诺政治生涯的资助，以及阿基诺警卫森严的家宅庭院（六幢加利福尼亚风格的小平房，把一个巨大的游泳池围在中央）。对于当前环绕着这位遇刺身亡的参议员的殉教者传记，这篇报道算是一副有效的解毒剂吧。

3 *New York Times*, 1969年11月16日。马科斯在这次竞选运动中花别人的钱如流水，以致物价上涨18%，比索的黑市价下跌50%，他还不得不从华盛顿要了1亿美元租借军事基地的预付款。同上，1969年12月6日。他曾捐助尼克松1968年竞选运动一百万美元，这对他的境况的确很有助益。（据他在1966—1969年间的行政秘书拉斐尔·萨拉斯［Rafael Salas］所言，转引自Bonner, *Waltzing with a Dictator*, 第141页。）

们预见到了可能的麻烦，从美国借来了总统任职不得超过两届的法律条文——于是这个官位就可以静静地在这个排外小集团里流通。但是，有人会违背这些规则，企图自立为终身的最高巨头：这只是时间问题。1960年代遍及第三世界的军政权和一党专政政权的蔓延，使这种违背似乎更加正常：实际上它甚至可以被当成从“西方的”意识形态羁绊中解放出来的一个标志，机会主义地证明自身的正当性。

最后的不安定因素是教育。前已提及，在西班牙统治时代，教育设施极为有限，唯一可用的“全国性”语言是西班牙语，顶多不过5%的本地人口有机会使用它。世俗的、二十世纪的美帝国主义是一种不同的野兽。殖
210 民政权坚信盎格鲁—撒克逊的世界霸权，坚信英语作为资本主义和现代性的语言的这种地位，它不费吹灰之力就逐出了西班牙语，[1]大大扩展了英语的学校系统，结果到1940年代，菲律宾有了东南亚最高的识字率。[2]独立之后，菲律宾寡头集团像第三世界其他寡头集团一样，发现确立它的民族主义信任状的最简便法门，就是扩张廉价的学校教育。到1960年代初期，大学学位不再是统治阶级的禁脔。

英语教育的大扩张造成了三个截然不同的、政治意义重大的新社会集团。最小的是激进知识分子阶层，多数出身于城市资产阶级和小资产阶级，通常毕业于菲律宾大学。其中有个米苏阿里（Nur Misuari），1960

---

1 今天几乎没有菲律宾人说西班牙语，但是某种伪贵族光环仍然笼罩着伊比利亚文化这个概念。寡头集团的年长成员喜欢被称为“唐”和“唐娜”。大庄园在意识形态上依旧未被美国化。小孩依然压倒性地以西班牙名字受洗，纵使后来他们取得美国式的或当地的昵称（比如，Juan “Johnny” Enrile, Benigno “Ninoy” Aquino）。

2 Wurfel, *The Philippines*, 第691—692页。据书中说，到1920年代初，花在教育上的经费已经达到各级政府年度开支的将近一半。识字率在1903—1939年间翻了一番，从20%增至49%。到后面这个年份的时候，差不多27%的人口会讲英语，这个比例高于任何一种当地语言，包括他加禄语。

年代末他在穆斯林的西南部组建了摩洛民族解放阵线。更出名的是何塞·玛丽亚·西松（José Maria Sison），他脱离了人民抗日军之后的颓败的共产党，自立门户，仿效那位“伟大的舵手”创建了新人民军，这支军队如今已是一股全国性势力，是寡头集团的主要对头。[1]（英语的流行，以及后来“街头他加禄语”作为对美国霸权的民族主义反应而流行，使群岛范围的大众传播——在寡头集团之下——成为可能，这在博尼法西奥或人民抗日军时代是不可想象的。）

规模第二的是循规蹈矩的第一代技术官僚阶层，它也包含了美国大学的毕业生。它和激进知识分子出身于极其相似的社会阶层，地方巨头民主制的种种不公现象不大激怒它，倒是这种制度的肤浅、腐败和技术落后让它恼火。这个集团也深恨自己无权无势。当马科斯最终于1972年宣布戒严令、抬出他的“新民主”的时候，它云集到他的麾下，相信它的历史时机来了。它对他忠心耿耿直到1980年代初期，在维系华盛顿计划者 211
们、世界银行和国际货币基金组织以及外国的一切现代化主义者对他的信任上，长期以来一直不可或缺。

最大的集团——虽然并不特别大，是较为广泛的城市资产阶级和小资产阶级选民：中间层次的公务员、医生、护士、教师、商人、店主等等。在政治和道德见解上，它或许可与1890—1920年间美国的进步党（绝对不是人民党）相比。1960年代，它在如下运动中初次登上政治舞台：政府诚信、城市更新、对政党机器和军阀政治的严打，还有市政当局和新郊区的法律解放。正如所料，这个集团在取向上既反寡头集团又反人民大众。要不是它受过英语教育，要不是肯尼迪总统确保了美国移民法的一项大变革，它兴许在1970和1980年代的菲律宾政治中唱过大戏了。可是这些因

1　新人民军的高层领导最初多由菲律宾大学的毕业生组成。今天情况依然如故，不过程度稍减。党的许多关键文件没有他加禄语版本，从这一点可以判断，该领导层似乎仍然用英语思考。

素给它提供了诱人的替代选择，以至于到1980年代中期，远不止一百万的菲律宾人（主要来自这个阶层）横渡太平洋移居美国，大多数是永久移民。[1]资产阶级的这种失血，短期看来是削弱了寡头集团的一个强劲政治对手，长远看来却使它丧失了一个重要政治盟友——这正是阿基诺政府没多大机动余地的原因之一。

在1972年宣布戒严令之前，马科斯政权久已开始深沟固垒，它是一种
212 复杂得富于启发的混合体。[2]由一种观点观之，唐·费迪南德可视为地方

1 比较一下古巴、中国和越南“革命后”相似社会阶层向海外的移民，这可以说是“革命前”的。跟东南亚其他地区相比，这里存在着很有教益的差别。印尼的苏哈托政权比起马科斯政权来，镇压人民要残酷得多、厉害得多，但是移民群体很小。荷兰的吸纳能力较低，而且1945年后，印尼放弃了荷兰语，改用“印尼语”——两者都不是世界语言。缅甸（直到1963年）和马来西亚都是英语教育，但自1950年代末以来，伦敦政府对殖民地的移民越来越不待见。

2 对马科斯政权作为一个政权，没有令人满意的全面研究。但是关于它的重要人物和它的政策，却有卷帙浩繁的有用文献。邦纳的书叙述了马科斯家族同各色各样的美国总统和总督们的关系，并非一贯准确，但还不错，特别有趣。除此之外，参见：Gary Hawes, *The Philippine State and the Marcos Regime: The Politics of Export*（Ithaca, NY: Cornell University Press, 1987）; David A. Rosenberg编, *Marcos and Martial Law in the Philippines*（Ithaca, NY: Cornell University Press, 1979）; Alfred W. McCoy, *Priests on Trial*（Victoria: Penguin, 1984）; R. J. May和Francisco Nemenzo编, *The Philippines After Marcos*（New York: St. Martin's, 1985）; Walden Bello等, *Development Debacle: The World Bank in the Philippines*（San Francisco: Institute for Food Development Policy, 1982）; Walden Bello和Severina Rivera编, *The Logistics of Repression: The Role of U.S. Assistance in Consolidating the Martial Law Regime in the Philippines*（Washington DC: Friends of the Filipino People, 1977）; Filemon Rodriguez, *The Marcos Regime: Rape of the Nation*（New York: Vintage, 1985); Stephen R. Shalom, *The U.S. and the Philippines:*

巨头之首或军阀之首，因为他把旧秩序的破坏性逻辑推向了它的自然结论。代替诸多私人化“保安部队”的，是单一的私人化“国家警察部队”；代替一支支私人军队的，是唯一一支私人大军；取代柔顺的地方法官的，是一个扈从的最高法院；取代无数私囊和腐朽市镇的，是一个私囊或腐朽国家，被总统的密友、杀手和走狗们控制着。

但是从另一种观点观之，他是个有独创性的人；这一则因为他聪明绝顶，再则因为他像他那怪诞的夫人一样，出身于寡头集团相对低级的外围。无论如何，他是第一位看到了逆转传统权力流向的可能性的菲律宾精英政治家。他的所有前辈都践行着梅斯蒂索最高地位的系谱学——从私有财富到国家权力，从地方政治大佬的控制权到全国性的领导权。但是几乎从他1965年初登总统大位起，马科斯在精神上已走出了十九世纪，领悟到在我们的时代，财富服务于权力，关键的牌是政府。马尼拉的路易·拿破仑。

马科斯坐稳江山

他是从军队入手的，在那之前，军队不具有政治重要性。[1]武装力量

A Study of Neocolonialism（Philadelphia: Institute for the Study of Human Issues, 1981）；Robert B. Stauffer, “The Political Economy of a Coup: Transnational Linkages and Philippine Political Response”, *Journal of Peace Research*, 11: 3（1974），第161—177页；Carolina G. Hernandez, “The Role of the Military in Contemporary Philippine Society”, *Diliman Review*（1984年1—2月），第16—24页；还有前引的布雷斯南主编的文集。

1 遵循美国的宪政实践，上校以上军衔的一切军事委任，都需国会批准。有野心的军官们知道怎么谋取出路，一意巴结有权势的国会政客；这些政客利用他们的地位，通过决定自己宠幸的受庇护者的防区，在军队内部建立私人派系。一当选举时节到了，囊中揣有地方司令官，总是很便利的。对菲律宾军队的最充实的研究，还是Carolina G. Hernandez,

的规模迅速扩大，它的预算额度增加，关键职位分给了来自说伊洛卡诺语的西北吕宋的军官们，马科斯本人就是从那里起家的。预谋了数月的宣布戒严令的最终决定，得到了军队统帅部的呼应——科拉松的堂兄爱德华多·“丹丁”·许寰哥和国防部长胡安·“约翰尼”·恩里莱（Juan “Johnny” Ponce Enrile）是仅有的文官同谋。[1]文官机构跟上来了，特别是早先认定为要做技术官僚的雄心万丈的那部分人。政府将要从马科斯指认的国家首敌——共产主义者和寡头集团手中拯救这个国家。

马科斯以另外两种令人眼界顿开的方式运用国家（而非大庄园）的
213 权力。其一是对付美国人，其二是对付他的寡头同侪。

他比别的任何人——包括菲律宾左派——都更清楚地懂得，菲律宾对华盛顿而言，就像塞浦路斯之于伦敦。苏比克和克拉克机场的大型基地无关乎菲律宾自身的防卫，一切都关系到维持美国在环太平洋地区的帝国权力。由此可知，马尼拉应当将这些基地视为奢侈资产，出租时可以索要更高昂的租金。[2]菲律宾军队亦当如是。邦纳的大作《与独裁者跳

“The Extent of Civilian Control of the Military in the Philippines, 1946—1976”（纽约州立大学布法罗分校博士论文，1979年）。其中论及马科斯操纵预算、晋升和教育思想体系，以确保独裁政府的建立，尤为有趣。

1 邦纳的记叙，以解密的美方文件为基础，是最为详尽的。《与独裁者跳华尔兹》，第5—6章。

2 苏比克和克拉克机场是知名度最高的两个基地，但是作为一个整体的基地群，包括了两个极端：既有超机密的圣米格尔的电子窃听设施，也有超公开的海约翰要塞娱乐城。后者刚好位于讨人喜欢的碧瑶山岳胜地外面，照法律上说来属于美国空军，但实际上属于马尼拉富人。它差不多就是由游泳池、高尔夫球场、网球场、保龄球场、电影院、小餐馆、跳舞夜总会等构成的。只要拿得出美金，谁都可以享用这些娱乐设施。我最近造访了这个“基地”，几个小时游逛下来，没碰上一个美国人，不论军人或是文官，只看到数百个富裕的菲律宾人在消遣快活。

华尔兹》，详细记载了马科斯如何将（非战斗）部队的一支工兵营租给林登·约翰逊，从中捞到可观的私人收益。1965年约翰逊正忙于租用亚洲雇佣军，支撑美国干涉越南所求的“国际十字军”形象。与南韩人相比，同是雇佣军，马科斯得到了全亚洲最优厚的价钱。（在这项成就中，他那坏得出奇的老婆居功至伟，她撒钱开路，跻身华盛顿上层圈子，自蒋介石夫人的风光岁月以来，还没有哪个女强人如此登峰造极。[1]）但是他也有富于想象力的傲慢无礼，试图以美国人长期以来对待菲律宾人的习惯之道，还治其人之身。据邦纳记述，马科斯给尼克松的每次总统竞选运动各捐了百万美元——当然是拿“国家的钱”，由此加入了第三世界专制者的那个精选群体（蒋介石、朴正熙、巴列维、特鲁希略、索摩查），他们积极介入了宗主国的政治。[2]

就寡头集团而论，马科斯直指命脉——“法治”。从最初的时候起，马科斯运用他的无限制戒严令权力，忠告梦想着反对或撵走他的所有寡头们，财产不是权力，因为军事管制的笔那么轻轻一划，财产就不再是财产。[3]洛佩斯家族（根基在伊洛伊洛）的传媒帝国，它对马尼拉最大供电商的控制权，突然间就被剥夺了。[4] 稍后，500公顷的奥斯梅尼亚庄园被 214
拿出来进行“土地改革”。[5]他们哭告无门，因为法官们受尽恐吓，立法机

1 同上，第3章。

2 同上，第140—141页。

3 最好的叙述见Hawes, *The Philippine State*。

4 准确点说，马科斯攫取了洛佩斯巨型企业集团的控股公司Meralco，该集团控制着马尼拉电力公司、全国第二大银行，外加输油管线、一家炼油厂和一家大建筑企业。

5 参见Resil B. Mojares,“The Dream Lives On and On: Three Generations of the Osmeñas, 1906—1990”，见Alfred W. McCoy编，*An Anarchy of Families: State and Family in the Philippines*（Madison: University of Wisconsin, Center for Southeast Asian Studies, 1993），第312—346页，在第316页。

关满是马科斯的盟友和食客。但是马科斯对扰乱既定的社会秩序不感兴趣。那些顺风倒、回避政治一心图财的寡头们通常未受惊扰。臭名昭著的“密友们”，从社会学上看，是一个混装的袋子，里边不仅包括费迪南德和伊梅尔达的亲戚，还包括受优待的寡头和相当多的“新人”。

一开始，这个戒严令政权就有坚实的（虽则有限的）社会基础。它的反共的、“改良主义的”、“现代化的”和“法律与秩序”的修辞，吸引了一些群体的支持：受挫的、想做技术官僚的人，权能低下的许多城市中产阶级，甚至还有农民阶级和城市穷人的某些部分。赢得绝对权力后不久，他通报说政府从私人手里清缴了不下50万支枪，鼓起了人们对可见危险减少的公共生活的希冀。[1]在旧人民军经常出没的中吕宋地区，一场有限的土地改革成功造就了一个自耕农新阶层。[2]但是随着时间的流逝，也随着这个政权的贪欲和暴虐日趋显著，这种支持很多都难以为继。到1970年代末，技术官僚们是一支风头不再的势力，而城市中产阶级日益察觉了马尼拉的腐败，大学系统的败坏，被垄断的大众传媒的卑屈和荒谬性格，以及国家的经济衰退。

1　参见Lena Garner Noble，“Politics in the Marcos Era”，见Bresnan编，*Crisis in the Philippines*，第85页。清缴武器行动虽然在该国北部和中部地区成效斐然，但在穆斯林的南方却一败涂地。在正式宣布戒严令后没多久，摩洛民族解放阵线发动了大规模叛乱，很显然，这受到一种恐惧感的促发：他们担心，解除了武装的穆斯林人口将完全听凭马尼拉和基督教多数派的宰割。

2　参见David Wurfel，*Philippine Agrarian Policy Today: Implementation and Political Impact*（Singapore: Institute of Southeast Asian Studies，Occasional Paper No. 46，1977）；Ernesto M. Valencia，“Philippine Land Reform from 1972 to 1980: Scope, Process and Reality”，见Temario Rivera等编，*Feudalism and Capitalism in the Philippines*（Quezon City: Foundation for Nationalist Studies，1982）。有关新近的一系列视角，参见专门致力于农业改革问题的《团结》专号（106—107［1986］）。

这个政权的真正受益者——除了马科斯黑手党（mafia）以外[1]，是两股军事力量：国民军和新人民军。戒严令本身赋予前者空前的大权。但是 215 马科斯也利用受宠军官管理从他的敌人、公营公司、市镇等没收的资产。上层军官那种生活派头，此前是只有寡头集团才习以为常。[2]军事谍报机构成了政府的千里眼和窃听耳。对军队滥权的法律限制简直不复存在了。如今只有一个主子，他决定任命和升迁。不错，这个"老大人"在领导层上塞满了从他那说伊洛卡诺语的家乡来的听话的禄虫，但仍有足够的位子可供分配。

另一方面，独裁政权刺激了共产主义游击武装的快速壮大和较为缓慢的地理扩散。它们有组织地延伸到城市区域，这同它们扩大乡村支持相比，意义并不稍逊。这个政权最后那些年头里最引人注目的特征之一是，某种民族主义—马克思主义语汇被一些人群逐步采纳了：显要的资产阶级知识阶层，教会统治集团的下层，更一般地还有中产阶级。[3]似乎只

1　这个词用在这里是经过深思熟虑的。在马科斯统治下被查禁的唯一一部好莱坞大片是《教父》。犀牛皮下的一只虱子。

2　军官们的"福布斯公园"，这个可笑地冠以"科林斯式花园"名号的新高级住宅区，在我最近访问这个大都市期间，是我甚至不能打车进去的马尼拉唯一地区。

3　民族主义很重要。它使得"马科斯是美国人的tuta（走狗）"这种左派说法广为流传。当然，私底下，左派领导层充分意识到，马科斯其实是该国总统中间最不驯服的一个。邦纳的书证实了这一评价，它表明费迪南德比他华盛顿的那帮对手狡猾得多。他把卡特那个自负的小基辛格、负责东亚和太平洋地区事务的助理国务卿理查德·霍尔布鲁克纳入彀中，在1971年为基地的新五年协定要价5亿美元。里根，从1960年代起就是马科斯的老朋友，把他那个昏庸的副总统打发去马尼拉，告诉马科斯说："我们喜欢你的坚持民主原则和民主过程。"中情局局长凯西，在他早年做进出口银行行长那会儿，努力办妥了该行迄今为止最大一笔对外贷款（6.44亿美元），为中吕宋一个颇受关注的核能项目提供资金。（这个项目一直没有完成，虽然贷款利息占了菲律宾每年偿债总额的10%。）马科斯接受了

有好战的左翼才提供了摆脱困境的某个出路。

1983年8月21日，小贝尼尼奥·阿基诺在马尼拉机场被无耻地暗杀了。以后拆解这个政权的故事众所周知，此处毋庸赘述。更要紧的是理解取代它的那个政权。

借势“人民权力革命”

那位死难者的遗孀背后的初始同盟既广泛又（易变地）深厚：她
216 那时首先是科拉松·阿基诺，而不是科拉松·许寰哥。这个同盟是建立在一股来势汹汹的浪潮基础上的，即对那个“老大人”及其马尼拉小姐（manileña）“猪小姐”的厌憎。从右派人士数起，它包括：国民军野心勃勃的中、下级军官，旧政权的刺目腐朽与它的男一号（premier danseur）的重用同族最终让他们壮志难酬；一度满怀憧憬的技术官僚与马尼拉工商业界不算密友的那部分人；教会的几乎所有派别；中产阶级；知识分子阶层中没有加入新人民军的各群体；自称“奋斗目标导向群体”的各色人等，他们自认为是新近合法的左翼力量的先锋；还有寡头们。

这个同盟太过歧异和不相协调，不能维持太久。在“人民权力革命”两年后，它范围变得窄小多了，而且在某种程度上，更紧密地抱成团。先行离去的是它的右翼和左翼。“军队改革运动”（RAM）的活动分子们曾在1986年2月凭着背叛马科斯而发挥了关键作用，对这些莽夫而言，唯一真正尚可的旧政权继承者是一个军政权，或者是在他们领导下的一个军人主导的政府。但是这条路没有任何值得当回事的国内支持力量，而且对正沐浴在太子港的电视光环下的华盛顿来说，无论如何是不值一议的。再者，里根政府内冷眼旁观的现实主义者们洞若观火：菲律宾军队派系

承包商西屋公司（Westinghouse）的8000万美元贿赂，而西屋公司同时将它的报价提高了400%。参见*Waltzing with a Dictator*，第307—309，265页。

分裂太重、太无能、太腐败、太自大、训练太差，不能给它任何便宜行事权。[1]一系列滑稽的暴动，在1987年8月28日的格雷戈里奥·“格林戈”·霍纳桑（Gregorio “Gringo” Honasan）兵变中达到高潮，它们不过证明了前述判断的明智。左翼方面，情况更复杂一些。新人民军是其中实力最雄厚的部分，它从戒严令政府获益匪浅，而今不得不决定如何应对新的势力格局。到底是正面反对阿基诺政府，还是全力改变它的内部均衡，这个问题在1986—1987年间引起严肃争论。由于种种原因（它们太错综复杂，我们不用纠缠于此，而且其智慧迄今尚有待判定），1987年初，掷出的骰子赞成对抗。[2]最直接的后果就是合法左派崩溃了，“奋斗目标导向群体”明显衰弱了，后者到霍纳桑喜剧那时节，已经丧失了他们的“目标”之外的几乎一切。从这些发展状况中，当代阿基诺联盟的现实的、不平衡的、不 217
稳定的伙伴浮现出来：寡头集团，城市中产阶级，还有教会。

新政府的第一年里，当时“人民权力革命”依然热情高涨，联盟的地位较低的伙伴们乐观向上。市场开放的新闻业的恢复，极大扩展的集会和组织的自由，以及马科斯密友的专卖权和专买权的消灭，让中产阶级各界人士兴奋得忘乎所以。他们能够完全复归原来的正常状态了。工商业将重拾信心，菲律宾将改道走上进步之路。好心的美国人站在他们一边。诚实的技术专家的专长终将得到恰当的赏识和酬报。知识分子阶层（或者至少它的主体部分）如今感到可以自由地同激进左派脱离关系；它有一个新家，在广播电视上，在报刊出版界里。

---

1 参见Francisco Nemenzo的妙文：“A Season of Coups: Military Intervention in Philippine Politics”, *Diliman Review*, 34: 5—6（1986），第1, 16—25页。

2 核心的判断一定是基于对华盛顿长远目标的估计，中、南美洲的事件进程充分证明了那些目标的合理性。对菲律宾左派的多形态文化的极有用介绍，参见Randolph G. David编，*Marxism in the Philippines*（Quezon City: University of the Philippines, Third World Studies Center, 1984）。

此外，阿基诺总统的核心集团不但包括枢机主教辛海梅（Cardinal Sin），还包括许多理想主义的人权律师，左翼—自由主义的记者和学者。也许是效仿现代国王们的榜样吧，科拉松本人竭尽所能地以善良的市民阶级的形象出现在公共场合。而今人们叫她Tita（阿姨）。阿姨是个勇敢、虔诚、质朴的家庭主妇，心里只想着如何让侄子侄女们过得最好。唐·何塞·许寰哥控股公司的财务主管、路易西塔庄园的女共同继承人，都基本上隐遁不见了。有一种感人的信心：国家的问题正通向合乎实际的解决。她启动了与新人民军和穆斯林造反者的谈判。一项重大的土地改革将要颁布法案——这一土改不会触动中产阶级，但它许诺要逐渐削弱新人民军还在壮大的农村根据地。美国人将提供数额巨大的资金，支持重建宪政民主。而人民权力将通过自由、诚实的选举，为总统创造一个进步的立法搭档，给予中产阶级梦寐以求的领导国家的机会。教会领导层在很大程度上同怀这等企盼，相信新形势将容许教会再度变得意识形态统一、
218 组织纪律严明。[1]这个时期的流行语是“民主空间”，也许可最贴切地解释成“中产阶级在军队、寡头集团和共产主义者之间纵横捭阖的余地”。

新政府的第二年就让这大多数幻想破灭了。同穆斯林和共产主义领导人之间的谈判，因为实质上同样的原因而失败了：阿基诺政府发觉自己不可能做出有吸引力的任何让步。头脑里萦绕着民族主义梦想，即便那

1　有关教会政治，参见休史密斯（Dennis Shoesmith）所撰的一章，收在May和Nemenzo编，*The Philippines After Marcos*；扬布拉德（Robert Youngblood）的两篇论文：“Church Opposition to Martial Law in the Philippines”，*Asian Survey*，18（1978年5月），第505—520页；“Structural Imperialism: An Analysis of the Catholic Bishops' Conference of the Philippines”，*Comparative Political Studies*，13（1982年4月），第29—56页。亦见Edicio de la Torre，*Touching Ground, Taking Root: Theological and Political Reflections on the Philippine Struggle*（Quezon City: Socio-Pastoral Institute, 1986），作者是最有社会担当、最富思想性的当代菲律宾神职人员之一。

些似乎准备接受“自治”而非独立的穆斯林领导人，依然要求自美国殖民时代以来念念不忘的一块穆斯林自治区。然而，从兰斯代尔—马格赛赛政权开始把人民军潜在的和实际的农民支持者迁入棉兰老岛的“空”地至今，靠了自发的移民、土地投机者、伐木和采矿联合企业、大型的农业综合企业等等，该岛已经迅速“基督教化”了。就算阿基诺政府愿意（实际上它可不想）向穆斯林的梦想让步，那将要求它或者被迫迁移这好几万“基督教徒”——如果不是好几十万的话（可是迁往哪里呢？），或者把他们留给情有可原地在气头上的穆斯林，任凭政治发落。它要靠它自身的美国时代的梦想过活，梦想一个统一的菲律宾，再说军队也不会容忍“软弱”，这支军队跟穆斯林人作战所遭受的伤亡，远过于同共产主义者交手。对新人民军，形势并无二致。阿基诺总统拿不出什么东西不是共产主义者已经有的，或者是军队有可能容许的。[1]

美国人也不甚济事。里根政府全神贯注于自身的生存，以及一打的“更要紧的”外交政策上的烫手山芋。它自己在财政上的大手大脚意味着如今对菲律宾是爱莫能助了，即便是在军事援助方面（照旧有一星半点，大约是它想要供给尼加拉瓜反政府武装的那个数）。对菲律宾实施

1　她的一项重要成就是孔拉多·巴尔维格（Conrado Balweg）同志/神父的“易帜来投”，他是一个好战的、有超凡魅力的（前）神父，马科斯统治时期，他就已经在吕宋岛科迪勒拉地区受压迫的高地少数族群中间，拉起了自己的游击队伍。新人民军在宣传中尊之为人民英雄，党—教合作的模范，私下里却批评他的耽于女色和不时发生的“不服从”；现在它公开指责他是机会主义者和反革命分子。军队一如既往地不信任、不喜欢他，尤其是因为他“易帜”的条件——即阿基诺应允建立真正“自治”的科迪勒拉地区，看起来为在穆斯林的西南地区的出卖铺平了路。

耐人寻味的是，1987年上映了有关巴尔维格的一部非常成功的商业电影。真实的巴尔维格是个极端复杂的人物，可在电影中他表现得像是马尼拉自由中产阶级的代理人，英勇地抗击军队的野蛮残暴和共产主义者的背信弃义——当然，是为了人民。

一项“马歇尔计划”的会谈，随着扬长而去的汽船的喧哗声息影绝迹了。而海外中产阶级纹丝不动。它的成员或许定期回到家乡，满载着送亲戚
219 的礼物，可是他们断定菲律宾中产阶级的前景变幻莫测，不值得大规模投资。[1]在该政权的第一年里，有许多鼓吹扫除美军基地的大无畏言论，可是到了第二年，形势已经很明了了，那些基地将岿然不动：阿基诺政府觉得自己真的经受不住和华盛顿冲突，而且，关闭基地所必然导致的收入和就业的损失是不堪设想的。（在1980年代，美军仍然是这个国家的第二大雇主，仅次于菲律宾政府。）美国人的确提供了一项重要帮助，那就是在面对各种滑稽的政变企图时，政治上旗帜鲜明地支持政府。这些政变在1987年8月的“格林戈”套环里草草收场。

然而这个政权联盟的中枢问题是“重建民主”，这表现在1987年5月11日重新启动的参众两院选举，和1988年1月18日的省长、市长及其他地方官长的选举。中产阶级的愿望是，这些选举不仅会把临时的阿基诺政府置于一个坚实的宪政基础上，还会向军队和共产主义者有力显示民心所归。再有，它们还将把人民权力转化成宪政权力，足可实施据认为对中产阶级未来的领导权前景必不可少的某些国内改革。

巨头们重整河山

正是在此时此地，这个统治同盟内的资深合伙人终于按捺不住出招了。第一年里这个寡头集团过着心神不宁的日子。科拉松本人也许还足够硬朗，她的一些亲密顾问就不是这样了；大众传媒那时还被中产阶级城

1　他们也没有被真正鼓励回国。菲律宾没有多少适合他们的工作，他们的汇款在缓解政府面对的外汇危机上作用很大。对1970年代末、1980年代初大量流向沙特阿拉伯和海湾地区的非中产阶级菲律宾移民来说，情况也是这样。有可能菲律宾如今已是世界上最大的国民劳工净输出国之一。

市改良派从意识形态上支配着，不停地煽风点火，赞成一场有望破坏新人民军乡村权力基础的土地改革。甚至世界银行也同日本和美国的高官们一道，在坚决主张同样的逻辑。而且，直到那一系列选举之前，总统掌握着无限制的权力，谁能保证她不会在某个意志薄弱的瞬间，做出什么要命的事情？

这种恐慌是现实的，虽然可能没有确凿的根据。土地所有者支持有序改革委员会（COLOR，有500名富豪成员）匆匆成立，它给科拉松送去了以血（幸好，是他们自己的）签名的决议书，威胁一旦实施重大的土地改 220
革，他们将采取不合作主义。“支持（产糖的）内格罗斯独立运动”开展起来，宣称预备好了武装抵抗即将来临的马尼拉的不义之举。[1]律师们被新闻界说成是“快忙疯了”，他们要把农业用地重新归类为“工商业”用地，要把多余的地皮退出来记在未成年的亲属名下，欺诈性地把抵押日期提前，等等。[2]

1986年所需要的，跟1916年、1946年一样，是地方巨头民主制。如果选举能够立即自由举行，寡头集团有望恢复1972年前它对“法治”的掌控，并让人人——中产阶级、军队、他们的佃户，还有“贱民”——都各安本分。

1987年5月11日举行了全国选举，要选出24名参议员和200名众议员。结果真叫人称心如意。且让我们援引一项信息丰赡的菲律宾研究为证：“200名众议员当中，130人属于所谓‘传统的政治家族’，另有39人是这些家族的亲戚。只有31位众议员没有1971年前的参选记录，而且同这些老牌统治家族没有瓜葛……24名当选参议员中，有少许非传统人物，但是

1 *Philippine Daily Inquirer*, 1987年7月23日。

2 *Manila Chronicle*, 1987年7月23日。据报道，有个惊慌失措的巨室建立了四十家分立的空壳公司，以求保住它拥有的土地。

这个班子大体上是由1972年前的政治世家的成员构成的。”[1]新当选的参议员约翰·奥斯梅尼亚是自治政府副总统老塞尔吉奥·奥斯梅尼亚的孙子，1969年竞选失利的总统候选人小塞尔吉奥·奥斯梅尼亚的侄子，他告诉媒体：“不能尽心为公，一个家庭成员也嫌太多；苟能尽心为公，十个家庭成员还嫌不够。”[2]

24位获胜的参议员候选人中，有23位是作为科拉松·阿基诺的支持者，也作为她的竞选联盟里各种徒具虚名的政党党员参选的，就此而言，
221 上述结果被广泛解释为科拉松·阿基诺的胜利。[3]下院发生的事大同小异。[4]但是，把这个结果叫做科拉松·许寰哥的胜利，或许更好一些。前面引用过的那项研究提到：“属于统治家族或与之有关的169名众议员中

1　大众民主研究所实施的一项抽样调查，转引自*Philippine Daily Inquirer*，1988年1月24日。（所加的着重号是想强调新立法机构的“复辟”性质。）这一条和下一条文献，我要感谢Mojares，“The Dream”，第312页。

2　“Sonny move vs. Barcenas explained”，*Sun Star Daily*，1987年10月29日。奥斯梅尼亚家族在戒严令下经历了艰难的时光。小塞尔吉奥·奥斯梅尼亚在1971年臭名昭著的米兰达广场事件中受了重伤（自由党——属于寡头集团，但是反马科斯——在马尼拉闹市区进行竞选集会，发生了手榴弹爆炸。马科斯宣称那是新人民军所为，但是人们普遍相信，杀手是马科斯收买的军方的人或囚犯）。戒严令宣布后，他流亡加利福尼亚，1984年死在那里。约翰起初为马科斯宣布戒严令喝彩，之后也终于步了叔父的后尘远走加利福尼亚，在阿基诺遇刺后才回国。

3　副总统萨尔瓦多·“多伊”·劳雷尔（Salvador “Doy” Laurel）的统一民族民主组织（Unido）；何塞·“佩平”·许寰哥的菲律宾民主党—战斗党联盟（PDP-Laban）；保罗·阿基诺的人民力量党（Lakas ng Bansa）；参议员霍维托·萨隆加（Jovito Salonga）的自由党。唯有自由党可以追溯到戒严令前的时代。

4　亲政府的联盟赢得了200个议席中的150个。左派在“新政治”这个包罗庞杂的组织同盟旗号下参选，仅获得区区两席。

间，有102位参与了1986年前的反马科斯势力，而有67位来自亲马科斯的党派或家族。”寡头权力波诡云谲的万花筒晃悠了一下。

并不是说，老谋深算的地方巨头们认识不到某些新现实，包括总统本人对民众的真正吸引力。（相当数量的马科斯同党倒向她这一方。）当国会终于在1987年夏末开幕时，它正式宣布将开展土地改革，并任命“局外人”做参众两院主管农村事务的委员会主席。但是没过几天，下院农村改革委员会主席、众议员博尼法西奥·希列戈（Bonifacio Gillego），一位改宗“社会民主”的前军事情报官员，就在哀叹这样的事实：他的委员会的21名成员中，有17人是地主——包括总统的弟弟何塞·许寰哥、总统的姻叔埃米尼奥·阿基诺，还有内格罗斯的那位悍妇霍滕西娅·斯塔克。[1]

随着1988年1月18日省和地方选举的展开，旧制度的更全面复兴来临了；总共有15万候选人，以美国人的方式（à l'américaine）竞逐约16500个职位——平均每个要职有9个追求者。[2]这些选举实在是有一种典型特征，当之无愧地值得评点一番。在有些地方它们代表了兴冲冲的权力重整。比如在宿务岛，埃米利奥·“利托”·奥斯梅尼亚，参议员约翰的兄弟，赢得了该岛的省长位置；同时他的堂兄托马斯，小塞尔吉奥·奥斯梅尼亚的儿子，击败了来自一个对头大家族——即梅斯蒂索人的昆哥家族的候选人，也成了宿务市市长。[3]往北去一点，在杜拉诺家的领地里，82岁高龄的老拉蒙·杜拉诺（Ramon Durano, Sr.），在他的一个暴虐儿子赫苏斯·“唐”·杜拉诺的帮衬下，挫败了作为对手的另一个儿子，成功当选

---

1 *Manila Chronicle*, 1987年7月25日。

2 *Manila Bulletin*, 1988年1月18日。

3 奥斯梅尼亚的胜利代表了统治家族的最理想结果：它在国家议会里有一个成员，控制着省政府，管理着最大的地方商业中心。请注意，托马斯击败的对手，何塞·“博伊”·昆哥，是现任参议院议长安东尼奥·“托尼”·昆哥的弟弟，参议院前议长、已故的马里亚诺·昆哥的孙子。

达瑙市市长。选举后的那天晚上，失利的候选人撒迪厄斯·“德奥”·杜
222 拉诺（Thaddeus “Deo” Durano），被家族内的刺客伏击，在宿务市一间急救病房里奄奄一息。[1]那个老军阀，戒严令期间是宿务的马科斯核心党羽，这次却是以民主党—战斗党联盟的候选人身份参选的。该联盟是阿基诺总统的弟弟何塞·许寰哥的政党组织，何塞成功招募了马科斯一派的其他许多地方巨头，聚到他姐姐的旗下来。相同的胜利也发生在奥隆阿波——沾苏比克海军基地之光兴起的商业区，女众议员凯瑟琳·戈登的丈夫理查·戈登当上了那儿的市长；在西内格罗斯，众议员何塞·卡洛斯·拉克松如今有当选省长小丹尼尔·拉克松做伴了；诸如此类，不胜枚举。

并不是说，老牌统治家族无论如何都可以随心所欲。在靠近首都马尼拉的一些地方，中产阶级改革者们动员起普通民众和“较小的”统治家族，要瓦解旧封地。劳雷尔的政党组织在八打雁省溃败，使组织不力的副总统萨尔瓦多·劳雷尔颜面无光。在黎剎省，科拉松的舅舅、众议员弗朗西斯科·“科芒”·苏穆隆的王国被毁掉了。在邦板牙省，内波穆塞诺家族（Nepomucenos）、拉萨丁家族（Lazatins）和林加德家族（Lingads）出局了。在洛佩斯家族的伊洛伊洛领地，奥利弗·洛佩斯—帕迪利亚（Olive Lopez-Padilla），前副总统费尔南多·洛佩斯的女儿、众议员阿尔韦蒂托·洛佩斯的姐姐，竞选省长时打出了附庸风雅者—庄园主的绝妙口号“让伊洛伊洛回到洛佩斯家”，但是仍然大败亏输。[2]在棉兰老岛的卡加延—德奥罗，被《马尼拉公报》说成是“自本世纪初以来”就掌控着这个地方的福蒂奇（Fortich）大家族，颜面扫地。[3]同样有趣的是某些军人的

1 *Philippine Daily Inquirer*, 1988年1月22日; *Philippine Star*, 1988年1月23日。

2 *Philippine Star*, 1988年1月22日; *Philippine Daily Inquirer*, 1988年1月21日。她的意思当然是说，从费迪南德和伊梅尔达手里“回来”。

3 *Manila Bulletin*, 1988年1月21日。

参政。在东北吕宋的卡加延流域，前中校鲁道福·阿吉纳尔多（Rudolfo Aguinaldo），霍纳桑叛军的一位要员，吓退了当地巨头（杜帕雅家族［Dupayas］和图松家族［Tuzons］），攫取了省长职位。在北伊罗戈的马科斯老巢，副省长之位被前上校罗兰多·阿瓦迪利亚（Rolando Abadilla）从军事监禁中夺得；他曾经是马科斯领导下的首都卫戍司令部情报安全大队的恐怖头子，被普遍怀疑是帮助谋划暗杀科拉松丈夫的一个暴徒，也是1987年1月和4月的流产政变的一个主谋。[1] 223

甚至新人民军也被间接引诱进来。据广泛而可信的报道，在它过去拥有政治—军事优势的许多地区，该团体向候选人收取可观的费用，方才允许他们不受干扰地竞选；而且它对意气相投的候选人处处给予非正式的支持。[2]这不是说内战大大缓和了。就在投票结束一两天后，霍滕西娅·斯塔克的比诺大庄园（Hacienda Bino）被焚为废墟，恩里克·罗哈斯（Enrique Rojas，全国糖料作物种植园主联合会的一位高官）的拉普利希玛庄园（Hacienda La Purisima）也难逃同样的下场。[3]

1　参见*Philippine Daily Inquirer*，1988年1月22日，其中描述了阿瓦迪利亚的经历；*Manila Times*，1988年1月19日，其中讲述了这个打手如何从他的马尼拉单人牢房乘坐飞机（政府出钱）到北伊罗戈的投票所。科拉松的顾问们或许乐于见到阿吉纳尔多“加入体制”而又远离马尼拉。即便阿瓦迪利亚（军队领导人坚持认为他不该获准担任公职）这个事例，也可能有助于达到这一目的：向人们展示这次选举真的多么自由。

2　军方泄露了据说是新人民军的一张通告，上面警告说：“所有候选人，若想在游击区域从事竞选活动，为他们自身的安全起见，必须从我们这里获取安全通行证。菲共—新人民军不对没有通行证的人负责。”奎松省的一位游击队领导人在接受法新社采访时，证实了新人民军对候选人课税，表示那些钱将被用于“促进革命”。据传，这样的“选举通行证”每张要卖1万到3万比索（500美元到1500美元）不等。军方声称，全部候选人的大约10%（即15000人）花钱买了这种通行证。参见*Philippine Daily Inquirer*，1988年1月18日。

3　*Malaya*，1988年1月21日。

经营有方的赌场里的政治

这些变化无常的结果需要放在更大的框架下来观察，以便恰当理解它们的含意。以下的关键事实须得谨记在心：全国2760万合格选民中，高达81%的人投了票。[1]每1400位选民就要摊上这个或那个选举职位。每个职位的平均竞争者人数约为9人。在多数地方，竞争以一种极新的样式显得“严酷”——41位候选人在短短的竞选运动期间被对手（**不是**新人民军）暗杀。[2]从右翼到左翼，几乎所有政治领导人都以不同形式、在不同程度上参与了竞争，而且可以想象他们多多少少是获益的。无论何处，地方恩庇组织正在取代马科斯时代集权化的委任制的统治机器。

在任何一家经营有方的卡西诺赌场，赌桌被操纵得从统计上有利于赌场老板。为了吸引顾客，老板必须让他们不时赢上一把，甚至是大赢。
224 赢一场是对玩家的技术和上天的眷爱的美妙证明。输一场则显示了他/她的倒霉或愚蠢。不管是赢是输，赌徒都会尽快回到赌桌上来。地方巨头民主制的“21点”也是这样。改革的每一局部胜利预示了一个食利者的前景，每一失利则表明算计失误或运气不佳。然而在当周或当年末，庄家总是赚钱。

真相在于，美国式选举制依然饶富吸引力，哪怕是在（或许特别是

1　*Manila Bulletin*，1988年1月21日。

2　政府宣称这些选举平静得出奇：总共只有124例死亡，相比之下，1987年5月11日国会选举有204人死亡，1986年总统选举296人，1981年总统选举178人，1980年地方选举411人，1971年（戒严令前的）国会竞选运动534人。*Malaya*，1988年1月19日。但是正如《菲律宾世界日报》（1988年1月20日）正确指出的，无论是1986年还是1981年的竞选运动，都只有4位候选人被杀——绝大部分遇害者是“小虾米”而已。1988年1月的新现象在于，足足三分之一的死者是实际的角逐者。

在）它同这样一个国家里的西班牙式地方巨头政治紧密结合的时候，这个国家地理上散碎，种族—语言上分裂，经济上破产。它横向地分散权力，却纵向地集中权力；分权部分地掩盖了集权。“任何人”都可能选上：看看巨量的、非强制的投票人数；看看竞逐的候选人数量（你也可以参选）；看看坏透了的上校们（他们在各省竞选好过在首都搞阴谋）；看看劳雷尔家族和内波穆塞诺家族的（兴许是暂时的）失势；看看新人民军的选举收费，从某种角度说，这同选举时期军阀的勒索如出一辙。[1]恰恰由于竞争激烈现实，人们很容易被说服去为——不妨说——阿森纳或切尔西欢呼，而不费心思索这个事实：这两支队伍都是甲级队，而且，人们是从外部看台在观赛，不是在场上参赛。

但是当然，断断不是每个人都很享受自己做观众的体育。在1月18日选举后不久，有个好奇的记者去采访了许寰哥家族的路易西塔庄园的一些雇工，他们刚刚大量投票支持阿森纳。科丽阿姨（Tita Cory）成为总统，对他们的生活有什么影响吗？“我们习惯了免费得到大米和糖，现在我们得掏钱。我们习惯了从自家院子的水泵里得到免费的水，现在我们得为抽起来的水掏钱，因为糖厂的糖蜜渗到我们井里了。”日工资？干田里的活儿涨了2.50比索（0.12美元），厂里工人涨了8比索（0.40美元）。工作

1　1987年夏，马尼拉的自由主义报刊天天都在忧心忡忡地报道说，有一些极端主义反共治安团，它们形成了一种全国性的、协调行动的系统，正在发展壮大，为它们提供资金的是寡头集团、美国中情局和偏执的美国前将军辛洛布（Singlaub）。1988年1月，在竞选运动期间，这个广泛的法西斯主义阵线实际上从报端消失了。不消说，那些团体并未解散。很明显，到那时为止，大多数团体都抛弃了辛洛布式的便衣，回到作为地方暴徒帮伙的本分，各自被招募去增强特定的、有争议的当地豪强的地方权力，尤其是在选举中。毫无疑问，这些帮伙是阶级镇压的工具，常常同地方军队和警察密切协作。它们在持续不断的内战中发挥了重要作用。但是正是它们的分散和地方主义，表明地方巨头多么自信，也表明他们感到多么没必要一齐去向军方摇尾乞怜。

强度？在好年景里，通常每周两到四天。一位老人讲到，他试图坐公交车
225 到邻省邦板牙干点额外工作，好过日子：每天工资40比索，交通费花去23
比索，还留下净收入17比索（0.85美元）。这样跑一趟还是有意义的。记者
得知，有个工人，他说在这庄园里，马吃得比劳工好，这话被一家国际杂
志引用了；管理层“传唤”了他，他不得不收回那一诽谤。但是有个受访者
断言：“这话当然是真的。马吃的是澳大利亚谷物和鸡蛋，我们简直吃不
226 到肉。”[1]所有接受访问的人，要么不肯告知他们的姓名，要么请求不要
透露他们的身份。

1　*Philippine Daily Inquirer*, 1988年1月23日。最后一句话的末尾显然引人误解，也许应当理解成“没什么东西吃”，或者是“吃不到任何肉类（any meat）”。［在美语中，meat还包括果肉、禽蛋等。——译注］

10

第一个菲律宾人

很少有国家比菲律宾更给人一种深沉的历史迷茫感。自亚洲观之，1896年反对西班牙统治的武装起义，使它成为该地区所有其他反殖运动的有预见的先驱。那次起义取得了暂时胜利，在1898年建立了一个独立共和国。自拉美观之，它和古巴一道，是西班牙宗主国殖民地中最后摆脱枷锁的，比其余殖民地晚了七十五年。受了三个半世纪的西班牙统治之后，它深深打上了天主教改革运动的烙印，却又是这个帝国里西班牙语从未广为传习的唯一殖民地。可它也是全亚洲在十九世纪拥有一所大学的唯一殖民地。1890年代，仅3%的人口懂“标准西班牙语”，但正是西班牙语的读者们和作者们想方设法把反抗殖民统治的运动，由无望的农民暴动变成一场革命。今天，多亏了美国帝国主义，还有菲律宾的“亚洲人”新认同，除了少数学者，几乎没人理解革命英雄们赖以相互交流并与外部世界交流的这种语言，更别提理解二十世纪前菲律宾历史的书面档案了。一种实质上的脑白质切除术完成了。

革命这一代的核心人物是何塞·黎刹，他是诗人、小说家、眼科专家、历史学家、医生、好辩的随笔作家、道德家和政治幻想家。1861年他出生于一个混合了华人、日本人、西班牙人和他加禄人血统的富有之家：在弗洛伊德之后五年，康拉德之后四年，契诃夫之后一年；和泰戈尔同年；在

227 马克斯·韦伯之前三年，孙逸仙之前五年，甘地之前八年，列宁之前九年。三十五年以后，他以煽动1896年8月博尼法西奥起义的莫须有罪名被捕，被西班牙军官指挥的、本土士兵组成的行刑队处死。这次处决的执行之所，就是如今风光旖旎的伦礼沓公园，它面朝马尼拉湾的海岸线。（在西班牙世界的另一面，何塞·马蒂，这位古巴民族主义的英雄，已经在前一年的行动中就义。）就在黎刹赴死的这时节，列宁刚被判处流放西伯利亚，孙逸仙开始在海外组织中国民族主义运动，甘地正在南非从事他的反殖抵抗运动的早期实验。

黎刹获得了那时殖民地能够得到的最好教育，清一色是宗教修道会提供的，特别是多明我会和耶稣会。他后来无情地讽刺这种教育，但是它让他掌握了拉丁语（和一些希伯来语）、古代典籍的扎实知识，以及西方哲学乃至医学的初步知识。蒙昧的西班牙所提供的东西，与文明、先进的帝国主义列强在同一个东南亚地区所提供的东西做一比较，又是让人迷惘的：法属印度支那、荷属东印度，或英属马来亚和新加坡，要到二战结束后才有真正的大学。很早以来，黎刹就表现出过人的文学才能。十九岁时他参加了一次公开的文学竞赛，获得一等奖，击败了用母语写作的西班牙对手。

黎刹是在现代政治开始传入这个殖民地的时代成长起来的。在十九世纪，西班牙比其他任何宗主国更受难于深重的国内冲突，不单是为了王位继承的没完没了的卡洛斯党人战争（Carlist wars），还有世俗的自由主义与古老的贵族—教士秩序间的纷争。1868年光荣革命将淫荡的伊莎贝拉二世赶出马德里，自由主义的短暂胜利对遥远的太平洋殖民地产生了直接影响。革命者当即宣布，他们的胜利理当惠及各殖民地。重申对耶稣会的禁令，关闭修道士的机构，这似乎预示了海外修道会反动权力的终结。1869年，第一位“自由主义的”总督德拉托雷（Carlos Maria de la Torre）抵达马尼拉，据说引起群众高呼“自由万岁！”（Viva la Libertad!）这种场景，在英属印度或法属阿尔及利亚，是多么不可想象。在他的两年统治期内，德拉托雷不仅采取行动赋予原住民、梅斯蒂索人和半岛人平等的法律权利，还穿着便装、不带武装警卫，在马尼拉四处闲逛；这些举动使保守派的殖民地精英恼羞成怒。然而光荣革命的失守在马尼拉引发残暴的反动，其顶点是1872年公开绞死三名在俗（即非修会的）教士（一 228
个克里奥耳人，两个梅斯蒂索人），他们被诬告策划了甲米地兵工厂的一场短时哗变。

黎刹一家是这次反动的直接受害者。1871年，当何塞十岁的时候，他的母亲被控毒杀邻人，被迫徒步二十英里到监狱，在那里待了两年才放出来。他的哥哥帕西亚诺（Paciano）是被绞死的三教士的首领布尔戈斯神父（Father Burgos）的得意门生，也险些被捕，只得中辍学业。面对这样的环境，1882年，在兄长的支持下，何塞悄然离国，前往西班牙寻求相对的自由，继续他的医科学业。

随后五年他待在欧洲，时学时辍，却也周游了列国——到过俾斯麦的德意志和格莱斯顿的英格兰，也到过奥匈帝国、意大利和法兰西；带着痴迷的、天资非凡的通多语者（polyglot）的轻松，学会了法语、德语和英语。欧洲在两个相互关联的方面决定性地影响了他。最直接地，他即刻开始领会到西班牙自身的落后，这是他的自由主义的西班牙朋友们常常扼腕叹息的。这种见解使他处于殖民地的印度人或越南人通常不可得的一种地位，也是美国人来到马尼拉后他的年轻国人们不可得的一种地位：他能够从一个优势位置去嘲笑宗主国，几代人以来，宗主国就凭恃同样的优势嘲笑土著人。更意义深远的是，他遭遇了一种感觉，后来他形容为“el demonio de las comparaciones”，这个难忘的短语或可译成“比较的幽灵”。他以此表达一种新生的、躁动的双重意识，从此以后，这种意识使他不可能在感受柏林的时候不立刻想到马尼拉，或者在感受马尼拉的时候不立刻想到柏林。这里确实就是民族主义的起源。民族主义靠比较为生。

在为《团结报》（*La Solidaridad*，一群坚贞的“土著人”组织的小团体的机关报，这群人在宗主国为政治改革而奋斗）写稿的令人沮丧的几年之后，正是这个幽灵引导他创作《不许犯我》，黎刹的两部伟大小说的第一部，他将因为它们被永志不忘。他恰恰在1887年2月21日午夜前完稿于柏林，那是在格莱斯顿第一部《地方自治法案》（Home Rule Bill）被否决的八个月之后，康拉德《阿尔迈耶的愚蠢》发表的八年之前。他二十六岁。

《不许犯我》的两大极惊人特色是它的范围和文体。它的人物来自晚近殖民社会的每个阶层，上起那位思想自由的半岛人总督，下及殖民社会各种族层级——克里奥耳人、梅斯蒂索人、支那人（chinos、“纯种”华人）直至目不识丁的土著（indio）百姓。书中挤满了多明我会修士、靠不住的律师、受虐待的教士小厮、腐败的警察、耶稣会士、小镇豪强、梅斯蒂索女学生、无知的伊比利亚投机客、受雇的恶棍、绝望的知识分子、攀龙
229 附凤的善男信女（dévotes）、骗人的记者、女演员、尼姑、掘墓人、工匠、赌徒、农民、女买卖人，等等。（黎刹从不会不给哪怕是他书中最邪恶的坏蛋展现温情和痛苦的机会。）不过，这部小说的地理空间严格限制在殖民地首都马尼拉的近郊。西班牙始终在舞台之外，即便有那么多人物都是此时或彼时打那儿来的。这种限定使得黎刹最早的读者们明白了，“菲律宾”是自成一体的一个社会，即使住在其中的人们迄今尚无通名。他是想象出这一社会整体的第一人，这解释了为什么而今他被缅怀为第一个菲律宾人。

小说的文体更加惊世骇俗，因为它结合了两种有天壤之别的、乍看之下水火不容的体裁：音乐戏剧和讽刺故事。虽然它的枝节内容涉及流浪汉的冒险事迹，情节却是纯正的歌剧。小说是从富有、英俊、天真地怀抱理想主义的梅斯蒂索人唐·克里索斯托莫·伊瓦腊说起的，他长期旅欧游学，刚刚回国，计划着要让他的故乡、他的祖国（patria）现代化，要娶他青梅竹马的情人玛丽亚·克拉腊，她是富裕的土著巨头唐圣蒂亚格·德·洛斯·桑多斯的漂亮的混血千金。起先，他受到了恭敬热情的欢

迎，但是很快黑云压城。他发现他的父亲瘐死狱中，是被冷酷的圣方济各会修士达马索神甫陷害的，而且尸体已被丢进海里。以后他会知道，达马索是他未婚妻的真正父亲。同时，年轻的本堂神甫萨尔维暗地里垂涎玛丽亚·克拉腊，还掩盖了谋杀一个教士小厮的事情。渐渐地，伊瓦腊也了解到自己家系的邪恶血统，他的祖先是个残忍的巴斯克人，来菲律宾淘金，把许多当地农民搞得倾家荡产，后来自己也上了吊。伊瓦腊和一些人交上了朋友，其中包括思想不羁的当地哲人唐·塔席奥、有自由主义观念的当地巨头，甚至总督本人，还有神秘的土著反叛者埃利亚斯。（这两人间有一席对话，涉及在菲律宾政治改革是否可行或一场革命性剧变是否在所难免的问题，直到今天仍然是菲律宾进步话语和历史编纂学的一部分。）在这期间，教士们及其各种当地同伙阴谋拆散伊瓦腊的婚姻，阻挠他在家乡建一所现代学校的计划。最后，萨尔维神甫得知有一场针对他所在镇的策划好的反叛袭击，就诬告伊瓦腊是煽动者和出资人。这个小伙子在一波波反颠覆的逮捕、拷打、处死中下了狱，但是靠埃利亚斯的搭救逃了出来，最后成了个亡命之徒。玛丽亚·克拉腊为了避免被迫嫁给自己不爱的一个乏味的半岛人，选择了做修女；她拿她生父的通奸丑事和他当面对证，迫使他帮她立下誓约。她消失在一所女修道院，可是萨尔维神甫已设法得到任命，成为那里的精神导师，所以“无名的恐怖”静候着这位不幸的姑娘。 230

有人可能会说，到目前为止，一切都是普契尼式的。然而这一音乐剧的情节中不仅点缀着对殖民地地方社会熠熠生辉的速写，也点缀了小说家本人的以损害他自己的创造物为代价的抑制不住的笑声——于是《托斯卡》变成了戈雅的《狂想曲》。试看这部小说的著名开头：

> 十月的最后一天，唐圣蒂亚格·德·洛斯·桑多斯，也就是远近知名的甲必丹蒂亚格，举行了一次晚宴。虽然他一反常规，直到当天下午才宣布这事，但很快就传遍了毕农多和它附近一带，成为这个地区唯一的谈

话资料，就连西班牙旧城也不例外，因为在那个年代，甲必丹蒂亚格是公认的一个最殷勤好客的主人。谁都知道，他的家正像他的祖国，除了商业贸易、新的思想和大胆的主张之外，其他一切，都是来者不拒的。

这次晚宴的消息一经宣布，就像雷鸣闪电，把马尼拉这个地方，由于天主的无穷智慧而创造出来、又由于他的大慈大悲[cariñosamente]而成倍繁殖的食客、帮闲和寄生虫都轰动起来了。这些人，有的忙着找皮鞋油，有的忙着找纽扣和领带，但所有的人都绞尽脑汁，各自盘算怎样用最亲热的口吻去和主人打招呼，以便造成一种气氛，显得自己和他交情深厚，或先想好一套托词，万一去迟了，该怎样表示歉意。

晚宴是在安禄加大街的住宅举行的。我们虽然已经忘记了它的门牌，还是要设法把它描绘出来，让人们一望而知——只要它没有给地震震塌。我们相信这幢房子的主人不会自己把它拆毁，因为在菲律宾，这种事通常由天主或大自然来完成。我们的政府和老天爷也订了不少合同，拆房子的事一向是老天爷包办的。[1]

或者看看这部小说最后一章（“收场白”）的起首段，它紧接在故事已到达无情的哥特式结尾之后出现：

我们这部书里的人物，有些还活在人世，有些已经下落不明，因此，要写一篇真正的“收场白”是不可能的。为了公众的利益，我们倒是乐意把他们，从萨尔维神甫直到唐娜维多利娜，统统杀光，可是这我们也办不到……那么就让他们活下去吧！反正养活他们的是这个国家，而不是我们。

1 *Noli Me Tangere*（Manila: Instituto Nacional de Historia, 1978），我自己英译的。[本章及下一章的安德森英译，汉译时参照黎萨尔，《社会毒瘤》，陈尧光、柏群译，人民文学出版社，1988年版。略有改动。——译注]

作者同读者、人物和现实的这种调侃，让人想起五年前出版的马查多·德·阿西斯讽刺性的《布拉斯·库巴斯的死后回忆》，这在严肃的十九世纪小说中是极不典型的，它赋予《不许犯我》一种特殊魅力。是它注定了将这部书搬上舞台或银幕的民族主义努力总是落空。确实正是这 231
同样的笑声，为黎刹招来了不共戴天的仇人，他们害得他英年早逝。

今天要再像1897年的爱国的年轻马尼拉人那样，把《不许犯我》读作一颗政治手榴弹，是不可能了。我们全都有比较的幽灵蹲在我们肩上。它不过是推定存在的菲律宾人曾经写过的第二本小说，第一本是二三流的、试验性的劣作。那么由受殖者所写的其他伟大小说又怎样呢？美洲殖民地没有，东南亚其余殖民地也没有，非洲要等四分之三个世纪之后才有。与宗主国西班牙相比又如何呢？有人说黎刹从加尔多斯（Galdós）那里借鉴良多，尤其是后者1876年的反教权小说《佩菲塔夫人》（*Doña Perfecta*）。但是黎刹的小说在广度和深度上如此鹤立鸡群，所谓“借鉴”太可疑了。在他篇幅浩大的通信中，黎刹从未提及加尔多斯——此人在殖民问题上的意见完全是正统的。黎刹衷心仰慕的唯一一位西班牙作家，压根就不是小说家，而是才高好讽的记者德拉·拉腊（José Mariano de la Larra），他在1887年风华正茂的二十八岁上自杀了。

那么泰戈尔呢，黎刹的真正同时代人？在此我们看到一种深远差别。泰戈尔是古老博大的孟加拉文学传统的继承者，他的小说多是用孟加拉语写就，是为英国治下庞大的孟加拉人口而写的。黎刹的母语是他加禄语，那是一种少数民族语言，在多语言的菲律宾群岛上大概只有两百万人会说，又没有散文写作的传统，大概只有几千人会读。当他援用“tú, que me lees, amigo o enemigo”（“你们读我书的，朋友或是敌人”）这话时，就告诉了我们，他为何用西班牙语——他的同胞只有3%的人能理解的一种语言写作。他的小说既是写给朋友看，也同样写给敌人看。在英国对印度的统治下，这种事情直到一个世纪后萨尔曼·拉什迪的作品方才发生。

黎刹不会知道，选择用西班牙语写作，可能要付出巨大的代价。黎刹就义五年之后，贪婪野蛮的美利坚帝国主义摧毁了独立的菲律宾共和国，再度将这里的居住者降到殖民地臣民的地位。美语作为表现真理、具有国际地位的新语言，被引入菲律宾，透过日渐扩张的教育系统推广开去。到二战前夕，它已（勉强地）成为这个群岛上最通用的语言。西班牙语渐渐隐没，结果到菲律宾被给予准独立的1946年，它已经无法认读了。不光是黎刹本人的小说、散文、诗歌和政治文章，还有1880和1890年代那想
232 象民族的整整一代人的作品，都变得难以理解了。如今，卓越的反殖宣传家皮拉尔、革命的设计师马比尼、共和国惨遭暗杀的天才将领卢纳，他们的大多数著作，都依然埋葬在西班牙语之中。

于是有了这种怪诞的形势，它逼得菲律宾人通过译文来阅读该民族最受敬仰的这位英雄的作品——既译成了各种地方方言，也译成了美语。于是也有了一种翻译政治学。把《不许犯我》翻译成菲律宾大部分的主要语种，是非失败不可的，这不仅因为许多西班牙人物"说着"他加禄语、宿务语或伊洛卡诺语显得多么荒唐可笑，还因为敌人读者群自动消失了，而且像梅斯蒂索人和土著人说蹩脚的西班牙语、西班牙殖民者失口说出蹩脚的他加禄语这类讽刺性描写，本身是不可翻译的。最显赫的美语译本是嗜酒如命的反美外交官格雷罗（Leon Maria Guerrero）于1960年代译出的，至今仍是中学和大学的指定读本，但是同样有致命缺陷：以官方民族主义之名做了系统删节。性、反教权主义，以及任何可察觉的与当代国家有重大关系的话，通通被毫不留情地删除了，目的就是将黎刹变成一个无趣的、僵死的民族圣人。

这把我们引向眼前的译本，它大致是在黎刹牺牲百年纪念的时候完成的。几年前，菲律宾最杰出的学者之一，多琳·费尔南德斯（Doreen Fernandez），对黎刹文本的错讹深感不安，动身去寻找一位语言上有能力翻出可信译本的同胞。她终于找到了，那就是索莱达·拉克松—洛钦

(Soledad Lacson-Locsin),一位年老的上层阶级妇女,生于本世纪很早的时候,早得黎刹的西班牙语是她的第二天性——那绝不同于1880年代的马德里西班牙语。这位老妪就在去世前,完成了《不许犯我》及其1891年的更猛烈续篇《起义者》的新译本。

新译本在很多方面都是先前译本的巨幅提高,装帧美观、脚注充分,有益读者又不嫌繁琐。但是粗野的美语影响痕迹犹在,更不必说那种基本的意识蜕变了,就在黎刹牺牲后一年左右的时间里,那种蜕变第一次造就了"菲律宾人"("the" Filipino)这一民族观念。

在黎刹的小说中,西班牙语单词*filipina*和*filipino*仍然表示它们传统的意思——也就是克里奥耳人,出生在菲律宾的、"纯"西班牙血统的人群。按照传统的帝国惯例,这一阶层夹在半岛人(出生于西班牙的西班牙人)与梅斯蒂索人、支那人和土著人之间。小说散发出传统类型的民族主义,但这种民族主义涉及对祖国(patria)的热爱,无关乎种族:*filipino*从来没有出现过在二十世纪才有的种族—族群含义。然而到1898年,即黎刹牺牲两年后,当马比尼开始写作的时候,*filipino*的旧义不复存在了。 233
因此眼前这个译本的根本困境在于,*filipino/filipina*始终是以Filipino/Filipina这样一种不合时代的形式出现的:举个例子,"el bello sexo está representado por españolas peninsulares y filipinas"("这种女性,正是以伊比利亚半岛的和克里奥耳的西班牙女子为其代表"),被荒谬地译作"这种女性,正是以西班牙的半岛人妇女和菲律宾妇女为其代表"。

另一个问题是原作的政治与语言复杂性被简缩了,这无疑是因为拉克松—洛钦夫人恰恰生得太晚了,没赶上西班牙统治时期的精英教育。黎刹让种族主义的圣方济各会修士达马索轻蔑地说,"cualquier bata de la escuela lo sabe",这时他嘲弄地插入了他加禄语bata,代替了西班牙语muchacho(男孩),以此显示殖民地岁月怎样让这位修士的语言无意中成了混合语。当拉克松—洛钦夫人把这句话译成"这点事随便哪个学童都晓得"时,那种效果不见了。黎刹引用了他热爱的十九世纪他加禄诗人巴尔塔萨尔（Francisco Balagtas）的三句诗，引的是原文，没有翻成西班牙语，造成必要的文化间的不谐之音；但是如果引用这首诗，用的语言是它周遭文本的同一种语言，就抹煞了这种效果。反讽的章目“Tasio el loco ó el filósofo”（塔席奥：疯子还是哲人）缩减成了“塔席奥”，而且人们不会猜到，章目“一天的好天气预示在早晨”原本是意大利文。译者对黎刹经常讽刺性地使用未经翻译的拉丁语也感到为难。

在他们本国受到尊崇的先知寥寥可数，而黎刹就是其中之一。但是这种尊崇的条件，数十年来一直是他的不可利用性。拉克松—洛钦夫人恢复了这位伟人忧伤而煽动性的笑声，从而改变了这一点。这种笑声是太需要了——假如人们想到所有那些“在马尼拉这个地方，由于天主的无穷智慧而创造出来、又由于他的大慈大悲而成倍繁殖的食客、帮闲和寄
234 生虫”。

11

难以想象

在艰难的1950年代末，菲律宾国内当权者们开始筹备何塞·黎刹博士诞辰的百年大庆——他生于1861年6月19日。黎刹不仅是最伟大的民族英烈——1896年被摇摇欲坠的西班牙殖民政权处以极刑，也是一位天分奇高的诗人、历史学家、科学家、记者、语言学家、讽刺作家、政治活动家，尤其是小说家。很久以来人们普遍承认，他的两部小说，《不许犯我》（1887年出版于柏林）和《起义者》（1891年出版于根特），是菲律宾文学的代表作，在菲律宾民族主义"觉醒"中发挥了关键作用。不幸的是，这位"第一个菲律宾人"用西班牙语创作了这些作品，那种语言是晚期西班牙殖民时代的高雅语言和通用语言。更不幸的是，1899—1942年的美国殖民政权最终——不全是蓄意地——荡除了西班牙语在当地的使用，逐步灌输美语取而代之。只有少数富裕的梅斯蒂索和克里奥耳家庭还用西班牙语。由于公共教育在华盛顿赞助下铺展开去，最后美语比任何一种菲律宾本土方言都（略为）通行一些。[1]这些发展的一个结果是，到

1　据殖民时代最后一次人口普查（1939年），菲律宾1600万总人口中，26.5%能说英语，25.4%说他加禄语，2. 6%说西班牙语（Andrew B. Gonzales, *Language and Nationalism: The Philippine Experience So Far*［Quezon City: Ateneo de Manila Press, 1980］，第62页）。

1950年代，黎刹的两部小说，原文已经让人读不懂了。英语译本确实存在，但都是在殖民时代译出的，有的甚至是外国人翻译的。[1]所以，当独立之世，值此百年庆典的大喜之期，发起一场最佳新译的有奖竞赛，似乎是再合适不过了。

然而这场竞赛不仅仅是民族纪念的一个庆典。在1950年代中期，出乎大多数人的预料，这位英雄成了一场激烈政治论战的中心。一群参议员和众议员，为了报复极端保守的天主教领导层某些高官对国家选举过程的冥顽干预（他们这么认为），倡议一项法案，要让所有学生，不管是国立还是私立学校的，必须阅读黎刹这两部小说。教会处在很尴尬的境地。这两部小说的主要反面人物都是教士：冷酷的圣方济各会修士、好色的圣多明我会修士、贪权的耶稣会士。两部书都包含了辉煌的篇章，其中无情嘲讽了十九世纪教会思想和传道实践的蒙昧的中世纪精神。虽然教会领导层非常乐意把黎刹当作民族英雄来纪念，甚至宣称他在就义前夜已放弃了共济会的和自然神论的观点，但是，他们坚决反对堂区学校（parish-school）学生大量阅读这位伟人写的东西。接着就发生了五光十色的政治喜剧，结果是教会的战术性胜利和战略性失败。不要求学生们读这两本特定的书，可以替换成别的煽动性稍弱的书。但是教会领导层，如其对手所愿地，被置于一种似乎要审查这“第一个菲律宾人”的难堪状况下。

被新译本竞赛激发起来的那些人中，有位莱昂·格雷罗（Leon Ma. Guerrero，1915—1982），当时是菲律宾驻圣詹姆斯宫廷的大使。[2]对格

1　最好和最有名的，是德比希尔（Charles E. Derbyshire）和博科波（Jorge Bocobo）的两个译本。

2　据格雷罗本人后来讲述，他只是在最后一刻才决定不拿他的译本参赛。他坦言原因在钱上。奖金不过1万比索，他还得交出版权。他把分期付款的版权在菲律宾卖给了《马尼拉时报》，在国外卖给了知名的伦敦出版公司朗文出版社。参见Edilberto N. Alegre和Doreen

雷罗，后边我还有更多话要说。这里说一点就够了：他流畅的译本大获成功，很快在中学和大学图书馆取代了一切旧译。正如费尔南德斯提到的，它们成了“大家如今所读的唯一译本”。[1]可以有把握地说，今天真正读过这些小说的美语版的几乎所有中青年菲律宾人，读的都是格雷罗版本。

大约二十年前，当我初次阅读这些译著时，我不懂西班牙语，而且既然它们读来如此轻松流畅，我——以及我所认识的任何人——从没有想 236
过，它们有什么异常之处。但是五年前，我选择了研究菲律宾民族主义，认识到我需要学会阅读西班牙语，于是决定通过对照格雷罗译本读《不许犯我》和《起义者》原文，自学西语。这种美妙、费劲、逐行的阅读立即让我豁然明白，格雷罗的译本以极有意思的方式系统地歪曲了原文。既然格雷罗本身是一个成熟老练、深富教养的人，西语也是运用自如，要说这种系统歪曲是由于草率或不胜任的缘故，看起来实在不可能。那又是何故呢？我在随后的篇幅里想要提出的意见是，那些歪曲主要是由1890年代和1950年代之间的民族主义意识上的一个根本变化造成的，也是由独立后马尼拉“官方民族主义”的蹒跚兴起造成的。[2]

在试图理解格雷罗译的《不许犯我》时，记住他的《导言》的某些奇怪特征很要紧。[3]他一开始就说他的译本是一种“尝试”，想让这部小说“在黎刹诞辰百年之际，能合新一代讲英语的菲律宾人的意，并且除了

G. Fernandez, *The Writer and his Milieu: An Oral History of the First Generation Writers in English*（Manila: De La Salle University Press, 1984），第79—80，85页。

1 同上，第75页。

2 “官方民族主义”这个术语，最先是休·希顿—沃森创造的，关于它的解释，参见拙著《想象的共同体》，第六章。

3 José Rizal, *The Lost Eden*（*Noli Me Tangere*），Leon Ma. Guerrero英译（Bloomington: Indiana University Press, 1961）。下一段的全部引文都出自译者导言（第ix—xviii页）。此后引自该译本的引文将只标明页码。

他们之外，在其他讲英语的民族［peoples，原文如此！］中拥有更广泛的读者。”他接着说，从前的译本一概不能令人满意。

> 母语是英语的那些人操觚这部书时，他们缺乏对菲律宾社会环境的感受或理解。菲律宾人试作时，依我之见，他们又受困于对原文的过分崇敬，导致扭曲的意义解释。两者通常都塞满了无数的解释性脚注，这些脚注讨人厌烦，令人泄气，虽然它们肯定对外国人有帮助，甚至对不再知晓先辈习俗的众多当代菲律宾人也有帮助。

他声称，在自己的新译本中，他极力给予“读者‘原著的流畅笔墨’，和这样的《不许犯我》：假如黎刹亲自操刀，用英语为当前一代菲律宾人写作，大概就是如此这般了。”最后他评论道：

> 黎刹的文风往往不太可能吸引现代人；再者，西班牙语比起现代英
> 237 语来，能够表现得更加华丽、动情。因此我容许自己有更多的自由意译某
> 些段落，否则那些段落可能激起世故的窃笑，特别是玛丽亚·克拉腊阳
> 台上的恋爱场景，那是菲律宾几代多愁善感者们的赏心乐事。

这些开场白中有某些用心良苦的东西。这位民族英雄的小说要做得“合乎”年轻一代菲律宾人（中学生和大学生？）的“心意”，“他们不再知晓先辈习俗”——七十年前的先辈。它要翻译得好像是黎刹在1950年代为格雷罗的同代人写的。它要意译，好预防世故的窃笑，纵使这意味着让菲律宾几代多愁善感者失望。既然不大可能是格雷罗认为中学生常常世故地窃笑，我们或可揣测，他想到的窃笑者是外国人，特别是美国和英国读者。人们获悉，删节和现代化（对此格雷罗直言不讳）是必要的民族主义手段，以便让黎刹继续活在菲律宾青年心中，防止他的菲律宾人的荣光遭到盎格鲁—撒克逊人取笑。至此一切了然。不过格雷罗对《不许犯我》

的实际作为，初看起来，似乎跟这些明言的意图几乎不搭界。

我们可以在以下（有点随意加的）七节标题下，概括格雷罗翻译策略的关键要素。这种策略，一以贯之地运用到组成《不许犯我》[1]的几百页文字中去了。

去现时化（Demodernization）

虽然《不许犯我》的故事被安排在（不久前的）过去，因而主导时态是过去时，但也常有向现在时的滑奏转调，这是黎刹大胆尝试的文体的特征。可是，这种现在时，个个都被格雷罗系统地变成了过去时。例如，在精彩的开头，黎刹恶毒地写道："Cual una sacudida eléctrica corrió la noticia en el mundo de los parásitos, moscas ó colados que Dios crió en su infinita bondad, y tan cariñosamente multiplica en Manila"（Rizal 1978，第1页）。我们或可将这段话单调地译成："［唐圣蒂亚格举行晚宴的］消息像雷鸣电闪，在马尼拉这个地方，传遍了由于天主的无穷德性而创造出来，又由于他的大慈大悲**还在**成倍繁殖的寄生虫、食客和帮闲的那个世界。"然而格雷罗把最后那串做定语的短语译成："由于天主的无穷智慧而创造出来，又由于他的慈悲为怀而**曾经**成倍繁殖的"（第1页；此处及其后的着重号系我所加）。另一个简单的例子是黎刹尖刻讽刺"圣地亚 238
哥"的富裕镇民那一段，说他们凌虐穷人，却为那些死去的魂灵虔诚地花钱买赦罪令、望弥撒，因为他们从那些魂灵那里继承了财产。"A fé que la Justicia divina no parece tan exigente como la humana"（第73页）。这句话意思是说："真的，**眼下**看来神的正义不如人的正义那么苛求。"但是格雷罗写道："他们**那时**觉察到，满足神的正义比满足人的正义要容易

1　其实他的《起义者》译本奉行了相同的策略，但为便利计，我这里的分析仅限于《不许犯我》。

些”（第79页）。

每一次，格雷罗的更改的效果压根不是“更新”黎刹的小说，毋宁说是把它推向深远古老的过去。仿佛他想让自己安心，上帝不再仁慈地繁殖马尼拉的寄生虫和食客了，他老人家终于变得和人类一样苛求正义了。

排除读者

整部小说中，黎刹不时地转向读者，对他们说话。好像作者和读者就是鬼魂或天使，在作者的快乐邀请下，他们无形无相地钻进修士的小屋、小姐的闺房、总督的豪宅，聚在一起偷听那里正在发生的事情。这一技巧搁置了时间，把读者深深地引入叙事中，调动了她的情绪，逗弄了她的好奇心，给她提供了居心不良的、窥探隐私的快感（这种技巧以奇特的方式预见了电影的技巧）。一个简单的例子是这个过渡段，它介于两个场景之间，前一个场景是达马索神甫把唐圣蒂亚格推入后者的书房密谈，后一个场景描述了两个多明我修士之间有点热烈的图谋。黎刹写道（第45页）："Cpn. Tiago se puso inquieto, perdió el uso de la palabra, pero obedeció y siguió detras del colosal sacerdote, que cerró detras de sí la puerta. Mientras conferencian en secreto, averigüemos que se ha hecho de Fr. Sibyla." 即是说："甲必丹蒂亚格开始不安起来，不知说什么好，可是他照办了，跟着神甫的笨重身躯走了进去，神甫在他身后关上了门。趁他们在室里密谈的时候，我们来看看锡维拉神甫在干些什么。"格雷罗的译文是这样的："他让甲必丹蒂亚格非常不安，都不知道该怎么回答，只得顺从地跟着身材魁梧的神甫进去了，神甫在他身后关上了门。这会儿，在这个城市的另一处，学问精深的圣多明我会修士锡维拉神甫，已经离开了他的教区住宅……"（第48页）

复杂一些的例子在首章可以见到。黎刹写道：

Pues no hay porteros ni criados que pidan ó pregunten por el billete de invitacion, subiremos, oh tú que me lees, amigo ó enemigo, si es que te atraen á tí los acordes de la orquesta, la luz ó 239
el significatívo clin-clan de la vajilla y de los cubiertos, y quieres ver cómo son las reuniones allá en la Perla del Oriente. Con gusto y por comodidad mía te ahorraría á tí de la descripcion de la casa, pero esto es tan importante, pues nosotros los mortales en general somos como las tortugas: valemos y nos clasifican por nuestros conchas; por esto y otras cualidades más como tortugas son tambien los mortales de Filipinas.（第2页）

这大致是说：

客人进门时，没有门房也没有仆人问他要请帖。既然如此，那么，读者诸君，我们也步上台阶，进去看看吧；不论是敌是友，要是你醉心于里面动人的音乐、灿烂的灯光，或者那些挑动食欲的杯盘之声，要是你有意想看一看在这被称为“东方明珠”的城市里，夜宴是怎么举行的，我们就进去看看吧。就我来说，如果不因事关重要，我倒乐意省掉这番叙述之劳，不来描绘这幢房子。但是我们这些凡人，一般都很像海龟；我们对我们的甲壳评头论足，又根据它们分个三六九等。在这方面，甚至在其他方面，菲律宾的凡人们至今也都像海龟。

格雷罗令人惊诧地把这一华章译成：

客人进门时，没有门房也没有男仆会问他要请帖。如果他被丝竹管弦之乐、银盘瓷器挑逗食欲的叮当之声吸引了，又如果一个外国人，兴许很想知道，在这所谓的“东方明珠”上举行的夜宴是怎么回事，那么他径自走进去好了。人都像海龟一样，被按照他们的甲壳分类和评价。在这方面，事实上也在其他方面，那时候菲律宾的居民们都是海龟。

黎刹机智的含沙射影的声音一下子被压抑了，作者和读者之间竖起了一道无声的墙，而且再一次地，原文中急迫的、当代的一切，被扫进了历史。事情当然不单单是格雷罗也许对这样的前景感到不自在：即便在独立的菲律宾，居民们仍旧根据他们的甲壳被分类和评价。因为原文让它的读者不可思议地成了问题：amigo ó enemigo（是友是敌）？谁是这些enemigos（敌人）？必定不是其他菲律宾人？必定不是西班牙人？毕竟，《不许犯我》是写来鼓舞菲律宾青年的民族主义的，是为菲律宾民族而
240 写的！西班牙读者到底会“在里边”干什么呢？[1]

删除他加禄语

黎刹的西语文本点缀着他加禄语的单词和短语。它们有时候用来取得单纯的喜剧效果，有时候用来加深读者对半岛西班牙人、克里奥耳人、梅斯蒂索人和土著人之间的冲突的意识。但是最常见地，它们如同维多利亚时代发展起来的印式英语那样，不过反映了地方方言对宗主国语言的偶然渗透罢了。比如，冷酷的西班牙圣方济各会修士达马索神甫会说：“Cualquier bata de la escuela lo sabe!”（第16页）。bata是他加禄语单词，指男孩或女孩，但是这里显然意指“男孩”。格雷罗（第19页）把这句话译成：“这点事连小学男生也知道！”就好像黎刹写下的是muchacho（西语，男孩）而不是bata。在别的地方，一些他加禄语单词，诸如salakot（一种当地草帽），timsim（一种煤油灯），paragos（他加禄人的雪橇），或者

1　黎刹的确希望，他的小说能有若干册落到殖民政权和可憎的修士手里，他无疑很享受这样的景象：他们对他那些夹针带刺的话局促不安。

sinigang（一种当地食物），它们非但没有保持原貌（尽管1960年代初的菲律宾年轻读者可能切身地熟悉它们），反而译成了“当地草帽”、“原油灯”、“当地雪橇”和“当地菜肴”，像是从西班牙语翻译过来的。[1]类似地，他加禄语感叹词naku!, aba!, 和susmariosep!被草草删去了事，虽然几乎所有人物的西语谈话中都夹杂了这些词。[2]考虑到人们很难想象，即便是1960年代早期最为美国化的菲律宾人，竟会彼此说到“当地草帽”和“当地菜肴”，这种翻译立场就尤为怪异。再说，那时候马尼拉的多数居民，还相当熟悉这种或那种形式的美式他加禄语（Taglish），其中他加禄语和英语不断交换和融合，如此一来，原作《不许犯我》的这种混合语确实本来看去是令人欣慰地“当代的”。[3]译本中对它的删削再度起了疏远而非拉近这位民族英雄的作用。

删节（Bowdlerization）

很显然，格雷罗删节了让他不舒服的许多段落——提及政治或宗教事务的段落、骂人的话，还有说到肉体功能的地方。第一类的绝妙例子是一段俏皮的话，黎刹讨论了甲必丹蒂亚格对某些宗教圣像的迷信崇拜： 241

> No había él visto por sus proprios ojitos á los Cristos todos en el sermon de las Siete Palabras mover y doblar la cabeza á compás y tres

---

1　第32，44，47，80页。

2　例如，试比较西语的《不许犯我》第148、219和352页，与英译的《失去的伊甸园》第167、250和405页。

3　1981年格雷罗回忆说：“当我开始在《自由报》上班的时候，我才学习他加禄语。真的，我的他加禄语是支离破碎的。现在不算坏了，不过，以前可是糟透了！”Alegre和Fernandez, *The Writer and his Milieu*, 第85，86页。

> veces, provocando el llanto y los gritos de todas las mujeres y almas sensibles destinadas al cielo? Más? Nosotros mismos hemos visto al predicador enseñar al público, en el momento del descenso de la cruz, un pañuelo manchado de sangre, é íbamos ya á llorar piadosamente, cuando, para desgracia de nuestra alma, nos aseguró un sacristan que aquello era broma ... era la sangre de una gallina, asada y comida *incontinenti* apesar de ser Viernes santo ... y el sacristan estaba grueso. （第28页）

这大致是说：

> 难道他不是靠他那对猪眼似的小眼睛亲自见过，就在神甫宣讲耶稣临终七言的时候，所有的基督圣像都一齐动弹起来，一齐点了三次头，因而引起全体妇女和命定要升天堂的敏感灵魂痛哭流涕吗？我们自己就曾看到，布道的神甫在谈到把耶稣从十字架上放下来的时候，向大家展示了一块血迹斑斑的手绢；正当我们又要一抛虔诚之泪时，真叫我们的灵魂遭殃的是，圣器管理员告诉我们那不过是个玩笑，手绢上的血迹原来是鸡血，他们已经把那只小鸡当即烤来吃了，尽管那天是耶稣受难节……圣器管理员吃得可胖呢。

格雷罗只翻出了这些："难道他不是靠他那对小眼睛亲自见过，就在耶稣受难节神甫宣讲临终七言的时候，那些圣像一齐三次抬头三次垂头，感动得教堂里的全体妇女、甚至命定要得拯救的所有敏感灵魂，涕泗交迸、虔诚呼号吗？"（第32页）看起来，华人梅斯蒂索人的轻信被奚落是一回事；而允许这第一个菲律宾人，以其挖苦的语调，去嘲笑教士玩世不恭地操纵普通菲律宾人的虔诚，以及嘲笑那种虔诚本身，这完全是另一回事。于是黎刹那轻松滑稽、顽皮捣蛋的第二句话就被省略了。

黎刹经常让他笔下较粗野的人物爆粗口，使用的是印刷上的常规技法“p——”。这个“p——”可能表示putangina这个混合语词，它是西班牙语puta（妓女）和他加禄语inay（妈妈）组合而成，意即“你妈是鸡婆！”（在马尼拉街头，这个骂人的词儿每天可以听到很多遍，它真是“小学男生都知道”的话。）另一个也许更可能的所指是puñeta，这个表达实在太下流了，确保了它不被马德里皇家学院的权威西语词典收录——我们可以把它译成“你手淫啊！”然而，每一情形下，格雷罗要么干脆抹掉“p——”要么把它译成“该死”，或者再大胆一点，“真他妈的”。[1]如果谁在马尼拉四处溜达，他所见到的最普遍、独特的墙壁涂写是：Bawal umihi dito，即“此处不许小便！”就像地中海国家的男人们一样，无论何 242
时何地感到尿急，菲律宾男子习惯于差不多当即就地一撒为快。一般而言，男男女女都把撒尿看得平平淡淡。因此难以理解的是，黎刹让他的人物撒尿的地方，这些段落都被译者删掉了。然而更惊心的是格雷罗对一个有名段落的处理，黎刹在此描述了“圣地亚哥”老墓地的废圮状态。他这样讥讽地写那些骸骨和骷髅：“Allí esperarán probablemente, no la resurreccion de los muertos, sino la llegada de los animales, que con sus líquidos les calienten y laven aquellas frias desnudeces.”（第56页）意即：“它们等在那儿，很可能不是等待死者的复活，而是等着野兽的到来。野兽们会用尿液温暖它们，给露在外面的寒骨冲个澡。”格雷罗显然被这种讽刺吓得退缩了，他告诉我们：“它们在那里等着，不是等待死者的复活，而是等着野兽的注意，好温暖它们的寒躯，洗涤它们的裸体。”（第61页）从这句话里，年轻读者可能轻易想到的，不是公猪的尿流如注，而是幼鹿舌头的温柔舔触。

1 试比较西语的《不许犯我》第217、218、220和294页，与英译的《失去的伊甸园》第247—249页和337页。

去地方化

《不许犯我》中的几乎所有场景，都要么设在"圣地亚哥"（现在的卡兰巴，也是黎刹的家乡），要么设在马尼拉。涉及马尼拉的那些章节，到处提到街道、教堂、居民区、咖啡馆、广场、戏院等等，处处可见对它们的描写。在过去的这个世纪里，这些地方当然有的已经消失了，还有一些改了它们的名字和用途。然而不管是谁，只要他在马尼拉住过较长时间，依然完全可以认出其中大部分的。这些地方和地名的密集，属于有这样一种效果的因素，它能给予读者最逼真的感受，觉得自己被深深拖入小说之内了。狄更斯的手法几乎一模一样，他运用详细的伦敦城市地理，使比尔·赛克斯和费金、丹尼尔·奎尔普和小耐儿的世界活灵活现。所以格雷罗删除了这些尚可辨识的地名多达80%，就莫名其妙了。运用西语原版，人们很容易跟着黎刹的英雄和恶棍们在这都城四处活动；但是如果使用格雷罗的美语译本，这基本上行不通。还有，黎刹间或把他那时走红的音乐厅和小歌剧的"明星们"搬上舞台：查那奈（Chananay），叶莺（Yeyeng），马里亚尼托（Marianito），卡瓦哈尔（Carvajal），如此等等。这些名人起的作用，就像伍迪·艾伦、帕瓦罗蒂、麦当娜在关于当代纽约的一部博文奥义的小说里可能起的作用一样。他们无需介绍，因为1880年代的每个读者自然而然地知道他们是何许人。格雷罗删除了所有这些
243 明星，用一种匿名的集体身份如"马尼拉最著名的演员"代表他们。[1]令人疑惑之处在于，格雷罗一定有足够广博的学问，知道在巴尔扎克、托尔斯泰和普鲁斯特的小说中，提到今天已被忘却的演艺名人，这根本不会妨碍——反倒是增强了——他们向读者呈现的这些世界的直接性和逼真性。虽然1950年代的年轻菲律宾人肯定不认识叶莺是"谁"，可他们能够

1 试比较西语的《不许犯我》第145、224和226页，与英译的《失去的伊甸园》第164，257和259页。

认出她的名字是他加禄语，从而明白她是一个菲律宾女子；虽然“卡瓦哈尔”是个西班牙人名，可有位当代的梅斯蒂索人电影小明星也叫这个名字。人们想必会认为，保留黎刹的那些人名原本有助于让1880年代的社会环境更加接近现代读者，而不是使他们对那个环境感到隔膜。

去欧洲化

黎刹雅人深致，凭借他的耶稣会教育，通晓拉丁语和古代世界。他懂西班牙语、英语、法语和德语，也粗识意大利语和希伯来语。[1]他还博览欧洲文学。因此不必奇怪，读者会发现《不许犯我》中到处是没有译出的经典名句（经常用于精妙讽刺的目的），也到处提到和引用大名鼎鼎的欧洲大师们。格雷罗处理这些被提及的人与言的办法，就是尽一切可能，消除它们或使之归化。有时候这种效果怪里怪气的。比如，在两个多明我会修士的阴谋商议中，黎刹让年长的教士说道：“Temo que no estemos empezando á bajar: Quos vult perdere Jupiter dementat prius.”（第47页）意即：“我怕我们已经在走下坡路啦。朱庇特想让谁灭亡，就先让他疯狂。”黎刹没有翻译拉丁语，因为他设想读者能够理解他的警句。他让两位修士，在滑稽的卖弄学问中，提到罗马人的主神，虽然教会的神父们老早就已经把欧里庇得斯的神秘的希腊邪神（daimon），转变成了基督教的上帝（Deus）；这样黎刹也是在取笑多明我会修士。格雷罗去掉了拉丁语和带刺的话，把这句话译作：“上帝要谁灭亡，必先使其疯狂。”（第50页）结果是黎刹的雅致笑声被抹掉了。

在另一段引人注目的话里，黎刹写到达马索神甫的阴险样子“os

1　第七章（“Idilio en una azotea”［屋顶花园之歌］）有一个副标题，是未经翻译的希伯来文；第五十三章是意大利文标题“Il Buon Di Si Conosce da Mattina”（一天的天气取决于早晨）；第五十七章简单地题名为“Vae Victis!”（拉丁语，战败者唯有任人宰割）。

acordareis de uno de aquellos tres monjes de que habla Heine en sus 'Dioses en el destierro', que por el Equinoccio de Setiembre, allá en Tyrol pasaban á media noche en barco un lago, y cada vez depositaban en
244 la mano del pobre barquero una moneda de plata, como el hielo fria, que le dejaba lleno de espanto"（第4页）。[1]大意是：（他那模样）"让你不由得想起海涅在《流亡的天神》里描述的三个修士中的一个来，他每当秋分那一天的午夜在蒂罗尔搭船过湖的时候，总在船夫手里放上一枚冷若寒冰的银币，吓得那可怜的人毛骨悚然"。格雷罗译成这样："让人想起德国故事里的那三个修士中的一个来，他在午夜时分要渡过蒂罗尔湖，每次都在船夫手里放上一枚冷若寒冰的银币，使那个船夫不胜惊骇"（第5页）。在黎刹嘲弄地使用"la palanca del mundo"（第91页），分明以此指称阿基米德的有名杠杆的地方，格雷罗把这博学的恶意漂白了："我认识到孩子们每天看见鞭笞，就会毁掉他们的同情心，也会扼杀做人的尊严感，这种尊严可以撼动（move）世界。"（第99页）（读者完全可能把这儿的move理解成"感动"［stir the heart］。）黎刹称他的主要女恶人为"美杜莎"（第262—263页）的地方，格雷罗就直呼其名"慰藉夫人"（Doña Consolacion，第299—300页）。商博良（第217页）变成了"名满天下的埃及学家"（第247页）。智慧老者塔席奥，黎刹说他是一个"filósofo"（第62页），即philosophe（哲人），狄德罗启蒙运动的理性主义和怀疑主义的菲律宾代表人物，到格雷罗笔下成了没有语境提示的"学者"（scholar，第67页）。消失的人物还有克洛伊（Chloe）、亚克托安（Actaeon）、白雪公主、莱奥尼达斯（Leonidas）、普洛托（Pluto）、阿耳戈斯（Argus）、阿里阿德涅（Ariadne）、弥诺斯（Minos）、巴克斯（Bacchus）、爱神阿斯塔蒂（Astarte Genetrix）和"长着无数乳房的以弗所的狄安娜"，以及别的许

1 这里提到的是海涅最后的、最深奥的诗集之一，*Die Götter in Exil*。

多人。[1]

既然如我们将要看到的，格雷罗以他的反美民族主义为傲，这一切里边就有一种奇特的反讽。因为他的去欧洲化翻译的效果，不是让黎刹菲律宾化，反而让他美国化了。

时代错误

从1880年代到1950年代，运行于菲律宾的“官方的”社会—政治分类系统多有变迁，而翻译中的时代错误的最突出例子，全都以不同方式与此相关。开篇的一些小小细节就能让人对此有所感觉。比如，黎刹（第27页）引人发噱地说到一个富人家里媚俗的圣米迦勒像，这位天使长“embraza un escudo griego y blande en la diestra un kris joloano”，意思是说，他“左臂挽着一块希腊式盾牌，右手挥舞着一柄霍洛人的格利斯短剑（a Jolonese kris）”。格雷罗的译文是：他“一条胳膊上挽着一块希腊 245
式盾牌，另一只手挥舞着一柄马来人的格利斯短剑（a Malay *kris*）”（第31页）。除了典型的拉开距离的时态变换之外，[*] 明显的形态变化是“霍洛人的格利斯短剑”变成了“马来人的格利斯短剑”。黎刹看不出有什么必要把“kris”排成斜体，在这个群岛上，无论过去现在，谁都知道那个单词，知道那种短剑。穆斯林市镇霍洛那时是、如今依旧是这种精良的传统武器的最佳制造者之一。格雷罗把“kris”用斜体标出，就使它作为某种

1　试比较西语的《不许犯我》第38页（Chloe），49页（Astarte and the Diana of Ephesus），126页（Actaeon），168页（Sigismund and Dornröschen［白雪公主］），189页（Leonidas and Pluto），298页（Argus），351页（Ariadne, Minos, and Bacchus），与英译的《失去的伊甸园》第41，52，137，191，214，341和404页。

*　原文及安德森英译是现在时，格雷罗英译是过去时。汉译实在难以表现这种变换。——译注

“外来的”、需要向年轻菲律宾人解释的词/物凸显出来。“Malay”（马来人的），这更古怪了。一种读法是，它可以指马来亚/马来西亚和印度尼西亚的民族，他们确实也制造格利斯短剑；这样的读解将会加重该武器的外来性——好像暗示1960年代菲律宾人对它一无所知。但是这个单词也可以并且看似更合理地“从种族上”理解，意指像“马来人—波利尼西亚人”之类的人口类型，一般认为其中包含了菲律宾人、占人、马来人和印度尼西亚人。设若如此，这里的“Malay”将有助于擦拭掉这一事实——菲律宾的穆斯林过去/现在是宗教上的少数派，被占总人口90%的基督教多数派围困起来，从而强调这种格利斯短剑“本质上是菲律宾的”。

如果我们看看黎刹使用族群、种族和政治术语的方式，问题就会越积越多。总体而言，他坚持晚期西班牙殖民者的分类：半岛人（即出生于西班牙的西班牙人），克里奥耳人（即出生于菲律宾或拉美的西班牙人），梅斯蒂索人（即混血儿，包括西—土、西—华、华—土混血和其他复杂情况），生理人和支那人（出生于菲律宾之外的华人），土著（indios or naturales，菲律宾群岛上的“印第安人”或原住民）。但是有时候，他前后不一地使用梅斯蒂索人和克里奥耳人这对术语，以致它们显得相互重叠甚至相当。这种矛盾性是1880和1890年代的特点，当时政治、文化和社会的变迁正在使旧等级制遭到怀疑。记得这一点同样要紧：filipino这个词，那时才刚刚开始发生语义的重大转换。对这个国家——人人都叫它Filipinas或Las Filipinas——中的大多数人来说，迟至十九世纪末叶，filipino基本上是克里奥耳人的同义词，亦即生于群岛的血统纯正的西班牙人，而且它始终是按西语的格式拼写的，字头是小写的“f”。但是几乎不知不觉地，向上流动的西班牙梅斯蒂索人和华人梅斯蒂索人也开始自称filipinos，他们不时地与传统的filipino克里奥耳人结盟，在政治上对抗控制了殖民地军、政、教大权的半岛人。1900年后，也就是黎刹遇害、1896—1898年反西革命运动成功之后，它迅即获得一种主要是政治的涵

246 义，指谓这个国家的全体“子女们”，不问其种族血统是什么。它还变成

了大写体。可是在黎刹小说里，它从未在二十世纪的这种意义上使用过。

格雷罗对这些术语的处理格外说明问题。首先，意指梅斯蒂索女人或克里奥耳女人的*filipina*（出于某种原因，黎刹几乎不用这个形容词或名词的阳性形式），一般都被译成Filipina，后者指的是菲律宾的女性国民。克里奥耳人几乎消失了，梅斯蒂索人往往依照盎格鲁—撒克逊的种族主义风格，被译作"半纯种人"（half-breed）。例如，对那个华人梅斯蒂索人唐圣蒂亚格·德·洛斯·桑多斯，黎刹会心地写道："si se criticaba á los mestizos sangleyes ó españoles, criticaba él tambien, acaso porque se creyese ya ibero puro"（第29页）。（"要是有人非难华人梅斯蒂索人或西班牙梅斯蒂索人，他会随声附和，也许因为他自己已经自认是纯粹的西班牙血统了。"）格雷罗则写道（第33页）："要是他听到对华人半纯种人和西班牙半纯种人的批评之声，他会添油加醋，也许因为他自己已经自认是纯粹的西班牙血统了。"当愚蠢、自负的唐娜维多利娜想指定一个遗产管理人管理她的家产的时候，黎刹说（第239页）她"pensó en un administrador peninsular, no confiando en los filipinos"。且不说其他种种，仅上下文就已经让黎刹表达的意思一清二楚了："她曾打算从西班牙半岛找一个人来给她管理家产，因为她不信任克里奥耳人。"但是格雷罗把这句话现代化、民族化、荒谬化成这样子："他务必是来自西班牙的一个西班牙人；她可信不过菲律宾人"。（第273页）黎刹原文是"pregunta una criolla"（第325页，意即"一位克里奥耳姑娘询问说"）的地方，格雷罗译成"一位半纯种姑娘插话说"（第373页）。也许这一切中最惹人瞩目的，是黎刹对玛丽亚·克拉腊婚礼的来宾名单的说明与格雷罗译文之间的对照。黎刹说该名单"únicamente españoles y chinos; el bello sexo está representado por españolas peninsulares y filipinas"（第329页，意即"只有西班牙人和华人；女客们也只限于半岛西班牙人和菲律宾的［克里奥耳］西班牙人"）；格雷罗的译文是："只有西班牙人和华人；女客们也仅限当地西班牙人和自伊比利亚半岛来的西班牙人"（第379页）。这是译者没有误译*filipinas*的唯一地方。虽然如此，我们还是可以看到一种典型的思维在运作。在黎刹的原句中，*filipinas*表现为一个形容词，限定了*españolas*（西班牙人），所以“Filipina Spaniards”（菲律宾妇女的西班牙人）将是不可容忍的明显误译。此外，对1960年代的年轻菲律宾人来说，读到菲律宾妇女（而不是菲律宾人）应邀参加这种限制甚严的婚礼，大概会觉得奇怪。格雷罗巧妙的解决办法是，给出恰当的译文，但同时也要确保黎刹原文里*filipinas*的存在不露一丝痕迹！

在试图破解格雷罗翻译策略的意义之前，有必要对这个人本身说上
247 几句。他生于1915年，即美国从西班牙手里夺取菲律宾的统治权十六年之后；卒于1982年，即菲律宾（第二）共和国宣告成立的三十六年后。他出自马尼拉的格雷罗大家族，一个梅斯蒂索人的中产之家，那是真正当得起书香世家称号的少数家族之一，历经三代，造就了一些卓尔不群的知识分子和专业人士。[1]

他的祖父莱昂·格雷罗一世（Leon Ma. Guerrero I, 1853—1935），以“菲律宾植物学之父”著称，是知名的科学家、教育家、记者和爱国的保守主义政治家。这位圣托马斯大学的植物学教授，在阿奎纳多于1898年夏宣布成立革命共和国之后，开始积极参政议政。他为阿奎纳多的《菲律宾共和国报》（*La República Filipina*）撰稿，是革命立法机关的一员，在阿奎纳多第二届内阁任过职，还帮助领导菲律宾代表团，与舒曼委员会（Schurman Commission）进行和平谈判。当1907年美国人建立殖民地

1　以下各段的传记材料摘自W.M. Guerrero, *The Guerreros of Ermita*（Quezon City: New Day, 1988），第3—4, 16—21, 24—25章，尤其是第24章；基里诺（Carlos Quirino）为格雷罗获奖的黎刹传记《第一个菲律宾人》所写的略显狡猾的导言， *The First Filipino*（1963），第xv—xix页；以及菲律宾外交部发布的一份生平新闻稿，C辑第52号，1966年5月9日。

议会时，他作为国民党党员，代表布拉干省第二选区，做了一个任期的议员。随后，他回归学院生活，当选为马尼拉书院（Liceo de Manila）首任院长。他的一个儿子，塞萨尔·格雷罗（Cesar Ma. Guerrero, 1885—1961），成了显要的神职人员，先是做林加延的主教（1929—1937），以后又做圣费尔南多的主教（1948—1957）。但是，有传言说他在1942—1945年间与日本占领军合作，为此他后来受到叛国罪的指控，多亏了教会统治集团的院外活动，这个案子最终撤诉，但他的令名是被糟蹋了。莱昂的另一个儿子，阿尔弗雷多·格雷罗（Alfredo Ma. Guerrero）博士，是一位富有的、有口皆碑的医生，他就是我们这位译者的父亲。

这个家族的旁支同样出众。莱昂一世的兄长洛伦索（1835—1904），是个名闻遐迩的职业艺术家，也是菲律宾最著名的画家胡安·卢纳（Juan Luna）和伊达尔戈（Resurrección Hidalgo）的恩师。他的一个儿子，费尔南多·格雷罗（1873—1929），这位"革命诗人"，至今仍因他的爱国诗篇为人追念。革命期间，他充任卢纳将军《独立报》（*La Independencia*）的年轻的正式撰稿人，后来又成了一些民族主义报刊的激情似火的编辑，如《复兴报》（*El Renacimiento*），《先锋报》（*La Vanguardia*），《祖国报》（*El Patria*），还有《民意报》（*La Opinión*）。他也进了美国时代的第一届议会。洛伦索的另一个儿子，曼努埃尔·格雷罗（1877—1919）博士，在圣托马斯大学教医学，也为《菲律宾共和国报》和《民意报》工作，还发表了一部生动活泼的短篇小说集，书名为《文学散文集》（*Prosa Literaria*）。 248
费尔南多的一个儿子维尔弗里多还健在，是著名的剧作家、导演和菲律宾大学的教授。曼努埃尔的一个女儿伊万杰琳娜（Evangelina），是位西语作家，1935年因其《心灵万花筒》（*Kaleidoscopio Espiritual*）荣获索韦尔奖（Zobel Prize）。格雷罗家族的人，一直到我们的译者这一代以下，在家里仍然悉数说西班牙语；但是在公共生活领域，前两代人与莱昂·格雷罗和他的远房堂兄维尔弗里多这代人之间有一道清晰的裂痕，前者主要用西班牙语写作，后者几乎全用美语著书立说。[1]

格雷罗，一个年轻的殖民地居民，对他的书香门第有浓厚意识，辉煌的职业前程看来是命中注定的。1935年，他在耶稣会的马尼拉雅典耀大学（Ateneo de Manila）以最优异成绩获得文学士学位；1939年，在菲律宾大学以最优异成绩获得法学士学位。1940年，他二十五岁，已经在雅典耀大学教法律了，还任职于副检察长办公室。他最初的任务之一，是起草一份辩护状呈递给菲律宾最高法院，敦请驳回青年费迪南德·马科斯不服谋杀罪的上诉（也许因为首席法官老何塞·劳雷尔自己年轻时也被迫洗刷这样的谋杀指控，马科斯赢了上诉）。这期间，格雷罗成了科拉罗·雷克托（Claro Recto）的门生，后者是一位富有的律师，国民党的政治家，亲西班牙的文人。这层关系将要多方面决定他以后的职业生涯。虽然在巴丹和科雷吉多尔他都和美国人并肩作战，但据卡洛斯·基里诺说，他已经因美国人没能保护他的国家而感到幻灭了。于是，在日本人的支持下他重操旧业，恢复了美国时期很受欢迎的一栏节目，即晚间广播政治评论；他用了一个化名，叫伊格纳西奥·沙勿略（Ignacio Javier），也就是耶稣会两位英雄的合体：罗耀拉的圣依纳爵（St. Ignatius of Loyola）和圣方济各·沙勿略（St. Francis Xavier）。1943年，雷克托当上了何塞·劳雷尔的战时共和国的外交部长，这时年轻的格雷罗也加入到外交使团中去，从1943年到1945年担任菲律宾驻东京的新大使馆的一等秘书。当劳雷尔和雷克托都因战时通敌（像格雷罗的那位教士叔叔塞萨尔一样）被美国人（极短暂地）监禁起来的时候，这位年轻的时事评论员—外交官实在是太小的虾米了，不值得兴师问罪。短时的乌云蔽日之后，1947年他东山再起，做了参议院的法律顾问，后来又加盟雷克托的生意兴隆的法律事务所。到1954

1　费尔南德斯曾问格雷罗，他自认为他的主语言是什么，格雷罗答道："当然是英语。"费氏又问："不再是西语啦？"格氏答曰："我熟习西语，但不如英语。"Alegre和Fernandez，*The Writer and his Milieu*，第86页。

年他三十九岁的时候，在狡猾的卡洛斯·罗慕洛（Carlos Romulo）手下当了外交部副部长。他是个了不起的“1950年代的成功人士”，似乎没有理由不应当再上层楼。接下来事情开始出岔子了。249

他做了一系列主题为“亚洲人的亚洲”的未加审核的演说，它们让罗慕洛和美国大使馆大为震怒，也让那些从中嗅出战时日本宣传主题的某些回响的人们忧心忡忡。这些演说的语气似乎使他的观点紧密呼应着参议员雷克托的观点，后者当时出于自身的原因，正提出一种中立主义的、暗地里反美的外交政策立场。可此时参议员本人和麦格赛赛总统已经势同水火。接着格雷罗就被打发去伦敦任大使，在那里他从1954年一直干到1962年。

更糟糕的还在后头。1959年10月，他作为派驻联合国的菲律宾代表团成员，出席了纽约的一场外交午餐，在这儿他陷入了与美国代表团成员沃尔特·罗伯逊（Walter Robertson）的激烈争执，后者是杜勒斯负责远东事务的助理国务卿，又有权势又反动。据说罗伯逊提到雷克托时嗤之以鼻，还以恩人的姿态历数美国对菲律宾的大公无私的政策，这惹恼了格雷罗。罗伯逊最后说道：“你太粗鲁了……你要知道，你是这样跟我讲话的第一个菲律宾人。”对此，据称格雷罗回敬道：“麻烦在于你不习惯菲律宾人对美国人顶嘴。”[1]华盛顿随后表态，任何重大的外交聚会都不欢迎格雷罗。1960年他成了国际糖业理事会主席，1962年沦落为驻西班牙大使。在这期间，他的恩主、参议员雷克托于1960年底亡故。当亲美的、也是美国人做后盾的马科斯上台的时候，格雷罗终于同流了，竟至于在1975年发表了为戒严令政权辩护书。辩护书原题为《今始于昔》（*Today Began Yesterday*），无论对他的名声还是他的前程都没多大好处。他开始酗酒，1982年郁郁而终。[2]

1 参见《马尼拉时报》上登载的报道，1959年10月2日。

2 它是“受命于”马科斯的外交部长罗慕洛而写的一篇文章的增补版，该文意在反驳格雷罗就是在这种种遭际下从事他的黎刹翻译的，因而它们十分重要。他的《失去的伊甸园》导言注明的日期是“1959年黎刹日［12月30日］”，也就是和罗伯逊争吵后仅仅三个月；《起义者》导言注明日期是“1961年，黎刹诞辰百年的五一节”，也就是雷克托死后没几个月。看来
250 合理的推断是，由于意识到没什么指望在高层政治中扮演更大的角色，他像他的家族里先行一步的其他人一样，转而去打造他的民族主义知识分子和文人的名声。实际上，紧跟着这些翻译，他很快撰写了一部英文的黎刹传记并获了奖（他后来称，只花了一个月就完成了！），还有一部西班牙语的文章和演说集，题为《是耶非耶》（*El Si y el No*），1963年荣膺索韦尔文学奖。

把如此巨大的精力奉献给黎刹，取得的成就却如此古怪，这是本文最后部分要考虑的难题。

两条一般的探究理路浮现出来，它们将在不同层面上被究诘到底，但全然不必相互龃龉。两者从彼此映照的视角出发，邀请我们去思索政治时间的流逝。

第一条理路是近乎普世的时代推移：从民族主义主要是一种民众造反运动、外于政府也反对政府的时代，过渡到它部分地被改造成新—旧政府的合法化工具的一个时代。在黎刹短暂生命——年仅三十五岁——的最后十年里，他是想象和动员菲律宾大众民族主义的核心人物，这种民族主义反抗两个政府：以马尼拉为基地的专制的、教权主义的殖民地

流亡政客劳尔·曼格拉普斯（Raúl Manglapus）所作、发表在《纽约时报》上的一篇反戒严令文章。在格雷罗死前不久同费尔南德斯的访谈中，他公开地、痛心疾首地自我贬低了他生命的大部。虽然作为翻译家、传记作者、记者和评论家，商业上大获成功，但是说“我不能自称为作家”，事实上他自责做了雇佣文人，写了“一些无聊的俗套小说”，“靠［给雷克托等人］当捉刀人谋点稻粱”（Alegre和Fernandez, *The Writer and his Milieu*, 第71—73页）。

政府，和以马德里为基地的、半是自由—共和政体半是教士—君主政体的、有分裂倾向的宗主国政府。这一任务需要进行一场艰苦卓绝的破坏和建设的运动。必须撕去殖民地政府及其反动的教士同盟的假面具，同时必须想象出一个菲律宾，它与母国西班牙各成一体，泾渭分明。在不同方面，小说作为一种文学体裁（黎刹算是开菲律宾风气之先），对这两个目标是完全合用的。[1]因为它让人有可能把“菲律宾”（Las Filipinas）想象成一个包含了许多社会类型的有界的社会学实在，[2]那些社会类型在每个社会层次上，彼此间进行着日常的、“同时的”互动。但是它也容许读者，从无与伦比的辩论细节中，了解到剥削、野蛮、伪善、懦弱、盲信、愚昧、无知和腐败的积弊，是它们让殖民统治成为可能。换言之，小说与黎刹非凡的讽刺才能配合得天衣无缝。正是在这种语境下，我们可以注意到，《不许犯我》的有些修辞风格和手段对黎刹的目的多么不可或缺，而格雷罗恰恰要尽其所能地清除它们。这部小说是以（不久前的）过去为背景，这或许有其必要，但是作者急切地向读者保证，上帝继续在马尼拉仁慈地繁殖着食客和帮闲。在殖民地独裁统治下，普通读者大概没有机会亲眼目睹多明我会修士或总督的阴谋诡计；但是作者会牵着这些读者——不管是敌是友——的手，让他们无形中偷听到那些阴暗的勾当。人人都了解到，在有政治家风度的宣言与虔诚的说教的门面下，统治者和他们的夫人、情妇、姘妇们下流地咒骂，撒尿，混用着他加禄语表达和常常不合语法的西班牙语，讲点儿拉丁语错误百出，而且他们恰恰住在这条街上，把一些人发配到那座监狱，在这家戏院观赏俗不可耐的歌舞杂耍表演，又在那座修道院里密谋。黎刹驾轻就熟地运用最令人信服、最直接的社会现实主义来表现这一切，这是他的首要战略：于是有了puñeta 251

1　这里的论题在拙著《想象的共同体》第二章有详尽论述。

2　读这本小说，我们知道有西班牙、香港、德国和美国，但它们无例外地都“在舞台之外”。

（你手淫啊），susmariosep（他加禄语的一种叹词），Yeyeng（叶莺），Pasay（帕赛城），salakot（一种当地草帽），Jolo（霍洛城），如此等等。这里的东西无不是战斗的号令。

可是在1950年代的独立菲律宾，这一切还有多少是真正承受得起的？1942—1945年间，这个国家经济上、身体上、道德上都饱受摧残，因为美国主子和日本主子在它上面交战。从1948年到1953年，它经历了本世纪以来第一次严重的造反运动。美国军事基地和美国强加的对等协定（Parity agreement）束缚了它的真正自由。然而它是被1890年代梅斯蒂索人革命精英的子孙们统治着，他们已经在美国殖民体制下大发其财，大捞其权，他们曾经跟日本占领政权合作，如今坚定地意欲成为他们自家名实相副的主人。

对这个独立后的当权派而言，随着它的不稳定的国内和国际威望的发展，黎刹爷爷似乎显得既是朋友又是敌人。他有西班牙人—华人—土著的混合血统，也有安逸的生活境况，所以他是他们中的一员。他的英雄行为和自我牺牲堪为万世师表。他是唯一的这样一位菲律宾人：西班牙和德国的街道用他的名字命名，他的著作被翻译成了印地语、法语、印尼语、英语和俄语。他的雕像遍布在一百个菲律宾小镇的广场上。他是农民中间流传甚广的一种大众神秘崇拜的核心人物。因此他担当了菲律宾民族主义真理的首席保证人——某种意义上甚至是它的托辞。

但是他也是一个敌人，特别是因为他本人就是个民族主义者（这与圣女贞德和威廉·退尔不同），而且他还写啊写啊写个不停。到1950年代，他所写的许多东西是扰乱人心的，即使不是颠覆性的——对他的民族主义译者亦然。黎刹谴责过对妇女的压迫：雷克托却在一战后单枪匹
252 马阻止菲律宾效仿美国赋予女性选举权。黎刹嘲讽过通敌叛国的梅斯蒂索大庄园主：格雷罗却是国际糖业理事会主席，而菲律宾议会就被这些通敌叛国的糖业大亨们把持着。黎刹无情奚落天主教统治集团：可是在1950年代，菲律宾大主教鲁菲诺·桑多斯（Rufino Santos）无疑是殖民时

代反动的西班牙知识阶层（clerisy）[*]的精神后裔；格雷罗的叔叔塞萨尔主教，本来可能轻易漫游到《不许犯我》或《起义者》的书页中去。也许就是这些考虑促成译者做了某些删节，而且通过去现时化、排除读者和去地方化，使黎刹的菲律宾尽可能地远离他自身时代的菲律宾。

但是与这些狭隘的考虑相比，另一些考虑也许更深远、更重要。正是独立的现实使群岛上官方民族主义的出现成为可能，从某个角度看来甚至是成为必要。这一形式的民族主义，作为国家的派生物和甲胄而浮出水面。它不仅在官方的纪念仪式上，也在一种系统的计划中自我彰显；那种计划主要（虽说不是独一地）借由国家的教育系统，旨在创造和传播官方民族主义的历史、官方民族主义的英雄先贤祠，和官方民族主义的文化，传遍它年幼、初生的各阶层公民之中——自然地，是为了国家自身的利益。这些利益首要在于灌输对它自身的信仰、敬畏和服从。

我们能够理解，这个黎刹，在社会观念上显得过激，反偶像崇拜，含讥带诮，泥土气重，道学腔浓，他不是那么容易适应这项计划的。从官方民族主义的观点看，英雄应当让人崇敬，不是让人赞赏；供人看，不供人听——也不供人读。不用诧异，官定的黎刹是西班牙王城的博物馆里静默的烈士蜡像，是手里拿着（合上的）《不许犯我》和《起义者》两本书的雕塑，是《我的诀别》（*Mi Último Adiós*）这首哀婉之诗。[1] 如果说黎刹在这方面是典范，他也绝非独一无二。残废的革命政治家马比尼，有一座纪念他的博物馆，官方提到他时，尊之为“崇高的瘫痪者”，可是他的畅达、尖酸的西语作品，大多仍未翻译成英语或他加禄语。安东尼奥·卢纳，革命共和国的这位最富创造力的将军，纪念他的雕像多的是，可是它们不会

---

* 原文如此，疑为cleric或clergy（教士阶层）之误。——译注

1 这就是奥坎波（Ambeth Ocampo）那本关于黎刹的妙趣横生又实事求是的书《没穿外套的黎刹》（*Rizal without the Overcoat* ［Manila: Anvil, 1990］）如此新人耳目、如此重要的原因所在。

告诉人们，他是共和国总统阿奎纳多下令暗杀的；他的那些精彩信件和其他著作，当代公民们也无缘亲炙。“伟大的庶民”博尼法西奥，在马尼拉北部一个破落地区，有一块引人注目的纪念碑追念他，但是这位伟人的
253 话，镌刻在碑的基座四面，是用他为躲避西班牙殖民政府的安全机构而设计的密码——普通百姓也不解其意。[1]结果总是相当于说“此一时也，彼一时也”。没有联系，只有样板。

在莱昂·格雷罗成年生活的多数时间里，他是菲律宾国家的一名忠诚敏慧的仆人。很难不怀疑，在他的黎刹翻译中，这个国家的要求有意无意地充当了他的战略指南针。

不过，对格雷罗译本引出的诸多问题，如果我们简单归因于独立后的精英良知败坏，或者归因于官方民族主义的需要，我不相信我们解决了问题。因为这些解释都不能圆满说明去欧洲化、去他加禄化，以及最重要的，时代错误。

至此我们不得不转向美国帝国主义及其后果。至少从本文的观点看来，这些后果之至要者，是美语取代了西语成为群岛上的通用语，还有菲律宾人自我观念的一种根本重塑。自此以下，我将试图证明，这些转变真的使黎刹的“菲律宾”（Filipinas）实际上不可想象。

上文提到过，根据1939年（美国殖民统治确立四十年后）的人口普查，不足3%的人口声称懂西班牙语，却有超过26%的人表示会“英语”。这两个数字很有意思，本身就需要加以解释。虽然的确有许多位高权重的殖民地官员鄙视西班牙语（和西班牙文化），却不能说消灭这种语言是美帝国的一般政策：毕竟，波多黎各（它本质上是美国殖民地）基本上依然是说西语的社会。事情的真相是，即便在西班牙统治末期，也只有5%

1　我们在此不是察觉一种“宣福”（beatification）吗？凭借这种形式，好辩的革命领导人被巧妙地变成了沉默的圣人（santos）。

的菲律宾人口通晓西语。[1]然而考虑到黎刹那一代精英舒适地把西班牙语用作交际语，我们决不能怀疑，假如第一共和国得以幸存下来，它的教 254
育机构想必会立即推广西班牙语，以之为国语。美语的成功不旋踵而至，是由于殖民政权建立了第一套近代国家教育体制（1899年后的第一代人中，入学人数扩大了500%），同时使熟谙英语成为取得激增的官僚职位和大多数专门职业的必备条件。于是对成千上万有抱负、想往高处走的菲律宾人来说，这种语言就是社会、政治和经济升迁的门路。[2]天主教学校朝着同一方向发展，尽管缓慢一点。[3]与此同时，虽然美语由此取代了西

1 这种对西班牙帝国内普遍模式的惊人偏离，只在巴拉圭差堪比拟，瓜拉尼语相较于西班牙语，一直是那里的现用国语。之所以如此，是因为在这两个地区，出于特殊的历史原因，主要的政治权力长期掌握在神职人员手里，他们既想让土人皈依，又想剥削土人。不像其他大多数西班牙人，这些教士把学习当地语言当作他们的事业，以便用教众所理解的语言，将上帝的真理传播给后者。（世俗权力本身还很弱小，它也认识到，通过现代教育系统推广西班牙语的成本，远远超过了从这两个资源相对贫乏的殖民地所能获取的收益。）但是由于西班牙殖民主义在菲律宾年代久远，教士无处不在，是以伊比利亚语对当地语言影响广泛。有些语言学家估计，菲律宾主要区域语言的词根，多达四分之一是源于西班牙语。

2 统计数字可以揭示真相。1903年，殖民政府约5,500个文官职位中，菲律宾人占据了不到半壁江山。到1921年，他们占据了14,000个这类职位的90%。到1930年代中期，比例升至99%。参见Teodoro A. Agoncillo, *A Short History of the Philippines*（New York: Mentor, 1969），第169页；David Wurfel, "The Philippines"，见G. McT. Kahin编, *Governments and Politics of Southeast Asia*（Ithaca, NY: Cornell University Press, 1964），第689—690页。

3 决定性的转折于1921年到来了，那时梵蒂冈迫于美国压力，将菲律宾的西班牙耶稣会转至印度，菲律宾移交给纽约—马里兰教省。参见Martin Noone, *The Life and Times of Michael O'Doherty, Archbishop of Manila*（Quezon City: R.P. Garcia, 1988），第146页以下。这样，到1930年代初格雷罗就读耶稣会著名的马尼拉雅典耀大学的时候，它已经是一所美国机构，不再是西班牙机构了——就像半个世纪前黎刹在那儿上学时那样。

语，成为这个殖民地的权力语言，但是它们二者同各地方言（尤其是他加禄语）的关系大不一样。在伊比利亚统治的几个世纪里，这些方言有不少词汇和短语渗入了西班牙语，后者无论怎样都未受标准化教育系统的"监管"。这一点说明了《不许犯我》全书中他加禄语色彩的随意蔓生，哪怕是在西班牙人嘴上。然而美国人来得太晚，太强势，存在时间也太短，结果没和他加禄语打交道，而他们的学校强化了这个立场。[1]因而在菲律宾流传着一个神话，说美国教师一旦发现学生在课堂上讲他们的母语，就会严惩不贷。[2]（或许这就是美国人教育出来的格雷罗从他的《不许犯我》英译本中删除他加禄语的原因？）

然而除了语言变化外，还有宗主国统治的更广泛影响，这种统治几乎在每个方面都与之前那个政权截然不同。二十世纪初叶，美国地大财
255 丰，高度工业化，世俗化，共和制立国，没有文化底蕴，在一定限度内是民主治国。[3]西班牙国小财薄，农业为本，教权当道，半君主制立国，深受古典文化熏陶，民主程度极低。在美国殖民政权治下，曾经权势熏天的天主教会被贬到政治的边缘地位。1909年佩恩—奥尔德里奇关税法案通过以后，菲律宾穿越到美国保护主义的高墙后面，第一次造就了一个财大气粗的庄园主寡头集团。边远地区，特别是棉兰老岛，都被纳入了刚刚一体化的资本主义经济当中。尽管选举基础非常有限，但菲律宾国家领导层还是选举产生了。新的美式教育体制建立起来，它培养出律师和工

1　这种态度持续到独立以后。1950年代，研究印尼和暹罗的美国学者忙着修习印尼语和泰语，可是他们研究菲律宾的同仁，在1970年代前，一般没有投身于他加禄语的学习。

2　之所以说它是个神话，是因为早在1927年，约99%的公立学校教师是菲律宾人！参见David Wurfel, *Filipino Politics: Development and Decay*（Ithaca, NY: Cornell University Press, 1988），第9页。

3　提醒一下我们自己：妇女只在1918年后才获准参加选举，数百万黑人被剥夺公民权直到1960年代。这种提醒不会有害处。

程师，而不是神学家和古典学者。[1]美国的统治还与商业广播和电影的问世同时发生，后者至少对菲律宾城市社会造成了全面深远的影响。想着上面这一切，我们也许就能更好地理解，为什么格雷罗要将他的《不许犯我》去欧洲化，为什么他会说有如此之众的菲律宾年轻人"不再知晓先辈习俗"。与亚克托安和克洛伊、商博良和哲人一道，一整个世界都消失了——不仅是对年轻菲律宾人。在帝国主义的宗主国自身，古典文化的流风遗韵大多绝迹了。在这方面，1950年代的华盛顿和马尼拉相差无几。

最后——也是最重要的——是在对菲律宾、对菲律宾社会的想象上的根本变化，这种变化始于1880年代，但要到两代人之后才完满实现。我们或可公式化地表述该变化，简单说来就是：黎刹是爱国者，而格雷罗是民族主义者。[2]

比如，非常引人注目的是，黎刹临刑前不久创作的那首优美的诗歌，陈辞对象并非是他的菲律宾男女同胞，而是他的亲爱的祖国（patria adorada）。实际上诗里提到的仅有的几个人是他的直系亲属，还有那位"可爱的外国人"（dulce extranjera），他的不幸的"爱尔兰"妻子约瑟芬。也许我们不应为这种形式的献词感到惊讶。黎刹去过美利坚、西班牙、意大利、法兰西、德意志、不列颠、比利时和香港，可从未到过伊罗戈、比考尔或米沙鄢群岛。他对棉兰老岛的有限认识还要感谢西班牙当局，是 256

1　格雷罗对他学生时代的回忆很启发人："那时候，文学士的课程中，文学高居顶端——在雅典耀就是这样。据说它是精英课程……［不过］我想我们没有仔细研读过哪怕是一出莎士比亚戏剧……我们甚至不读你或许会称之为上世纪的文学的那些书，越现代的读得越少。我们甚至不认识海明威、福克纳这样的人，更别提费伯和凯瑟了……十足的文化沙漠！"Alegre和Fernandez, *The Writer and his Milieu*, 第72—73页。

2　我的顺着这些思路的想法，受戴维·布雷丁（David Brading）的精彩巨著启发良多：*The First America: The Spanish Monarchy, Creole Patriots and the Liberal State, 1492—1867*（Cambridge: Cambridge University Press, 1991）。

它把他流放到达皮丹(Dapitan)。(在这点上他绝对堪称他那时代知识人的典型。)尽管如此,他可深知"菲律宾"(Las Filipinas)为何物,它的面貌在地图、地图集、报纸和图书中可以寻见。[1]菲律宾已有大约350年历史了。[2]它就在那儿,在想象中受到爱戴——作为一个地方,一个家园(Heimat)。但在他那时代,如我们早先讲到过的,群岛上形形色色的常住民尚无一个通名:filipinos还主要是指西班牙克里奥耳人。当然,他的确提到了pueblo(人民),可是它的轮廓仍然模糊难辨,特别是因为他经常用它指称卡兰巴或马尼拉的当地居民。他画出的真正界线,是在"亲爱的祖国"的热爱者、正义的热爱者与他们的敌人和压迫者之间的那些界线,带着布雷丁所称的"克里奥耳爱国主义"的特征,是政治的、道德的和情感的界线。因此,他给《起义者》题献词,缅怀殖民政府1872年公开绞死的三位爱国在俗教士——克里奥耳人何塞·布尔戈斯和哈辛托·萨莫拉(Jacinto Zamora),华人梅斯蒂索人马里亚诺·戈麦斯(Mariano Gómez),他不认为这有什么好大惊小怪的。他让梅斯蒂索人成为《不许犯我》的男女主角,也觉得稀松平常。[3]这两部小说里满是来自殖民地社会各个传统阶层——克里奥耳人、梅斯蒂索人、土著,甚至半岛人[4]——的爱国成员和残暴成员。

前面我们评论过,黎刹与他那一代革命家的成就之一,就是渐渐地开始想象一种新的历史之人:菲律宾人(the Filipino)。至少是为了极其

---

1 对这一观点的全面思考,参见拙著《想象的共同体》第十章,"人口普查、地图和博物馆"。

2 这个名字据说是阿尔瓦罗·德·萨阿维德拉(Alvaro de Saavedra)在1527—1529年间杜撰的,他是麦哲伦环球航行探险队的成员。

3 事实上玛丽亚·克拉腊是西班牙的达马索神甫与甲必丹蒂亚格之妻、可能是梅斯蒂索人的唐娜庇亚通奸关系的产物。

4 例如,想想《起义者》中那位西班牙自由主义学生桑多瓦尔。

政治化的目的，土著人、梅斯蒂索人和克里奥耳人都消融到这种菲律宾人里了。1899年后，半岛人要么已回西班牙，要么如果留下来的话，注定要变身为“菲律宾公民”——又是一种新想象。随着时间的流逝、民族主义的播延、选举权的扩大，及国家的重获独立，“菲律宾人”日益取代“菲律宾”（*Las Filipinas*），成了言辞的和真心的忠诚对象。格雷罗是这种隐秘巨变的显著产物。他的《不许犯我》导言系心于菲律宾人，对菲律宾（the Philippines）甚至只字不提。[1]而且，这些菲律宾人如今很大程度上已被设想成一个族群—种族统一体。不仅在格雷罗身上，也在他那时受 257
过教育的大多数菲律宾人身上，这种观念如此根深蒂固，以致黎刹看待他周边世界的方式几乎变得难以理解。正是在社会类别系统的这一转变中，我猜我们可以发现格雷罗《不许犯我》英译本里的时代错误这道难题的解答。因为年轻菲律宾人会在西语原本的任何忠实英译中，立刻看出他们不存在于小说篇章之内。当然*filipinas*会出现，不过她们并不是今天的Filipinas（菲律宾妇女）：她们是“纯种的”西班牙克里奥耳人。这一转变，再加上盎格鲁—撒克逊种族主义的影响，可能有助于解释格雷罗的奇怪做法——用“half-breed”（半纯种人）译“*mestizo*”（梅斯蒂索人，殖民地的一个社会、法律范畴），而罔顾这个事实：按这些术语说来，黎刹和他本人也都是“半纯种人”。但是在1950年代，第一个菲律宾人是“半纯种的”，这不是匪夷所思吗？

我们也不应该——却极可能——忘却另一种转变，它小规模地肇始于1930年代，今日则达到高潮：这就是不计其数的菲律宾居民越过古老群岛的边界，向远方永久迁移。起先是去夏威夷和阿拉斯加；然后，当肯尼迪政府改革了美国移民法律之后，去加州和大陆美国的其余地方；最后，在马科斯和阿基诺统治下，去欧洲、南美、中东、香港、日本、新加坡——

1 这种缄默里是否有一种前兆，预示了马卡帕加尔总统1962年对沙巴主权的正式主张？——它肯定不是菲律宾的古老领土。

哪里有希望就去哪里。因为这种大规模迁徙产生了数十万计的移民，他们来自菲律宾，却不再是它的国民，不再是家乡山水间的人物。但是他们深深依恋于一种“认同”，对于该“认同”，格雷罗料必理解得透彻，而何塞爷爷大概会觉得惊愕莫名。

但是要说转变已告完结，怕是操之过急了。菲律宾历史的书写老是这么支离破碎，转变未竟很可能就是原因之一。在菲律宾教文体部（Department of Education, Culture, and Sports）主持编写的一本标准历史教科书里，菲律宾儿童被教导说，他“血管里流淌着40%的马来人血液，30%的印尼人血液，10%的尼格利陀人（Negrito）血液，10%的中国人血液，5%的印度人血液，2%的阿拉伯人血液，还有3%的欧美人血液”。[1]再有，所有菲律宾人都来自别的某个地方：“阿埃塔人或尼格利陀人是最早来到菲律宾的。”[2]相反，奥诺弗雷·科尔普兹，这位前教育部长和菲律宾大学校长，却在“塔邦人”（Tabon Man）那里找到了菲律宾人始祖。塔
258 邦人的零星工具，在巴拉望的一个遥远洞穴里被发现了，据说可追溯到至少公元前6万年。[3]亲西班牙的文人尼克·华金写道，“1521年前我们可以无所不是，独独不是菲律宾人；1565年后我们什么都不是，单单只是菲律宾人”，[4]这全仗西班牙征服带来的技术和文化革命。然而对一些著名的天主教历史学家来说，菲律宾历史的真实进程，在半个地球之外的基

1　参见Niels Mulder，“Philippine Textbooks and the National Self-Image”，*Philippine Studies*, 38: 1（1990)），第84—102页，在第88页，援引N. Carmona-Potenciano和T.T. Battad, *Our Country and its People*，第一卷，（Manila: Bookmark, 1987），第3—5页。

2　同上，第84—102页。

3　参见Corpuz, *The Roots of the Filipino Nation*（Quezon City: Aklahi Foundation, 1989），第ix页，第2页。

4　*Culture and History*（Mandaluyong: Solar, 1988），第14页。

督教诞生中就有其神意的起源。[1]

最后来一条思辨性评论或许不为无据。戴维·布雷丁在对西属美洲思想长期演化的研究中，向读者证明得一清二楚：彼此对立的冲动如何始终在起作用，并且，随着美洲各地爱国主义的发展和转型，这些对立变得更加尖锐。几百年间，克里奥耳人和梅斯蒂索人竭力想办法，要宣称蒙提祖马和他的诱骗者科尔特斯，阿塔瓦尔帕和杀害他的刽子手皮萨罗，是他们的联合祖先。今天，在民族主义兴起差不多两个世纪以后，我得知整个墨西哥只有一座科尔特斯塑像，它还被小心地隐藏在墨西哥城的一个僻静处所。但是，如今用来公开歌颂阿兹特克和玛雅祖先的语言，却是那位隐身的西班牙征服者的语言。科尔特斯被抹煞了祖先地位，玛雅（比方说）被抹煞了语言地位，这种双重抹煞作为精英们的民族主义的一种适宜特质，令人印象深刻。那些精英深刻意识到他们杂交而成的历史和文化。我们时代的民族主义梦想着“纯粹”（purity），又发现很难缠绵于“纯粹的混杂”这种逆喻。为什么黎刹小说的克里奥耳人—梅斯蒂索人世界如此之速地变得如此难以想象，也不可能翻译呢？大概最后这就是原因所在。

附　　言

在上文征引的同费尔南德斯的访谈中（第76页），格雷罗得意地提起他在翻译那个著名场景上的成功，该场景中，还不阴险、还年轻的慰藉夫人（Doña Consolacion），同她的丈夫争辩“Filipinas”怎样发音。值得检

1　例如可参见John N. Schumacher, S.J., *Revolutionary Clergy: The Filipino Clergy and the Nationalist Movement, 1850—1903*（Quezon City: Ateneo de Manila Press,1981）; Horatio de la Costa, S.J., *The Jesuits in the Philippines, 1581—1768*（Cambridge, Mass.: Harvard University Press, 1961）。

视一下他的成就的奇妙特性。

259 西语原文如下：

—Una de las bellas cualidades de esta señora era el procurar ignorar el tagalo, ó al menos aparentar no saberlo, hablándolo lo peor posible: así se daría aires de una verdadera *orofea*, como ellos solía decir. Y hacía bien! porque si martizaba el tagalo, eì castellano no salía mejor librado ni en cuanto se refería á la gramática, ni á la pronunciación. Y sin embargo su marido, las sillas y los zapatos, cada cual había puesto de su parte cuanto podía para enseñarla! Una de las palabras que costaron más trabajo aun que á Champollion los geroglíficos, era la palabra *Filipinas*.

Cuéntase que al día siguente de su boda, hablando con su marido, que entonces era cabo, había dicho *Pilipinas*; el cabo creyó deber suyo corregirla y le dijo dándole un coscorron: "Dí Felipinas, mujer! no seas bruta. No sabes que se llama así á tu p—país por venir de Felipe?" La mujer, que soñaba en su luna de miel, quiso obedecer y dijo *Felepinas*. Al cabo le pareció que ya se acercaba, aumentó los coscorrones y la increpó ... "Pero, mujer, no puedes pronunciar: Felipe? No lo olvides, sabe que el Rey Don Felipe ... quinto ... Dí Felipe, y añadele *nas* que en latin significa islas de indios, y tienes el nombre de tu rep—país!" La Consolación, lavandera entonces, palpándose el chichon ó los chichones, repitió empezando á perder la paciencia. "Fe ... lipe, Felipe ... nas, Felipenas, así *ba*?"

El cabo se quedó viendo visiones. Por qué resultó *Felipenas* en vez de *Felipinas*? Una de dos: ó se dice *Felipenas* ó hay de decir *Felipi*? Aquel día tuvo por prudente callarse; dejó á su mujer y fue á consultar cuidadosamente los impresos. Aquí su admiración llegó al colmo; restrégose los ojos: A ver ... despacio! —*Filipinas* decían todos los impresos bien deletreados: ni él ni su mujer tenían razon.

"Cómo?" murmuraba, "puede mentir la Historia? No dice este libro que Alonso Saavedra había dado este nombre al país en obsequio al infante D. Felipe? Cómo se corrompió este nombre? Si será un indio el tal Alonso Saavedra ... ?"

逐词逐句直译过来大概是这样：

这位夫人有一点可爱的特性，就是她不愿意懂得他加禄话，至少表面上要装作不懂的样子，尽量把他加禄话说得非常糟糕：这便可以显得自己是一个她所常说的真正的“Orofea”［西语Europea之误，意思是“欧洲女人”］。真是万幸！因为如果说她宰割了他加禄话，那么不论就文法或发音来说，西班牙话的命运在她嘴里也好不了多少——尽管她的丈夫以及椅子、靴子等等都尽了最大的努力来纠正她。她在学某个西班牙字上所花费的气力要比商博良辨认象形文字所费的气力还要大，这个字就是“Filipinas”。据说行完婚礼后的第二天，她跟她的丈夫（他那时还只是个下士）说话的时候，她提到了“皮利宾”。下士觉得自己有责任纠正她，于是给了她一巴掌说：“念‘菲利宾’（Felipinas），婆娘！别那么蠢！你不知道你他妈的这个国家的名字应当念‘菲利宾’，是从‘菲利普’（Felipe）这个字来的吗？”这个女人当时正沉湎于新婚燕尔的甜蜜幻想中，想做一个温顺的妻子，便念了声“菲勒宾”。下士觉得她有长进了，便又给她添了几巴掌，呵斥道：“婆娘，你不会发‘菲利普’这个音吗？记住，你应该知道这个国王，唐菲利普——五世……念‘菲利普’，然后加上字尾nas，这个拉丁字尾是‘印第安人的岛屿’的意思。——这就是你他妈的这个国家的名字！”

260 当时还是一个洗衣妇的慰藉夫人轻轻摸了摸被打疼的地方，耐着性子重复念道："菲—利普，菲利普—恩，菲—利—笨，对啵？"

下士心里一亮。真的，怎么会是"菲利宾"而不是"菲利笨"（Felipenas）呢？要么叫"菲利笨"，要么就得管"菲利普"叫"菲利皮"，这两者谁对呢？

当天他觉得不吱声是慎重之举。离开妻子以后，他便迫不及待去查书。他简直惊讶得要死；他揉了揉眼睛。让我们看看——慢慢的，别忙。菲律宾（Filipinas）！所有字迹清楚的书上都是这么写的。他和妻子两个人都不对。

"这是怎么回事？"他自言自语说，"难道历史还会撒谎吗？书上不是明明说阿隆索·萨阿维德拉是以皇太子唐菲利普的名字给这个国家命名的吗？那么怎么会写得不对呢？会不会这个阿隆索·萨阿维德拉是个土著呢？"

格雷罗的译文则像这样子：

真的，这位夫人有一种可爱的脾性，就是千方百计要忘掉他加禄话，至少装出她不懂的样子，尽量说得蹩脚，这样她就显出她所说的道地"Yorofean"［欧洲女人］的神气。幸好；要是说他加禄话被她故意糟蹋得不成体统，那么不论就文法或发音来说，她的西班牙话也好不到哪儿去，虽然她的丈夫倾尽全力来教她，还有他的靴子、顺手抓到的一把或两把椅子来帮忙，都不顶用。她在学某些西班牙字上所花费的气力要比最杰出的埃及学家辨认象形文字所费的气力还要大，"Philippines"这个字就是其中之一。

据说行完婚礼后的第二天，她跟她的丈夫（那时还只是下士）说话的时候，她吐了个词儿：斐利芬。下士觉得自己有义务纠正她，给了她一巴掌稍示惩戒，说道："念'菲利宾'，娘们！别那么蠢。你难道不晓得，

> 你这该死的国家是随国王菲利普的名字起的名儿吗?”他的妻子那时还沉浸在蜜月美梦中,勉力听他的话,念道:菲利芬。
>
> 下士觉得她有长进了,又赏了她几巴掌,呵斥道:“你不会念‘菲利普’吗,婆娘?别忘了国王菲利普……五世……反正,你说‘菲利普’,再加上词尾pines,这个拉丁词尾的意思是‘黑鬼的岛屿’,这就是你这该死国家的名字!”
>
> 慰藉夫人当时还是一个洗衣妇,她用手指轻抚她丈夫那几巴掌留下的痛处,有点不耐烦地重复念着:“皮利普——皮利普……宾——皮利宾,对吗?”
>
> “不是‘皮利普’(Peeleep),不是p!”下士咆哮起来,“‘菲利普’(Feeleep),是f!”
>
> “为什么呢?你怎么写‘皮利普’?是p还是f?”
>
> 下士认为这一天的明智之举是换个话题,趁机查查词典。结果他简直惊奇得要死。他擦了擦眼睛。让我们看看……慢慢的,不要急……但是千真万确,是菲律宾(Philippines);他和他的妻子都错了,既不是p也不是f,而是ph。
>
> 怎么回事,他低声自语道。难道词典错了吗?要不然,这本词典是不是哪个蠢蛋土著写的?

这一段里黎刹的笑声是针对慰藉夫人那位半岛人(生于西班牙的
西班牙人)夫君的粗暴、无知和愚蠢。他甚至将这个殖民地的西班牙名 261
字弄错了,也弄错了据说在十六世纪创造了该名字的那人的大名:阿尔瓦罗·德·萨阿维德拉。他以为这一命名是为了纪念菲利普五世(1683—1746),即十八世纪波旁王朝的开创者,黎刹可能确信他的读者知道这位无能并死于蠢行的西班牙统治者。但是作为一种次要主题,黎刹还不动声色地羞辱了慰藉夫人装“欧洲女人”的差劲矫饰:他让她脱口爆出了他加禄语的疑问助词ba。这一切笑料在格雷罗译文里被删得一个不剩。

另一个次要的靶子是西班牙语，因为“Las Filipinas”并不是可以从“Felipe”合乎逻辑地推演出来的一个词形，不管下士和他的年轻妻子如何“按逻辑”极力要做到这一点。但是在格雷罗的译文中，这个靶子变成了菲律宾人区分p音和f音的困难。

然而这其中最发人深省的，还是格雷罗省略了最后一段。这样就没有了撒谎的历史（History）。用心良苦地，阿隆索/阿尔瓦罗·德·萨阿维德拉，这位赋予菲律宾四百五十年后依然在使用的名字的人，还有他以此纪念的那位西班牙君主（皇太子菲利普，后来成了布罗代尔的哈布斯堡反英雄的菲利普二世），就像我们今天说的那样，“弄失踪”了。又一个科
262 尔特斯？

第三部分

东南亚：比较研究

12

东南亚的选举

通　论

“国家”层次的选举在东南亚是晚近的一项新发明，它是用来产生一个立法机关，后者的地位和管辖权与现存的行政机构名义上近乎相当。[1]就本文要讨论的这三国而言，相应的发生时间分别是：菲律宾1907年，荷属东印度（今印尼）1918年，暹罗（今泰国）1933年。每个事例中，新发明都是在政治危机后应运而生的，也是对政治危机的敏锐反应：在菲律宾，危机是1896—1898年的反西革命，以及美国对反叛运动的残酷而代价惨重的“平定”；在荷属东印度，是一战后荷兰自身内部的短暂革命高潮，还有爪哇伊斯兰联盟（Sarékat Islam）的惊人壮大；在暹罗，是1932年6月24日政变所导致的绝对主义君主制的垮台。

这种模式密切仿效了在西欧和美国选举制度的历史演变中可以观察到的那种模式，选举制度就是从那些地区输入东南亚的：换言之，国

1　在殖民化地区，当然不存在选举殖民政府的问题，或殖民政府本质上对新立法机关负责的问题。在没有遭受殖民化的暹罗，1932年后国王被认为只是国家元首。问责性（accountability）是随着行政部门的国家化，才开始犹犹豫豫地发展起来的。

家层次立法机构的发展与选举权的扩大，是一定程度的政治生活民主化的后果，而不是其前因。在美国，我们只需想想妇女选举权和民权运动，
265 连带着想想它们在选举之外苦心孤诣的一应政治活动，当1920年宪法第十九修正案和1965年《民权法案》通过的时候，这些活动登峰造极。在欧洲，我们想起了历史上那些骚乱，它们曾导致法国三级会议和俄国杜马的召开，还有十九世纪初期英国天主教徒的政治解放。

这些先例很清楚地表明了选举制（electoralism）的两面性。就积极一面说，即便在选举几乎不自由或非竞争性的时候，选举中的投票权也被理解为现时代完整公民权的最突出象征：它让渡了合法的地位和权利。因此在那些向着民族—国家的自我定义进发的政治实体中，推进成人普选权的力量不可抗拒。（事情的这一面有多重要，可以从预料中人们对这样一项法令的反应看出来：如果人们十年内未行使投票权的话，就要按法令被剥夺投票权。）选举制的第二个关键的积极面是，它展现了一种前景——尤其是向社会下层阶级，即在稍纵即逝的决定性历史时刻，制定可强制实施于国家疆域内争斗着的相关各方的法律。立法能够一举做到无数的罢工、示威、有计划的怠工、限产超雇、静坐抗议、游行、暗杀和祈祷会所做不到的事情，恰是因为后者无可避免地是地方性或区域性的、松散短促的，也没有法定效力。如果我们考虑到1850—1950年间联合王国所通过的一系列法律（它们禁止童工，保护女工，保证最低工资，发展社会保障，使工会和某些类型的罢工合法化：西欧多数地区都有与此类似的法律），那么选举政治的魅力就完全可以理解了。再者，这样的法律不仅是合乎时宜的，而且由于它们是从选举过程中产生的，不是家长式行政机构的恩赐，因此被认为基本上不能取消。

与此同时，对西欧选举过程的信任也是基于这一普遍假定：法律一经立法机构颁布，将通行全国，合理无偏。这条假定又是从强大而集权的官僚机构的预先存在推原而来，那种机构传承自绝对主义时代，法国大革命以后在不同程度上适应近代需要，变为文官机构。（美国形成了这

一模式的显著例外，由此给菲律宾造成种种后果，本文将在菲律宾那一节对此加以讨论。）

至于硬币的另一面，我们只需提醒自己，1965年民权法案不单是为了赋予数百万南方黑人公民权，也终结了——或者说淘汰了——静坐抗议、自由游行、暴动等等。国会似乎在说：“毕竟，现在你们有投票权了。”但是从多方面来看，正常的投票行为都是一种异常的活动。在法律或政府决议所确定的某个特定日子里，同样由它们规定的某几个钟点之间，到 266
通常是地方当局安排的地点，人们加入往往素昧平生的一群人的行列，依次进入一个单人空间，拉动那里的杠杆或者在纸片上打上记号，然后怀着与进来时同样的平和慎重走出去——不发一问。这大概是在理想的独居状态下可设想的唯一政治行动，它全然是象征性的：因此它几乎同其他一切形式的个人政治参与截然相反。如果说它还有普遍意义，它只是通过数学合计才获得这种意义。从这个视角出发，我们会轻易得出结论：在正常情况下，选举制的逻辑是朝着驯化（domestication）的方向，即距离化、间断（punctuating）和隔离。要是有谁问这种驯化是为谁的利益而生，他就直接触及了“代表”的问题。

自然，众所周知，当选的立法机关的社会—经济面貌和性别面貌迥异于它们的选民：比如，议员和他们的选民比起来，几乎总是富有得多，教育程度高得多，是男子的可能性大得多。这种天壤之别的原因尽人皆知，我们无须在此逗留。有待强调的要点毋宁是，选举制有一种效果，即倾向于把活跃、经常的政治参与限制在专家——职业政客——圈子，他们不但热中于他们那制度化的寡头卖主垄断，而且他们大半是从特殊的社会阶层征召的，最常见的是中产阶级和上层中产阶级。如果有人因此认为，向接受其条件的那些群体开放的选举体系，反映了资产阶级政治支配的特征，正如绝对君主制反映了贵族统治的特征一样，那么，他也许就处在一个不错的位置，可以比较性地思考现代东南亚的选举制。

暹　罗

在军人和平民的一个密谋小集团组织的不流血政变中，暹罗的绝对君主制被推翻，紧接着，选举鸣锣开张。这些平民大多数是政府官员，而这起密谋的首要仇视对象，是皇室与沾亲带故的贵族世家那些庸碌之辈近乎独霸了官僚机构——特别是武装部队——的高层职位。[1]但是政变集团对合法性的正式主张既依赖于民族主义，又依赖于宪政民主的开创。

267 然而，1930年代暹罗的经济与社会结构又使得这第二项主张基本无效。这个国家未被直接殖民化的好运道，以及拉玛五世（1868—1910年在位）奉行的保守政策，两者合力帮助泰国大量农村人口免受资本主义的直接冲击；这还意味着，存在于1930年代的那种非官僚的资产阶级，与当时尚势单力薄的工人阶级相似，多有华人移民血统。而且那时识字率没什么长进。只是在1920年代，一部关于义务性初等教育的法律才颁布了；它执行得那么漫不经心，结果到1950年代末，这个国家只有五分之一的府中过半人口完成了小学教育。[2]实际上，严格的选举制的社会基础尚付阙如。于是，选举权受到限制，早期的议员有很大比例是被任命的。在这样的形势下，军队——国家的最有力臂膀——一跃而成主导势力，而下迄1970年代泰国政治中的统治权都属于几乎不加掩饰的军人独裁政府，这就不出人意料了。

要到沙立元帅独揽大权（1958—1963）和越南战争开战的时期，这种

1　参见Benjamin A. Batson, *The End of the Absolute Monarchy in Siam*（Singapore: Oxford University Press, 1984）; Thawatt Mokarapong, *History of the Thai Revolution*（Bangkok: Thai Watana Panich, 1972）。

2　Harvey H. Smith等, *Area Handbook for Thailand*（Washington, DC: U.S. Government Printing Office, 1968），第161页。

局面才开始改观。在世界银行督促下，泰国政府解散了许多无效率的国有企业，国家史无前例地向外资敞开门户。曼谷和华盛顿的密切关系意味着资金的巨额注入，这些钱除了扩充与装备军队和警察之外，也用于发展基础设施和通讯。与此同时，高等教育机构剧增，使得十年之内大学生人数涨了四倍。结果产生了一个非政府的新中产阶级，它既包含原有华人资产阶级被同化的子女，也包含泰族人；不过工人阶级实际上变成了泰人为主而非华人为主。到1970年代初，日本投资正赶超美国，经济大繁荣起步了，一直持续到1997年，中间只有一些小波折。[1]

1960年代后期，当资产阶级民主的社会经济基础正如此这般地悄然建立起来的时候，政治结构却开始显露瓦解之兆。铁腕的沙立已经在1963年酗酒致死，他的两位副手，他侬元帅和巴博元帅，不具备他的果敢无情。随着越战升级，泰美关系愈见密切，结果到1968年时，约有5万美军 268
驻扎在泰国土地上。他们的存在不可避免地带来刺目的卖淫活动、美亚混血儿童的出生、现代化毒品非法交易的蔓延，也唤起了日渐高涨的民族主义反应。美国的军事存在还激起北京与河内去鼓动迄今一直很温顺的泰国共产党发动农村游击运动。对付这些游击队，泰国军队越来越觉得吃力。送去美国深造的泰国青年深受反越战运动的影响，该运动激烈批评华盛顿在东亚和东南亚那些唯利是图的威权主义卫星国。

在1950年代末的全盛时期，沙立发现不费吹灰之力就可以废除现行宪法和立法机构，甚至都不用虚张声势要举行什么选举。可是在1960年代后期，随着这位铁人的死去，他侬—巴博政府只得给自己草拟一套保守的宪法，恢复选举，以此应对国内外日益增长的压力。这是时代的信号：虽然独裁者们匆匆拼凑了一架选举机器，在地方守军、警察和内务部的支持下，他们赢得了乡村地区的绝大多数票，但是他们在曼谷——泰族和泰籍华人新资产阶级的首都，也是工人阶级主体部分的首都——却一败

1 本段概述的这些进程，在前面第七章“撤退症状”里有详细阐发和实录。

涂地。当军队和官僚各派系中间的竞争威胁到独裁者的议会多数派的团结时，独裁者的应对之策是，在1971年11月发动了一场反对自个的创造物的表面庄严内里滑稽的“自政变”——此时恰值基辛格刚刚秘密造访北京过后，尼克松正式访华和毛主席碰头的前夜。华盛顿这样子对待所谓的“赤色中国”（泰国军方领导人在一代人的时间里一直对民众强调它的危险），而且不向“亲密盟友”暹罗打招呼，这叫该政权意气消磨，而鼓舞了那些痛恨它的人。1973年秋，要宪法要选举的主张，先是由一小群自由主义大学生和大学讲师发起，猝不及防地迅速扩大为惊人的暴动，把50万人引上了曼谷街头——如此规模的激进政治参与，在泰国史上甚至找不到相仿佛的先例。[1]

对这些导致独裁政权遽尔垮台、他侬和巴博耻辱溃败的示威活动，
269 虽然大多数学生领袖坚持说它们的目标是恢复立宪政府和选举民主，但没有理由料想大多数抗议者的首要目标就是如此。讪耶教授的过渡政府从1973年10月中旬延续到1975年2月，在这期间，国家经历了比此前或此后任何时期都更多、也更多样的政治参与：新闻审查几乎消失了，让资产阶级的编辑、记者和读者们欣喜不已；真正的工会很快组建起来，靠罢工和游行逼迫接受一大堆要求；农会创建起来，力促各种土地改革；中学生们不驱逐他们憎厌的校长誓不罢休；各色人等都坚决主张撤除美国的军事存在，等等。

选举终于在1975年初举行了，这一定是暹罗曾经经历过的竞争最激烈的选举，它产生了一个议会，破天荒第一次，有三个温和左倾的政党赢得了不可轻忽的少数议席。没有政府党从最高司令部和内务部里操纵选

1 关于本段及随后三段描述的这些活动，最好的参考资料是David Morell和Chai-anan Samudavanija, *Political Conflict in Thailand: Reform, Reaction, Revolution*（Cambridge, Mass.: Oelgeschlager, Gunn & Hain, 1981）; John L.S. Girling, *Thailand: Society and Politics*（Ithaca, NY: Cornell University Press, 1981）。

举，也许这个事实同样重要，如果不是长远看来更重要的话。因此出现了保守派和中间派政党的增生，它们中的联盟构成了在1976年10月6日流血事件之前掌权、由政治家领导的两届内阁的基石。时值“大繁荣”在这个国家许多地区造就着一个新的地方企业家阶层，这些状况容许权力在曼谷外出现一种崭新的水平分散。对企业家阶层的人来说，资产阶级选举民主带来了可观的收益。一个议会席位就开启了参与中央集权的官僚机构之外的政府决策的直接通道，从前，在那些机构面前，他们不得不老是像个依附者。谁想获得一个席位，他/她不必受过良好教育，不必在首都交结权贵，也不必非男性不可：只要他/她地方根基牢固，金银够使就行了。（这一时期财大势大的曼谷银行向各府的大肆扩张，也打开了许多新的信贷机会。）牌打对了，一个人就能利用这一切，连本带利赢回内阁职位（这在以前不可想象），再用那个内阁职位扩充他的金融资源，进一步巩固他的地方权力基础。[1]

1975—1976年间的议会制政府并非一事无成。就美军人员撤离进行谈判，为乡村发展提供大笔资金（这是对地方议员新势力的一种反应），都是它的成就。可是它未能履行它最要紧的和解职能。罢工和示威在继 270
续，渐渐变得更加暴力，因为内阁既不能制定真心实意的劳工法或土改法，又不能镇压骚乱。1975年春，印度支那的旧政权意外倒台，吓得暹罗的国王、军人和新资产阶级张皇失措。由此引发了1976年右翼的议会外动员，以及递增的暗杀活动——受雇的职业杀手对学生积极分子、左翼政治家、劳工和农民领袖等的暗杀。

政治的极化在1976年的流血事件中达到顶点，该事件驱使多数合法左派转入地下活动，或者转入泰国共产党的丛林战，或者流亡海外。然而10月6日后成立的独裁政权跟1958—1973年的独裁政权相比，已是面目全非。它是军队各派系、皇室与右翼职业政客之间复杂交易的脆弱结果，由

1 这一段和下面几段的论证，摘自前文第八章“现代暹罗的谋杀与演进”。

一位极端主义的平民法官领衔，而这位法官把军方得罪太甚，一年内就被军队罢黜了。一场军事政变，竟然被当作是支持克制与和解，当作是支持渐次恢复议会制政府，向公众呈现出来，这在泰国历史上还是头一回。

当此关键时刻，暹罗的政府撞上了大运。1978年越南人入侵柬埔寨，紧接着中越开战，促使北京与曼谷结盟以支援波尔布特。曼谷的要价是中共撤消对泰共的支持（此外，由于支持北京的反河内政策，泰共立即丢掉了它在越控的老挝和柬埔寨境内的安全基地）。泰国左派无可救药地分裂了，变得士气低落，奄奄待毙，而江萨将军的政府又精明地施行全面大赦，严格遵守大赦令的条件。于是到1980年，70年代末期的危机气氛云开雾散了。再没有令人生畏的左派了，曼谷获得了华盛顿、北京和东京的鼎力支持。

对缓过劲来的泰国资产阶级而言，现在时机已到，该重新开始为政治统治权而战了，这主要通过持续施压，寻求恢复定期选举与议会控制的国家行政机关。1980年代期间，选举举行得非常有规律，产生了没有左翼代表、地方企业家独领风骚的几个议会。[1]这十年里多数时候是炳·廷素拉暖将军（General Prem Tinsulanonda）担任首相，他的内阁总是建立在
271 多个政治党派的联盟基础之上。这个新的选举体系正逐步确立得何等稳固，可以从以下三种政治新现象得到最好说明：(1)强势将军们变得热心拥护选举，担任议员（江萨本人，阿铁·甘朗逸，差瓦立·永猜裕，以及其他人）；(2)新式政治暗杀出现了，目标不是大学生、工会运动积极分子、农民协会领导人，而是议员和想要成为议员的人。这些谋杀一般是其他议员和想要成为议员的人收买枪手干的——证明1980年代议席前程的市

1　对1980年代泰国政治的最佳综述，参见James Soren Ockey, “Business Leaders, Gangsters, and the Middle Class: Societal Groups and Civilian Rule in Thailand”（康奈尔大学博士论文，1992年）。

场价值飙升了；(3)1991年5月［原文如此。应为1992年。——译注］反对素金达将军政权的大暴乱，是拿着手机的资本家和议会政客们(包括以前的高级军官)指挥的，不是大学生积极分子或工会活动家。[1]他们的目标明摆着：全面恢复以选举为基础的议会制政府，他们知道它最符合他们的利益，也自信能够驾驭它。他们还相当有把握，在当前的国际、国内势力格局下，选举最终会实现他们的和解承诺。

然而，自十九世纪末叶以来中央集权的官僚制日渐发展，多少能够推行全国性的政策；而在此之后，资产阶级选举制才历史性全面涌现。所以这就有了两面神的另一面露脸的可能性，亦即：在劳工、社会福利、土地法等领域的意义深远的立法，有朝一日会从行政上贯彻下去，变成不可逆转的社会收益。就此而论，选举民主制呈现出长远来看的某种真正前景。

菲律宾

在菲律宾，全国性选举是美国征服者于1907年引入的。这一创举的直接背景是亚洲第一次近代革命，1896年反抗西班牙统治的成功的起义运动，它发端于马尼拉近郊，随后蔓延到吕宋岛大部，捎带着波及米沙鄢群岛部分地区。虽然这场运动主要是小镇要人和地方绅士领导的， 272
它也引来了民间各阶级的广泛参与，既有成年男子，也有女人和青少年。因此美国人平息革命的干预行动需要无情的军事战役，它可能夺去了

1 1991年2月，泰国军队“军校五班”(Academy Class 5)的野心勃勃的领导人，利用武装部队内部对差猜·春哈旺文官政府各种政策的愤怒，发动了一场成功的政变。政变领袖素金达安排了一位德高望重的商人和前外交官就任首相，保证不身履其位。当1992年春他违背初衷时，一场流血的政治危机开始了，导致他在临近五月末的时候垮了台丢了脸。然后，1992年秋季选举重建和巩固了文官政府。

二十五万菲律宾人的性命作为代价。但是殖民地政策制定者们自始即意识到，稳定的殖民统治有赖于创造出一个菲律宾政治领导者阶层，这个阶层有浓厚兴趣与征服者通力合作，遣散造反民众。[1]他们很快便决定，第一个必要步骤是建立全国性立法机构，它起码应代表1898年革命共和国从中吸引了一批拥护者的那些殖民地区域（南端的穆斯林最初就被排除在外）。

自然而然地，所引进的选举制形式模仿了美国自家的，即便模仿得有些拙劣滑稽。记住这一点不无裨益：在二十世纪头十年里，美国具有所有工业大国中堪称最腐败的选举制形式。妇女被排斥在选举之外，数百万成年的非白种男性也是如此。人头税和不公正的选区划分翕然成风，县政府大楼各派系和城市政党组织从中渔利。南部和西部地区的暴力活动，远比在发达的西欧各国更成其为选举政治的组成部分。而且，那时候的美国总体缺乏全国性的职业官僚机构，在这方面显得极其另类——英国、瑞典、德国或法国都已经出现了。

这种背景生发出殖民时代选举制度的奇怪的恶性特征（它们在一些重要方面让人想起V.O.基对差不多同一时期美国南方政治的经典研究）。[2]首先，菲律宾选举的语言、财产和教育的限制性条件设置得非常之高，迟至二战前夕，只有大约14%的殖民地成年人口有权投票。这一机制事实上将合法参与权限制在一个小小的阶层中，那些人掌握了英语或西班牙语，并且/或者家产殷实。其次，美国制度是单名选区制，还要求候

1　尤请参阅Ruby Paredes，Michael Cullinane和Alfred McCoy的精彩论文，见Ruby B. Paredes编，*Philippine Colonial Democracy*（Quezon City: Ateneo de Manila Press, 1989）；Peter Stanley的机智之作，*A Nation in the Making: The Philippines and the United States, 1899—1921*（Cambridge, Mass.: Harvard University Press, 1974）；Glenn A. May, *Social Engineering in the Philippines*（Westport, Conn.: Greenwood Press, 1980）。

2　V.O. Key, Jr., *Southern Politics in State and Nation*（New York: Vintage, 1949）.

选人在选区里有依法登记的住所，它与殖民地的种族—语言上的异质性相结合，呈现出一种异乎寻常的寡头色彩。（西班牙语从未像在拉丁美洲那样，成为那里的通用语，而英语不过刚刚开始侵入。）所以地方巨头政客们不仅能够盘踞在当地的钱权关系和恩庇关系的围墙后边，也能够 273
盘踞在语言的围墙后面。（我们忆起殖民地大政治家曼努埃尔·奎松的沮丧：仅仅在马尼拉以北一百英里开外，他就不得不将他的公开演说加以翻译。[1]）这套体系另有一条维持稳定的好处，这让我们迂回地想起泰国1980年代的选举制度。它跨越整个群岛分散权力，同时确保各省的巨头们在马尼拉有差不多平等的代表权。最后一项恶性特征是：寡头集团这种分权化体制的发展，又加上未能创建一个职业的中央官僚机构。《哈奇法案》（Hatch Act）之前的美国惯例[2]迁移到了菲律宾，产生一个迅即菲律宾化的政府机器，它听命于国会的寡头们，跟东南亚其他任何殖民地比起来，更腐败，更不统一。

但是政治机制本身不足以稳固殖民政权。正在兴起的这个体系的真正黏结剂，是通向先进工业世界这一最高关税国家的自由经济入口。关键的农产品是糖，它能够由奴隶似的、惨遭剥削的劳动人口，以极低廉成本生产出来，却在美国以远高于世界市场的价格出售。因此在美国统治时

1 参见Andrew B. Gonzalez, *Language and Nationalism: The Philippine Experience Thus Far*（Quezon City: Ateneo de Manila University Press, 1980），第58页，连同文献引文。

2 1939年的《哈奇法案》是一项前所未见地影响深远的法律，旨在建立起协调一致、按功过升降的国家行政机构，防止它被霸道的、不择手段的政客们滥用。要弄清当时美国的惯例与北欧的相距多远，又与菲律宾的相距多近，我们会注意到，法案的规定禁止在全国选举中威胁、恐吓或胁迫选民；禁止通行的那些习惯做法：许诺给予和拒绝给予某种工作和失业救济，以此作为对政治活动的酬报或惩罚；宣布美国的行政文官介入联邦公职候选人的提名和选举为非法。

期，家财万贯的地方糖业大亨迅速崛起。其他地方巨头也发了一笔，因为华盛顿廉价出售了从西班牙修会没收的40万英亩肥沃农地。另外，他们对殖民地立法机关的掌控，使他们得以从飞快搞垮的菲律宾中央银行这类机构掠夺国库。所以，殖民地全国立法机构的选举搞了三十五年，没能产生哪怕一部代表菲律宾全民利益的重要立法。这一切使得美国的维稳工程格外成功。在东南亚地区，撇开落后的马来亚不论，菲律宾是1930年代没有发生严重民族主义运动的唯一重要殖民地。

二战期间以及随后一段时间里，菲律宾突然陷入了一种新的参与危
274 机。在日本占领下，菲律宾大庄园农业的美国市场崩溃了，选举机制冻结了，各色武装游击队生成了，其中最强大的一支（在吕宋）由共产主义和社会主义活动家们联合指挥。往后，独立势在必行，美国国会基于自身的理由，执意允诺菲律宾1946年独立。在联合国的新天地里，1946年取得独立地位的一个国家，不可能阻碍妇女参加选举，殖民岁月的排斥性选举权不复可敬或可忍。

这场危机的解决之道有两个基本特色，在这两者当中，选举制度都是中心要素。第一，地方巨头寡头集团认识到，要想重塑昔日地位，除了与美国密切合作，别无他法。一方面，这意味着启用有关战争损害赔偿的《泰丁斯法》，它取决于所谓“对等”修正案的通过。[1]菲律宾宪法这条修正案的通过，需要得到国会四分之三的选票支持，那个国会由于是在独立后扰攘不宁的状况下选出来的，首次包含了战时举义的左派代表——菲律宾左派拥有数量可观的国会代表，也仅此一次。于是曼努埃尔·罗哈斯总统捏造了选举舞弊的罪名，设计褫夺了这些代表的席位，由此开启了分裂进程，引起了1948—1954年的人民军起义。紧跟着这一举措的，是动用国家警察部队和各种私人军队，恢复日据时期多半被主人抛弃的那些大庄园里的秩序。在美国的大力赞助下，人民军被残酷镇压了，结果是普

1 关于这些，参见前文第九章菲律宾的“地方巨头民主制”，第205—206页。

通百姓的政治无行为能力达一代人之久。[1]

第二是选举制度对这样一个国家里独立时各自为政状态的因应，这个国家没有协调一贯的官僚机构，也没有够格的职业军队，[2]警察和私募武装暴徒的控制分散在地方寡头手中。战争造成的大破坏，与城市化发展相伴随的人口稳步增加，还有选举权的规范化，都意味着旧式的地方巨头权力本身不再够用了。维持这个寡头控制体系，战前就靠用钱用枪， 275
而今更要求运用得淋漓尽致，这导致对国家财政的进一步掠夺。另一方面，美国选举惯例的扩展证明具有意想不到的好处；各级政府里的选举职位惊人地繁育，以至于到1980年代中期，每1400位选民就要摊到一个选举职位——这在当代暹罗简直不可想象。这种发展不是让什么真正的民主化成为可能，而是使选举参与有可能被引向以恩庇关系为基础的本地政治组织的复杂网络。流传着一句笑话：菲律宾人人都有关系，不是和占据着这个选举职位的这个人有关系，就是和占据着那个选举职位的那个人有关系。

这个又伤财又为患的体系的独特之处在于，它打算巩固地方巨头的统治权，而无论如何不是城市资产阶级所积累的新政治权力的表达。这个阶级在1950年代开始壮大，但还势单力薄；1960年代初，它的确努力改革选举体系，所循的路线像是半个世纪前美国的进步运动。但是这些努力

1　对人民军兴衰史的经典叙述，参见Benedict J. Kerkvliet, *The Huk Rebellion*（Berkeley: University of California Press, 1977）。

2　1947年，华盛顿做出安排，对它在菲律宾的23个海陆空军事基地进一步续租99年。马尼拉实际上被告知，美国会在无限期的将来管理菲律宾的国防，菲律宾无需真正的武装力量。即使在今天，独立快半个世纪了，菲律宾军队跟东南亚其他任何大国的军队比起来，仍然更加操练不善，装备低劣，组织紊乱。再者，美国有一种成规：一切高级军事晋升和任命都须国会批准；菲律宾被迫接受了这条规矩，这在军官团里刺激了宗派倾向和对政治庇护的寻求。

终归失败，在这期间，美国移民法的改变鼓励了越来越多的城市中产阶级菲律宾人卷起行囊奔加利福尼亚而去。当1960年代后期新一代活动分子涌现时，他们主要致力于议会外政治，其巅峰是武装的、非法的、反叛的CPP-NPA（菲律宾共产党—新人民军）的成立及后来的飞速扩张。与此同时，地方巨头民主制的高昂成本（金钱上、暴力上的）引起对国家的更猖狂劫掠，由此导致1972年马科斯独裁政权的建立。[1]

这里同十年前暹罗的沙立—他侬—巴博独裁政权形成一种富于启示的对照。这三个武夫和马科斯一样都是强盗，这一点不容置疑。但是他们做贼的程度轻得多，他们所偷的钱还在国境之内。他们的权力是建立在一支国家军队（菲律宾从未有过的东西，原因已如上述）和一个集权化官僚机构的年深日久的等级制度基础之上的。所以，他们丝毫不因成功的泰国华人企业家阶层的壮大而感到忧惧（他们正是从这个阶层而不是从国家敛聚私财）。另一方面，马科斯终其一生一直是个地方豪强，是个
276 把他的权力可谓“亲手”植根于恩庇关系和军队、警察机构的政客，他视军、警机构如同他的私人卫队。于是悖论出来了：文官的马科斯政权比泰国陆军元帅们的政权野蛮得多，嗜杀得多；正当泰国军人政权领导着一场大繁荣起飞之际，“商人”马科斯却通过他的密友垄断系统，葬送了菲律宾经济。

马科斯的地方巨头独裁政权最终在1986年被多种力量的怪异会聚击倒了。颇具讽刺意味的是，首要因素竟是非法的菲共—新人民军，它完全在任何选举过程之外活动，可是建立了参与性政治组织的一张全国巨网，向下一直延伸到村庄（barrio）层级。菲共—新人民军的迅猛发展让美国心惊胆寒，以致终于转而反对马科斯，最后把他硬拖到夏威夷的金

1　参见诺瓦克和施耐德的文辞洗练、资料扎实的分析：Thomas Nowak and Kay Snyder, “Clientelist Politics in the Philippines: Integration or Instability?” *American Political Science Review*, 68（1974年9月），第1147—1170页。

色监狱里。[1]当然，最直接的因素是选举制本身。虽然马科斯是奎松政治上的私生子，可他无力做到沙立那种绝对主义。因此末了，他栽倒在选举的烈焰中。[2]那时候，他已经疏远了不是他的密友的那些大资本家、天主教会、四分五裂的残余中产阶级、知识分子阶层、许多年轻点儿的军官、普通民众的很大部分，以及最要紧的，势力依然强劲的许多地方巨头，他们渴望恢复旧式的寡头权力的水平分散。可笑的是，马科斯靠着惯常的粗暴手段，其实本来赢了1986年选举（从技术上说），但恰恰因为这只是选举上的胜利，结果终结了他的统治。回答他的胜利的，先是一场兵变，紧接着是马尼拉的大规模民众暴动，成千上万本已心灰意懒的市民出人意外地参政了：人民力量运动。

如同曼谷1973年10月14日以后的情况那样，有一小段时间，菲律宾政治比十九世纪末叶以来任何时候都更为开放，参与性强。但是这个过渡期既没有带来政治生活中脱胎换骨的分化，也没有带来像1976年10月6日那种成功的右翼军事政变（不过已经尽力而为了）。军队太虚弱，太分裂，太无能。没有强大的文官机构助其一臂之力。软弱的菲律宾资产阶级由于移民和螺旋下降的经济，多年来一直都在失血。菲共—新人民军为内部问题所苦，未能采取什么断然举措：再说，邓小平和戈尔巴乔夫的1986年也不同于四人帮、勃列日涅夫和印支凯旋的1976年。世界共产主义此时 277
处于急速的、无可挽回的衰退之中。因此1986年的最终受益者是地方巨头们，他们在科拉松·阿基诺及其兄弟佩平·许寰哥的领导下，总体上恢

1　参见邦纳那本妙趣横生、叙述详尽的书：Raymond Bonner, *Waltzing with a Dictator*（New York: Times Books, 1987），特别是最后三章。

2　人们大概回想得起，1985年底，他决定要求举行一次出其不意的总统选举，以此向美国证明他的国内合法性。他料定，自己凭借“武器、力气和财气”的法门，赢得了过去三十年的选举，这次故伎重施必将再奏凯歌。但是如今美国人反对他了，而且如邦纳所揭示的（同上），中情局代表科拉松·阿基诺投入了战斗。

复了前马科斯时代那种以选举为基础、和平共处的国会旧体制。[1]最为显著的莫过于这一差别：1986年后菲律宾选举制度是复辟性的，同一时期泰国选举制度却是改革性的。也难以想象，这个体制将来会演变到如此地步，以致广泛的选举参与得以产生建设性的立法，可在全国范围内真正贯彻下去。

印度尼西亚

在保守的荷兰殖民统治最后二十年里，确乎存在着勉强算数的全国性立法机关——所谓Volksraad，亦即国民议事会（People' s Council）。像菲律宾国会一样，殖民政权建起它来，意欲谨慎地笼络人心。但是它的选举基础还要单薄些；它包含了荷兰官员和种植园主的大量代表；它的成员有许多都是任命的；而且它根本没有实权。因此，大众的民族主义运动和伊斯兰运动基本上视之如无物，它也从未有效实现哪怕是它为此而生的那点小算盘。日本占领当局建立的那种国民议事会权力更小，成员全是指定的，不过它确实包含了荷兰统治时代相当数量的民众运动领导人。[2]

太平洋战争末年，美国人已经开始打回菲律宾了，于是当1945年8月中旬日本帝国崩溃时，那里不存在权力真空。东印度的情况不是这样，荷兰人长时间里不可能靠军事手段卷土重来，他们自己在1945年深冬才从纳粹占领下解放出来。结果是“革命”（那时印度尼西亚每个人都立马这么叫它）的自然爆发。

1　对阿基诺政权的波旁特征的细致讨论，见上文第九章。

2　日本人把东印度分割成三块不相连属的地域：第25兵团控制的苏门答腊、第16兵团控制的爪哇，以及海军控制的“大东部”（Great East）。每个地域各有其不同的伪国民议事会。

但它是一场特殊类型的革命。比如说，它不是由纪律严明的单一政党谋划和领导的；它的合法武装力量不过是大量badan perjuangan（准军事组织）中的一部分，那些组织政治信仰各异，军事训练和装备水平不齐。它的权力高度分散，结果当1945—1946年的社会—革命运动在（比 278
如）亚齐和东苏门答腊消灭可恨的通敌的统治阶级时，一个孱弱的全国领导层却无力阻止。那么多人在大萧条时期，特别是日占时期遭受的苦难，摧毁了一度是全能的殖民地官僚机构的威信；在1930年代，该机构90%的官员系"土著民"充任。到1948—1949年间，战斗实际上成了反抗荷兰人的游击战，这种斗争经验使得西印度尼西亚那些争夺地区上的人民进一步政治化了，也招来了更广泛的民众参与。革命年月里不曾举行全国范围的选举，但苏加诺总统和哈达副总统十分英明细心，任命了所有主要政治集团和准军事组织的代表们进入革命议会，即所谓Komité Nasional Indonesia Pusat（KNIP，印尼中央国民委员会），这尤其是因为缺乏一个独大的政党、一支统一的军队、一个有凝聚力和权威性的官僚机构。共和国要想存活下去，需要这种参与。[1]

谁要是察看一下这个时期的政治照片——它们摄入了穿着短裤和凉鞋的内阁部长们，他会深受震动：在服饰和住宅上，KNIP成员同他们周围的普通市民差别多小啊。与菲律宾国会的豪奢两相对比，乍一看令人震惊，但是如果我们想到，在殖民时期，荷兰人和印尼华人彻底掌控着经济生活，不存在一个有实力的土著或梅斯蒂索人农业富豪集团，独立的本土资本家尚处在娇弱的幼年时代：那种差异就不足为奇了。职是之故，在革命时期，领导权掌握在年轻的昔日政治活动分子和军阀手里，他们在社会出身或经济资源上相去不远。（从前的政治犯苏丹·沙里

1 参见George McT. Kahin的经典著作：*Nationalism and Revolution in Indonesia*（Ithaca, NY: Cornell University Press, 1952）；对革命早期阶段的更细致探讨，见拙著：*Java in a Time of Revolution*（Ithaca, NY: Cornell University Press, 1972）。

尔[Sutan Sjahrir]三十六岁就做了总理；从前的私立中学教师苏迪尔曼[Sudirman]三十岁成了最高司令官。)

同荷兰人达成的最终政治协议(1949)把主权留给了这个辽阔的群岛国家，但就它的财政、物质基础设施和现代经济部门而言，它是沉疴难愈。它没有空军也没有海军，而且自1942年以来国家的东西两部分大体上被切断了。由于这些实际原因，独裁的、威权主义的政治体制根本行不通，即便那些势焰熏天的政客或上校们有这样的意向。再者，同海牙的协
279 定规定，殖民当局于1946年后在它们军事控制区建立的各种地方傀儡小议会，其成员应当与KNIP合并，组成更大的独立议会。这些成员有许多人相信，如果进行自由选举，他们当选的希望甚为渺茫，所以他们一再拖延必要法规的通过；直到1955年，印尼才举行了迄今为止唯一一次全国范围的自由选举。

同时，面对庞大的、无组织的一大帮武装队伍，要解散它们困难重重；而独立协议的某些直接成果，譬如荷兰保留西伊里安，荷兰公司资本免于国有化，等等，又引起各式各样的失望情绪。民族主义运动和革命的参与传统与这些因素相结合，造成有些省份的武装叛乱，和另一些省份好斗的议会外政治活动。

因此选举是刻意安排来疏导与抑制这些势力和不满。事实上可以说，这次选举最终成了二战以来东南亚地区所举行过的最开放、参与性最强的选举：成人普选，竞争性的新闻界，暴力或非法操纵极其罕见，金钱的角色惊人弱化，等等。有几十个政党参选了，尽管最终得分上四大党傲视群雄；这四大党即马斯友美(Masyumi，印尼穆斯林协商委员会)，伊斯兰教师联合会(Nahdlatul Ulama)，印尼民族党，以及印尼共产党(Partai Komunis Indonesia, PKI)，它们各有数百万选民支持。[1]尤为重

1 印尼选举民主制的关键研究见Herbert Feith, *The Decline of Constitutional Democracy in Indonesia* (Ithaca, NY: Cornell University Press, 1962)；对1955年选举的

要的是印共的成功，它是东南亚地区热心于参与竞选、而体制也容许它这么做的唯一共产党。（它赢得的民众选票的百分比，几乎等于拉莫斯在1992年菲律宾总统选举中险胜时所得。）

然而这一选举上的成就将要产生讽刺性的后果。像四大党的其他各家一样，共产党没过多久就发现，在居住着绝大部分选民的广袤、落后、文盲蚁聚的乡村印尼，若要在选举上干得漂亮，最有效的法子是吸收村庄村首和其他当地要人入党。一旦这些人归顺了，通常党就可以指靠他们去争取他们村民的选票，无需党亲自出马，原本浩大的、花钱不菲的竞选努力，就轻松多了。（毕竟，投票是很简单的行为，一般只涉及极低的个人成本。）但是，村庄村首往往占有或控制了村里大部分土地，所以要想 280
吸引他们，就需要选举纲领不危及他们的利益。此外，在这次选举中，也在1957年接踵而至的爪哇省级选举中，共产党的成功，开始让各层次的选举职位同党员们有了私人利害关系。于是无怪乎，唐纳德·欣德利老早就讲到了印共的“驯化”（domestication），选举制在这种驯化中扮演了重要角色。[1]相同的逻辑促使党的领导人解散了中爪哇残余的共产主义游击队，将工会和农民组织的领导者纳入控制中，这些组织的好战性威胁到党的议会成就所依凭的和解。另一方面，共产党的选举胜利使它的竞争对手及军队领导层大感恐慌。部分出于这种恐惧，1957年戒严令颁布，终止了选举政治；1958年发生了大规模区域叛乱（马斯友美因卷入叛乱也被取缔了），1959年苏加诺及军队领导人建立了“训导民主制”（Guided Democracy）。[2]

一项卓越的精细研究，见同一作者，*The Indonesian Elections of 1955*（Ithaca, NY: Cornell Modern Indonesia Project, 1957）。

1 Donald Hindley, “President Sukarno and the Communists: The Politics of Domestication”, *American Political Science Review*, 56（1962年12月），第915—926页。

2 有关这一切的经典著述，参见Daniel S. Lev, *The Transition to Guided Democracy:*

虽然苏加诺出于他自己的盘算，在破坏议会制政权上与军队合作，他却并不乐意成为军队的囚徒。由于认识到有必要从政治上抗衡他的将军们，他成功地保护和鼓励了（如今的）三大党继续筑造它们的政治基础，以此回报它们对他的个人权威、尤其是对他的外交政策的坚定支持：**可选举是没有的**。缺乏选举的紧张政党竞争有一个很大程度上出乎预料的后果，那就是训导民主制时代超乎寻常的群众政治化和群众动员，特别是在1963年5月苏加诺废除戒严令之后。在三大党各党内部，权势和活力从党的议员转向了党的群众附属组织，如工会、青年和妇女团体、农民组织、知识分子社团等——虽然苏加诺任命的"互助合作"（Gotong-Royong）议会自始至终坚持开会，但这些附属组织肩负着党的重担，要连续不停地争取苏加诺的宠幸，争取能确保那种宠幸的、有组织的民众支持。

这种群众动员既伴随着经济的崩盘和恶性通货膨胀的抬头，也为后者所加剧，特别是在1963年后。经济状况的恶化主要起因于1957年对各荷兰公司的仓促国有化，还有后来它们的被军方接管和管理不善，更别提
281 资本主义大国对苏加诺的积极外交政策及所谓的纵容共产党人所抱的敌意。于是政治歇斯底里症潜滋暗长起来，在1965年10月1日的所谓政变之后，为军队主导的针对左派的大屠杀铺好了路。这场清洗中，有五十万人被杀，身陷囹圄者无数，他们在惨无人道的状态下被囚禁经年。

此处不必花费时间，一一论及1971年以来苏哈托的"新秩序"军政府定期举行的系列选举。它们受到小心翼翼的操纵，以便为"专业集团党"（Golkar，政府的选举机器）带来对外似乎可信的三分之二多数票，产生

Indonesian Politics, 1957—1959（Ithaca, NY: Cornell Modern Indonesia Project, 1966）。至于他最新的评价，参见他一针见血的论议："On the Fall of the Parliamentary System"，见David Bourchier和John Legge编，*Democracy in Indonesia, 1950s and 1990s*（Clayton, Victoria: Monash University, Centre of Southeast Asian Studies, 1994），第38—42页。

一个不具备任何真正代议性的唯命是从的议会。为了证明该政权的高度威权主义和集权化特征的合法性，它所使用的比较有效的宣传策略之一就是，从前的政治体制助长了激烈的社会冲突，促成了不稳定的、破裂的政府。然而请注意，这里对1950年代的选举政权与1960年代前期非选举的训导民主制之间差异的看法，忽略了一些具体内容；看到这点很重要。没有多少证据表明，选举政权本身造成了严重的社会冲突；证据确凿的倒是，无选举的训导民主制才引来这等后果。自由民主制也没有被共产党人，甚至没有被作为一个整体来看的诸党派搞垮；相较而言，这时期各内阁本身还要稳定一些，后来它们被军方和军队各派系以及（在较小程度上）被苏加诺弄得更是飘摇不定——他位居军方和内阁中间，掌控着训导民主制政权。[1]

另一方面，训导民主制的奇异经验也让我们得以出乎预料地思索选举制诸面相。它所促成的激烈的竞争性政治动员，正是不行选举的结果。不存在可以暂时、间断地裁定孰胜孰败的机制，因而对权势的争夺最终只能靠暴烈的强制性手段来决定。由这个角度看，选举制的安抚层面似乎更有亮色——因为我们随即就可提出这样的问题：假如1964年举行自由选举，它是否可能防止1965—1966年的血洗？

主要靠了石油、大规模外国援助和投资，新秩序政权经济上大获成功，由此，印尼的社会结构在过去二十五年里变迁颇巨。有史以来第一次，一个有实力的印尼人资产阶级被创造出来，跟殖民时代延续下来的印尼华人资产阶级并肩而立——纵使它政治上还嫌软弱，而且过分集中在 282
首都和其他少数几个大城市。我们应该由此认为苏哈托就是印尼的沙立吗？应该由此预计终究会有一场中产阶级斗争，去争取一个非军事化的、

1　对这整个问题的热烈而与时俱进的探讨，凡请参见上引论文集中以下诸人的文章：Ruth McVey, Herbert Feith, Jamie Mackie, Daniel Lev, Adnan Buyung Nasution, Greg Fealy, Anton Lucas。

真正选举的政府吗，既然左派的任何政治威胁早已用暴力消除殆尽？这种前景绝不是天方夜谭，但是我们理应注意到其间显著的不可比性。沙立统治着一个小国家，它在族群和宗教上总体说来是纯一的，它不曾遭受殖民资本主义的劫掠、日本的军事占领、惨酷的革命独立斗争，或灭绝人性的屠杀。虽然他和他的嫡系主宰着这个国家，军队本身却并没有构成一个统治阶层，这尤其是因为他们有一个中央集权的、相当职业的文官科层机构可资利用，这个机构上承专制主义，它的权威从来没有像印尼的官僚机构那样，遭到通敌、通胀和革命的致命败坏。君主制的延存意味着即便是在沙立的独裁统治下，也没有苏加诺或苏哈托式的独占的终身领导权的可能性。华人移民同化进入泰国社会的程度很高，这里还缺少典型的殖民地的种族化经济等级：这些也意味着当泰国资产阶级开始志得意满的时候，它不会如印尼的情形一般，在结构上沿着种族/宗教分界线分裂开去。

苏哈托统治着高度集权的国家机器，它很大程度上是他本人在过去四分之一世纪间的创造物。但是军方对它的渗透，较之沙立的官僚机构所曾遭遇的，要深重得多。它很不自信，全无自主传统。它不像泰国的文官部门那样，根本上是以法律为基石的。（暹罗的法官享有威望，而他们的印尼同侪感受到的是普遍的蔑视：比较一下这两者不无用处。）在这个意义上，后苏哈托时代的印尼国家机器实在是前途莫测。比起泰国行政机构来，它演化成使西欧选举制的前景富于吸引力的那种结构，可能性似乎低多了。

结　　论

未经殖民化的暹罗，就在美属菲律宾与荷属东印度着手选举之后，开始了它的选举历程，如今拥有最近似西式资产阶级民主制的政体，这一点起码从表面上看够讽刺的。不过仅仅是表面而已。两面神的阳面给了人们这样的期望：选举将会具有让很大部分选民满意的货真价实的政策成果。这意味着必得有一个连贯协调的文官行政机构，它能够施行因选举而致的各种政策：即是说，要有一个强大的政府。有充分的历史根据认为，在普及大众选举制度之后，建立这样的政府难乎其难。所以暹罗大概 283
很幸运，在一位泰国国王创建近代式官僚机构过去半个世纪以后，才启动了它的选举制度。殖民地政府虽然貌似专制主义，其实通常都很虚弱，一则因为远方宗主国的外来支配，再则因为它们国内僵化的种族等级体系。由于已经讲过的诸般缘由，菲律宾在现代时期有个异常软弱的政府，尽管选举制度早在二十世纪伊始就建立起来了。在印尼，晚期殖民机构庞大的土著部分始终易于遭到叛国的指控，到革命初期即近于消失了。也是从那个意义上说，选举制度先于一个真正强大的全国性文官行政机器的创建，为此付出的部分代价，就是在过去四分之一世纪里，任何名副其实的民意代表被有效取消了。在选举没有给广大社会集团带来什么看得见的积极政策后果的状况下，以下发现应该不会令人惊讶：只有处于罕遇的有利历史环境中，当选举票数可以理解为对统治者的根本否认时，选举才有意义。现代东南亚的最显著例证，不出于本文分析的这三国，而出于缅甸：1960年和1990年选举的一边倒的拒绝主义选举结果。

两面神的阴面是安抚作用，以及解除民众参与方面多种实践的合法性的倾向。为什么在我们这个时代，许多独裁政权，像新加坡的人民行动党、印尼的新秩序等，都认为定期开展选举是有用的呢？这就是原因之一。由此我们也容易理解激进左派的矛盾情绪：一般性地对选举制度态度矛盾，个别性地对意大利和印度主流马克思主义政党的地方性选举成就态度矛盾。因为这些成就的取得是要付出代价的：党的领导层被同化到政治阶层中去了，在激进事业中永远位于中心位置的那种民众参与却 284
被边缘化了。

13

共产主义之后的激进主义

有人或许以为，“共产主义之后”（after communism）是一种不复杂的观念、经验，或社会—政治状况，但在我想要讨论的两个东南亚国家，即殖民化的、穆斯林的印尼与未殖民的、佛教徒的泰国里，“共产主义之后”意义迥乎有别，这进而影响了当代激进主义的想象。所以为了布好背景，我们有必要介绍一下这两国各自的共产主义发展轨迹。

说起来，荷属东印度是苏联之外有共产党的第一个亚洲“国家”。印尼共产党（PKI）创建于1920年5月23日。在一战后最初岁月的相对自由的氛围下，它发展得很迅猛，尤其是在种植园劳工、码头工人和铁道员工中间。当时殖民地没有大学，又只有极少的原住民前往荷兰接受高等教育，是以它的领导人混杂了印尼的自学成才者和初中毕业生；此外还有零星的荷兰激进分子，不过殖民政府很快就将他们下狱或逐出。虽然党的年轻领导者常常跟一些穆斯林政治要人争辩不休，党还是轻而易举地在穆斯林群众当中培植了一群追随者；当共产党发出在1926—1927年举义的千年至福号召时，正是在殖民地最大的两个穆斯林省份里，得到了大无畏的、尽管是灾难性的响应。荷兰人不费多大力气就粉碎了起义，处死了一些领导人，流放或监禁了其他许多人。殖民时期的剩余时间里，党没有像样地存在过。直到印尼人铭记称颂的他们的“1945年革命”爆发以后，印

尼共产党才开始重建，当时正处在日占政权瓦解、荷兰人迟迟未返的间 285
隙，一个幼弱的印尼共和国呱呱坠地。随后发生的斗争艰苦卓绝，一直持续到1949年末，那时海牙终于承认移交主权，在这期间，获释的、重返的和新生的共产党人发挥了重要的，但断非主导性的政治作用。

然而代际差异早已昭然。老一辈许多人精通荷兰语，有些甚至为荷兰本土的反纳粹地下组织效过命；他们曾在国外游历，或者被驱逐到那里，自觉地自视为世界革命运动的一部分；不少人有欧洲朋友，有时还有欧洲老婆或情人；他们同进步的当地华人亲密协作；他们历练成了“活动家”（地上的和地下的）、工会运动积极分子、宣传家、罢工组织者，偶尔还是“恐怖分子”。他们毫无合法的议会政治的经验。第二代人是在残暴的日本占领期间成年的；他们往往只懂丁点荷兰语，从未出过洋，没有外国朋友；他们不喜欢华人（所以当他们1951年控制共产党的时候，就拒绝华人公开入党）；他们是热烈的民族主义者，而且首要的是属于党的男人和女人，因为他们是在草创的共和国旗下涉足政治的，那个共和国想靠这样的政体倾力治国安邦：有议会机构，有政治党派，还有它们的各种附属组织。

革命差不多走到中途的时候，冷战铺天盖地地涨潮了，日益使得共和国的国内政治两极化。结果在1948年秋天，爪哇发生了一场虽短却极其血腥的内战，穆斯林掌舵的政府污蔑左派是卖国的莫斯科奸细，无情地镇压了他们。许多老一辈领导人被处决或谋杀，若非荷兰人在12月发起最后的大规模军事努力要扑灭共和国，可能会有更多的人丧命。大量的第二代共产主义者逃脱了监禁，加入了短期的游击队斗争，即使只是以不重要的身份。1949年的最后几天，战斗结束，一个统摄印尼全境的自由民主共和国成立了，此时这代人出头接管了党，重建党的党员身份和声誉。

他们这种努力成效斐然，原因十分复杂，这里一言难尽。这么说就够了：早在1955年普选（印尼迄今为止举行过的唯一一次自由选举）中，共产党就已崭露峥嵘，成为四大党之一，背后有数百万选民，在统治中心有一个代表它的很大的议席份额。党的选举成功的关键条件之一是，它临深履薄地慎对国内问题，对外采取强硬的民族主义立场，这使它得以与其
286 他政治党派结成有效的联盟，开始让人们忘却1948年的“叛国”。虽然实际上党的选举成就使它致力于和平、合法的议会政治，有几分像陶里亚蒂的意大利共产党（PCI）的作为，但是它不肯下决心公然这么说；这样，当1959年左倾的苏加诺总统与大体属右翼的军方领袖合作，以“训导民主制”取代宪政民主制时，党的领导者们觉得别无选择，只有跟进。训导民主制是一种威权主义、民粹主义—民族主义体制，在该体制下选举将不再举行。

训导民主制从1959年持续到1965年，在它的治下，共产党的群众附属组织——青年、妇女、农民、种植园工人等群体的组织——继续飞快地壮大，因为它们比擅长议会活动的共产党本身更好地适应了无选举的竞争政治的状况。到1965年，印共领导人宣称它是拥有两千万党员的“大家庭”，荣幸地成了全世界这类共产主义家庭中，除社会主义集团之外最大的一个——其实说不准。但是，类似的穆斯林大家庭及所谓世俗—民族主义（资产阶级）大家庭的发展，与这一成就不相上下，导致日渐加剧的分裂对立，特别是当恶性通胀来袭、经济螺旋下降的时候。党死抱住它的合法性不放，而且不管怎样它手里没枪。

在国有化经济那些比较先进的部门，党几乎插不进手，因为它们被恨之入骨的军方控制着。党的领导人试图弥补这个弱点，叫嚣着支持苏加诺反西方的对外政策，支持发动文化斗争去反对“自由主义”知识分子——他们这么做是是永远不被宽宥的。

1965年10月1日，毁灭开始了，其时有一小群军官，名义上由总统府警卫营一个无名中校率领，暗杀了六名高级将领，占领了首都部分地区达数小时。这起“政变”——假如它算的话——旋即被陆军战略后备队司令官苏哈托将军铲平，他继续操纵午夜谋杀案所唤起的恐惧感，掀起了根除共产党的运动，谴责共产党策划了政变图谋。从1965年10月中旬到

1966年1月下旬，印尼共产党真的被消灭了。至少有50万人，也许多达百万人，不是被军队本身杀死，就是被军队武装和保护的穆斯林与世俗—民族主义的警备队杀死。另有不计其数的人被认为跟共产党有瓜葛，遭到监禁和刑讯。差不多党的整个领导层都受了极刑，通常连装装样子的正式法律手续都没经过。

1966年3月，当苏哈托事实上撵下了苏加诺，自己做了国家首脑时，共产党被宣布为非法，就连散发着马克思主义气味的任何东西，也一并查禁。共产党从此一蹶不振，不只因为独裁政权情报机构的冷酷效率，还因 287
为党的领导人在他们的追随者眼里已经信誉扫地了。这些领导人怎么竟能听任惨剧发生，将面对强敌毫无还手之力的两千万支持者弃置不顾？更糟的是，大量的激进分子，希求自己活命，在苏哈托的古拉格里，变成了他们自己人的告密者，有时甚至是刑讯者和行刑人。

请注意这个时机：1966年，正值毛泽东的文化大革命如火如荼，林登·约翰逊的美国日益陷入越南战争的泥潭，莫斯科的勃列日涅夫新领导层处处显出舍我其谁、气势逼人的迹象。也许这是世界共产主义成就的顶点。

一段对照性的历史

泰国的共产主义发展史要简短些，也有很大差别。比起荷属东印度来，未经殖民化的泰国遭遇资本主义的攻击要缓慢得多，而且它这种资本主义不受特大的种植园农业综合企业左右。当政时间很长、才智过人的拉玛五世（朱拉隆功，1868—1910年在位）的政策，就是尽量不惊扰本土的泰国社会，以方便为前提；资本主义现代化的撞击，因而主要是中国东南沿海地区迁来的年轻男移民带入的。不打算回中国老家的那些人，多数娶了泰国女人，大约在拉玛五世统治末年，产生了人数可观的泰语称之为lūk jin（意即泰国华裔）的第一代人。泰国华裔中有少数人，在社会—经济地位上向上攀升，成为这个国家萌芽中的资产阶级，他们大量聚集在皇都曼谷，以及沿铁道线兴起的较小城镇里，国王是出于战略—政治目的开始筑建这些铁路的。其余的泰国华裔，构成了这个国家真正的工人阶级，直到二战以后还是如此。

正是在这些移民及其子女中间，以及在逃离印度支那法国殖民主义的那些越南人中间，泰国的共产主义萌生了，那是在推翻绝对君主制的1932年不流血政变之后很久，而恰在太平洋战争爆发之前。于是，泰国共产党（CPT）在1941年才成立，比荷属东印度晚了一代人；它的社会基础是那些很大程度上仍属外来户的少数族群，不是“本地人”；它具有城市特征，不是半城/半乡的；它朝北面向中国，不是朝西面向欧洲和苏联。在二战后短暂的自由主义文官统治时期，它的影响开始扩散到规模不大的泰国知识分子阶层，在1947年泰国军方大权独揽之前，它甚至设法选出了
288 一棵独苗议员进入议会。美国有意将泰国当作它对抗亚洲共产主义的堡垒，在它的强烈敦促下，泰共被宣布为非法，此后一直如此。与同时代的印尼共产党相比，反差之大可能是最醒目的了。然而，泰共实在太弱，军方主控的泰国当局地位稳固，所以被捕的共产党人通常在监狱里受到善待，拷打和处死的事难得一见。

这种形势在1960年代很快改变了，因为越南战争加剧，美国在泰国的军事存在大肆扩充。亚洲的共产主义国家，特别是中国和越南，认为没有理由不支持泰共；在说服地下的共产党转向泰国农村边陲并开展游击斗争上，它们的影响起了决定作用。那是在1966年，正当印共在印尼横遭摧毁之时。随着越南战事的迁延，泰共稳步扩张了它的基地，虽然严重依赖北京与河内提供资金、武器、训练和意识形态指导。党的领导层压倒多数是泰国华裔，甚或就是“中国人”，这一点使这种联系尤其牢固。另一方面，美国的军事存在（1968年有48000名美国军事人员驻扎泰国，更无论美国在基础设施、在泰国军队和警察上的巨大开销）激起了泰国社会的大变迁，速度远快于它过去所曾经历过的。经济大繁荣起锚了，它立刻充

实了中产阶级，不过泰国华裔仍然在其中占主导地位。连带着，公共教育（特别是大学层次的）惊人扩张，不到十年约莫扩大了500%。

1973年10月，反对独裁统治的以大学为根据地的小规模抗议活动，突然间一下子膨胀成了首都的大规模民众示威；由于军方自身的内部分歧，以及年轻君主拉玛九世的干预，独裁政府轰然垮台。在1973年10月和1976年10月间，泰国拥有它曾经历过的最开放、民主的政治体制，此前和此后都未尝见。被压抑的不满——对不公平的土地法、对腐败、对罢工禁令、对美国宰制的不满——猛然公开化，急速的政治极化开始了，推动着特别是大学生活动分子倒向左派，其他许多人，担心走上越南战争那条路，则倒向了右派。正是趁此时机，泰共将它的地下势力迅疾地重新伸展到城市地区和知识分子阶层；已经有一代人的时间，那都是做不到的。1975年，一股暗杀学生、工人和农民各组织领导人的浪潮，为1976年10月6日事变铺平了道路，那时军人独裁政权再次如狼似虎地强加于民。对曼谷闹市区传统上主张进步的法政大学，镇压尤为狠毒，学生们被公开射杀、吊 289
死、活活打死。直接后果是自由主义和左倾的年轻人大量逃亡至游击队区域，在那里，泰共起初欢迎他们，保护他们。

随着1975年印度支那的陷落/解放、老挝君主制的废除（这让保守的泰国王室惊恐万状），以及泰共潜在领导干部的剧增，中央情报局曼谷站的头目在1977年初阴郁地预测说，泰国将会是沦入共产主义之手的下一张多米诺骨牌。他犯的错误不可能比这更离谱了。与他的预言相反，三年之内，泰共几乎输得两手空空，再不能在泰国政治中发挥丝毫重要作用；十五年前，这种命运就已降临印共头上了。何以至此呢？

关键因素是1978年底开仗的中、越、柬三角战的爆发。泰共正上年纪的泰籍华裔领导层决定与邓小平共命运，于是，在老挝势力很大、如今又成了柬埔寨主人的越南人，终止了一切合作，封锁了边境的全部庇护所。然后，北京的马基雅维利动身去曼谷，与泰国军方领导人结成反越联盟，交换条件是北京断绝对泰共的几乎所有援助，包括云南的大功率、很顶事的泰国人民之声广播电台。这些事情证明是对党的致命打击。它的队伍里内部分歧发作了，年轻的、受过大学教育的1976年流亡者们，通常加入了反对年长者的行列。与此同时，有智谋的军队新领导层决定彻底大赦游击区投降的所有人，而且他们恪守了承诺。到1979年末，人员大流损开始了，这与党的国际孤立状态一道，败坏了它的威望和政治发展前途。1980年，我们还要说什么吗？此时恰逢罗纳德·里根在成功地竞选总统，他的竞选部分基于这一纲领：对抗以莫斯科为核心的从未如此强大的“邪恶帝国”。

这其中有两点需要强调。第一，无论印尼还是泰国，“共产主义之后”的开端，是在斯大林帝国土崩瓦解之前很久，甚至是在有什么人能够想象这一崩解的发生之前很久。第二，这两国共产主义的后遗影响全然不同。

印尼1965年10月1日前支持左派的那些人，很少受过大学教育，他们在理论上所知道的马克思主义，是以较为简单的斯大林主义和早期毛主义面貌出现的马克思—列宁主义。他们压倒多数是本土的印尼人，不是印
290 尼华人少数族群的成员。他们的政治经验在于议会的和准议会的合法政治。他们是民族主义者，决心让人忘掉1948年他们的敌人对其“卖国”的指控。如果他们好歹活下来了，他们的“共产主义之后”的生活意味着折磨，在常常残暴不仁的状况下受到未经审判的漫长监禁，妻离子散，还有持续不断的社会摈斥，密不透风的军事监视，和一旦获释后的无业可就。

在泰国，共产主义最能干的新成员，特别是1975—1976年以后，有相当数量是泰国一流大学的学生。虽然他们的马克思主义有些来源于文化大革命的中国和越南，但作为1960年代的孩子，他们也接触了北欧和美国的新左派马克思主义，以及葛兰西、阿尔都塞和法兰克福学派。他们往往喜爱琼·贝兹和鲍勃·迪伦，但是对随便哪位合法的印共干部来说，这两人在国际舞台上出道太晚了，不会让人想到去欣赏他们。这些1960

年代的孩子们有相当数量是第二、三代的泰国华裔，是被同化了的中产阶级的产物，那个阶级自1950年代晚期以来有长足发展。正如移民的子孙常常发生的情况那样，他们决意展现自己爱国心切的泰国身份（Thai-ness——这是他们厌恶泰共领导层顺从北京的一大理由），但是有点刻意而不自然。他们只有极短暂、极浅表的议会政治经验，是由议会外行动主义与游击区生活塑造成人的。但是他们的“共产主义之后”的生活，多数情形下是渐趋正常的（尽管有显著数量的人吸毒或自杀）。一旦泰共被摧毁，他们或是回到家里，帮着打理家族生意；或是重返大学；或是出国留学，主要在欧洲、美国和澳大利亚；要不就决定参与议会政治，它是1980年代开始在泰国真正生根的。他们没怎么受到刁难，个中缘由特别在于，他们是过去教育优异、如今功成名就的那个资产阶级的孩子们。

泥沼里的足迹

如果我们要审视这两国的“共产主义之后的激进主义”，前述这些差异必须牢记在心。然而，有点奇特地，存在着有几分隐秘的连线，把二者连接起来，这些连线就是民族主义、历史和出版物。

先说印尼。今日印尼妇孺皆知的、也许是地位最高的激进分子，是才华横溢的自学成才作家普拉姆迪亚·阿南达·杜尔（即人们通称的“普南”），他的小说被译成了数十种语言，当奥斯陆* 的轮盘转到这个地区 291
时，他还是东南亚机会最大的诺贝尔奖候选人。普南的政治履历与众不同。他生于1926年，1948—1949年作为民族主义革命者首次被荷兰人监禁，后来在1959—1960年因为公开为华人少数族群声辩，又坐了苏加

* 原文如此（Oslovian）。诺贝尔文学奖是由瑞典文学院评选并在瑞典首都斯德哥尔摩颁发，只有和平奖由挪威诺贝尔委员会负责，并在奥斯陆颁奖。普拉姆迪亚多次获得诺贝尔文学奖提名。——译注

诺的牢，最后在1966—1978年成了苏哈托独裁政府的阶下囚，因为他从1950年代末直到1965年是左翼知识阶层的意见领袖。而今，印尼大屠杀过去了差不多三十年之后，他的著作仍然全部被禁，私下传阅这些书的大学生们，招致了长期徒刑的判决。他的作品中影响最为深远的是他的四部曲，那是他在1970年代中期，在遥远的布鲁岛囚犯隔离区开始创作的，他的创作办法是向他的狱友们口头叙述。这四部曲不严谨地用一位迄今为止鲜为人知的民族主义先驱的生活作基础，他名叫迪尔托·阿迪·苏里约（Tirtoadisuryo），是出身于爪哇贵族之家的一位青年人，在二十世纪的第一个十年创办了第一份民族主义报纸，帮助推进了反对荷兰殖民统治的第一次激进运动，在坐牢和默默无闻中结束了生命。

这些小说的题目就揭示了它们的特性的某些东西：《人世间》，《万国之子》，《泥沼里的足迹》，《玻璃屋》。[1]前两部宣告了印尼文学中前无古人的某种观念（1965年前的印共也一定会对之皱眉蹙额的）：印度尼西亚这个“人世间”是所有热爱印尼的人的，不仅仅属于它的持有护照的公民；印尼民族主义的这位英勇创始人是各国那些解民于倒悬的民族主义者们的继嗣。第三部书名唤起了这样一些人的形象，他们参加了1910年代、1940年代、1960年代和1990年代的斗争，留在身后的却是一无所有，只除了“泥沼里的足迹”；第四个标题模仿福柯的边沁式全景监狱，在荷兰殖民政权想让殖民地凡事皆归监控之下的雄心中，讽喻了印尼这个当代警察国家。

1　这些小说，原著均由雅加达的哈斯达·密特拉（Hasta Mitra）出版社出版，原名分别是*Bumi Manusia*（1979），*Anak Semua Bangsa*（1980），*Jejak Langkah*（1985）和*Rumah Kaca*（1988）。通行的英译本是纽约的威廉·莫罗（William Morrow）公司出版的，英文标题分别是*This Earth of Mankind*（1991），*Child of All Nations*（1993），*Footsteps*（1994）和*House of Glass*（1996）。[前三部中译本由北京大学出版社出版，书名分别是《人世间》（1982），《万国之子》（1983），《足迹》（1989）。最后一部未见中译。——译注]

小说向我们展示的这位年轻的激进主人公，不仅忙于从他遇到的法国人、荷兰人、日本人以及住在爪哇的其他外国人那里了解世界，从世纪之交正将整个地球绍介到殖民地诸城的新报纸上了解世界，他还注定相继要娶几位外缘女子中最外缘的为妻：一个令人怜悯的欧亚混血美女，一个逃避垂死的清王朝野蛮统治的华人移民，还有一个凶悍的穆斯林，来自这个散乱铺开的群岛殖民地的东部极远边陲（从爪哇看来）。更引人注目的是，在所有四部小说中占有首要地位的人物，不是年轻的主人公，而是他的第一个岳母，在她初次行经之后，她就被微贱奴媚的爪哇父母 292
贱卖给一个酗酒、贪淫的荷兰种植园主，但是她完全掌握了她此后的命运，克服重重困难与殖民地秘密警察本身较量。（普南用了一记出人意料的妙着，让第四部小说的叙述者是高级土著特工，被荷兰人派去监视和纠缠主人公，直到后者死去为止。）

虽然这些小说把时间设定在1896—1916年间，即“共产主义之前”，它们根本上却以“共产主义之后”的印尼为指向。老式马克思主义的痕迹，在许多情节里都昭然可见，这些情节如种植园主、领主代理人、殖民官员、土著贵族及秘密警察的压迫，农民、小商人、记者、妇女和少数族群的反抗等。但是我们（激进的印尼人）与他们（白人殖民者与其合作者华人贱民—企业家）对立的轴线消逝了，这条轴线自1940年代以降，无论对左派抑或右派，多少已成常轨。更险恶的人物一般是将来所称的“印尼人”，而男女主人公不但是民族身份混杂的一群人，而且他们的文化和政治信仰纷繁各异。或许我们不该对这一切大惊小怪。在1970年代末，那时这批手稿写完了，普南充分意识到，为了使他历经十二年可怕监禁之后得以安全释放，明尼阿波利斯的众议员唐纳德·弗雷泽以及大赦国际功不可没；他也意识到适成对照地，“现存的”共产主义政权对他的状况无动于衷。监狱昭示了共产党人证书与道德勇气之间的鸿沟有多宽。与此同时，他在奋笔疾书，言外之意直指野蛮的独裁政府，这个政府在它的公民中间主张自身的合法性，理由是“西方民主制”和“一切形式的马克思主义”完全不适合印尼民族，据说该民族的源头只在于也全在于一个古朴纯净、有千年之久、200%纯土著的往昔。

还有一种印尼激进主义，它可以描述得稍简略些。卡塔维查亚（Pipit Rochijat Kartawidjaja）现在四十岁出头，比普南小了不止一代。他在柏林过着岌岌可危的日子，因为他的护照很久以前就被剥夺了，借口是他那煽动性的、傲慢无礼的著作，但是他拒不放弃公民权和寻求政治避难。他的幸存下来，部分是由于他同德国绿党和社会民主党里边的活动家建立了密切的私人关系。1965年那时候，他的父亲是一家国有糖料作物种植园经理，是个虔信的穆斯林，饱受种植园工人的共产主义工会的抨击。他还是个上初中的小孩，自然被家庭忠诚拉进当地一个反共青年团的行列，一当时机来临，这个青年团就加入到matanza（屠宰）之中。有些屠夫就是卡塔维查亚的同学友朋。对他所目睹的场景的种种回忆萦绕脑际，挥之不去，可是他无法条理连贯地思考它们或见诸行事，直到他去德国
293 学习电气工程。在那里他娶了一位二流的印共知识分子的女儿为妻，大屠杀时这位知识分子碰巧离开了印尼。但是他跟他岳丈的关系冷若冰霜。自1980年代初以来，他因为三件事成了印尼自诩的激进分子中的闻人。其一，冷嘲热讽的文章汩汩涌出，笔锋直捣雅加达独裁政府，就这些文章而言，最显著的特色是它们超现实地混杂了政府官话、街头俚语、反语的马克思主义词汇、猥亵描写，以及纯诗的笔致。目的不外是让这个政权及其专制的发展语言去神秘化。其二，是对印度—爪哇古代传说的一系列再加工或新想象，那些传说支撑起了爪哇的小传统和大传统。在这里，克利须那神和阿周那可以作为公共信息官、异装癖的妓女、大学教授或宗教骗子，平等地谈话。他的规则就是“什么话都可以说”。其三，是对他中学时遭遇大屠杀的记述——站在屠杀者一边的记述，独一无二，理当驰名。他坚定地认为，大屠杀决不应忘记，它们也不应成为哪一天更多的大屠杀的基点。对于把他和他的伙伴们引向屠宰场的那种不长脑子的认同，他耿耿于怀。这意味着推倒了“我们”和“他们”之间让人宽慰的任

何隔墙。

我只能引用这篇题为《我是印共分子还是非印共分子？》[1]的奇文的两小段话，试着表现它的风味。第一，对顺着布兰塔斯河流经他家乡的那些可能是共产党人的尸体，他写道："通常这些尸体不复有人样。脑袋没了。肚皮划开了。臭得难以想象。为了确保他们不沉河，这些皮囊被精心地绑在或钉在竹桩上。他们从谏义里出发，沿着布兰塔斯河流下。当尸首堆积在木筏上，印共党旗在上方猎猎招展的时候，这种起航达到了它的黄金时期。"第二，关于当地妓院的失业，他回忆说："一旦对共党分子的清洗发动起来，嫖客们就不来寻欢了。原因只有一条：妓院门前悬挂着许多男共产党人的那话儿，像挂出来待售的一根根香蕉，大多数嫖客——和妓女——都吓得要死。"无论是对逃过一劫的老共产党人，还是对实施这恐怖的政府和政治集团，这都是一种令人十分恶心的语言，因为它让这个问题无法回答：我是刽子手还是非刽子手？但卡塔维查亚不是在对他们讲话，而是在对一个年轻的印度尼西亚讲话，如果它开始进行根本的思考（它有朝一日必定会那么做），它也将直面在"共产主义之后"这个世界纪元而非印尼时间里，"共产主义"和"非共产主义"的意义问题。 294

一种新主体性

在当代泰国，它不是一个驱鬼的问题，也许反倒是个召鬼的问题。泰共的覆灭一定程度上伴随着轻声呜咽，而不是骇人的巨响。虽然它的倾覆早于苏联的解体，但是时间相隔如此之近，严肃反思二者之一的人，很快就不得不反思另一个。头脑激进的泰国思想者们，在1980年代和1990年代初期，自由地、常常惬意地生活在一个欣欣向荣、富得俗气、腐化透

1　它最先译成英文并发表在《印度尼西亚》杂志上（*Indonesia*，40［1985年10月］，第37—55页）。

顶的资产阶级半民主制下，不像他们的印尼同志，生活在心狠手辣的军政权淫威下。他们许多人最后拥有了可敬的职位，待在大学、媒体中和泰国议会里。对他们来说，问题典型地是这样一些：泰共的灰飞烟灭，是像它的保守主义敌人始终宣称的那样，因为它从来没有真正成为泰人的吗？他们自己忠诚于它，是天真年幼的幻觉的产物吗？他们彻头彻尾误解了本国的文化与历史吗？难道除了早早考虑福山的名言，尾随在亚当·斯密和托马斯·杰斐逊的没完没了的行列后面以外，就再没别的事可做了吗？

我们不应感到惊讶，最重要的激进思想者是学院派学者，而不是流亡的或被禁的非正统历史的想象者；他们殚精竭虑思索他们何以政治受挫，他们得胜的对手的力量何在。不过，这种思想几乎总是聚焦于历史，虽则方式大异其趣。且让我们仅仅简单讨论三篇重要文本，它们是1970年代的马克思主义活动分子在最近十年里所作，其中两人是泰国华裔。

第一篇是社山·巴色军（Seksan Prasertkul）的论文。他是1973年10月那些令人热血沸腾的时光的杰出学生活动分子，1973—1975年间进一步激进化，在越南和老挝短期受训，1976年后奋勇参加武装游击斗争。像他许多同代人一样，社山到1980年代中期得出结论说，泰共领导层不但被一种"华族性"（Chineseness）严重致残，这种特性导致他们荒唐地、灾难性地同"小瓶"的北京休戚与共；更要紧的是，他们几乎不假思索地将泰国民族主义拱手让给反动的佛教僧侣、右翼的军队领袖，尤其是让给紧紧攫住大传统和民众想象力的君主制。在他看来有一种暹罗史的建构至为根本，据这种历史说，暹罗是被心无私念、高瞻远瞩的一连串君王们从帝国主义手下拯救出来，并开始走上现代性之路的，那些明君始于我
295 们从尤伯连纳（Yul Brynner）的精彩表演中认识的拉玛四世。在广泛细致的档案研究基础上，他写成了一篇"马克思主义的"学位论文，不过将传统的左翼和右翼历史编纂学完全颠倒了。[1]比如，他能够证明，十九世

1　参见Seksan Prasertkul，"The Transformation of the Thai State and Economic

纪末二十世纪初那些老是被人轻鄙和边缘化的"中国人"和"泰国华裔"资产阶级，非但远不是一群乌合的买办，反而正是他们刚健有力地捍卫了泰国经济的独立性，使之不受英帝国主义之害；而此时君主政体和贵族却已向英帝国主义缴械投降，后来又与它狼狈为奸。他还令人信服地主张，泰国自由化和现代化的首要推动力，其实是英国的自由贸易帝国主义，它单方面地、满不在乎地摧毁了重商主义的垄断体系，后者是旧皇权秩序的根基；然而同时，它又因此抽走了本地资产阶级消灭旧制度的历史政治任务的基石。因此，旧社会秩序许多成分苟延残喘到了当代泰国，一种虚妄无稽的、神秘化的泰国史叙述也出现了。他论证说，泰共最大的失误中，有它对严肃的历史研究的轻视，它对斯大林式庸俗马克思主义未经三思的采纳，以及由此导致的它长期不能造就一种统治性势力。

第二人是通猜·维尼察古（Thongchai Winichakul），他是全国闻名的活动家"曼谷十八君子"之一，他们在1976年流血政变以后以"大逆不道"罪名被审判和定罪。通猜是泰国华裔，比社山小很多，思想上渐趋成熟的时期，正赶上我们回顾起来所称的"福柯时代"。所以他从另一个方向激烈攻击当代的旧制度。他做了一项出色的微观研究，研究了十九世纪曼谷制作的各种地图，以及围绕着这些地图的机构和话语，从而能够言之凿凿地表明，具有一种霸权性保守文化的不朽"泰国"或"暹罗"，是1870年代的发明。[1]欧洲帝国主义者们引入墨卡托绘图法，建立以数学为基础的测量学，想象连绵不断的无形边界，这造成了福柯式的"断裂"；在那断裂时刻之前，王朝的疆域是由它们的中心界定的，统治者认为他们的臣民是无限可变、用途各异的一群群劳役劳工、步兵和纳税人，对这些人要问的最后一个问题才是他们的"民族"。为什么"泰国"统治者

Change"（康奈尔大学博士论文，1989年）。

1　参见他的*Siam Mapped: A History of the Geo-Body of a Nation*（Honolulu: University of Hawaii Press, 1994）。

的军队中充斥着中国水兵、马来领航员和越南弓箭手，这就是原因之一。
296 通猜进一步表明，在1870年代之后，新的皇家绘图部门如何开始以欧洲人的方式，创造出全盘假想的历史地图，这些地图将他讽刺性地所称的"泰国的地理体（Geobody）"推回到传说的往昔的薄雾之中。这样一种主张说：远非持续、毅然、爱国地捍卫始于古代的泰国，统治阶级实际上在稍多于一个世纪之前发明了这个泰国，而且发明它的那种方式有力支持了该阶级的统治权。不消说，它的推论显见是颠覆性的。但是通猜也认为，他的目的是为多样化的另类历史叙事开启一个巨大空间，那种叙事是去中心的、地方化的、平等主义的、民众的。如此以往，道路将被扫清，有利于未来对历史主体性的反霸权的左翼借用。

最后是加信·泰差皮拉（Kasian Tejapira），一位泰国华裔，三人中年龄最小的，小得无缘参加1973年10月的暴动，却也是1970年代晚期忠诚的地下马克思主义者。跟另外两人不一样，大约在世界共产主义自我毁灭之际，他才着手他的研究。或许正是因此，他的研究深受本雅明影响，旨在半反讽地复原1940和1950年代朝气蓬勃的泰国马克思主义。他周密省察了其中的形容词（泰国的）和名词（马克思主义）之间的历史关系，认识到以为马克思主义可以无摩擦地迁移，从一种文化到另一种文化，一种语言到另一种语言，那自始至终不过是幻觉罢了。他是这么想问题的第一个泰国知识分子。他还认为马克思主义是资本主义社会里的某种文化商品，在不同时代，它有着可描绘的各不相同的"需求"和"供给"。[1]他也是思虑及此的第一人。他的著作博大精微，非此处所能撮其要，但从下面这段出自它的开篇的引文里，我们能够略窥其旨：

在二十世纪最后十年，身处现今这个后共产主义世界里，对英语读

1　参见Kasian Tejapira, "Commodifying Marxism: The Formation of Modern Thai Radical Culture, 1927—1958"（康奈尔大学博士论文，1992年）。

> 者来说……这样一本书一定显得多此一举：它论述的是差不多半个世纪前，在一个遥远、恬适的第三世界资本主义国家中，以其转世化身出现、如今已归西的马克思主义—共产主义学说；甚至这本书的“存在权利”似乎都很可疑。毕竟，过去十年间，泰国的马克思主义—共产主义的理论、实践与组织已经证明是破产了，土崩瓦解了，就像世界各地其他国家里它的大多数同党一样。那么为什么要费工夫读——且别说写——这具政治遗体的如此冗长乏味的讣告呢？我的回答是，共产主义虽死，但共产主义的幽灵还缠着我们；这死者与活人有过如此长期、猛烈的交锋，如果不在它的亲密对话者的文化心灵上打下深刻的烙印，它是不会逝去的；还有，就其本身而言，唯有通过对共产主义鬼故事的书写、阅读和理解，活着的人们才能充分感知到他们自身潜意识的文化自我。 297

他这样收束全文：

> 泰国依旧残存着文化抵抗的基本要素，那种抵抗是长期致力于有摩擦地结合马克思主义与泰国文化所锻炼和形塑出来的。只要独裁政权和资本主义的现代浩劫仍然降临到泰国人头上，就会有日新月异的激进分子重整旗鼓，将这些要素铸成强大的文化武器，为他们自身的和人类的生存与尊严而战。

也许在这里，我们这三位泰国激进学者邂逅了普南和卡塔维查亚。他们以不同方式，不停地写呀写呀写呀，要找回天使退去的脚下那散落的碎片的可贵精华；这绝不全是为了他们的同胞。现代的过去——共产主义是其中如此核心的部分——必须加以深切的再检视，再探询，可能的话复原，因为，借用萨蒂亚吉特·雷伊（Satyajit Ray）的话说，我们等着听前方雷声隆隆。 298

14
各寻生路

1998年3月11日，恰在苏哈托指挥了一场将“民族之父”苏加诺赶下台的武装政变32年以后，这位印尼总统凭借傀儡的“人民协商会议”的一致投票，开始了第七个五年总统任期，在宣誓就职时，他说了这样一句意味深长的话：“我们经历的超过四分之一世纪的那种经济增长，今后我们再不会安享了。”[1]这一番话，是新英格兰的制造业城镇、宾夕法尼亚和比利时的煤钢带、澳大利亚和美国西部的废弃城镇的语言，在那些地方，资本主义由盛及衰，只留下满目疮痍和破落的社会体系。这番话也激起笔者就“亚洲危机”提出两个相关问题，在当代报刊杂志对“亚洲危机”近因的连篇累牍的分析中，它们很少被提出来。第一问是：什么因素使得世界银行所谓过去二十年的“亚洲奇迹”成为可能？第二问：是不是苏哈托的预测不但对印尼有效，对东南亚其他先进国家也有效？[2]

如果谁在1950年代预测，一代人之内“奇迹”要在该地区发生，这人

1 *Bangkok Post*, 1998年3月12日，第5页。

2 在将要讨论的这一时期的大多数时候，缅甸和印支诸国是被战争撕裂的社会主义或准社会主义经济。资本主义的文莱和新加坡基本上存而不论，因为从本质上看，它们一个是石油酋长国，另一个是自治城邦。

一定会被认作痴人说梦。印度尼西亚刚遭受了长达十年的军事占领、战争和革命的毁坏，识字率顶多10%。即便十年之后，印尼全国积累的收入，也比美国大型大学的收入高不了多少。菲律宾经济在殖民时代就很虚 299
弱，到1950年代早被交战的日、美军队践踏成一堆瓦砾。除了（或许）有四分之一人口掌握的美式英语外，这个国家缺少一种国语把它结成一体。暹罗是个睡意沉沉的谷物出口国，就算在1960年代，它也缺乏全国性的、行之有效的初等教育系统。马来亚的锡加橡胶的殖民经济已是有气无力，这个殖民地成了一块战场，宗主国英国的军队与强大、无畏的共产主义暴动对垒。还须多说吗？

似乎可以不无道理地认为，这一“奇迹”之成为可能，要满足四项基本条件，而这些条件仅仅存在于从南韩延伸到印度洋东岸的、由沿海资本主义国家组成的狭长地带。

第一项条件是该地区冷战的特具弧形。二十世纪第三个25年里，世界上没有哪个地方的冷战比这儿“更热”，后来由于1970年代中期北京—华盛顿恢复邦交，也许又没哪个地方冷却得更快，更显著。美国人打过的仅有的两场大战都在这个地带：在朝鲜半岛上，他们被迫接受了代价高昂的平局，而在印度支那，他们遭遇了更惨痛、更耻辱的战败。东南亚的每个大国——印尼除外——都发生了持久、严重的共产主义叛乱，印尼本身到1960年代初还允许共产党合法存在，那是社会主义集团之外世界上最大的共产党。美国人从政治、经济、军事和文化上大举干涉所有这些国家，唯马来西亚例外，在当地共产主义造反运动的整个非常时期内，它依旧是个殖民地。臭名昭著的多米诺理论就是专为东南亚发明的。为了撑起这一排摇摇晃晃的多米诺骨牌，华盛顿全力以赴扶植这样的政权：效忠于它，资本主义经济繁荣，威权主义，反共——通常但并非一律是军人统治。[1]许多政权通过防御协定同美国拴在一起，美国人还在有些国家

1 1950年代，在毛泽东获胜后逃窜到缅甸的国民党军队，听信中情局的唆使，控制了

300 布下了花样百出的军事设施。大败亏输只是鼓励华盛顿在它余下的政治牌背后投入更多武力和财力。美国的这个热带对跖区领受的五花八门的“援助”，世界上别的地区无出其右。

另一方面，印支“陷落”后巩固起来的华盛顿—北京反莫斯科联盟，意味着自1970年代末期直至苏联解体，东南亚那些国家如果愿意，就能继续从华盛顿的冷战慨赠中获利，不会面临什么严峻的国内或国外麻烦（我们下文将看到，菲律宾部分是个例外）。跟这整个过程很相似的事情，世界上其他任何地区都不曾发生过。

第二项可能条件是该地区地缘上接近日本这一造化。东京到十九世纪末才姗姗来迟参与帝国主义游戏，它面对着北部边境的沙皇帝国，固守东南亚、支配中国的欧洲列强，同时美国人正横渡太平洋快速推进——阿拉斯加，夏威夷，中途岛，威克岛，关岛，菲律宾。从1895年取得台湾、1910年强夺朝鲜入手，日本统治阶级试图运用经济、政治和军事手段，为他们的国家在东亚和东南亚创造一个霸权区域，要与美国在西半球的霸权区域相当。最终结果是1937年中日战争的开火，1941年底太平洋战争的爆发，1942年东南亚大部地区的被攻取，和1945年8月原子弹的一炸而溃。战后恢复期间，从前的野心并未消失，只是采取了本质上是经济的外观。华盛顿自信它对日本的政治、军事控制，又热衷于将日本经济建成亚洲资本主义活力的基石，所以没有在东京的道路上设置什么真正的障碍。但是在战后初期的年月里，毛泽东的中国向日本资本关闭，而南韩

种植罂粟的缅甸东北大片地区。暹罗早在1948年已是美国盟友，它是东南亚条约组织的创始成员国之一，最后在越南战争的白热化阶段容留了数万美国军人和军用飞机。吴庭艳的南越是美国的创造物；诺罗敦·西哈努克的柬埔寨中立政府，1970年在美国默许下被推翻了。老挝的各种不稳定的右翼政府，断断续续都有华盛顿给它们掏钱。杜勒斯哥俩武装和补给了1957—1958年苏加诺印尼的那场大规模地区叛乱。菲律宾不仅是东南亚条约组织的创始成员国之一，也是西太平洋地区美国许多至关重要的军事基地之所在。

人对日本殖民主义的苦痛记忆也决不会让他们持更欢迎的态度。东南亚是可获得的唯一现实的机会，特别是因为欧洲列强如今已丧失它们在那里的殖民堡垒。从1950年代开始，通过一系列的战争赔偿协议，东南亚国家获得了购买日本产品的大量资金支持，东京的经济势力范围急剧扩大：先是在暹罗，那是它二战时期的同盟；后来在其他新兴民族国家，它们曾在日本军事统治下有过不那么愉悦的经历。到1970年代初，日本已成为该地区最最重要的外国投资者，既是自然资源（木材、石油等）的开采者，又是工业和基础设施发展上的投资者。这一切意味着东南亚是世界上得天独厚的地区：最富强的两大资本主义国民经济体深深地、总体上合作地卷入此地四十年。后来，当南韩和台湾作为主要的资本输出地发动起来 301
以后，它们追随头雁，增强了业已甚巨的原本限于美日的资本与技术流入。[1]

第三项可能条件极具讽刺性，它就是中国成功的共产主义革命。在全球资本主义秩序之外建设强大、专制的社会主义经济，这种毛主义的构想阻碍了中国在东南亚扮演重大的经济角色，或者说，阻碍了中国与东南亚竞争，直到1980年代中期。[2]只有在那时，这个过去的“中央王国”，连同它那广大的国内市场，它那受着中共铁腕统治的一贫如洗、一望无际的大群农民和工人，才开始从美国、日本、欧共体、台湾乃至南韩吸引巨额投资。因而到1990年代，中国大陆终于有机会在制造业出口上打败东南亚了，这种形势看上去一定会无限期地延续下去。回顾起来，可见这个亚洲第一大国离奇地隔绝世界市场四十年，东南亚奇迹部分地就是托它的福。

最后一项条件间接联系着第三项。从鸦片战争到中日战争开火，在

1 具有象征意义的是，丰田公司在1980年代筹划为马来西亚生产号称的“国民车”，现代集团在1990年代中叶才找到时间企图为印度尼西亚做同样的事——幸而未遂其功。

2 这种自加的孤立被美国人蓄意安排的贸易禁运强化了很长时间。

这悲郁的衰落世纪期间，数百万年轻人，多是文盲男子，离开福建和广东沿海地区，前往劳动力贫乏的东南亚的欧洲殖民地以及暹罗。[1]这些人讲的是（总体上）彼此不通的话，比如闽南语、粤语、客家语、海南话和潮汕话，一直到世纪之交，他们大多数极少自认是中国人。他们按宗族、家乡的村庄或地区，也按语言群体识别他们自身。在环境有利的地方，特别是在佛教的暹罗和基督教的菲律宾，与当地人通婚，接受同化，这很普遍，时间一长就造成一个独特的混血社会阶层。在不太有利的环境下，比如在（穆斯林的）马来亚与荷属东印度，按殖民者的决策，他们往往被强行隔离聚居。然而1900年后，这种情况开始改变。妇女们开始从广东和福建过
302 来了；学校开始建起来了，教孩子们全汉语的书写，也教官话口语；真正意义上的中国民族主义取得了各种新进展。在这个时候，移民社群变得更加根深而稳定。尽管大部分移民久居贫寒（比如直到二战，他们构成了暹罗和马来亚的真正的工人阶级的主体），但是数量不菲的人，凭借勤奋工作的习惯与背井离乡带来的自由，顺着职业阶梯一步一步地攀升——小买卖、企业主、专门职业，甚至政府机构。尤其是在荷属东印度，这些人渐渐形成一个明显的中间层，介于殖民行政机构与绝大部分是农民的本地人之间。

然而在这同一时期，土著民族主义开始在东南亚兴起，最早是在菲律宾，最后是在柬埔寨、老挝、马来亚和新加坡。历史上第一次，这些移民及其后裔常常发现自己左右为难：一边是种族主义日甚一日的殖民政权，它们蔑视、剥削但也保护他们；一边是本土文化保护主义的民族主义者，这些人鄙视他们是外乡人，是殖民者的协从，但又嫉妒他们的经济成

1　1930年代大萧条期间，这一流动减慢下来，那时殖民列强收紧了移民管制。在战后独立时代，它基本上趋于终止，只除了一群富商，人少却很显赫，在中共掌管中国大陆后带着财富逃出来：多数去了美国、台湾、香港和新加坡，但也有一些人落脚曼谷、马尼拉和雅加达。

就。欧洲殖民主义的瓦解，这些前殖民地于战后的独立，都加剧了他们处境的不安定性。殖民地的子民身份能够轻松持有，但一个民族国家的现代公民身份却不能。[1]种种选择须得做出，但谈何容易；其中的难处，由于分别以北京和台北为中心的两个敌对政权的出现而加重了，它们二者都热望吸引南洋移民的忠诚，却无一有能力——或者甚至很有心——为了他们的利益进行保护性干预。然而与此同时，殖民主义的终结敞开了太平洋战争之前梦想不到的经济上发迹的机会。

独立后的总体社会趋势——虽然国与国之间广有变异——是向上流动的"土著"力保他们自身在政治领域有一种坚不可摧的地位，特别是在急剧扩张的国家行政机构里，而重中之重又是在军队和警察部门里。印尼和马来西亚的这种趋势尤为显著；可是即便在暹罗，它已经拥有大批"华人"政治家，却难得觅见一位声称有如此血统的高级军官或警官。[2]此外，国立大学或公开或隐蔽的歧视"华人"政策，据信是要限制他们在公共部门乃至某些专门职业中的发展机会。这一切的后果是激发华族人将精力和雄心凝聚到商业部门——合法的和非法的。苏哈托的印尼当属 303
这种种趋势的极端例子。从1966年3月到1998年3月间，已知有华人血统的，无一人曾经做过内阁部长、高级文官、陆军上将、海军上将或空军中将；甚至在议员中间，华人也是寥寥。然而，估计占总人口5%、据称是华人的群体控制了国内经济的70%—80%，而且苏哈托周围最大的亲信资本家，几乎全部恰是出自这个群体。这样一种劳动的"种族"分工刺激了政府官吏一方的大量寻租活动，制约了一个茁壮的"土著"企业家阶层的成

1　在今日印尼，唯一被称作"公民"（WNI—Warga Negara Indonesia）的人是"华人"，这很说明问题。其他所有人都是国家的儿子/女儿。

2　1970年代中期，泰国议会议长是精明的律师和商人巴实（Prasit Kanjanawat）。报上的漫画时常取笑——不过并无恶意——他那浓重的"华语"口音。我想，这样的情形在任何一个前殖民地国家都是不可思议的。

长，使得边缘化的华人少数族群成了“奇迹”的真正的国内发动机。

这样一些可能条件，有多少还将继续存在于二十一世纪初叶呢？冷战期间美国对东南亚的异常投资不会再现了，那种投资让一个个暴政成为可能：1948—1977年间的泰国将军们，菲律宾的马科斯政权，苏哈托的望不到头的新秩序（Neues Ordnung）。美国在菲律宾的基地撤离了，这个国家对它的前殖民主子而言，如今已成鸟尽之弓。暹罗不复被视为反对什么东西的堡垒。就算是广土的印尼，连同它那2亿的众民，而今也更多被当作包袱而非盟友。马来西亚久立不倒的总理马哈蒂尔的反西方鼓噪，只不过为他在华盛顿博得一个耸肩而已。

日本在这一区域有着恒久的地缘政治利益，但是很可能，以1985年《广场协议》为标志的这个国家的“历史时刻”，还有在1980年代横扫美国的反日大恐慌，都已过去了。眼下这个十年间，东京挣扎着要从1980年代末破灭的泡沫中奋力自拔，却鲜见奏效。它没有能力多施援手，助东南亚战胜金融危机，就是这一衰弱的明证。另一方面，虽然中国的政治前景充满变数，但是极有可能，历史上它在东亚和东南亚的那种中心作用，不久它将重新承担起来。它拥有的资源远胜东南亚任何国家，很长时期内它将是世界市场上不可一世的竞争者。因此，也许只有海外华人会留下一项经久的奇迹要素，纵然这个要素也有其可疑、脆弱的层面。

然而，即使说“奇迹”的这些可能条件多数已经消失或可能行将消失，也未必表示相关国家不能利用超常增长时期，为更加自立的长远发展奠定基础。毕竟，不论德国还是日本，都在遭遇战败、经济破产和外敌
304 占领之后，在一长代人时间内东山再起，又成了经济大国。极度民族主义的南韩提供了一个更切近的对照，它利用美国人撑腰的冷战专制政治所带来的增长机会，以及它自身对其强大邻国的历史恐惧，造就了一个工业社会，生产出世界一流的工业品：有充分理由认为该国将迅速从金融危机中恢复元气，不久重新担当起它早先在全球经济中的那种角色。故而

我们要问的关乎东南亚的核心问题是，“奇迹”时代积累起来的资源和资产，多大程度上被用来为它的可能条件暴减的日子做好准备。

为探索这个问题，哪怕只是蜻蜓点水、挂一漏万地探索，有三个明显的着眼点：一支有技能、受过良好教育、能够提升各国的附加值层级的劳动大军的发展；国内储蓄和投资的使用；以及对国家环境和自然资源的关切。这三点当然是紧密联系的，其中对未来至为重要者是第一点。

我们或可考虑不曾殖民化的暹罗，就在金融危机爆发前，它还一直被世界银行宣扬为一个样板，一切有远见的“第三世界”国家都可以效法它，因为过去三十年里，它的增长率极高。1980年代末，它的中学适龄人口，只有区区28%的人确实在上不管什么样的中学。[1]据可靠估计，到2000年，该国70%的劳动力将受过小学及以下层次的教育。[2]高等教育机构培养出来的工程师，只及暹罗所需的一半。泰国的职业学校，不以它们灌输的高级工业技能闻名，更因它们学生团体间的野蛮斗殴著称。它的大学仍以国立为主，客气点说，其质量是“参差不齐的”，这尤其是因为教授和讲师薪俸羞涩，于是花了大量时间在校外做兼差或投机。末了还有一个现象，它在资本主义东南亚的其他各地也都看得见：许多上层和中层阶级的父母，决定尽量避开国民教育体系，送子女到当地的“国际”中学念书，进而依据各自的收入水平，送去美国、英国、加拿大和澳大利亚读大学。这些年轻人有的永不回国，回来的那些人很少愿意在祖国的教育系统里谋饭碗。 305

1 Gerald Tan, *ASEAN: Economic Development and Co-operation*（Singapore: Times Academic Press, 1996），第111页。

2 Jomo K. Sundaram等, *Southeast Asia's Misunderstood Miracle: Industrial Policy and Economic Development in Thailand, Malaysia and Indonesia*（Boulder, Col.: Westview Press, 1997），第83页。这本书恰在金融危机前付梓，它做了精心研究，对“奇迹”的脆弱性提出了有先见之明的警告。

相比于马来西亚，菲律宾的大学适龄青年的入学比例足有三倍多（38%对7%），[1]但是学生们大多处在低劣的文凭加工厂里，学校差不多什么都没教给他们。两国都不具备有效的、以工业为导向的“职业”教育体系。它们都经历过严重的青年人才外流，特别是由于英语语言殖民主义的那种有销路的遗产。在马来西亚，聪明的年轻“华人”，面对教育和其他方面的歧视，一直在大量地去国离乡。马科斯给菲律宾带来的深重苦难，启动了“土著”菲律宾人的大规模移民，其中不少人拿着当地大学的文凭，他们移居世界各地，做女佣、护士、酒吧招待、妓女、私人司机等等。（他们寄回家的钱是对菲律宾外汇收入的最大单项贡献。）印尼情况更糟。威权主义政府恶化了教育问题，它经常认为学生是个易变的危险群体，它还更多地运用教育系统灌输政治忠诚，而不是激发有创造力的青春心智。[2]

教育政策之所以有这些缺陷，一个关键的原因是，多年以来，工业发展的主要投资者来自该区域之外，特别是美国、德国、日本、韩国和台湾。所有这些投资客都在寻找低薪、听话和没有组织工会的工人；后三国还寻求离岸平台，它能提供进入美欧市场的低关税通道。对这样的投资者来说，在业务的直接需要之外从事职业培训，很少有利可图或有资源可用。再说，他们发展起来的制造工厂同国内经济与社会只有微弱的背后关联，往往运作得有几分像飞地。结果，有钱的外国人和穷苦的本地人做了出口开发型增长的许多现实工作。但是这种形势的延续始终有赖于劳动

---

1 括号中数字出自Tan, *ASEAN*, 第101和104页。菲律宾的数字似乎高得难以置信。

2 我那聪明绝顶的年幼的印尼养子，在他褊狭的家乡所能提供的最好中学里上学，十七岁时来到美国，没有一点基本的地理知识，也没有一点基础的世界历史知识，只有对他自己国家历史的歪曲得不像样的了解。在更一般的层面上，去国外深造的政府奖学金的分配都有一种强烈的趋势：它的分配基础不是智识成绩，而是家庭关系、族群背景和政治忠诚。

力的低工资、低技能状况；有点显著改善就刺激投资者转移到更穷的国家，比如越南。然而只要GNP数字继续上升，该地区就不会有什么政府严肃地从结构上谋及未来，一直到金融危机迫在眉睫。

恰恰由于出口导向型经济增长深深依赖外国投资拉动，国内的投资者，尤其是政治关系不错的那些人，就把他们的活动云集在受保护的经 306
济部门：银行、房地产、建筑和自然资源开发。金融危机来临的时候，印尼有两百多家银行，大多数不可靠而且有政治关系，几乎全都负债累累。曼谷城市银行估计有70万套闲置的住房和办公室。马来西亚政府下令修建了世界第一高楼，不料竟发现它的场地大半租不出去。苏哈托政府在飞机制造业上投入了数十亿美金，尽管如此，它的产品缺乏FAA（联邦航空局）安全认证，几乎无人问津。诸如此类，一个个白象工程前仆后继。正是奇迹的长久延续，不但刺激了统治阶级，也刺激了新中产阶级，利用他们的高储蓄水平，投身到各式各样投机的、非生产性的和寻租的活动中去。

1980年代中期以后，日本人为的低利率与东南亚地区流行利率之间的巨大差距，又助长了这些或许是"自然的"倾向。对东南亚的金融家们来说，从东亚借钱，又便宜又几乎无限制，然后在他们国内市场放贷给各色人等，大赚一笔：这简直易如反掌。在估值过高的当地货币与美元挂钩的状况下，美国施加压力要求"自由化"，而世界银行又执著地推销当地证券市场，这进一步加重了投机倾向。

东南亚的资本主义国家当中，只有印尼和马来西亚证明赋有丰裕的矿产资源。然而在1950年代，所有国家都拥有广袤、丰产、形态各异的森林以及储量丰富的沿海水域。如今，菲律宾业已成为全世界环境受破坏最重的国家之一。暹罗的森林近于消失（只在最近十年，政府才颁布了一项国内伐木禁令，贯彻还不得力），肆无忌惮的泰国伐木人就把他们的魔爪伸向了贫困的邻国缅甸和老挝。去年印尼的大火，烧毁了婆罗洲和苏门答腊的几十万公顷森林，污染了居住在马来西亚、印尼和泰国南部的数百万人的空气。这些大火是苏哈托家族卵翼下的企业集团的贪婪之果，为了开辟出广阔的种植园，那些集团觉得烧掉偏远的人群、动物群和丛
307 林本身，来得比较省事。[1]高技术，高高在上的日本人、韩国人，还有其他渔业公司，严重消耗了海洋环境，损害了贫穷的当地人的利益。在“奇迹”时代的大多数时间里，印尼与马来西亚有石油和/或天然气的大矿之利，也有欧佩克能够在不同点上强加的石油价格之利。但是这些矿藏是有限的，再也不能以1970和1980年代那样的规模开采了。又一个北宾夕法尼亚？

太过悲观或许不对；但是，特别是假如谁想到拿南韩作比较，他很难不得出结论说，“奇迹岁月”被东南亚那些领导人总体上短视、挥霍无度、甚至误国害民地虚耗了。

余下的事情，是要比较性地思考创造了奇迹的东南亚四大国的政治轨迹，以便评估金融危机在各国的可能后果。谱线从一端的菲律宾，经马来西亚和暹罗，延展到另一端的印尼。

在“奇迹”岁月的多数时间里，菲律宾被看作一个可悲的例外：它是在别国纷纷呼啸前进之际却陷入贫穷的唯一资本主义民族国家——还是唯一的美国前殖民地。不过在金融危机期间，它的货币比泰国泰铢、马来西亚林吉特、当然还有印尼卢比都要坚挺一些；而且这个国家甚至正在摆脱而非落入国际货币基金组织的掌握。这何以可能呢？

答案在于马科斯政权的性质以及它在1986年2月垮台的原因和时机。

1　罪魁祸首是穆罕默德·“鲍勃”·哈桑（Mohannad “Bob” Hassan，又名郑建盛［The Kian Seng］），他是“华人”血统，至少名义上是穆斯林。他先是做木材采运业，后来通过一个关系卡特尔控制了全球胶合板国际贸易的支配性份额（1990年代初是78%），赚了几十亿。苏哈托重新当选总统后宣布的新内阁中，他受命主管商业，是32年来第一个“华人”部长。

除开他是文职政客这一点以外，马科斯是东南亚冷战“火热”时期一个典型的暴君。1965年他第一次当选总统，时值林登·约翰逊开始把大批美军送往越南。菲律宾的美军基地，特别是苏比克湾的海军基地和克拉克机场的大型空军基地，对打这场战争非常重要。马科斯为这些设施索要高额租金，出租菲律宾军队到越南服役，对菲律宾领土上贮藏核武器乐得保持沉默，叫喊着支持美国的战争事业。反过来，当1972年他的合法总统任期将满时，他建立了自己的强盗独裁政府，或许也是由于给尼克松最近两次总统竞选运动的财源提供了大笔私人捐赠，华盛顿对此若无其事地睁只眼闭只眼。1972—1986年间，马科斯家族及其亲信密友们，完全依赖美国的持续支撑，有条不紊地掏空了不甚强大的菲律宾经济，意外促成了南部穆斯林劳民伤财的分离主义叛乱，还激发了不久即蔓延至几乎全国各地的毛主义反叛运动。然而到1980年代伊始，东南亚的冷战的“火 308
热”阶段结束了，里根的白宫中那些更冷静的头脑认识到，马科斯独裁政权必须滚蛋：它正在从政治和经济上毁灭这个国家，对美国一点好处也没有。[1]于是中情局积极介入了反对该政权的民众运动，最后，正是美国军用飞机突然将这对千夫所指的夫妇从他们的宫殿带到夏威夷的镀金牢狱里。科拉松·阿基诺接掌总统宝座，立即多方面地恢复了马科斯之前的地方巨头民主制。她的丈夫在1983年结束美国的流亡生涯刚一归国，就遭马科斯党羽暗杀。当极右的军国主义者企图推翻她的政府时，华盛顿断然挫败了他们（尤其是在1989年12月）。

1986年那时正当“奇迹”的巅峰期，菲律宾却事实上破产了；然而同时，也正因这个缘故，它逃脱了冷战体制。一方面，阿基诺被迫采纳国际货币基金组织的疗法：解除管制、自由化和紧缩开支（这持续到她的继

1　1970—1987年间，总就业人数中制造业所占份额实际上在下降，从12%降至10%。1980—1985年间，该国记录下了若干负增长：工业2.3%，制造业1.8%，建筑业6.9%。Tan, *ASEAN*, 第75页。

任者拉莫斯统治下)，但是她合情合理地能够全盘诿过于她那可憎的前任。另一方面，出于种种复杂的原因，其中包括皮纳图博火山爆发，火山灰掩埋了克拉克机场，美国人开始逐步关闭他们在菲律宾的军事设施，这个过程在1991年结束。[1]随着马科斯的倒台，共产主义叛乱失去了动力，分裂得派系林立，渐趋于树倒猢狲散。政府同穆斯林造反者的主要集团最终勉强达成一项协定。寡头制的、然而竞争性的现行政治体制看上去相当稳定，不存在有力理由认为菲律宾不会以它在1990年代间呈现的适度步伐轧轧前行。总之，由于菲律宾十年前就破产了，不曾经历"泡沫"，而且自1980年代中期以来就有一种"正常化的"、半民主半寡头的、后冷战的、文官控制的政治系统，所以它蒙受金融危机之苦最轻微。

相比之下，马来西亚和暹罗受到更重打击。马来西亚在冷战的"火热"时期，在一些重要方面是个异类。这个国家1963年才创建起来，那时白厅安排了一个草草拼就的混合体，马来亚、新加坡、沙捞越和沙巴这两
309 个婆罗洲地区囊括其中，但1965年新加坡就脱离出来了。[2]马来亚半岛本身是在殖民政府粉碎了当地强大的共产主义运动之后，于1957年方才获准独立的。马来西亚继承(而后改进)了殖民政权严酷的反颠覆法与冷血的安全机构，但并未继承叛乱本身。部分由于这个缘故，也部分因为伦敦执意(至少在哈罗德·威尔逊任首相期间)保持它自身在东南亚的势力存在，华盛顿对马来西亚的干涉，比对该地区其他任何国家的干涉都要

---

1 我们可以接着说，压倒性的美国势力(军事存在始终多于经济存在)的终结，为菲律宾更直接地与较富裕的邻居(特别是隔海相望的台湾)打交道，开辟了道路。

2 伦敦小心排除了壳牌公司的文莱，那是两块飞地的小小联合体，方圆5780平方公里，陆上完全被沙捞越包围着。新加坡长期执政的独裁者李光耀之所以同意最初的合并，是因为在对付新加坡左翼反对党上面，他认为需要帮助。到1964年，他已打垮了这个反对党，开始幻想自己是吉隆坡的大腕选手；那时节，马来人的政治精英几乎是委婉地撵他走了。

少。马来西亚自建国以来，一直是一成不变的威权主义政府，但是这种一成不变的基础无关乎冷战，而全在于马来人种族群体（52%）的一种集体决心，在面对较大的“华人”（35%）和较小的“印度人”（10%）这些少数族群时，要垄断实际的政治权力。这意味着，所有总理必得是马来人和文官，他们谁也不曾被公然的暴力赶下台。[1]同时，马来领导人非常英明睿智，允许华人和印度人有约束、从属性地参政。形式上，政府始终是族群有别的三个党派所组成的一个联盟，也始终有少数族群的内阁部长。马来人企业家享受了许多优惠待遇，通常是在受保护的部门，并处于政府的庇荫下，但是这从不曾被推到极端，以致彻底疏离生意兴隆、活力四溢的少数族群商业阶层。这就产生了一种非凡的政治稳定性，它在多年时间里激励外国投资源源流来。石油和天然气的可观收益也为稳定政府财政提供了基础。虽然投机热和对高不可攀的特大工程的嗜好在1990年代侵袭了马来西亚，腐败也急剧增多，但有两个奇特因素保护它免遭重创。第一个是它与富裕的新加坡之间怪异的竞争—共生关系，后者位于从柔佛 310
出发的一条短堤对面。这个“华人”占压倒多数的城市国家，至今已被李光耀专制政府统治了四十年，它老是对自己所处的位置战战兢兢：两个说马来语的、近现代有过反华暴力史的伊斯兰国家把它夹在中间。因此它有万般理由要帮衬吉隆坡，而它的财富使它有机会这么做——至少在一定程度上。第二个因素说来够古怪的，是马来人领导层自身的狭隘地方观念，他们感到有必要公开强调马来/伊斯兰价值观，而且，他们在老

1　在1969年5月的选举中，执政的联盟党表现太差，特别是在都市化的雪兰莪州，结果吉隆坡爆发了有政治图谋的反华人的暴民狂热行为。将近两百人被杀，戒严令颁布了，全国被置于全国行动理事会的独裁统治之下几达两年。总理拉赫曼（Tunku Abdul Rahman）丧失了全部实权，1970年不得不辞职。从此以后，对1969年5月事件重演的忧虑，一直是对华人野心的一种强力约束。

大哥印尼面前有自卑情结——我们甚或可以这么说。[1]

对马来西亚而言，在较远的将来，主要困难想必是它的教育体制的落后，和许多马来人中间的食利者心态，他们在一代人的时间里，是政府慷慨解囊的享有特权的受益者，那种模式让人想起科威特那样的地方。[2]就眼下来说，这个一成不变的政府应对经济危机，是靠加强它的威权控制呢，还是靠容许更民主的参与和更现实的公共问责，尚需留待日后观察。[3]

相比之下，实际上从东南亚冷战的“火热”阶段伊始，暹罗就是美国人的一个前线国家。早在1932年，文武官员的一个小集团推翻了专制主义君主政权，自1930年代末以降，军方在披汶·颂堪元帅的领导下，势力蒸蒸日上，把暹罗引入太平洋战争，成了日本人的盟国。日本战败后军方

1　这个以选举为基础的政权的稳定性，有赖于这些领导人培养马来人的野心和虔诚情感。虽然印尼和马来西亚共享一种通用语言（有些差别，相当于英语和美语之别），但在前者，马来族是一个小之又小的少数族群（聚居在苏门答腊的东部沿海地区），而印尼马来语（Bahasa）对于广大的多数民族是第二语言。印尼引以为荣的反抗欧洲殖民主义的革命斗争史，促成了对没有这类经历的半岛“小兄弟”的某种温和轻蔑。印尼殖民前的历史遗迹比马来西亚的伟大得多，它的当代文化也更具世界性，它的现代艺术家、作家和公共知识分子给世人留下了深刻得多的印象。

2　马来西亚人口稀少是个重要因素。目前约有两千万，是暹罗人口规模的33%，菲律宾的28%，印尼的10%。过去十年里，劳动力短缺——部分是食利倾向引致的——刺激了来自孟加拉和印尼的合法与非法的客籍工人（Gastarbeiters）潮涌而入。当国民中的失业率上升时，这些人很多要被遣送回国。有待观察的是，国民可能会有多乐意回到卑下的职业上去。

3　要不了多久，年老的、口出狂言的马哈蒂尔不得不去任，这似乎很可能。有望继位的是安瓦尔·易卜拉欣（Anwar Ibrahim），当前的财政部长，比他小一辈。他对金融危机做过一些公开评论，那些评论因其务实和自我批评的调子而闻名。

一时名声扫地，1947年通过军事政变重掌大权，立即跟华盛顿结成同盟。OSS（战略情报局，即中情局的前身）从前具有传奇色彩的头目，“疯狂的比尔”·多诺万（“Wild Bill” Donovan），被艾森豪威尔派往曼谷任美 311
国大使，这是那时代特有的事情。在铁腕人物沙立及其副手们的政权下（1958—1973），美国主宰进一步加强了。越战高峰时期，大约有5万美国军事人员驻扎在泰国土地上，该国被一张军事基地的网格所覆盖，从那里实施对印度支那的海陆空袭击。与此同时，美国向暹罗注入了巨额款项，以供军事基础设施、农村发展以及教育之用；到1960年代末，日本人也正渐渐成为强大的投资势力。

随之而来的社会变迁，（到1970年代中期）已经造就了大批新中产阶级，（1965年后）同样也造成了节节高的共产主义叛乱。这些发展状况，与对美国同盟不断增长的反抗一道，激成了1973年10月曼谷那突如其来、前所未见的群众动员，它在国王拉玛九世的审慎相助下，把独裁者们赶下了台。自由宪法颁布了，暹罗经历过的最公正选举举行了。到1976年3月，美国的军事存在撤离了，和北京的友善关系启幕了。然而同年，印度支那的多处共产主义胜利引发了泰国国内的极端对立，最终演化成1976年10月6日的流血政变，然后有数千名理想主义的、激进化的学生逃往共产主义游击区。

一个极右的军人主导政权的巩固，在那时看来是完全可能的。但是如我们所见，亚洲的冷战此时迅急降温。1977年10月，极端分子又被另一场政变推翻，领导政变的是狡黠多智的江萨将军，他向游击区的大学生们发布大赦，而且重视培养同北京与河内的良好关系。[1]江萨的灵活政策被1979年中柬越三角战争幸运地推进了，在那次战争中，忠于北京的泰国

1　邓小平成功访问了曼谷，在那里他与将军们相谈甚欢，并出席了皇太子（暂时）出家做和尚的受戒仪式。这种成功不好向一股抵抗力量解释清楚，后者视曼谷统治者为封建分子、买办和法西斯美国的傀儡。

共产党失去了它在印支的稳固后方，也失去了它新吸收的、极度民族主义的学生拥护者。到1980年，该党已沦落得不足为虑，陪它一起沦落的是其他任何明显的左派。

于是在1980年代初，其时受到中日美三国支持的暹罗，已经根本上走出了冷战阶段。尽管这个十年的多数时间是一位将军充任首相，但他的内阁是一些组织松散的保守政党所形成的各种联盟。经济"奇迹"为
312 规模空前的贿选行为提供了资源，大企业和地方显要的政治权力稳步提升，受害的是军方和行政机构。1991年军队再度短暂掌权，不过不是拿传统的"红色恐慌"为理由，而是借口文职政客的腐败；但是他们在1992年"流血五月"的中产阶级大动员中被赶跑了。[1]

这段插曲的一个宝贵结果，是赞成根本性宪法改革的一场运动——它要削弱腐败的行政部门的集中化权力，遏制贿选，加强政党纪律，提高问责性。1997年7月泰铢崩盘，让那些最起劲地抵制改革的集团脸面丢尽。新宪法最近已经颁布，它在大多数方面都是进步的。金融危机本身并未造成政治动荡，甚至没有造成较大的示威游行，仅仅导致一个腐败的文官内阁垮台并被另一个略老实点的内阁取代。此外，由于长期成功地将"华人"融合进几乎所有社会阶层，到目前为止，不存在任何种族主义的攻击替罪羊行为。泰国的政治精英层，靠着唯国际风向是瞻，如愿撑住他们自己的地位已达一个半世纪；在顺应国际货币基金组织的要求上，他们也很少惊怪抱怨；他们（也许正当地）寄望于该组织的是，当失业率上升、物价暴涨时，他们将会得到回报。基于前面列举的种种原因，奇迹

1　新时代的象征就是"国家维持和平委员会"（NPKC）发布的一号公告——曼谷证券交易所翌日将如常开放。另一项时代标志是在1992年5月暴乱期间，反抗者们能够在CNN上看他们自个表演，也能通过他们的移动电话挫败军队的通讯管制。然而，就在最后电视里的舞台造型中，还可见些微古风：NPKC领导人素金达将军，与以前的将军、当时的民众运动领导人占隆一起，拜倒在国王脚下。

在某个时候重返暹罗似乎不大可能，但是有充足理由相信，这个国家的后冷战政治秩序灵活通变又根深蒂固，足可确保在不远的将来经济适度复苏。

然而印尼完全是另一回事。其实在1964—1965年间，印尼经济就已垮了，原因在于恶性通胀、军队对大型国有部门的贪腐管理，以及苏加诺的独裁主义政策。经济崩溃作为主因造成了一种心理氛围，在这种氛围下，1965年10月到1966年1月间，一场浩大的屠戮发生了，直指合法的、赤手空拳的印尼共产党及其支持者，付出的代价是至少50万人的生命，还有其他无数人多年的监禁——未经审判，却常常受到严刑拷打。[1]后来没多久，那位激进的民粹主义总统、华盛顿眼里的妖怪苏加诺紧跟着下台了。当时，美国军队正陷入印度支那的泥潭，苏联的军事力量似乎进步神 313
速，此时此刻，社会主义国家集团之外最大的共产党遭到可怕毁灭，这立即给大屠杀的主事者苏哈托将军赢来了美国赞助。1966年春，印尼第一个“热”冷战政权，尾随着恐怖活动建立起来了。

在早期岁月里，独裁政权对美国的心愿百依百顺，也因为这么做，它得到丰厚犒赏。美国培养出来的一个新古典经济学家团队掌管了经济，他们止住了恶性通胀，将许多国有化公司私有化或者归还给原来的外国所有者，鼓励外国投资开发国家丰富的自然资源或投向制造业。印尼和美国达成一项密约，允许美国核潜艇通过印尼海域，无须浮出水面以致暴露在苏联卫星的追踪眼皮之下。作为回馈，华盛顿组织了“支援印尼政府间集团”（Intergovernmental Group for Indonesia, IGGI），这是美国、日本与欧洲资本主义大国组成的一个大财团，要在本世纪的下一个二十五年里，给印尼的“发展”专款大量、稳定地输液。这些政策，既是苏哈托权力巩固的关键根基，也是1970年代、1980年代和1990年代初印尼奇迹的

1　迟至1978年，尚有数万人被囚禁在印尼的古拉格，其中包括该国的大作家普拉姆迪亚。对已经关在死囚区逾二十年的共产党领导人的处决，一直持续到1980年代末。

关键根基；它们给刚发现富藏石油的印尼带来的效能，被1973年欧佩克的石油提价行动大大增强了。华盛顿那么称心如意，以致1975年12月后，当苏哈托决定入侵并占领葡萄牙从前的小殖民地东帝汶时，福特和卡特政府竟对这一事实装聋作哑：实现这次入侵，用的武器九成是美国造，严重违背两国1958年的双边武器协定。进而，它们还在国际论坛上为雅加达辩解，又秘密提供越战中使用的威力极大的OV-10攻击型武装直升机，帮助摧毁东帝汶人的抵抗，摧毁东帝汶的农村环境和社会，真是太有效了！（20万以上东帝汶人，亦即总人口的1/3，在1975—1979年间非自然死亡。）

随着时间的推移，苏哈托政权渐渐改变了它的内部特性，改变方式将具有非同小可的长期后果。在早年，他是将军们的统治小集团中的首席执政，他的权力是军队的权力，他的权威是基于恐惧，基于美国人收拾的经济稳定化的有益影响。那时候，富得出了名的人是高级军官们，最负盛名者是苏托沃（Ibnu Sutowo）将军，他久居国家石油公司即“佩塔米
314 纳”（Pertamina）总裁之职，想方设法弄得它在1975年欧佩克成就如日中天时破了产。然而时间一长，苏哈托把他的袍泽们撇在一边，创立了个人独裁统治，雅加达的饶舌之徒今天称之为“我们的泰坦尼克”。手段不外两招。

一方面，他改进了扎根于庞大的官僚机构之中的选举体制和执政党，这保证他彻底控制着立法机关和人民协商会议（它选定总统，为政府政策制订大政方针）。他狡猾地创立和资助了两个名义上的反对党，一个给虔敬的穆斯林，另一个给基督徒和害怕这些穆斯林的其他人。[1]这些机制，还有他从国内外源头上可以弄到手的无限资金，使无尽系列的装模作样的“自由选举”成为可能，也使他本人得以永久连任总统，遇不到

1　这个诡计有双重好处：结构上防止了单一的反对派冒出来，又缓和了国外对独裁制的批评。

反对。[1]

另一方面，他开始利用十分招人嫌恶的印尼华人少数族群，确保他对全国财富的个人控制。在该政权初期，苏哈托与“赤色中国”断绝了外交关系，关闭了华人学校和报刊，强迫华人改名，改得听起来像穆斯林或爪哇人，还立法规定 tjina/cina（大致相当于“中国佬”）是这些人的官方称谓。[2]他后来看样子逐渐认识到，对华人的政治—文化压制与强制集中居住，能够达到别的目的。一方面，华人被全盘取消了正式的政治权力，那种程度是前所未见的。[3]与此同时，“华人少数族群”受激而群聚于商业，他们中的小股精英在苏哈托的私人保护下，被拔擢到超级大亨的地位。在这种“分而治之”（divide et impera）体制下，我们可以说华人有经济权而无政治权，而本土的印尼人（苏哈托的对手或接班人会从中升起）或许有政治地位，却没有富集的、独立的财源。

这些“宫廷大亨”也是为苏哈托大家族聚敛惊天巨富的代理人，马科斯家的赃物，虽鼎盛时期，[4]比之这一巨富也相形见绌。他们超级大亨的 315
地位有赖于凭借政治手段，将关键经济部门重新组成卡特尔和垄断化，

1　雅加达的另一个笑话于焉浮现：苏加诺给自己安上终身总统的头衔，而苏哈托将终其一生让自己安享总统宝座。

2　该政权的一项较为诡诈的举措，是改变国家的拼写体系，表面上是要使之符合马来西亚的拼写体系，实际上却是要从正字法上将苏哈托的统治与之前行之有效的一切分隔开来。

3　在反殖革命（1945—1949）、半自由主义民主制（1949—1959）与苏加诺的威权主义—民粹主义训导民主制（1959—1965）期间，华人差不多总是在内阁中有其代表，在几乎所有政党的领导层中有其地位。显著的例外是1951年后的印尼共产党，就在那一年，它当时的领导人，一个名叫陈粦如（Tan Ling Djie）的混血华裔，被年轻有为的“本土”新秀们清除掉了。从此直到1965年的末日，共产党中央委员会没有一个华人成员。

4　一般引用的数字是300亿美元上下。比如参见，*New York Times*，1998年1月16日。

特别是银行业、进口贸易和自然资源开发。苏哈托的“皇子公主们”和其他亲属，在这些大亨的公司里获赠大量股权，从大亨持有的银行拿到无限度贷款，对特殊的出口商品（如丁香）和进口商品（如塑料）拥有分拆的垄断经营权。[1]上层树立的榜样，在“奇迹”年月里向下蔓延，结果印尼经常与尼日利亚和中国为伍，被列为世界上最腐败的三个国家之一；因此像它这样一个国家，1960年同南韩的发展水平相当，三十年后却完全被后者超越。

时光流逝也一定会有它的社会、政治后果。苏哈托当国家元首，为时之久超过世界上任何一位非君主的领袖——另两个人除外：卡斯特罗，还有差距不大的多哥的纳辛贝·埃亚德马（Gnassingbe Eyadema）。[2]很多年来，他可以依靠对1965—1966年大屠杀的记忆，让印尼公众政治上噤若寒蝉。但是今天，要到45岁左右的人才可能保留着这种记忆，大多数印尼人都远远小于这个年纪。苏哈托政府依旧抬出“潜伏的”或“死灰复燃的”共产主义幽灵，证明它的压制是正当的，可是这冷得结冰的冷战修辞谁也说服不了。而今率领军队的将军们，在大屠杀发生之际还是嘴上无

---

1 苏哈托子女们的暴发户心态的一个典型事例，是他的幼子托米笑纳了兰博基尼豪华赛车制造公司。这类引起轰动的“投资”，在邻国马来西亚大概是无法想象的。

2 起码正式说来是如此。新加坡的李光耀，74岁，比苏哈托小两岁，1959年成为总理，到1990年才交出这把交椅。但他依旧是执政党的首脑，也是“内阁资政”，照样决定这个自治城邦里关系重大的一切事务。缅甸的奈温将军，如今87岁了，当政26年之后于1988年起正式引退，据传对政治上要紧的政策问题仍可一言而决。怪得很，1997年9月，亦即在他从公众视野消失约莫十年以后，他像侏儒怪一样又露面了，短暂访问了不堪金融危机之苦的苏哈托。他们谈了些什么？也许是他们作为裕仁天皇的帝国军队训练出来的年轻军人那段共同的少不更事的时期？（附带提一下，马来西亚的马哈蒂尔72岁，菲律宾的拉莫斯70岁。）

毛的军校学员，比他们的总统小了整整一代。[1]1990年代初，人数多得多的新一代工厂工人涌现出来，其中许多是妇女，他们越来越无所畏惧，通过罢工和其他形式的反抗，逐渐消蚀了政府对劳动力的公司控制。因奇迹而生的新中产阶级，早先的感恩戴德，已经变成对资本主义亚洲最后一个冷战政权的贪婪与压迫的沮丧感和怨憎感，特别是因为他们眼瞅着 316
别的地方处处在欢快地松绑减压。

印尼卢比的灾难性崩盘（比该地区其他任何一种膨胀的货币所遭遇的崩溃都剧烈得多）意味着，不论印尼人还是外国人，人人都感到，经济危机不可分地牵连到政治危机，这在印尼现代史上要第二次出现了。很可反映这种形势特点的是，尽管经济破产了，"发展之父"苏哈托的政治机器仍然确保了他全体一致地再次当选总统，他那位半痴的门徒、德国培养的航空工程师哈比比当选为副总统。[2]他的张扬好胜的女儿"杜杜"（Tutut）出任社会事务部长，他最喜欢的华人大亨做商务部长，同时他的女婿是军队精英荟萃的战略指挥部的司令官。[3]两个政党，几十个社会组织，在经受多年的压制和操纵后，似乎已肢残力怯，不能组织目标明确的社会运动，就是靠那种运动，南韩、菲律宾和暹罗才摆脱了它们的冷战政治体制。结果，迄今为止，全体居民对金融危机之痛的反应，竟主要是针对他们鞭长可及的华人闹闹事，或打劫后者的财物——典型地是在乡野小镇上。这种骚乱的效果只不过是进一步摧残了经济。

苏哈托心知肚明：在全世界所有宗主国眼里，他被当成一个大问题，而不再是有用的盟友。他知道克林顿希望他垮台；大屠杀那会儿，克林

---

1 对他们来说，影响个人发展的战斗经验来自东帝汶。

2 从下面这则掌故我们可以略识哈比比的才智。几年前他的导师委派他去主管官办的伊斯兰教知识分子协会，他在纽约会见虔诚的候选成员时语惊四座，他告诉他们说，先知穆罕默德不过是播放真主的卫星广播节目的"一台电视机"。

3 这是苏哈托1966年推翻苏加诺时的任所。

顿还是个学生。但是当他的泰坦尼克下沉的时候，他将紧抓不放。他太老了，太守旧了，太骄傲了，不愿卷铺盖走人。[1]新秩序是由他建的，也是为他建的，没了他不可能苟存。可是有了他，它也在劫难逃。还没人清楚地知道在他之后可能如何，这种不确定性与日俱增，只是加重了对永久受损的国家前途、对暴力和混乱肆虐的可能性的普遍忧惧。在天上或地下的
317 某个地方，苏加诺想必在搓他那双鬼手。

1 1930年代末，他毕业于中爪哇一所私立的穆斯林中学，然后参加了殖民地的雇佣军（荷兰皇家东印度军），在那里升为中士。日本人接管后，他转去他们的警察部门，后来又转去本土的辅助部队，那是日本人组建来准备迎战盟军袭击的。1945年秋天，反殖革命爆发了，这时他又加入国民军，成了一名下级军官。1950年代中期，他晋升为中爪哇的军队司令官，后因腐败被解职。但是1961年他成功地卷土重来，做了陆军战略指挥部的首长。在他那一代高级军人中，他是为数不多的从未出国受训的人之一。他不是这样一个人，可以设想自己欣欣然退隐到佛罗里达、夏威夷或里维埃拉，终老于斯。

15

多数族群和少数族群

人们很容易忘记，少数族群（minorities）是与多数族群（majorities）协同形成的——而且这在东南亚还是晚近的事。该地区任何一种本土语言，都缺少表达这两个概念的传统语词。它们诞生于政治和文化革命中，造成这种革命的，是殖民地国家的成熟和与之作对的大众民族主义兴起。前者根本改变了统治的结构和目标，后者改变了统治的合法性。

东南亚晚近的殖民地国家，跟它的所有前辈们不同，它是从地图和司法上想象自身的，自认为是精确标明的地理边界之内的最高权力，而那种边界又是国际法从外部加以认可的。因此它着迷于条约、协定、治外法权和边界委员会。这种对国际法的服从——再没有比对无人居住的南极洲的庄严分割更好的例子了——有另外一面，就是国内的专制主义，它被认为是一种国家权利，其广度和深度超过了古代东南亚的任何一国。（东南亚比较研究学者中的佼佼者约翰·弗尼瓦尔谈到了“利维坦的铸就”，此话并非无的放矢。）而且，在十九世纪的东南亚殖民地，这种起源于十七、十八世纪欧洲绝对君主制的国家权利，背后支撑着它的是一种复杂精致的官僚机构、无往不克的军事威力，以及工业资本主义那永不安宁的动力。

正如殖民地国家从它的欧洲君主制先驱那里借鉴良多一样，二十世纪民族主义也从它的对手那里广借博取，所依凭的恰是较早时期以来席318 卷欧美的相同学说。人民（the People）新近被设想为与殖民地统治者相对立的一个政治实体，他们将继承后者的至上权利（summary rights），但由于决定性的承认机制，又使自己服从当时最新的国际法的那些程式。这个悖论清晰地表现在各主权国家争先恐后加入联合国及其公约、议定书、下属组织和语言中。

然而，“东南亚殖民地国家”这个正式的抽象名称，掩盖了结构、能力和目标的繁复多样。最早的欧洲征服者葡萄牙人，十七世纪的时候已经被荷兰人排挤到一边去了，此后只在僻远的小小帝汶岛的图上一半勉强容身。直到今天，葡萄牙像爱尔兰似的，依旧是欧洲的第三世界国家。西班牙，这个自十七世纪以来每况愈下的宗主国，在十九世纪结束之前从东南亚扫地出门了；它对菲律宾的不通于时的前工业化统治，留下了跟其他殖民强国迥然不同的残余。在另一端，工业大国——英、法、美、日——直到十九、二十世纪才纷至沓来，却以它们开创的广阔疾骤的变革，大大弥补了它们的迟来。小国荷兰落在这两端之间的某个地方。

而且众所周知，欧洲的殖民地国家与该地区从前存在过的政治实体，两者间几乎没有或者一点没有匹配之处。国名足可说明事实：菲律宾是以十六世纪西班牙国王菲利普二世的名讳命名的，除了不断烦扰西班牙直到它结束统治的几个新生的穆斯林苏丹领地以外，菲律宾不包含任何真正意义的国家；“印度尼西亚”和“印度支那”这种拟古的复合词是现代的发明和地图上的地带，部分或全部覆盖了很大一批传统王国和公国；马来西亚是从大英帝国最后一次旧货清仓当中兴起的，它的词尾“亚”（-ia）暴露了它的现代性。即便像缅甸和越南那种殖民地，看上去最像是欧洲人到来之前强盛的中央集权国家的直系后裔，其实跟它们相距十万八千里。广袤的英属缅甸，在其存在的大多数时间里，是英属印度的外围部分，本来可能最终成为东面的克什米尔。在印支出现两个讲越南语的重要国家也并非难事，就像南方群岛上出现了讲马来语的两个国家一样。同样地，暹罗虽然幸免于殖民化，它仍然发现自己承袭了不管怎样杂七杂八的领土，这些领土是竞逐的欧洲列强留下来当作它们间的缓冲带的。

考虑到这些形势，二十世纪东南亚的民族主义运动在反抗利维坦的斗争中，面对着难以克服的重重困难；这些斗争不应由于其领袖如今多已 319
辞世而被遗忘。除一种例外，全部优势都在敌人那边——财富、武器、科学知识、外部支援等等。统治者唯一的关键弱点是，由于他们自身的种族主义所作所为，他们成了一望而知的少数族群，兴许是东南亚历史上最早的少数族群。这里的要害在于，他们是**自认**的（白人）少数族群。世纪之交他们从宗主国来到这里，此时多数统治已成为宗主国政治上的合法性规范，并且这种规范正通过报纸和教室迅速向亚洲传播。如此一来，即便在他们自己眼里，他们也不可避免地变得不合法。正是这一点最能够解释，为什么二十世纪世界各地的殖民地，很少以绝然的帝国主义信念顽抗到底。

民族主义者有不少人深谙这个弱点，特别是曾在欧洲本土待过一段时间的那些人；从他们的观点看，中心问题是创造一个政治多数派，一个人数众多的“我们”。这场斗争的性质、时机和深度，在决定二战后那些民族国家对待疆界内新少数族群的政策上，比其他任何东西作用更大——那些国家疆界原是由殖民主义划定的。

我们一开始就应注意到，欧洲人自然而然地是用多数（派、党、族群）—少数（派、党、族群）语汇进行思考的始作俑者。他们是东南亚最先实施人口普查的统治者，普查中使用的基本分类网格，不是纳税人或应征士兵，而是种族群体。[1]由于欧洲人的族群想象发生了变化，在后继的普查中，这样的许多种族群体事实上“消失”了，但是无疑地，几乎所

---

1 详参拙文，“Recensement et Politique en Asie du Sud-Est”，*Genèses*，26（1997年4月），第55—76页。

有群体首先存在于欧洲人的思维中。正是为此，欧洲人老早就寻求以他们为中心建立“多数同盟”，反对他们心存忌惮的那些群体，后者可能打出“多数派”旗号危险地与他们一争高下。

若想有资格成为同盟伙伴，需要一定的规模、权力、现代性和凝聚力。基督教化的群体是最合适的早期例子，正是因为它们在族群时代前就已存在。十七、十八世纪的殖民主义者，往往依据宗教而非族群对臣属人口进行分类，因为他们是从宗教方面设想敌人的。由于殖民统治者自身越来越不认真看待基督教，于是这些一度被认作基督徒群体的，就被重新归类为种族群体。荷属东印度的摩鹿加人和英属缅甸的克伦人就是有益的例证。

今天，可能从人种学上归类为摩鹿加人和克伦人的那些人，很大数
320 量压根不是基督徒，但他们主要是微末草民。显要群体一直是这样一些：他们皈依了基督教，然后接受教育，受到照顾，供职于殖民地的军队和警察部队，去对付同样被构想为种族群体的其他人，尤其是假定的多数族群缅甸人和爪哇人。到了二十世纪，唤起人们注意的，正是他们的摩鹿加身份或克伦身份，而不是他们的基督教信仰，这合乎政治类别的普遍世俗化。基督徒身份也可能在潜在的多数族群内部加以利用，就像越南那样；或者用来创造一个超种族的多数群体，就像菲律宾一样，在那里，直到西班牙统治终结，摩洛穆斯林的南方人始终是有利用价值的妖孽。每个事例中，基督徒在统治同盟内都被赋予一席之地，哪怕是从属性的。

另一个重大的同盟建构策略是创造出“华人少数族群”。在这点上，印度尼西亚的荷兰人提供了有代表性的早期实例。将十六世纪和十七世纪初叶联合东印度公司（VOC）的记录与本地记载两相对照，我们了解到，当地法庭仅仅视之为高等官员的权贵，VOC则斥之为“果然是华人”。联合公司迅即为这些“华人”发展出一套单独的法律体系；他们显然没想到自己是“华人”，他们不认得汉字，如果他们说的话是非本土的语言，那也是彼此不通的大陆方言。公司权力的增长，意味着加大对华人的隔离，

表现在诸多方面：法律地位、必需的着装和发式、居住地、流动的可能性，等等。到十九世纪，这些政策在爪哇制造出一个不说华语的华人少数族群，它与任何土著联盟都渐行渐远，被套在巴达维亚的大篷车上。西班牙在菲律宾的政策殊途同归。在暹罗，华人同化到了统治阶级包括皇室家族之中，下迄二十世纪亦然，那种轻松自然，清楚反衬了殖民地族群政治其实多么违背常情。在十九世纪殖民前的马来亚，富裕华人与马来统治者之间关系亲密，这又是一个适例。

为殖民主义的多数派游戏添入的最后一种指认的族群，是只有符号性的、准司法的重要性的那些群体。作为一个集体，我们可以把他们看作山地部落、刀耕火种的临时农田的农夫、“石器时代人”，诸如此类。一般说来，这是些真实的或统计的群体，人数很少，地处偏远，没有值钱的经济资源。

在十九世纪，以及二十世纪的多数时间里，他们通常没人理睬，既然他们不值得花费钱财去认真管理。我们可以想想马来亚的原住民（Orang Asli）、荷属东印度的巴布亚人，和吕宋的山地部族。如果他们是被白人动员起来的，那么一般都是在最后关头，为了抵抗多数族群民族主义者。占 321
了新几内亚岛半壁江山的西伊里安，是个有代表性的例子。当地人口实际上很稀疏，分散在好几百个小共同体中，相互间语言不通，到二十世纪他们才被正式并入荷属东印度，然后就被仁慈地晾在一旁，直到印尼民族主义革命成功在望。然后，他们被集体地视为一个非印尼人的新兴种族群体（美拉尼西亚人，巴布亚人，伊里安人，随便什么人）的一部分，以此为据，被征召到荷兰人的同盟中。荷属东印度的成员，他们可以是，但印尼的成员，他们不是。

1950—1963年间，荷兰人做出了疯狂的举动，不无成效地造出一个伊里安人种族群体——它最终成了民族主义集团。讽刺的是，荷兰人成效的媒介，竟是印尼语！我们发现，英国人作为缅甸外围族群的代言人，法国人作为他们的印支山民的代言人，动用了相似的策略，只是形式不那么极端和怪诞罢了。就民族独立后企图利用这些边缘人口而言，荷兰人也不是绝无仅有的。美国人玩世不恭地利用越南山民对付越南共产主义武装力量，利用基督徒摩鹿加人对付苏加诺政权；国际石油公司在独立后的缅甸赞助了族群叛乱，利比亚和马来西亚的马基雅维利们援助了南菲律宾的他们的穆斯林兄弟——只要这符合他们各自不同的算盘。

当然，阶级也是有的。在东南亚大多数地区，白人少数族群试图在潜在的多数族群那些地位较高、生活富足的阶级中间塑造盟友，办法是让他们变成地主或官僚。这样做的灵验程度不等。他们并非总是可以信任。在菲律宾，有些最活跃的早期民族主义者就是富有的华人梅斯蒂索地主阶级的成员。另一方面，马来西亚的老贵族阶级，虽然不堪大用，却几乎被彻底收买。

只是还有一点尚需注意，殖民地的族群政治，在它垂死的日子里，呈现出一种重要的、特有的制度色调。当立法机构勉强开始在殖民地专制国家的甲壳内形成的时候，白人少数族群不但屡屡代表过多，而且设立了受保护的族群席位，以各种手段操纵选举系统来获得所需的结果。理由总是说，纵然这些种族群体往往又小又分散，但作为种族群体，它们需要特别的、有保障的代表权。之所以出现有名无实的联盟构建，主要就是因为，这些受到承认的种族群体的代表几乎从来不是真正选举产生的。相反，他们是殖民政权钦点的，通常是从各群体内最有特权、最保守、最
322 肯勾结外族的分子中指定。

长远来看，殖民地族群政治单靠一种普查—司法基础不可能维持久远，必得有它自身的文化才行。而且，这种文化总有一个容易滑脱的基础。新的人口普查分类法几乎处处都是靠一种政治—道义地理学维系的。潜在的多数族群人口——缅族人、越南人、爪哇人——被标举出这样的特点：没有雄性气概，背信弃义，好勇斗狠，自甘堕落，还封建守旧。而诚实、勇敢、信义、真挚和忠贞等特性，尽归于同盟的伙伴即少数族群。无休止地重复来重复去，这些刻板印象最终生效了。少数族群不但极惯

常地认为新生的多数族群是堕落、怯懦或奸诈的，而且更加一本正经地认为自己又诚实又勇敢又守信，哎呀，还忠义。因此，新发现族群的这些被描绘出来的虚假特征，迅速深深扎根于疾变的政治环境中。

这些类型实际上有多易变，如果我们考虑一下殖民地在地图上的特定伸展就能明白了。假如缅甸整个并入印度，就像它本来可能被轻易搞定的那样，缅甸族人将成为少数族群同盟伙伴，如同帕坦人或俾路支人一般，而且最后肯定也会变得诚实勇敢忠义。假如高棉人未曾并入印度支那，我们可以确信，他们不会被当成碌碌无为、头脑简单的贪图安逸者来怜悯，而将被诋毁为波尔布特的原型。在马来亚，马来人对英国人扮演克伦人和高棉人的角色；在沙捞越，他们又对布鲁克白人罗阇（Rajah）们扮演缅族人和越南人的角色。

华人再次是个样板。虽然直到1890年代有些东南亚华人才意识到欧洲人自十七世纪以来执意认定的事情——即他们终归是华人，他们在独立后的东南亚的处境早有他们殖民时期的命运为前兆。被隔离，职业受限，习惯在统治联盟中充当低级伙伴。他们拼命地试图让自己适应民族主义政权，如果可能的话，要争取随便哪个外部强权（中华人民共和国，台湾，美国，日本，英国，等等）的大力支持，只要他们在作为国际资本中间人的日常角色中高攀得上。

当我们转而比较性地审视民族主义的兴起时，记住殖民时代的状况是绝对必要的，因为正是殖民经验深刻塑造了民族主义。该地区两个讲马来语的国家，印度尼西亚和马来西亚，提供了性质各异的案例。在第一个案例中，我们须记得，全世界主要凭借一种亚洲语言施政的重要殖民地，只有荷属东印度一家：荷兰人对他们自己语言的威望自信太弱，又太吝啬，以致不能向教育投资，而教育是让荷兰语变成通行整个群岛的行政语言所必需的。因而在1920年代，行政用的马来语得以变成印尼语（Bahasa Indonesia），这种转变不费周章，而且已有殖民地全境的支持 323
者。殖民地的辽阔和群岛特征，致使到1870年代甚至有数百万之众的爪哇人也成了人口统计学的少数族群，这种状况再兼以殖民政策的出奇保守性，很早以来就向民族主义者们指明，必须建立最广泛的可能联盟。他们在意识形态上分裂得很厉害，有穆斯林、世俗民族主义者和共产主义者，但是他们一再试图找到一种妥协办法，尽量广泛地招募人马，不问族群出身。青年华人知识分子和职业政治人士也参加进来，成为这派那派的民族主义者，而不是首先是华人。即便是在得宠的基督徒摩鹿加人中间，他们也采取积极措施进行招募，虽然成效不大。如果民族主义运动有一个非白人的敌人，那它就是在荷兰人的多数派中构成关键的次属成分的通敌贵族阶层。殖民地之为阶级冲突所分裂，远超其他冲突。反殖革命的经历只是加剧了这些趋势。引人注目的是，在印尼举行过的唯一自由选举（1955年）中，初露头角的族群政党尽数表现黯淡，四大意识形态政党尽皆从所有种族群体中募得新人。当独立后族群对抗（有些被美国利用了）增强的时候，所产生的武装叛乱，除了一次例外，都以提升本族群在印尼之内的地位为目标，那次例外是分离主义的（基督教）南摩鹿加共和国。每次对抗中，政府都有出身于这些种族群体的国家领导人真心实意站在它的一边。如今，印尼政治的基本特征依旧是阶级冲突，族群政治扮演着次要角色。看看两次极明显的例外，政府对于西伊里安和前葡萄牙殖民地东帝汶的政策，我们即可了悟这一点。所有种族群体的印尼人通通认为伊里安是祖国的组成部分，伊里安人是印尼人同胞。他们自觉其双重认同：既是种族群体的一员，又是国家的一员，所以他们看不出有什么理由伊里安人就不能心平气和地跟他们一样。1960年代，有一场真正的民间运动，要将伊里安的印尼人同胞从荷兰殖民统治下解放出来；1963年主权移交的时候，自群岛各地奔来的许多理想主义人士自愿为当地人效劳。就算是今天，前往西伊里安的移民来自诸多不同地区，特别是苏拉威西和摩鹿加群岛。但是1965年后军队起而掌权，那支军队由于某些多属偶然的原因，于今掌握在爪哇人手里，却以为自己是印尼人的军队；而伊里安精英层又受了荷兰人鼓励，自认为是一个初长成的巴布亚国的领袖，于是他们与雅加达政权间不可避免的冲突，就日益被放在族群视角下加以阐明了。岛上宝贵的矿产资源的发现，进一步刺激了实质上代表阶级利益的这个政权像对待有着滚滚财源的其他每个地区那样对待西伊 324
里安。同样，苏哈托政权1975年对东帝汶的入侵，以及自那时以来的野蛮占领，过去没有、我相信现在仍然没有任何充分的族群动机。该政权认为东帝汶独立革命阵线（Fretilin）的左翼独立政权威胁到它的权力，决心斩草除根，不管当地人要付出何等代价。诚然，也许恰恰因为苏哈托政权不认为东帝汶人是印尼人，它才这样更加冷酷无情。

马来西亚表现了对比鲜明的一个案例，族群身份在那里完全支配了政治生活。这个人烟稀少的半岛，需要大量劳动力才能让兴旺的锡矿和橡胶种植园运转起来，这导致英国殖民当局在1870—1930年间输入了无数华人（从中国东南）和印度人（从马德拉斯管区）。人口流入如此之巨，以至于到二战爆发前夕，移民数量超过了马来半岛和新加坡的本土人口。因而殖民政权企图这样来创建它的二十世纪政府：不但招募本土的马来人上层阶级当官，还招募作为整体的马来人少数族群。于是在印尼民族主义兴起两代人之后，马来民族主义出现了，虽然它不过尔尔；它以对抗当地华人为职志，远甚于对抗白人；马来语表现为一种族群语言，而不是一种超族群的政治沟通手段。在各个阶段，英国人都同他们的当地伙伴密切合作，旋即产生了司法和政治上基于族群的管理等级制。独立后的马来西亚政府，几乎事事直接追随殖民时期英国人政策的路数。英国人的丰功伟业在二战后的初期来临了，当时它面对着马来亚共产党的武装起义。由于社会结构方面的原因——种植园和矿山劳动力那种偶然的族群构成，马共密集地在华人中吸收成员，但是它并不自认为是个族群政党，千方百计想让马来人农民和内陆山区的“部落”原住民加入。英国人逮住这个机会，污蔑起义者首先是族群成员，在打击他们时把族群政治玩到极致，最要紧的是剥夺了华人社群很大部分人的公民权，强化了保守、联英的马来人领导层的地位。自从1957年迟来的、平心议定的独立以来，政治依旧沿着族群分界线制度性地分裂；想要打破这种模式的一切真诚努力，都被毫不手软地压制了。

然而事实上，结果并不像人们可能预料的那么坏。马来西亚的政治
325 谋杀一直比印尼低得多，即便是按人口比率来算。华人这个近乎多数的族群，人数太庞大了，经济上太重要了，国际上的关系太好了，不能够对他们大开杀戒。马来的多数派政治令马来人政治领袖坚持说，东马来西亚的本土非马来人民（达雅克人、卡达山人，等等），其实是马来人；他们还鼓励马来原住民的马来化；他们与其说是压迫或遏制这些人民，不如说是拉拢他们加入虚构的马来多数族群。这的的确确对这些新成员的身份认同构成了威胁，但是起码在当地看来居心还算良善，这些群体较明智的领导人应当利用这种居心。

至于华人，形势复杂一点。马来西亚推行的极端形式的族群政治有一桩咄咄怪事，那就是华人对它的维持至关重要——而且不只是出于经济原因。由于过去二十年里马来人精英层损民以自肥，马来人社群内部的阶级冲突已经表面化。若非存在着华人的威胁，这些冲突必将变成马来西亚政治中的关键裂隙；结果，转弯抹角地，华人竟是现存政治结构的延续所必不可缺的。虽说如此，延续现行的政治安排也以一种狭隘的马来人方式，加强了国家安全机构；也延缓了马来半岛上真正公民社会的到来。

位于这两个截然相对的例子中间的，是缅甸（靠近印尼一侧）和菲律宾（靠近马来西亚一侧）。如同在马来西亚一样，缅甸的英国人实行了一种不寻常地复杂而果决的族群政治。殖民地立法机关包含了指定的少数族群代表，他们是从有限的（主要是印度人和华人）选民中挑选的。缅甸有大片大片的地区被隔绝开来，成为所谓“表列地区”（Scheduled Area），由仰光直接、独断地统治，完全不受立法系统管辖。这些地区居住着英国人定为中国人、克钦人或掸人的民族，通过征聘其成员作为忠心、传统的领导者——几乎总是在最保守、最有特权的部门，同盟的构建

就实现了。只要国内安全系统配备的是当地人员，这些人就大量募自普查的少数族群，特别是克伦人（识文断字的基督徒克伦人）。殖民地军队也是循着族群分界线组织起来的。

如同在印尼那样，起源于城市中心的民族主义运动，在调动起一个政治多数派上面临着可怕的困境，可是它精神抖擞，全力以赴。格外引人注意的是，殖民时期不存在族群性的反殖政党或组织。反殖的最终组织形态，即反法西斯人民自由同盟，包含了出身于各大少数族群的人们，如印度人和华人。同样地，在1945年后的时代里，主要反对派也从各大少数族群招兵买马。像在印尼一样，有一种努力（用了照例必有的含糊其辞） 326
要创造双重认同；一个人完全能够既做好阿拉干人、孟族人或缅族人，又做好缅甸国民（Burmese）；正如一个人可以是米南加保人、巴厘人或爪哇人，又是印尼人。只要这种民族主义还有本土的目标对象，其中就会包括英国同盟的外围成员，即缅族官僚、基督徒克伦人警官和掸人贵族。

但是缅甸在两个核心方面有别于印尼。一则是它有一个现实的人口统计学的多数群体，它被设想为族群：照人口普查来看，缅族人的数量超过了其他所有种族群体相加之和，而缅甸语不能像印尼语有幸成为的那样，毫不含糊地成为超族群的语言。二则缅甸运气不佳，不是一个自由漂浮的群岛。它跟印度和东巴（后来的孟加拉）、中国及泰国接壤，与每个邻国都同有某些少数族群。这些邻居个个都以不同的方式，出于不同的缘故，通过向缅甸政治舞台内部的角逐者提供庇护所、资金、武器或政治支持，介入缅甸政治。

记得这一点也很要紧：战后独立的缅甸政府极其虚弱。1947年，缅甸的民族主义英雄昂山被一个敌对的缅族政客暗杀，一年之内，政府沦落得要保卫首都本身。醒目的是，反对派根本不是首先出于族群因素，而是来自两个多族群的共产主义政党，还有基督教的克伦族军事人员——后者一时接受了英国的暗中军事支持，担心一旦英国人走了，他们前途难料。所有这些集团都想要中央的权力，不是要与之脱离。虽然1950年代又有其他武装集团加入这些造反者行列，包括有些带着族群标记的群体、靠毒品撑持的军阀，以及从中华人民共和国逃窜而来的国民党军队的残兵难民，但动力依然如故。政府和它的敌人都在寻求多族群的联盟。只有1960年当选的吴努政府才犯了明显排他性的错误，企图定佛教为国教，这个过失在1962年后被奈温的军政权纠正了。

如同在印尼一样，缅甸较深的冲突线仍然是阶级冲突。人们常说1962年发动的国有化的激进计划是针对印度人和华人少数族群；但事实上这一攻击对付的是一般而言的后殖民中产阶级，包括各种缅族群体。军政权想要在跨越族群分界线的农民和工人中间树立牢固的阶级基础，
327 发现自己面对着许多族群精英，他们有英国人撑腰，一度避难于“表列地区”。并不使人惊奇的是，这些精英自命为与缅族宰制相抗衡的族群身份的捍卫者，试图以此守住他们的地位。

相对于缅甸，菲律宾形成了显著的反差。该国含纳的种族—语言群体远多于缅甸，可是族群本身在它的政治中仅扮演了次要角色。要解释这种局面，有两个因素须得谨记。第一，三个多世纪的天主教殖民主义和福音传道，到二战时造成了90%的人口是基督徒，无论怎么说这都是一个庞大的多数群体。第二，由于复杂得此处难以深究的种种原因，殖民统治产生了一个强势的华人—梅斯蒂索人大庄园主上层阶级，他们跨越种族—语言界线互相通婚，在掌控国家政治、经济生活上利害与共。实际上，菲律宾是东南亚存在这样一个树大根深的地主上层阶级的唯一地方。它在菲律宾天主教中拥有巨大的多数派基础，这给它平添了权力和能力，恰恰为此，它发现从美国人手下获得政治独立轻而易举，此时距美国人从西班牙人和反西革命分子那里夺取这块殖民地还不足五十年。同样的因素使得上层阶级漠视与南部穆斯林少数族群建立强固联盟的任何需要。甚而引人注目的是，这些穆斯林人受到粗暴对待，不是当作族群，而是当作宗教的离经叛道者。不奇怪，这最后造成了现代东南亚历史上为数不多的真正分离主义运动之一。

从前文我们可以得出什么结论呢？首要的是，族群政治根源在现代，不在古代历史中，它们的状态很大程度上是殖民政策决定的。（未经殖民化的暹罗，族群政治是东南亚地区最轻微的，这可不是偶然造化。）其次，族群性与宗教和阶级的更深层力量错综地绞结在一起。从这个角度来看，考虑将少数族群分为三种类型，相应地各具不同的问题和前景，或许不无裨益。

在所谓外来少数族群中，最显明的例子是华人。如今华人压倒多数集中在城市中心与当地经济的较先进部门，他们的未来难解难分地捆绑在资本主义与资本主义社会的阶级结构上。在天主教的菲律宾和佛教的暹罗，他们做出了必要的文化顺应，形成那些社会上、中层阶级整合无间的组成部分。在印尼和马来西亚，由于荷兰与英国的殖民地政策，这种整合远为不足；然而华人是这两国现存政治—经济秩序的运行所断不可缺的，他们依旧掌握着与其人数极不相称的经济权力。这两国最大的差别在于，印尼的人口统计学因素排除了华人以这种身份提出族群性要求的可能性，而马来西亚的同样因素却激发了多数主义希冀。只在东南亚的这一大国中，华人身份才是中心政治议题。不用惊讶，华人遭遇最惨的国家一直是印度支那的社会主义国家和缅甸，这与其说是因为他们的族群身份，不如说是因为他们的阶级地位。 328

值得结盟的本土少数族群这一门类，指的是这样一些种族—语言群体：他们的人口统计学规模与政治经济的复杂性，足可使之成为全国性联盟政治的重要选手。然而同样这些特征也表示，每个群体都被按照阶级——有时还有宗教——从内部割裂了。它们还总是意味着，群体的文化同它一个世纪前的样子关联不大，群体的认同是一种现代的认同，不管怎样用意识形态来解释它。无论我们想到的是克钦人、伊洛卡诺人还是米南加保人，他们都已积极参与全国性政治多时了，而且是在不同的联盟里，他们在大多数意识形态阵营和社会阶层都有代表。难于想象有任何形式的国家政权，竟会将他们排除在外。不同政权只会引来他们的不同阶层，其族群性将借此表达出来。然而我们也应当预料到，他们的重要程度会与时俱变，还会根据国家系统内可能选手的数量而变。选手数量越大（如印尼），灵活的联盟政治的发展余地就越宽；数量越少（如马来西亚、缅甸），不对称的拘执几率越大。所有这些群体都习惯了一定程度的双语使用，因为他们广泛参与了现代教育体制和现代政治。他们的前途看来不太灰暗；政治、意识形态、教育，常常还有经济，都离不了他们。

在这个类别之外，是对可想到的任何多数派都可有可无的那一切群体，因为他们人数很少，地理上远离政治中心，对国民经济微不足道，缺乏西式教育。一般而言，他们在殖民地民族主义政治中无所作为，因而不便对独立后的民族主义政权轻言要求。司空见惯地，他们的内部分层程度很低，他们的职业多样性亦然。在国立大学或国家军队的军官队伍里，很少能找见他们的成员。有些情况下，全国性的共产主义政党培养过他们，但这往往给他们招来沉重的镇压。因此他们难以在每个阵营有立足之地，更遑论在其中举足轻重。

多数情形下，他们的卑微愿望不过是别打扰他们，或者让他们恬然自适，慢慢适应外部世界。但是这个外部世界——不光是民族—国家，
329 更重要还有全球权力的大发动机，不会听任他们自然发展。他们可能坐守在外界觊觎的宝贵矿产或森林资源上；他们的生存农业可能被国际官僚和国家规划者认为是破坏生态的；人口的压力可能驱使低地人走上人们的山区僻地；他们还可能很倒霉地住在敌对国或敌对世界集团之间的敏感边境上。就是他们的与世隔绝让他们不懂私有财产的仪轨惯例、联盟政治的手法，甚至不懂现代自我防卫所需的组织办法。具有讽刺意味的是，他们通常**不是**种族群体；为了存活下去他们可能不得不学会依种族群体的身份去思想与行动（这很像最近美国印第安人或土著美国人不得不被想象成种族群体，以便保卫那些不然就有灭绝之危的多种多样的群体）。然而变得族群化——亦即参与民族—国家之内的族群多数派的

政治和经济活动，这其中的代价也不要小觑了。它常常意味着成为基督徒（在暹罗或印尼），要不就是穆斯林（在马来西亚）。它几乎总是意味着他们曾经享有的那种文化的自主与自足的完备走到了尽头。最能说明这种苦涩的矛盾的例证，是过去二十年里伊里安和东帝汶族群认同——以及潜在的民族认同——的出现。这些认同是美洲印第安人式的认同，因为它们就在试图保卫种种非族群的地方性认同的过程中，隔断和遮覆了后者。在命途多舛的环境下，这样的认同可能招致蓄意的压迫而不是有害的忽视，但是它们也开辟了一条路径，可以发展出一种必要的政治、经济上讨价还价的能力。或许，在二十世纪的末尾，这是唯一的出路吧。 330

第四部分

所遗何物？

16

倒霉的国家（El Malhadado País）

一

今后，原住民将不被唤作印第安人或土人；他们是秘鲁儿女，是秘鲁公民，他们将被称为秘鲁人。

何塞·德·圣马丁

我来到佛罗伦萨是为了把秘鲁和秘鲁人忘掉一个时期，但想不到今天早晨却又撞上了这个倒霉的国家。（Vine a Firenze para olvidarme por un tiempo del Perú y de los Peruanos y he aquí que el malhadado país me salió al encuentro esta mañana de la manera más inesperada.）

马里奥·巴尔加斯·略萨

文明的记录，无一不同时是野蛮的记录。

沃尔特·本雅明

在过去两百年的相当长时期里，叙述国家似乎大体上是一桩简单明了的事情。成群结队的历史学家，有优秀的有蹩脚的，在民俗学家、社会学家、统计学家、文学批评家、考古学家，当然还有国家本身的协助下，制造出汗牛充栋的著作，帮助现有的和将来的公民们想象他们政治共同体的演变史和前景。在他们的方法、取向、资料库和政治观点方面，能想到的差异或许应有尽有，但这些“历史学家”往往认为他们的文本是“文明的记录”，或者说是进步的故事，不管这进步多么蜿蜒曲折，因为国家总被视为具有历史的真和道德的善，毋庸多疑。各种政治的和其他的理由摆在那里，让我们深信这样的著作之流会无限延伸，既然民族—国家需要它，而且在广阔的公共舞台上，民族—国家的合法性仍然被普遍承认，甚至备受强调。

333 不过，至少书写的工作是日见其难了。越来越多地，这种工作是熟练工的团队和委员会在干。越来越多地，清晰的“叙述线条”（narrative line）被搅得模糊难辨，模糊它的，是长时段（longue durée）的统计分析，还有来自世界史（Weltgeschichte）、女性主义理论、第三期的马克思主义、身份政治等等的搅和。今天，能够凭一己之力认真承担起叙述国家之任的、有真才实学的历史学家是非常罕见了：尤其是因为这样的人常常慎思过本雅明的锥心的格言。事情的真相是，团队生产的国家史，就照我们这个世纪的晦暗末叶所出版的那样，唤不起如火的热情，甚至好像还引出些许不安。

但无论如何，历史学家注定要被取而代之，被他们的年轻接班人，也被历史时间自身的流逝：对此他们了然于胸。他们被人追念的最大希望在于这一种发展机会：追随修昔底德、塔西佗、吉本、米什莱和布克哈特的足迹，从历史学的移动宿营地悄悄挤进文学的安定静居地。然而在这些封神封圣的静居地，他们又不经意间接触到较优秀的小说家——还有别的人。如果他们在仍和我们相随的民族主义时代完成工作，他们会发现自己面对着令人生畏的竞争。

我在《想象的共同体》中主张说，作为大众商品的小说的历史性问世，与民族（nation-ness）的兴起密切相连。民族和小说二者都是为同时性所化育，同时性则因源于时钟的、人为的“同质、空洞的时间”而成为可能；然后，它们又由“社会”所构成，后者被理解成一个有界的、处于历史之内的实体。这一切给人类开启了道路，可以想象跨代的、明确划界的大共同体，组成共同体的是绝大多数彼此素昧平生的人们；还可以推定这些共同体在向着无尽的未来不停滑行。小说作为一种文学体裁的新颖性，就在于它能够共时地表征这一有界的、位于历史之内走向未来的社会。（民族史学将以历时性叙述补充这种共时性。）

这条论证思路，今天在我看来并非一无是处，不过它导向了一条未申明的假设，即民族和小说间的那种深层的原初亲和性意味着它们将始终互相契合：民族将继续充任小说的自然架构，虽则是没明说的架构，而小说将总是能够在不同水平上表现民族的现实和真理。对十九世纪和二十世纪初叶而言，做出这条假设相当容易。巴尔扎克的《人间喜剧》、左拉的皇皇全集，甚至还有普鲁斯特的作品集，都给我们提供了对他们那个时代法国的无与伦比的叙述；梅尔维尔和马克·吐温之于美国，狄更斯、 334
艾略特和劳伦斯之于英格兰，托马斯·曼和穆齐尔之于德国和奥地利，托尔斯泰、屠格涅夫、陀思妥也夫斯基和冈察洛夫之于俄罗斯，谷崎润一郎之于日本，皆可作如是观。[1]在亚洲和非洲某些新近非殖民化的地区，这种能力依然十分醒目。

然而在二十世纪下半叶，这种亲和性已经明显褪色了。小说从前那个颇为统一的世界，已经通过市场细分的宏大过程在崩坏：哥特式小说、犯

1 “他们那个时代”应该理解得适度宽泛些。比如，《战争与和平》出版于1860年代末，小说背景安排在俄罗斯，时间刚好早于托尔斯泰出生的1828年，也就是他父亲的时代。

罪小说、侦探小说、色情小说、科幻小说、"机场"小说，还有严格的历史小说，它们各有其形式惯例和读者群，后者绝非必定是作者的国人同胞。在谱系另一端，早期现代主义革新的一个关键层面是尝试着超越或扰乱"同质的、空洞的时间"。从民族这方面看，事情也在飞快变化。1945年，（自认为是）没有国家的民族，数量肯定大于有国家的民族。今天情况不复如是。有国家的民族——民族—国家——越来越不需要小说。这一点的最好标志是两个机构的普遍存在：信息部和文化部，一个世纪前人们几乎闻所未闻。民族的表征越来越多地处于它们的监管之下，而且成了视听媒体的工作，由专业化的政府公务员和广告人之流摆弄着。越来越多的昔日伟大小说，为了得到一个被人赏鉴的机会，必须忍受时代误植的侮辱，被好莱坞拍成电影，被BBC分集连播，[1]或者通过标准化的全国课程向青少年强行灌输。

除了以上这些，由于本书别处讨论过的种种原因，我们这个世纪的艰难时世让十九世纪民族主义的至少部分乌托邦成分可信度日衰，对它们而言，普世进步是基本原理；最富才华的小说家由此受了影响。这不等于说其他本原性的乌托邦成分不会顽强存活下去，而是说它们面临着意义的矛盾，上个世纪的大小说家们可不曾感到被迫穷于应付这些。

读过几遍多丽丝·萨默（Doris Sommer）的《核心小说》之后，我想到了：要审视本世纪末期的作家还可能怎样力图描绘民族这个问题，最佳
335 地点是拉丁美洲。[2]西半球包含了世界上最古老的大批民族—国家，它们

1 时代误植在两个方向起作用。一方面，我们看到一种对合乎"时代"的着装和室内装饰的着迷，它不懈地强调简·奥斯丁小说的"摄政时期风格"（"这些书是伟大的历史小说"！），而发笑的读者们很少想到那些东西。另一方面，电影动用了知名男女演员饰演伍德豪斯先生和他的可人女儿，从而必定会产生现代版本的平庸化。（"甲或乙演这个或那个角色多出彩呀。"）在这两个方向，效果都是将关联性或感染力尽量消泯于无形。

2 *Foundational Fictions*（Berkeley: University of California Press, 1992）.

几乎全是反抗欧洲宗主国中枢的那些革命斗争的产物。但是美国和海地太自成一格了，不适合进行方便现成的地区内比较；它们是其中最老资格的民族—国家，一个兴而做了世界霸主，另一个衰而落入穷途末路。然而余下部分（巴西除外）却共享着一种优势语言和宗教，也有国内暴力肆虐的相似历史。这个地区造就了本世纪最杰出作家的一部分，可是如果要谁举出其中某个民族—国家，说它的当代形势理当让人由衷乐观，那他大概要大犯其难了。

萨默利用了上述这一切，尤其是拉丁美洲使用西语的许多民族—国家所提供的从事比较的无双机会，去思索一个多世纪里民族—小说关系的命运。她的阐释很复杂，尽管我对它感恩不尽，此处还是不能多有论列。论证的一部分是从这样的观察开始的：这个地区与众不同，因为只是在获得了正式的国家地位以后，小说才盛行开来。[1]于是在它的青年时期，小说主要和这种时代结伴而行：经历了革命战争及其元首横行的后继局面的多难岁月以后，人们不遗余力地创造秩序和进步。她把十九世纪那些公认的"经典作品"解读为多种多样的努力——其中有些比别的更见成效，要吸引公民—读者参与到巩固国家的工程中来。实现这个目的的首要法门，是让这样的读者卷入情侣们浪漫的苦乐之中，那些情侣典型地被塑造成体现了后殖民社会的最尖锐冲突：地区之间、物质环境之间、经济制度之间、阶级之间、种族之间的冲突。在这样的小说中，色情被民族化了，民族主义本身被色情化了。情人们幸福的障碍，被认为是民族福祉的障碍；他们幸福的获致，或至少在望，被当成民族的乌托邦未来

1　如果琼·佛朗哥（Jean Franco）说得没错，第一本真正的拉美小说，即何塞·华金·费尔南德斯·德·利萨尔迪（José Joaquín Fernández de Lizardi）的《癞皮鹦鹉》（*El Periquillo Sarniento*），到1816年方才发表。参见她的*An Introduction to Spanish-American Literature*（Cambridge: Cambridge University Press, 1969），第34页。

336 的预兆。[1]萨默论点的最后一部分是，由于“统一和发展的希望”消逝了，继续生产出带着这种民族构建色调的优秀小说的可能性与时俱减了。“魔幻现实主义的”悲观论的兴起，从较长时段来看，不仅是对十九世纪民族主义“天真的乐观主义”的倾圮做出的反应，也是因感到二十世纪拉美马克思主义运动未能为民族进步别开生面而做出的反应。但是结果证明“魔幻现实主义”并非唯一的可能之事，或许甚至不是最有教益的可能之事。

几年前，当我第一次阅读马里奥·巴尔加斯·略萨的奇异小说《叙事人》（*El Hablador*）时，我立即觉得又碰上了比较的幽灵；因为它立即让我的脑海里浮现出印尼巨匠普拉姆迪亚的《布鲁四部曲》，在一段更久远、相辅相成的时期里，还有菲律宾民族英雄何塞·黎刹的伟大的西语小说（它们是独立前的煽动性小说，拉丁美洲可从未见识过）。何以故？《布鲁四部曲》最初是作者在望不到头的1970年代，在印尼的魔鬼岛即布鲁岛上，向他的难友们口述的；它也是一项卓绝的、庄严肃穆的努力，要在“这个霍乱时代”书写民族；它还是以“魔幻现实主义”为对照/参照而写出来的。[2]（这一章不是详论普拉姆迪亚的地方。但是需要寥寥几句说明的话，将“东南亚”和“拉丁美洲”之间的空间/时间连接起来。）前三部是以第一人称叙述的，附带了不少欧洲古典教育小说（Bildungsroman）的

---

1 萨默最富启迪的附加命题之一是，夫妇生活作为乌托邦征兆的这个主题，往往在这些小说中塑造出本世纪大体绝迹的一类男女主人公。男主角令人侧目地女性化和色情化，女主角却胸怀公益、独立自主、“敢作敢为”。

2 普拉姆迪亚之外，印尼独立以来还出了两位堪称卓越的小说家，这两人都可谓强烈地亲近于“魔幻现实主义”。基督徒巴塔克人伊万·西马图庞（Iwan Simatupang）英年早逝，在1959年，也就是他的国家独立十年之内，业已创作出令人惊叹的《红色的红》（*Merahnya Merah*）；巴厘人普图·维查雅（Putu Wijaya）的笔墨生涯贯穿了苏哈托的“新秩序”全期，创作了大量小说、短篇故事和其他虚构作品，也都透着“魔幻现实主义”格调，其中最像阿斯图里亚斯风格的是让人惊悚的《胆量》（*Nyali*）。

东西，近似于萨默研究过的那种民族小说。[1]它们给读者展示了，在1900年代初期，一个有特权的、受过很高教育的年轻爪哇男子，是如何拜形形色色的外国和本土导师之赐，而渐渐发展出民族意识和良知的；这种经验又是怎样引导他去开创民族主义运动的。对第四部，读者们肯定会大吃一惊。原来他们迄今读到的一切，都源于殖民地秘密警察的卷宗，特别是一个职位很高但不公开露面的土著民的文件。这个土著民讲述了《玻 337
璃屋》，他的使命就是跟踪主人公，直到后者早死、继而在政治上被遗忘，书中把他表现得被他的受害人弄得神魂颠倒，迷了心窍。事实上他是如此魂迷心乱，竟公然到处暗示说，他篡改了卷宗里的记录，因而那些记录不再能够断然认定为纯净无瑕的真相。[2]最后，普拉姆迪亚的本国读者（这些小说遭禁了，但半秘密地流传着）知道，殖民地时代任何时候都不会容许任何土著民成为秘密警察的顶级官员。这种晋升要到五十年后才出现。《玻璃屋》的文件保管员和文件编档员—篡改者——也是最终的叙事者，是一种敌托邦的预期叙述。但是他叙述着，他叙述之物的范围，不外乎就是民族。

我想有必要先讲这些半是离题的话，然后再转到对《叙事人》的细致讲述和反思上，那将占去本章余下的篇幅。它们呈现了一种视野，可以

1　当然有一种地方性的变调。如我在《想象的共同体》中提到的，主人公先后娶了一个神经衰弱的欧亚混血美人，一个激进的华人偷渡者，和一个来自荷属东印度最东端的手握兵器的穆斯林公主。黎刹的《不许犯我》，说来奇怪，范围没那么辽远。形式上看，推动它的情节发展的，是梅斯蒂索人男主角伊瓦腊对他青梅竹马的梅斯蒂索女友玛丽亚·克拉腊不得善果的爱。但是民族的能量出于他和埃利亚斯的关系，后者是他的革命的、土著的镜像，最后为他献出了生命。

2　这个主题，还有别的许多主题，在谢平的论文里有出色分析。参见Pheng Cheah, “Spectral Nationality: The Idea of Freedom in Modern Philosophy and the Experience of Freedom in Postcoloniality”（康奈尔大学博士论文，1998年）。

说是从东南亚用望远镜观察一部世纪末的、拉美/西班牙/秘鲁的民族主义杰作。几乎不消说，我运用西语的能力很有限（仅有的一点是跟黎刹学的），我的拉美和秘鲁知识更是匮乏。的确需要强调的是，下文是探讨《叙事人》，不是对马里奥·巴尔加斯·略萨全部作品的总论，也不涉及他的生平，尽管这部小说包含了显是自传性的丰富成分。

最后再插两句话：秘鲁一千六百万左右的人口居住在四倍于意大利的国土上。圣马丁正是向秘鲁儿女和公民们发出了他那解放的/灭绝主义的著名诺言。

二

略萨这部小说一开头就是叙述者（我们或可叫他“MVLl”，但后边我将称之为N.）在佛罗伦萨，他在那里已暂趋于忘掉他的“倒霉的/受诅咒的”国家，还有他的秘鲁同胞。[1]但是他的目光被街边的橱窗吸引住了，橱
338 窗里包含了三四幅照片，它们“使我蓦然回味起秘鲁丛林地带。宽阔的河流、高粗的树木、老朽的独木舟、架在支柱上摇摇欲倒的茅舍，还有那一群群男男女女，他们半裸着身子，涂抹了油彩，从闪光的照片上不眨眼地注视着我”（第7页）。[*] 这些照片系一位后来病故的意大利人所摄，“既不蛊惑人也没有艺术感”（第8页），它们是关于秘鲁亚马逊地区的一个遥远部落玛奇根加的，它“就在不几年前实际上还与文明隔绝，以一两个家庭为单位散居四方。只是到了目前，这些单位才开始群居在照片拍下

1　下文中，我将参考1991年版的《叙事人》原著（*El Hablador,* Barcelona: Biblioteca de Bolsillo, 1991），虽然该书初版于1987年。引文的英译出自鄙人之手，尽管我也受益于海伦·莱恩的英译本——*The Storyteller*（London: Faber & Faber, 1991）。

*　《叙事人》引文的中译，参考了孙家孟的中译本，见《谁是杀人犯·叙事人》，《略萨全集》之三十七，时代文艺出版社，2000年版。特向原译者致谢。——译注

的地方，但仍有许多还住在丛林里”（第8页）。有两幅照片，N.从中认出了“新光”和“新世界”这两个新村落，三年前他到访过那里，当时他是暑期语言学院（the Summer Institute of Linguistics）的客人，该学院则是一个有争议的美国新教宣教士组织。然而让他着魔的那帧照片，表现了入神的玛奇根加人，沐浴在余晖中围成一圈，中间站着一个男人，很大程度上处于浓重的阴影中，正在挥手讲话。他立刻认识到这个男人是个有特殊角色的人物，这种角色翻成西班牙语，可以说就是hablador：叙事人，话匣子，大喇叭，饶舌者，吹聊斋的人？（稍候我们将考察这个问题。）

第二章里，N.把我们带回到1950年代初，那时他是圣马科斯大学的新生，跟萨乌尔·苏拉塔斯交了朋友。萨乌尔有个外号，叫“鬼脸儿”，因为他的右脸上长了硕大一块黑紫色胎记。我们得知他是堂·所罗门的儿子。堂·所罗门是在1930年代移居秘鲁的波兰犹太人，他和一个几乎目不识丁的天主教克里奥耳女人同居了一段时间，萨乌尔出生后才娶了她。然后为了家庭，堂·所罗门改宗天主教，但“从未被承认”。他的妻子因癌症早逝以后，父亲带着儿子搬到利马。于是堂·所罗门重新皈依犹太教，还把他的小男孩领去城里的犹太教堂，孩子不胜其烦。这两个男人相依为命，和一只饶舌的鹦鹉（un lorito hablador）一起住在父亲的小店铺里。鹦鹉名叫格雷戈尔·萨姆沙（第12页）。我们顺便了解到，萨乌尔在所有作家中最推崇卡夫卡，《变形记》都会背了。

有个假日里，萨乌尔去拜访了住在秘鲁亚马逊地区边缘的一个亲戚，之后他对秘鲁本土小部落的生活兴趣日浓，传教士、割胶工人、矿工、伐木工以及这个民族国家的推进，使它们面临灭绝的威胁。后来证明他尤感兴趣的是尚存的玛奇根加。他开始专心致志于人类学，对他的大多数大学同辈（包括N.）的马克思主义政治漠不关心。第二章花了很多文字，讲述N.和萨乌尔之间就后者的丛林经验展开的讨论。萨乌尔总是说：“人们在亚马逊地区干的事简直就是犯罪……你设身处地为部落想想，哪怕 339
只想片刻时间。他们还有能去的地方吗？几个世纪以来人们把他们从自己的土地上驱走，把他们挤入大森林，每次越挤越深。然而令人惊异的是，尽管苦难重重，他们并没有消亡……难道你不该对此脱帽致敬吗？”（第22页）N.回忆道：“有时……我会故意逗引他。说破究竟，他到底想干什么？为了不改变一小撮部落——它们不少还停留在石器时代——的生活方式和信仰，难道秘鲁的其余部分就应该放弃开发亚马逊地区吗？为了让七八万亚马逊土人继续平静地拿弓箭彼此射杀、施行缩头术和膜拜王蛇，难道一千六百万秘鲁人就得放弃四分之三国土上的自然资源吗？……不，鬼脸儿，我国不能不发展。马克思不是说过吗，进步总是伴着流血而来的？这样做不管有多悲惨，都只能加以接受。我们别无选择。对一千六百万秘鲁人而言，如果发展与工业化付出的代价只是让这几千赤身裸体的人必须理发，洗去身上的纹饰，变成混血人——或者用人种学家极其可憎的字眼来说，是受了同化——唉，那也是无可奈何的事。”（第23—24页）萨乌尔认为他的印第安人不管怎的更高等吗？“高等？不，我从没这样说过或信过，老弟……也许更低等，如果根据婴幼儿死亡率、妇女地位、一夫多妻制或是一夫一妻制、工艺和工业来提出问题的话。别以为我在把他们理想化，我丝毫没有这个意思……那里有很多东西会让你厌恶透顶，老兄，我不否认这点。”（第26—27页）萨乌尔接着提到说，有些部落把生下来就带有生理缺陷的婴儿杀掉，因为他们知道他们存活不了。“‘我就通不过这种考试，老兄。要是我，他们早就把我消灭掉了……据说斯巴达人就是这样，对吧？他们会把像格雷戈里·萨姆沙那样的小怪物从塔伊耶托斯山顶上扔下去，是不是？’他说着，笑了。”（第27页）“‘但是他们对遭遇事故活下来的人却很宽宏大量……我们没有权利消灭他们。’”（第28页）他问N.是否真想将他们变成“‘像利马街头那些半开化的土人那种呆头傻脑的人和漫画式人物’”。（第28页）

随着时光流逝，事情变得很清楚，虽然萨乌尔完成了人类学学士学位，目的是让老父高兴，他却开始深信人类学是不道德的，无意做一个学者。这两位学院的朋友，在他们同时待在圣马科斯大学的最后年月里，渐渐疏远了。

第三章是这样开头的（要感受它的力量，我们应当先在西班牙原文中凝神默想它）：

> Después, los hombres de la tierra echaron a andar, derecho hacía
> el sol que caía. Antes, permanccían quietos ellos también. El sol, su
> ojo del cielo, estaba fijo. Desvelado, siempre abierto, mirándonos, 340
> entibiaba el mundo. Su luz, aunqué fuertísima, Tasurinchi la podía
> resistir. No había daño, no había viento, no había lluvia. Las mujeres
> parían niños puros. Si Tasurinchi quería comcr, hundía la mano en
> el río y sacaba, coleteando, un sábalo; o, disparando la flecha sin
> apuntar, daba unos pasos por el monte y pronto se tropezaba con
> una pavita, una pérdiz o un trompetero flechados. Nunca faltaba qué
> comer. No había guerra. Los ríos desbordaban de peces y los bosques
> de animales. Los machcos no existían. Los hombres de la tierra eran
> fuertes, sabios, serenos y unidos. Estaban quietos y sin rabía. Antes
> que después.（第30页）

> ［后来，地上的人们开始流浪，向着正在下坠的太阳直奔而去。从前，他们待在同一个地方，不流浪。太阳是他们天上的眼睛，固定在适当的位置。永远睁着，不眠不睡，看着我们，温暖世界。太阳的光芒极为强烈，塔苏林奇却经受得住。没有伤害，没有狂风，没有暴雨。女人们生出纯真的孩子。塔苏林奇想吃饭了，就把手伸进河里，捞出一条鲱鱼，摇头摆尾的；要不他漫无目标地放出一箭，穿过林子走几步路，马上就发现了被箭射中的一只小野火鸡，一只山鹑，或是一只喇叭鸟。从不缺少食物。没有战争。鱼满河，兽满林。玛斯柯人还不存在。地上的人身强智明，镇定团结。他们心境平和，不愠不怒。这是后来以前的事。］

这长长的一章剩下部分就这样不具名地进行下去，在这过程中读者开始在一定程度上分享玛奇根加的宇宙论、历史、恐惧和日常生活。在断断续续的间隔中，他们的世界被“倒霉的/受诅咒的秘鲁”这个黑暗的外部势力刺入的种种意象出现了：比如，有几处提及“割树出血”的恐怖时期，读者可以理解为1900—1918年短暂的橡胶热；还提到过“白人神父”，那显然是传教士。但是谁在讲述这一章？临近结尾时我们才被告知他必定是什么人：

> Apenas asomaba su ojo del sol en el cielo se ponían bajo techo, diciéndose unos a otros: “Es hora de descansar”, “Es hora de prender las fagotas”. “Es hora de sentarse a eschuchar al que habla”. Así lo hacían: descansaban con el sol o se reunían a oír al hablador hasta que empezaba a oscurecer.（第62页）

> ［太阳的眼睛刚一在空中露面，他们就躲到屋顶下，互相说道：“该歇着了。”“该点柴火了。”“该坐下来听那人讲故事了。”他们就这样做了。他们日出而息，或聚听叙事人讲说，直至天色暗淡下来。］

到第四章，N.又把我们攥在手心了。他叙述了1958年中期，在他动身
341 去西班牙深造的前夕，一位朋友给他提供了一架小飞机上的位子，那架飞机要把暑期语言学院的宣教士们送往亚马逊地区。他回想起围绕该学院的争议，许多人认为它是美国佬、新教徒和英语语言帝国主义的代理人。[1]这次旅行给N.留下了难忘的印象，即便四分之一世纪后在佛罗

1 萨默在她论《叙事人》的绝好文章中，为了探讨这个组织的超出《叙事人》所言的现实，广泛引证了戴维·斯托尔（David Stoll）的《传教士还是帝国创始人？拉丁美洲

伦萨仍然历历在目。“这也是秘鲁，只是在那时我才完全意识到它：一个尚未被驯服的世界。”（第71页）对土人的剥削令他惊骇，但是“有过这样微乎其微的机会吗，一个秘鲁政府，不论政治倾向如何，愿意承认部落在丛林里的治外法权？显然没有。既然如此，何不改变维拉科查人（Viracochas，玛奇根加语，表示‘秘鲁人’——我们姑且这么说好吗？），好让他们换种方式对待土人呢？”（第76页）接着发生了与施耐尔夫妇的会面，他们是一对富有同情心的、年轻的美国传教士夫妇，讲到了“支离破碎的玛奇根加社会业已堕入的那种衰败、悲观的深渊”（第80页），让N.大为震惊。施耐尔先生描述了他们无休无止的溃退：因为印加人，因为西班牙征服者，因为天主教传教士，因为各种形态的资本主义。他们没有酋长，核心家庭之外别无组织。他们没有固定的个人名字。他们数数只能数到四，超过四就说是“多”。自杀很频繁。他花了整整一年时间想跟他

的威克利夫〈圣经〉翻译会》（*Fishers of Men or Founders of Empire? The Wycliffe Bible Translators in Latin America* ［London: Zed Press, 1982］）。1950年代初，彼得·汤森（Peter Townsend），墨西哥总统拉萨罗·卡德纳斯（Lázaro Cárdenas）从前的朋友和传记作者，在反共的美国创办了语言学院。它从美国国际开发署和中情局接受了大笔资助，用于它在整个低度发展世界的传道工作，但尤其是在拉丁美洲。到1970年代中期，它简直快成以下这些政府的官方机构了：墨西哥、危地马拉、洪都拉斯、巴拿马、苏里南、哥伦比亚、厄瓜多尔、秘鲁、玻利维亚，以及巴西。“威克利夫在印第安人中间的影响，其他跨国组织无一能及。它对印第安人语言和忠诚的熟练掌握，它的后勤系统和官方联系，都无与匹敌。”然而没过多久，“每个政府都面临了相同的令人忧虑的现象：印第安人日渐明显地、好战地组织起来了，对这样一种趋势，暑期语言学院如同别的许多掮客一样，大体是无心地起了推动作用。识字率的提升、贸易语言和群际接触都有助于这些散居社群的成员们自认为是一体的族群。”1976—1981年间，暑期语言学院被逐出巴西、墨西哥、巴拿马、厄瓜多尔和秘鲁。参见Sommer，“About-Face: The Talker Turns”，*Boundary* 2，23: 1（Spring 1996），第91—133页，在第101—102页。

们有所接触，最后他做到了，仅仅因为他决定光着身子去找他们。N.记得自己很钦佩施耐尔夫妇几乎像玛奇根加人那样生活的意愿，尽管他们有水上飞机、无线电、现代医药和《圣经》的后援。

是在谈话快结束的时候，叙事人的话题才谈到了。施耐尔夫妇说他俩从没碰上一个。玛奇根加人经常回避这方面的问题，但是他们确实提
342 起叙事人的时候，总是饱含着敬意。这种人不是巫医也不是萨满。怎么翻译这个玛奇根加词语呢？施耐尔夫妇踌躇不决地讨论，然后才属意于hablador。这个名称“规定了他们。他们讲事。他们的嘴就是这个社会的连接纽带，因为生存斗争已逼得它四分五裂，散落四方。多亏了叙事人，父亲才有了儿子的消息，兄弟才有了姊妹的消息，也多亏了叙事人，全部落的生生死死、大事小情才能让人人都知晓”（第90—91页）。最后，施耐尔先生说：“此外还能得知更多的事情……我感觉叙事人不仅传播当前的消息，也讲述过去的事情，兴许他也是社群的记忆系统，发挥的作用类似于中世纪的吟游诗人（jongleur）和行吟诗人（troubador）。”（第91页）

N.一回到利马，就同萨乌尔见了事实证明是最后一面，做了最后一次探讨。N.向萨乌尔解释说，正是叙事人这个理念让他多么感动。“他们是活生生的证据，表明讲故事不单是为了娱乐……讲故事是某种元始的东西，是民族存亡所系的某种东西。”（第92页）

萨乌尔对叙事人的简慢冷淡态度让N.很吃惊。“现在我明白了，当他说对这种所谓叙事人从无耳闻时……他是在说谎。”（第93页）反过来，平时和颜悦色、幽默善良的萨乌尔，却对语言学院痛加攻讦。“他们是最坏的坏蛋，你那些传播福音的语言学家们。他们钻进部落是为了从内部摧毁它们，正像穿皮潜虱似的。他们钻进了部落的精神之中，信仰之中，潜意识之中，存在方式的根本之中。别人窃夺它们的生存空间，剥削它们，或者把它们进一步赶往内陆深处。最坏不过从肉体上消灭它们。你的语言学家们更精妙。他们想用另一种方式干掉玛奇根加人。把《圣经》译成玛奇根加语！想想看！他们的目标是将这些土著的文化、神祇和风俗从地

图上抹掉，甚至腐蚀土著的梦境。他们在本国后院，对红种人和其他民族就是这么干的。”（第93—94页）“尊重这些土著的唯一方式是别靠近他们。别碰他们。我们的文化太强大了，太富于侵略性了。凡是它触碰过的，都会被它吞没。”（第97页）在亚马逊地区也许还为时未晚。“把印加人变成一个梦游者和臣仆的民族的那种巨创，尚未在那里发生。”（第98页）

N.记载说，他随后在西班牙和法国攻读研究生期间（大约是1958—1963年），他寄信给萨乌尔，在有关玛奇根加叙事人的某个历史研究中请求援之以手，但没有收到回信。他向马德里的退休多明我修士请教，研究从前的旅行者记述，进展不大。1963年，萨乌尔的人类学教授路过巴黎，
告诉他堂·所罗门决定想终老以色列，所以和儿子一起移居那里了。萨乌 343
尔始终没有完成博士论文。但是N.很怀疑：“我想萨乌尔不是那么容易就登台读经的。因为他与秘鲁已经血脉相连，他为秘鲁存在的问题——起码为其中某一问题——犯愁发怒，不能自已，不可能一夜之间，像换件衬衫似的万事皆抛。”（第105页）

第五章是第三章的一种延伸，我们可以说又回到匿名的玛奇根加叙事人那里。但是有点差别，因为现在叙事人转而令人惊异地讲述风俗的起源。风俗始于帕恰卡姆埃（Pachakamue），世界上第一个女人的弟弟，他有一种威力，可以通过命名来创造与变化人和动物，甚至无须有意为之。他搅得世界大乱，第一个女人的丈夫雅康托罗（Yagontoro）杀了他，割下他的舌头埋了，以为这样一来世界就得太平了。

> Pero, a poco de estar andado, se sintió pesado. Y por qué, además, tan torpe? Asustado, notó que sus pies eran patas; sus manos, antenas; sus brazos, alas. En vez de hombre que anda, era ya carachupa, como su nombre indica. Debajo del bosque, atragantándose de tierra, a través de los dos vírotes, la lengua de Pachakamue habría dicho: “Yagontoro.” Y Yogontoro se había vuelto,

pues, yagontoro.（第130页）

> ［但他没走多远就感到乏力了。为什么走得这么慢呀？他害怕了，发现他的双腿变成了虫腿，双手变成了触须，双臂变成了翅膀。他原来是个会走路的人，现在成了一只负鼠，正合他的名字。原来，在树林地底下，帕恰卡姆埃的舌头被土闷得够呛，仍然凭着刺穿它的两根箭头，说了声："雅康托罗。"于是雅康托罗就真的变成了负鼠。］

也许恰恰是在《变形记》的这一丛林版的、混血的扼要重述中，读者才开始确信，叙事人一定是萨乌尔·苏拉塔斯。

第六章里，N.跳过了二十五年，跳到了1981年，当时他帮着在搞一个电视节目，叫做"巴别塔"。他获悉暑期语言学院打算离开秘鲁，于是决定抓住时机做一档有关玛奇根加的节目。"这个主题从未远离过"他的心思。其时，终于已经有对玛奇根加人进行的众多优秀人类学研究完成，他提到了一些"真有其人的"美国、秘鲁和其他研究者的名字，[1]但是非常

1　具体提到的有弗朗斯·玛丽·卡瑟维茨—勒纳尔（法国人），约翰逊·艾伦（北美人），格哈德·贝尔（瑞士人），华金·巴利亚勒斯神父（西班牙人），还有卡米诺·迭斯·坎塞柯和维克多·J.格瓦拉（秘鲁人）。卡瑟维茨—勒纳尔（Casevitz-Renard）1972年开始发表关于玛奇根加的著述，她的第一篇论文是 "Les Matsiguenga", *Journal de la Société des Américanistes*, 61（1972），第215—253页；艾伦·约翰逊（Allen Johnson，不是约翰逊·艾伦）开始于1975年，处女作是"Time Allocation in a Machiguenga Community", *Ethnology*, 14（1975），第301—310页；格哈德·贝尔（Gerhard Baer）开始于1976年，那年的代表作是"Was Mythen Aussagen: Das Beispeil der Matsigenka, Ost-Peru", *Paideuma*, 22（1976），第189—198页，1984年随之出版了《秘鲁东部玛奇根加人的宗教》（*Die Religion der Matsigenka Ost-Peru*, Basel: Wepf）；对巴利亚勒斯神父（Father Barriales），我只找到一本《玛奇根加人》（*Matsigenka*, S.A. Victoria: Heraclio Fournier, 1977）；卡米诺·迭

奇怪，这些作者谁都没提及叙事人。涉及他们的全部言论，似乎到1950年代左右就中断了。难道他们绝迹了吗？可是1930和1940年代的多明我修士还频频提起他们啊。 344

重返亚马逊，N.发现施耐尔夫妇准备离去，他们对自己长期劳动的成果感到欣慰。现存的大约5000名玛奇根加人，如今有一半定居在永久村落里，有学校和农业合作社。今天，在他们的漫长历史上第一次有了酋长，因为现在他们“需要权威机构”了。（第157页）N.思忖道，他们有了“《圣经》、双语学校、传播福音的领袖、私有财产、货币价值，无疑还有换来的西方服饰”。可这合适吗？会不会玛奇根加人“正从自由自在、独立自主的‘野人’，开始变成鬼脸儿所说的‘呆头傻脑的人’呢”？（第157页）

“尽管他们从没放弃他们的语言、他们的神祇、他们的风俗，他们却不再是那一小股不屈不挠的悲剧性人物了，不再是分解成微小的家庭东逃西避的社会了，那时他们总在逃避白人，逃避混血人，逃避山地人，逃避其他部落，静候着、坚忍地接受他们无可逃避的个人和社群的消亡。这个散居在广袤潮湿的森林深处，靠几个漫游的讲故事的人为它供给循环的元气的社会行将消失，一念及此，悲伤之情止不住地向我袭来。”（第158页）

但是N.观察到，一扯出叙事人的话题，即便是已经同化的玛奇根加人也要么否认他的存在，要么一言不发。施耐尔夫妇告诉他，他们和玛奇根加人一起生活了四分之一世纪后，仍然对这些讲故事的人几乎一无所知。“那是非常奥秘、非常隐私的事情。”（第169页）施耐尔先生描述了两次半面的邂逅，第一次大约是在1971年。他搞不懂叙事人所讲的东西，讲

斯·坎塞柯（Camino Díez Canseco）从1977年开始发表论文，第一篇是“Trueque, Correrías e Intercambio entre los Quechuas Andinos y los Piros y Machiguengas de la Montaña Peruana”, *Amazonia Peruana*, 1: 2（1977），第123—140页。（在此，我们也许是第一次发现一份刊物是专门研究秘鲁亚马逊地区的。）迄今为止我没看见格瓦拉的任何东西。

故事的几个钟头缓缓流逝的时候，他困得睡着了。第二个叙事人非常古怪：也许是个阿比诺人，脸上有一大块紫斑，他对这位年轻传教士嫉如寇雠，讲故事的时候始终背对着他。施耐尔再一次地犯了困，茫然不解地睡过去了。N.评论说，正是那时他才认识到，玛奇根加人不是在掩盖作为一
345 种抽象习俗的叙事人，他们是在掩护他，因为他要求他们这么做。

回到首都，N.发现了真相，原来堂·所罗门根本没去以色列，1960年10月23日在利马去世并葬在那里。似乎没人知道他的儿子怎样了。“但是我知道，我心里想，我全知道。”（第182页）

到第七章，读者们最后一次回到叙事人那里。引起幻觉的叙述同时也日趋个人化。叙事人短暂地以“格雷戈尔—塔苏林奇”的身份出现，他发现自己变成了一只马丘科伊蝉（machucoy cicada）。他描述了他是怎样成为叙事人的：看起来似乎很偶然——没有死藤水也没有善良的巫师（seripigari）相助。他早就是一个倾听者（eschuchador）了，最后发觉人们在背后叫他叙事人。然而这一章的核心，是重述犹太人历史和他们的神“塔苏林奇—耶和华”的一长节，它这样起头：

> El pueblo que anda es ahora el mío. Antes, yo andaba con otro pueblo y creía que era el mío. No había nacido aún. Nací de verdad desde que ando como machiguenga. Eso otro pueblo se quedó allá, atrás. Tenía su historia, tambíen. Era pequeño y vivía muy lejos de aquí, en un lugar que había sido suyo ya no lo era, sino de otros.（第207页）

> [我现在属于这个流浪的民族了。从前，我随另一个民族一同流浪，还以为那是我的民族呢。那时我算不上出生了。我真正出生是当我作为一个玛奇根加人流浪的时候。原来那个民族已经落在身后了。它也有自身的故事。它是个小民族，住在离这儿很远的地方，那个地方曾经是

它的，后来不是了，属于别人了。]

接下来是这个民族中一个男孩出世的故事，男孩长大了，说他是塔苏林奇吹出来的，是塔苏林奇的儿子，是塔苏林奇本人，也就是三位一体。他将一点点鲇鱼和木薯变成一大堆。人们认为他是个叙事人，许多人抛弃了那个民族的习俗和禁忌。善良的巫师们担心民族要消亡了。所以他们杀了那人，从此这个民族灾祸连连。但是他们没有消亡。塔苏林奇—耶和华的民族既不好战，也从未赢过战争。他们被驱散在世界各地的丛林里。他们游历，逃窜，流浪，这样子活下来。更大的民族，更强的民族，都销声匿迹了，谁也不记得他们了。这个民族得以幸存，是因为它忠于它的习俗，它的禁律。“人们宁愿人人一个样，宁愿别人忘掉自己的习俗，杀死自己的善良巫师，违背自己的禁忌，而去模仿他们那一套。”（第211页）因而要保持对一个人的义务的忠诚，也就是做该做的事，“这是我从你们身上学来的”。“我们想悄无声息地消亡吗？也不。”（第211页） 346

这篇叙述最后是一则故事，说叙事人发现一只鹦鹉妈妈试图啄死她的一个幼雏儿，因为它生得畸形，腿是扭曲的，爪子只是残根。他赶跑了鹦鹉妈妈，留下小鹦鹉给自己作伴。

Duerme aquí, dentro de mi cushma. Como no puedo llamarlo padre, ni pariente, ni Tasurinchi, lo llamo con una palabra que inventé para él. Un ruido de loros, pues. A ver, imítenlo. Despertémoslo, llamémoslo. Él lo aprendió y lo repite muy bien: Mas-ca-r-ita, Mas-ca-ri-ta, Mas-ca-ri-ta....（第224页）

[它就睡在这儿，睡在我的宽袍子里。我不能叫它父亲，或者亲人，或者塔苏林奇，所以我用我给它造的字眼称呼它。这也是鹦鹉的叫声。我们看看，尽力学学它。我们来叫醒它，我们来喊它。它自己已经学会

了，重复出来惟妙惟肖。鬼—脸—儿，鬼—脸—儿，鬼—脸—儿……]

末章把读者带回到佛罗伦萨的N.那里。他想知道，玛奇根加人是不是挺过了毒祸、“光辉之路”极左组织，还有1980年代一股脑扑向亚马逊地区的残酷军事镇压。“我曾经的那位朋友，曾经是犹太人、白种人、西方人的萨乌尔·苏拉塔斯，在跟着他们流浪吗？”他沉思着（第230页）。在1960年代，其他理想主义的秘鲁青年逃向了四面八方，但萨乌尔做得不同，他精心抹掉了他的出走和意图的一切痕迹。“他铁了心地决定要改变他的肤色、他的姓名、他的习惯、他的传统、他的上帝……他离开了利马，决意永不回来，此后永远成为另一个人。”（第232页）N.疑心他作为犹太人，认同于游荡的、受迫害的小民族。他的紫斑也让他成为秘鲁社会边缘人中的边缘人。但是真正的奥秘不在于此，在于他进而变身为叙事人。“转变为叙事人，就是在仅仅不太可能之事上更添不可能。”（第233页）

> 因为能够像叙事人那样讲话，就意味着他已经达到这等境界：他感受着并寄居于那个文化最内里的东西，他沉潜于它的神秘莫测，他穿透了它的历史和神话的神髓，亲身体尝它的祖传的禁忌、意象、欲望和恐惧。这意味着以可能做到的最深刻方式，成为地地道道的玛奇根加人……我的朋友萨乌尔放弃了他过去所有的和本来会有的一切，为的是在这二十多年里顶风逆浪，特别是反现代性和进步之道而行之，奔波漫游于亚马逊森林地区，维系周游的故事讲述者[Contadores de historias]的无形血脉之传统于不坠：这件事不时地闯进我的脑海里，并像在新光村里，在星光熠熠的黑夜中我第一次得知此事的那天一样，荡
> 347 涤着我的胸怀，比爱情和恐惧来得更为猛烈。（第234页）

N.最后描述自己往外看到了旅游城市佛罗伦萨夜间不经心的杂乱无章，以此收束了他讲的故事。离开他的房间将是徒劳无益的。因为“不

管我躲到何处，想寻觅躲避炎热、蚊虫、我的精神亢奋的一个避难所，我都会继续听见那位玛奇根加叙事人的声音，就在左近，噼啪不止，追忆不及”（第235页）。

三

那么“历史上的”玛奇根加人（Machiguengas，或者是较少西班牙化的名称，Matsigenka）怎样呢？[1]据信他们的祖先可以追溯到几千年前。他们只是间或臣服于印加人的极盛王国，而且由于他们住在横跨安第斯山和亚马逊河的丛林，与世隔绝，结果他们在西班牙帝国主义时期实际上不为外人所知。甚至Matsigenka这个当代称谓（它的字面意思是“人类”），也是大约七十五年前才在外人间变得平常。有关他们的最早文献之一，注明年份为1865年，作者不详，其中说道：“他们中间找不出任何村社纽带的痕迹。每个家庭都单独生活，偶尔会和别的一些家庭一起生

1　我说不上对这些人具有任何知识，这一部分多仰赖于如下文献：(1) Dan Rosengren, *In the Eyes of the Beholder: Leadership and the Social Construction of Power and Dominance among the Matsigenka of the Peruvian Amazon*（Göteborg: Göteborgs Etnografiska Museum, 1987），*Etnologiska Studier,* 第37卷；(2) Beverly Yvonne Bennett, “Illness and Order: Cultural Transformation among the Machiguenga and Huachipairi”（康奈尔大学博士论文，1991年）；(3) Matsigenka 词条，*Encyclopedia of World Cultures*（New York: G. K. Hall, 1994），第7卷（South America），第230—232页。我也较为粗略地查阅过多明我会传教士的以下文本：P. Fr. Vicente de Cenitagoya, *Los Machiguengas*（Lima: Sanmarti y Cia, 1943）；P. Andrés Ferrero, *Los Machiguengas: Tribu selvática del sur-oriente peruano*（Salamanca: “Calatrava” Libreros, 1966）；还有上面引用的Father Joaquín Barriales的*Matsigenka*。《叙事人》第五章所讲的帕恰卡姆埃和雅康托罗的故事，是依据Cenitagoya著作的第185—189页提炼而成的。

活。只有战争期间他们才会选出一个头人。”[1]1860年代他们的隔绝状态开始完结，那时外人纷至沓来，不少人来自巴西和玻利维亚，想寻找金鸡纳皮，它是制造奎宁的原料，当时（东南）亚洲和非洲的英、法帝国主义者大量需要奎宁作退热药。十九世纪最后二十年里，秘鲁政府日益关切牢固确立和保卫它那漏洞百出的东部边疆，并开始资助探险者，最为臭名昭著的探险者中，有维尔纳·赫尔佐格（Werner Herzog）曾搬上银幕的费尔明·菲茨卡拉尔多（Fermín Fitzcarrald）。

但是现代性的旋风冲击玛奇根加人不过是二十世纪前二十年的事，当时秘鲁经历了一场暴风骤雨般的橡胶热，直到东南亚和非洲的殖民地
348 产品占了上风。亚马逊地区的大规模橡胶采割急需劳动力，这引生出“偷袭”（correría）这一可怖惯例，它发展成大肆的苦工劫掠。温和勤劳的玛奇根加人成了它喜爱的目标之一。传教士们后来估算，他们总人口的大概60%丧生了，死在“唯一生效的法律是‘44口径［温切斯特步枪］法’”[2]的这样一个地区，死在使用奴隶劳动的这个政权下，其间伴随着拷打、杀戮、焚烧房屋、绑架妇女儿童以及此前未闻的种种疾病的传播。[3]正是在

1 转引自Rosengren, *In the Eyes*, 第3页。

2 同上，第31页。

3 玛奇根加人的命运很大程度上无人留意。但是再往北去，沿着普图马约河的秘鲁上游，施于当地土人的同样橡胶热暴行突然演变成了涉及“部落少数族群”命运的最早的国际大丑闻之一。称得上“模范”人物的是身败名裂的爱尔兰爱国者罗杰·凯斯门特（Roger Casement）。由于揭露了利奥波德二世政府在尚不属于比利时的刚果的野蛮行径，他早已驰名世界，又因他1912年的报告，作为濒危少数族群的保护人再添令誉。那篇报告披露了他的直接先行者、美国冒险家—旅行家哈尔登堡（W.E. Hardenburg）谓之“魔鬼天堂”的地方。1909—1913年，凯斯门特是英国驻里约热内卢领事。他根据哈尔登堡的报道采取适当行动，寻找切入点。他发现恶棍头目是胡安·阿拉尼亚（Juan Araña），这是个秘鲁企业家，资本不足，但利马的政治关系“过硬”，再跟英国后台老板合组了“秘鲁亚马逊

这个时期，亚马逊地区的土人渐渐被秘鲁人普遍认为要么是国家发展的工具，要么是应该扫灭的障碍。1900年前后，多明我会着手进行认真的传教工作，至少有部分玛奇根加人逃向他们寻求庇护。然而橡胶热的结束并不意味着奴隶般剥削的结束——橡胶之后，糖料作物种植园又来了，然后是采矿，最后是伐木。（据说奴隶制度半遮半掩地一直坚挺到1960年代。）

对玛奇根加人来说，1960年代因两大变化而显得不平凡。一方面，暑期语言学院驻扎进来了，当时号称“世界上最大的新教传教士组织”[1]，它为1970和1980年代有关玛奇根加人的现代人类学研究的猛增拓宽了道路，其他活动姑且不论。[2]另一方面，费尔南多·贝朗德·特里（Fernando Belaúnde Terry）在他首任总统期间（1964—1968），指派给亚马逊地区的地位是秘鲁的最后边疆，它的开发将把这个“倒霉的国家”从贫穷和人口过剩中拯救出来。破天荒第一次，政府亲自积极推进新大庄园主的拓殖。贝朗德被推翻之后，胡安·贝拉斯科·阿尔瓦拉多（Juan Velasco 349

公司”。凯斯门特也得知，阿拉尼亚雇用了数量可观的（英国的）巴巴多斯黑人充当工头、打手和刽子手。正是基于伦敦城应为普图马约恐怖行为负责这一点，凯斯门特赢下了一场连续举行的听证会。1911年，乔治·“温莎”五世授予他有点怪诞的爵士头衔，表彰他为英国的体面所做的贡献。五年后他被摘除了这种暧昧的荣誉，那时，1916年复活节起义刚刚过去，他因背叛英国的罪名遭到审判。1916年8月3日，凯斯门特被处决。有关这些事情，参见W.E. Hardenburg, *The Putumayo: The Devil's Paradise*（London: T. Fisher Unwin, 1912）; Roger Sawyer, *Casement: The Flawed Hero*（London: Routledge & Kegan Paul, 1984），第7—9章; Brian Inglis, *Roger Casement*（London: Hodder & Stoughton, 1973），第三部分。

1　引文出自Bennett，“Illness and Order”，第113页。

2　对照一下附在罗森格伦和贝内特两书后的渊博书目，可以看出自1970年代初期以后“科学的”出版物的一种突然、飞速的数量增长。

Alvorado）的激进军事政权一定程度上试图逆转这项政策，就创立了其实是亚马逊土著“居留地”的保护区，其中的土地不可转让。但是1980年贝朗德一重新上台，立即恢复了密集的资本主义开发的诸项政策，照这样，玛奇根加人将被同化，被教育（到一定程度），被西班牙化，被转变成定居劳动力。

到1980年代后期，玛奇根加人的数量是多少，估算出来各不相同，在5000到12000之间。也许有一半人已被圈进七个村落，那些村落一总名为“土著社区”（Comunidades Nativas），内有一种初具雏形的政治组织，是自上而下强加的，不得民众信任。[1]由于资本主义殖民化使猎物和鱼类锐减，并使临时性农田园圃日益难觅，传统的维生之道越来越举步维艰。传统的巫医，亦即善良的巫师，正不断消失。[2]即便如此，人口估计值的极端离差说明，相当部分的玛奇根加人依然在“逃离，总是逃离”，追寻生计、和平与自治。

只余下一事尚需补充，它对我们当下的目的是决定性的。《叙事人》讲述的玛奇根加近现代史大体准确，它所描述的他们的传统宇宙论、“社会秩序”、风俗习惯和生活方式，也都十分符合刊行的学术著作：只一桩突出的事情例外。恰如N.无意间提到的，这些专业报道中，哪怕稍涉叙事人习俗的，连一篇也没有。[3]

1　参见罗森格伦饶有启发的叙述，*In the Eye*，第176—185页。

2　这是贝内特的结论，“Illness and Order”，第155页。

3　我无力查遍这全部报道，但罗森格伦和贝内特的著作如此周详，他们的书目如此广博，如果说他们的专业同仁的著述中有某篇提到过叙事人，而他们竟不予理睬，这似乎难以置信。再说，尽管N.声称多明我会修士时常在其作品中谈起叙事人，但他们从未出现在本书第453页注释1提及的多明我会修士写作的三篇文献中。

四

巴尔加斯·略萨用hablador意指什么？这个单词的日常意思是“谈话者”“话匣子”“吹牛者”“碎嘴子”——压根不必太当回事的某个人。小说向我们提示了这种“轻”，就在对萨乌尔的lorito hablado的描述中，那是一只“饶舌的”小鹦鹉，它不懂它在说什么。多丽丝·萨默注意到，表示“讲故事的人”或“叙事人”的惯用的庄重词语是narrador，cuentista，和cuentero，因而hablador似乎是有意为之的准新造词（quasi-neologism），与罕用的词escuchadores（也许可译为hearers，heeders［谛听者，聆听人］）置换了常用词oyentes（listeners，audience［听者，听众］）适相匹配。[1] 350

几无疑义的是，作者脑子里所想到的，是Erzähler（讲故事的人）的形象，沃尔特·本雅明出了名地将这种人物与小说家和新闻记者（略萨的两大副业）并置对立。[2]值得提醒一下我们自己，这种人物的总体特征是什么。“虽然讲故事人之名我们也许很熟悉，但以其鲜活的直接性示人的讲故事人，断非一种当代的在场人物。他已变成与我们疏远的事物，而且越来越远……讲故事的艺术行将消亡。”[3]“口口相传的经验是所有讲故

1　Sommer，“About-Face”，第113页。我对《叙事人》的看法有别于她，但我从她的著作里获益匪浅。

2　冒着惹恼读者的危险，我将尽量把英语中story-teller这个粗俗的陈词拒之门外。

3　参见“Der Erzähler: Betrachtungen zum Werk Nikolai Lesskows”，见Walter Benjamin, *Illuminationen*（Frankfurt-am-Main: Suhrkamp, 1961），第409—456，在第409页。（以下的英译引文系本人修改英译本原文而成，参见Walter Benjamin, *Illuminations*, Harry Zohn英译［New York: Schocken, 1969］，第83—109页。）这一行将消亡正与玛奇根加人的命运相呼应。［本雅明的引文的中译，以王斑译《讲故事的人：论尼古拉·列斯克夫》为本，有改动。该文收入《启迪：本雅明文选》，汉娜·阿伦特编，张旭东、王斑译，三联书店2008年版。特向原译者致谢。——译注］

事者都从中汲取灵思的源泉。”[1]本雅明说，这样的人在中世纪欧洲出自两个群体，一是浪迹江湖的人，比如水手，他们从自己远游的经验中带来故事；一是安土定居者，比如安居耕田的农夫，他们通晓当地的传统和传说。本雅明接着说：“所有这一切点明了任何一个真正故事的性质。一个故事或明或暗地蕴含某些实用的东西……无论哪种情形，讲故事者是一个对听者有所指教的人。但是如果说‘有所指教’在今天已开始变得有股陈腐气，这是因为经验的可交流性每况愈下，结果我们对己对人都无可指教。”这个进程“已逐渐把讲故事从鲜活的口语王国剥离出来，同时正在造成于消逝之物中瞥见一缕新型美的可能”。[2]

对于长篇小说，本雅明写到它的关键特点在于它对书本和印刷术的发明的依赖。“小说与所有其他散文体式——神话、传说，甚至中篇故事——的差异在于，它既非来自口述传统也不参与其中……讲故事的人取材于自己亲历或道听途说的经验，然后把这种经验转化为听故事人的经验。小说家则闭门独处，小说的诞生地是离群索居的个人。此人不复能够以值得效仿的方式表达他最深切的关怀，他既缺人指教，对人亦无以
351 指教。写小说意味着在人生的表征中把不可通约性推向极致。小说置身于生活的丰盈之中，透过表征这丰盈，显示了生命深刻的困惑。”[3]（我们马上就会看到，这一描述对《叙事人》多么贴切。）

对于新闻业，本雅明说：“每天早晨都把全球的新闻带给我们，但我们却匮乏值得注意的故事。这是因为任何事件传到我们耳边时，都早被

1　参见“Der Erzähler: Betrachtungen zum Werk Nikolai Lesskows”，见Walter Benjamin, *Illuminationen*（Frankfurt-am-Main: Suhrkamp, 1961），第410页。

2　同上，第412页。有启发的是，左恩把Hörer译作“readers”（读者），把fühlbar macht 译作“making it possible to see”（造成……瞥见……的可能）。

3　同上，第413—414页。

解释得通体清澈。换言之，于今几乎无物裨益讲故事的艺术，几乎事事都裨益消息的传播。”再者，“消息的价值昙花一现便荡然无存。它只在那一瞬间存活，必须全副身心交给那一瞬间，不失时机地向那一瞬间解释自己。故事则不同。它不耗散自己，它凝聚并保藏其活力，虽年深日久，也能释放出这种活力。”[1]

在本雅明对讲故事人的说明中，还有另外一种成分，那就是死亡的至要性。“恰如人在弥留之际其生平的意象在他心中翻滚湍流，展示种种他所遭遇却未及深谙的自我，同样，临终人的表情和面容上无法忘怀之事会陡然浮现，赋予他一生巨细一种权威，连最悲惨破落的垂死之人也对周围的生者拥有这种权威。这权威便是故事的最终源头。死亡是讲故事的人能叙说世间万物的许可。他从死亡那里借得权威。”[2]我们或许记得，就是这种权威，小说家或新闻记者求之不得。

本雅明的观点让我们得以更清晰地看出《叙事人》的主要奇特性——它是一部小说，却涉及的是“故事”，也涉及“迷恋”讲故事人的叙述者，还涉及喜爱讲故事人这一理念的小说家。萨乌尔有能力（我们可以这么说吧？）成为讲故事的人，这一点早在N.告诉我们鬼脸儿“崇拜”卡夫卡、会背诵《变形记》的时候，就表现出来了。（本雅明的论文是以列斯科夫的无与伦比的故事为主要话题，但如果他以这位布拉格的大师为枢轴，原本也无妨的。）不过这种能力，只有在“我曾经的那位朋友，曾经是犹太人、白种人、西方人的萨乌尔·苏拉塔斯……铁了心地决定要改变他的肤色、他的姓名、他的习惯、他的传统、他的上帝”的时候，才能变为（想象的）现实。拿与本雅明相去不远的话来说，成为一个叙事人意味着“已经达到这等境界：他感受着并寄居于那个文化最内里的东西，他沉潜于它的神秘莫测，他穿透了它的历史和神话的神髓，亲身体尝它的祖传

1 同上，第415—416页。

2 同上，第420—421页。

352 的禁忌、意象、欲望和恐惧。这意味着以可能做到的最深刻方式，成为地地道道的玛奇根加人”。但有更甚于此者。萨乌尔被刻画得不仅变得扎根乡土，像中世纪扎根土地的农人那样（或者像传统的玛奇根加叙事人那样，设若真有其人的话），而且自远方给玛奇根加人传来故事，将之编入他的如痴如醉的听众们的习语和经验中。这些故事当然首先取材于卡夫卡，但其后也取材于犹太人悠久的精神史，以及他们因那第一个“前犹太人”即耶稣基督的永恒追随者所致的受难史。再有，从各方面来说，他都如本雅明评论讲故事的人那样，是“正直人”，他的故事里带着善意的指教。

N.写道，“这个散居在广袤潮湿的森林深处，靠几个漫游的讲故事的人为它供给循环的元气的社会行将消失，一念及此，悲伤之情止不住地向我袭来”，这时，萨乌尔“从死亡那里借得权威”这一点就彰显出来。仿佛是叙事人的声音宣布了困于临死之痛的一个社群的遗言，它由此控制了“聆听者”的心，没有哪位小说家能够企及。同时，这种权威也源于，萨乌尔无可挽回地从“秘鲁”消失了，而N.喉咙哽咽地意识到，他很久以前就已听过老朋友的遗言。

正是在这点上，一部关于Erzähler/Hablador的小说的可能性和不可能性的问题，变得不容回避。在N.同萨乌尔的最后一次谈话中就有那个时机，当时N.描述了他何以被叙事人的理念感动至斯。“他们是活生生的证据，表明讲故事不单是为了娱乐……讲故事是某种元始的东西，是民族（pueblo）存亡所系的某种东西。”他之被感动，是因为讲故事似乎恰好落在小说的可达范围以外，不管国家的文学督察员可能希望后者有多典范。它默默地与成千上万部其他小说在广阔而不断增长的出版物市场上较着劲，在这个市场上，作者和读者间几乎从不谋面，除非是在想象中。而且，这位小说家所谓pueblo，首先是指民族的想象的共同体，它丝毫不是元始的，它日常的循环着的元气不是小说，而是报纸、广播、电子传媒，还有“消息”的其他提供者。因此，正是对某种不可得之物感到的痛楚，

"荡涤着……胸怀，比爱情和恐惧来得更为猛烈"。[1] 353

很可能，对这种不可得性感到的这种痛楚有其美洲渊源——尽管随着民族—国家铺散到世界各地，这样的痛楚不再局限于某个地区。因为美洲产生了最早的民族—国家，而那种可能性的先决条件，是它们作为欧洲海外殖民地这一地位。这些殖民地在广袤的土地上，动用骇人的暴力，将异类的人强扭在一起：白人移民；种类繁多的土著——如果没遭灭绝，也已陷入悲惨绝境；很多情况下还有无数非洲裔的奴隶，更别说他们的混种后裔了。这些社会，历史上没有先例，而又被数千英里海路之外看不见的宗主国控制了几个世纪。列斯科夫的故事，像果戈理的故事一样，仍然能够间接地向我们转述，那是他们碰到或听说的讲故事人的故事，因为他们全部来自——不是辽阔的沙皇帝国本身，而是帝国内那古老的、依然庞大的说俄语的人群（而且帝国也不被当成一个民族）。他们无需会腹语术人的技巧。但是征服美洲的欧洲人不是传统的农民，几个世纪以来他们强行推广其风俗、宗教、经济生活和语言，使用了如此卓有成效的残忍手段，在这种成效基础上制造出如此陡峻的种族等级，以致这个半球发现，不可能产生那种又亲切又瘆人的列斯科夫式故事，它可能这样开头：是薇拉·彼得罗夫娜告诉我这个故事的：在1834年的寒冬里，有人看见四匹马躺在伏尔加河中央，直挺挺地冻僵了。[2]（这样几句话绵密的英

---

1 "事实上，对任何一个故事，'后来怎样了？'总是个合情合理的问题。然而小说家则止于写下'剧终'，邀请读者加入生命意义的预兆性实现，无望越此雷池半步。""吸引读者去读小说的是这么一个愿望：以读到的死亡来暖和自己寒颤的生命。"同上，第427—428页。看来要译出原文那恶毒的词序是不可能的："Das was den Leser zum Roman zieht, ist die Hoffnung, sein fröstelndes Leben an einem Tod von dem er liest, zu wärmen."

2 ［英文：It was Vera Petrovna who told me the story about the four horses found frozen upright in the middle of the Volga during the bitter winter of 1834.］"魔幻现实主义"之于列斯科夫和果戈理，就如会腹语术的人之于老祖母，在她周围很少有艺术大师的光晕

语表达，还没有严重歪曲俄语原文的那种浑成性［seamlessness］。）

然而在美洲，西班牙语、英语、葡萄牙语始终无力达到这种浑成性，因为它们明显根源于征服，混杂不纯，也因为本土社群的故事，如果幸存下来的话，不得不经由靠不住的翻译过程，以印刷品形式呈现。敌人的手处处留下它的印记，不论那个敌人是表现为人类学家、传教士、本堂神
354 甫、官僚、文学家，还是混血儿掮客。[1]这种状况，没人比小说家、非叙事人巴尔加斯·略萨更了然了。这就需要小说家的匠心独运。这么说吧：如果我们可以设想不断逃避中的玛奇根加人有真实的叙事人，我们也可以设想明目张胆或偷偷摸摸地给他们的故事录音。但是这些磁带，转录成文字后，将会是秘鲁的西语读者们（他们是作者的第一受众）无法理解

飘浮着。

1　在东南亚殖民地，早期的译本是传教士与百无聊赖的官员怀着业余的古文物学和人种学兴趣出版的。往后，专业人种学家，甚至还有某些作家，都插手了。最终，在后殖民时代，国家的人类学家，国家的男女文人，间或还有两者的结合体，纷纷赶来了。我曾帮着翻译过泰国1960和1970年代的短篇故事，收集在《镜像：美国时期的暹罗文学与政治》（*In the Mirror: Literature and Politics in Siam in the American Era*, Bangkok: Duang Kamon, 1985）里，其中有两个关于“少数民族”的故事，饱含着同情心。故事之一涉及一出悲剧，发生在海上族（Sea People，指摩根族，“海上吉普赛人”——译注）的一个偏远贫困的滨海村庄里，它被写来作为当代曼谷以武力争雄的国家政治的一种寓言。另一则故事出于一位赫蒙族（Hmong）小伙子之口，半带牧歌风味，故事让这个少年懵懂地称他自身的民族为“苗族”（Meo），这是曼谷官场所用的轻蔑术语。1990年代，一位天才的爪哇作家，痛心于身处雅加达征服者铁蹄下的东帝汶人的命运，发表了关于他们的一系列故事，是从他的相识故旧那里听来的。考虑到在被占的东帝汶占主导的“美洲式”状况，这位年轻人——他可算是征服者的子侄辈——聪明地选择了爪哇形式的魔幻现实主义。参见Seno Gumira Adjidarma, *Saksi Mata*［眼见为实］（Yogyakarta: Bentang, 1994）。这本书翻成英语用了中规中矩的标题：《目击者》（*Eyewitness*, New York: Harper Collins International, 1995）。

的。可以说，本真性有了，可读性没了。这就是为什么小说从一开始就需要说双语的秘鲁人——或前秘鲁人——做中间人。他就是萨乌尔·苏拉塔斯。但绝不是有了这位中间人就万事大吉了。小说家给自个儿分派了艰巨得多的任务。可以这样来讲这项任务：为叙事人创造一种有说服力的声音，它尽量远离任何自认的秘鲁人的声音，但同时又根本毁损了它自身的本真性。此即灵感勃发的混成作品（pastiche）的一些精致特征。

完成这一艰难使命的主要技术手段有两个。第一是叙事人的故事以西班牙语道来，没有译文地位的任何声称。这最明显。第二是所有"薇拉·彼得罗夫娜"的非列斯科夫式缺席。这重要得多。叙事人讲述的时候，他的故事没有出处。小说中不存在这种地方：N.自称是"报告"叙事人所言。[1]实际上，这样一种可能性，被小说布置的特有结构排除了。因为N.最后一次见到萨乌尔是在二十年前，在利马，在后者据推测成为叙事人之前：而且自然地，两个年轻人是用带着学生腔的西班牙语交谈的。这些手法表现/坦承了小说所需的某种欺骗性。然而几乎同时，作者可随意挥洒的全部天才都被调动起来，在诸多书页上，为秘鲁人唤起震撼人心的玛奇根加人摹像：他们逃离，总在逃离（huyendo, huyendo siempre），正是要逃离秘鲁人。在小说最后一句话里，那不可能实现的一对意图辉煌地暂时聚拢了。N.说道："dondequiera que me refugie 355
tratando de aplacar el calor, los mosquitos, la exaltación de mi espíritu, seguiré oyendo, cercano, sin pausas, crepitante, inmemorial, a ese hablador machiguenga." 这些词语是精心挑选的。N.在寻找微不足道的、意大利的避难所，躲避炎热和蚊虫，不是huyendo（逃离）绝种的幽灵；他是个冷静超然的oyente（听众），不是心醉神迷的escuchador（聆听者）；叙事人萨

1 我们前面说过，在提名道姓的人物中，唯有施耐尔先生据说（两次）真的听到叙事人讲故事，但在这两个场合他都发现那娓娓述说的事情莫名其妙。只有耳朵接收到的东西，他不能当作好的指教加以言传。

乌尔并不是玛奇根加人（更何况是略萨的虚构）。可是N.说他听到的一切近在耳畔，噼啪不止，追忆不及。那是Erzähler（讲故事的人）的难解之声。

我们还有待考虑小说家更广泛的意图和抱负。不管幸或不幸，反正他似乎毫不含糊地谈论过这些。在1993年10月的一次访谈中，萨默问他，他决意让萨乌尔是个犹太人，是不是因为他关心玛奇根加人——以及其他濒临灭绝的少数族群——与犹太人的历史命运间的相似性。他的回答显然使她大感意外。“他说，恰恰相反，是它们差异的极端悬殊。它们复活了社会、地理的种种差异，而协调这些差异是十九世纪民族主义统一的宏伟规划，承继自殖民时代的一种规划。印第安人和犹太人位于秘鲁的极限上，共同代表了秘鲁；这种极限，好比北方干燥多尘的皮乌拉城与安第斯山南部闷热潮湿的丛林那样的地理—历史极限，是《绿房子》勉强一齐支撑起来的。他解释说，亚马逊印第安人原始、贫穷，犹太人通常富有，是世界主义的，二者处于这个国家人口对立的两端。这部小说是一种努力，以尽可能最富包容性、最气度恢宏的方式来谈论秘鲁，也就是以它的人口统计学的两个极端为关注中心来谈论秘鲁。”[1]

《叙事人》是一部民族主义小说，这毋庸置疑，但有意思的问题在于它的民族主义是如何“表演出来”（performed）的——如通行的行话所说，特别是按照略萨谈到的“十九世纪的统一的宏伟规划”表演出来。

我们或可这样子开始探究：看看萨默式的一对“情人”，萨乌尔和N.，他们交织的命运邀请（秘鲁）读者进入民族身份（nationhood）的色

1　这种解释同萨默的开创性著作——略萨想必读过——的若干论点如此严丝合缝，以至于不能排除学院的殷勤或取笑的成分的可能性。但它也与前文所引的本雅明的话一致：“写小说意味着在人生的表征中把不可通约性推向极致。”然而：我们须得立于何地，好容许自己将玛奇根加人看作秘鲁人，看作秘鲁的“人口统计学的极端”之一呢？（《绿房子》当然是略萨的一部早期作品。）

情之中。萨乌尔根本不算富有的世界主义的犹太人。堂·所罗门是个下层中产阶级移民，他的儿子是非犹太母亲所生，从某些观点来看，压根不 356
是真正的犹太人。萨乌尔是个不信教的人，从未跨出国门，对非秘鲁的任何东西（Erzähler卡夫卡除外）表现得浑无兴趣。到末了，他被N.说成是什么身份都变为了“前××”（除了不是“前秘鲁人”）。在学生时代他和N.展开的辩论中，他绝不是世界主义的“普适”人权的行动主义分子。他可以谈起印加人的活着的子孙们，说他们是“梦游者”或“呆头呆脑”，他们的崩溃到了这步田地，只有同化才算明智；他又为玛奇根加人辩护，那种腔调，可以合理地称之为微民族主义（micronationalist）或土著主义（indigenist）的。此时我们可能首先料想，在小说的进程中，他将变成捍卫土著权利的活动家，帮助他们政治上组织起来，顺着这条路打造出地方的、全国的和国际的联盟，从而使他们自己融入、适应非玛奇根加的世界。不过当然，这样的预期无一实现。

N.对这位未来的叙事人的执迷之爱全无回报——1958年后他写给萨乌尔的信都杳无回音。萨乌尔的激情专一地献给了一个弱小的民族，这个民族在逃离，尽人力所及远离利马；实现这一爱恋的前提是抛弃秘鲁。乍看起来，这里没有什么类似于民族统一主义者的爱恋，后者是反映十九世纪宏伟的民族主义规划的那些典范小说里常有的。然而，正是因为萨乌尔起先是秘鲁人，因为玛奇根加人生活在秘鲁疆域之内，不是在巴西或哥伦比亚——也就是说，他们是“秘鲁人”和“秘鲁儿女”，属于圣马丁的乌托邦公式那一家系，他才命定会爱上他们。N.怀疑萨乌尔是否真的移民以色列的最初理由似乎一语中的：“他与秘鲁已经血脉相连，他为秘鲁存在的问题——起码为其中某一问题——犯愁发怒，不能自已，不可能一夜之间，像换件衬衫似的万事皆抛。”

那么N.呢？这才是富有（至少无财务之忧）的世界主义人物，如果哪儿有这种人的话。他在马德里和巴黎读书，对暑期语言学院的“美国佬”传教士温情脉脉，在但丁的家乡试图“忘掉”他那“倒霉的/受诅咒的”

国家。然而他也明显是西班牙征服者和第二解放者的后嗣。以下是他在1958年："我们是乘一架小型水上飞机旅行的，在有的地方则要乘土著的独木舟。在狭小的河道中穿行，河道被茂密的植物覆盖，白昼犹如黑夜。大自然——那参天的大树、波平如镜的湖水、亘古如斯的河流——以其强力和孤寂，让人觉得这是个新造的世界，渺无人烟，简直是植物和动物的天堂。可是当我们到达各部落的时候，我们发现自己直面着史前时期。狩猎者、采集者、射手、流浪者、非理性的人（los irracionales）、魔法师、泛灵论者：那是我们遥远的祖先过的那种最素朴、最原始的生活。这
357 也是秘鲁［también, eso era la Perú］，只有在那时我才完全意识到它，一个todavía sin domar［尚未被驯服？/将要被驯服？］的世界。"[1]在他大学时代和萨乌尔争辩中间，N.也采取——虽然一定程度上不过唱唱反调而已——标准的自由民族主义立场，赞同以叫做"秘鲁"的这一宏伟规划的名义，让"史前史"不可避免地、可望仁善地同化到"历史"之中。[2]进步有其自身的"强力和孤寂"，一个好秘鲁人所能勉力做的上善之事，是诚心美意地尽一切可能的力量，缓和同化的冲击，力阻往昔元神耗尽。这样，从巴尔加斯·略萨的访谈偏斜出去，原来代表"秘鲁"社会和地理极端的，不是富有的世界主义犹太人与原始土著，而是大都市的自由民族主义知识分子与坚忍地逃避他们、走向灭绝末路的那些人。

小说从1950年代初到1980年代末的这一长时间跨度，向我们展示的较少是想象的萨乌尔的演变/改宗，较多是他那不受待见的情人的演变。直到在他看来，在小说家看来，"于消逝之物中瞥见一缕新型美"变得可能。但这种美丽依赖于消逝，不是元神耗尽。萨乌尔是这消逝的组成部分。鬼脸儿将会无儿无女，他的残废的小鹦鹉也这样——与格雷戈

---

1 *El Hablador*，第71页。

2 看起来，"极端的差异"不仅是地理上的或社会—经济的，它们也延伸到人类史的两端。

里·萨姆沙及其创造者是一路人。[1]

此外，萨乌尔已经在内心深处是个鬼脸儿、秘鲁人、叙事人了，何以还要被塑造成一个犹太人/前犹太人呢？无疑地，略萨部分地想借此表示他说过的那话的意思：他曾评论说，当他创作《叙事人》的时候，所思所虑正是犹太人和玛奇根加人之间的差异而非类同。但是这差异其实不是他进而论列的那一种。跟数世纪以来的情形相比，今天犹太人的灭绝更不可想象。富裕、叫嚣的以色列是中东地区最强大的国家，世界霸主美国为它的生存提供了无条件保障，欧洲亦然。（这种无条件性的现代根源在于，欧洲犹太民族在1940年代差点儿被欧洲人阿道夫·希特勒的欧洲人执法官灭了种。）然而对玛奇根加人来说，他们像世界各地其他几百个小“部落少数族群”一样，没有任何保障，完全可能无声无息地灭绝。 358

犹太人的主题，在小说某些地方感觉是生拉硬拽进来的，它似乎有可能用于驱邪的目的。在我们这个惨痛世纪的尽头，大概3500年之久的犹太史已经可用作一种普遍的比喻，象征“虽历尽劫难”而终得保全的“文化孑遗”。这种“有益指教”恰恰只有一个当代犹太人才能提供，不仅提供给玛奇根加人，还可以说是提供给巴尔加斯·略萨的国内和国际读者们。在藤森时代，这样的可能性不会向单单一个秘鲁的鬼脸儿叙事人敞开的。此时此刻我们认识到“前犹太人”（ex-Jew）这个画谜对作者的矛盾的重要性。其中，“犹太人”作为一个符号，代表“历尽劫难的希望”所寄；“前”字并未取消“犹太人”，而是在它一旁为地方性绝望腾出了空间：萨乌尔·苏拉塔斯，在劫难逃的救世主。

最后，我们要理解，萨乌尔是当地克里奥耳女人和波兰犹太移民的

1　略萨说过，他半带惊恐地迷恋于愿为一种思想牺牲一切的那种人。这对在这些思想方面没有个人偏好的人们而言，大概很平常。不平常的是略萨的创造力在他的某些小说中虚构出了这般人物。一个精彩的例子是《狂人玛伊塔》（1984）的主人公玛伊塔，他是个注定失败、徒劳无功、胆怯地搞同性恋的地下马克思主义者。

混种后裔，通过他的母亲系身于秘鲁，又通过他的父亲摆脱了秘鲁，正是靠了这种身份，他才被置放在这样的地位上：既是N.和玛奇根加人之间的想象的中间人，又是他们共同的魅惑者；要不是他，他们在小说中没有任何联络点。我们正生活在这样一个时代，用腹语术表达受迫害、受压制的少数族群已变得无法容忍（不仅是道德上）。鬼脸儿是文化要求权的法庭上作者不在犯罪现场的证人。

就在这一刻，我们能够分辨二十世纪晚期的《叙事人》与萨默那么令人信服地论述过的十九世纪典范小说之间极为深远的差别。后者大多数写成于民族主义未竟历史的抛物线早期，当时，借用西蒙娜·薇依的话说，以为一个人只要向前走就是向上走，这么想是非常可能的。那时还不存在文明的每一记录同时也是野蛮的记录这种观念。然而《叙事人》想到了本雅明这个悖论的真理性，同时接纳了它的全部项。我们可以说，《叙事人》"表演"了超越它和逃避它的不可能性。也许这是我们时代的唯一方式，民族小说、民族叙事只能够赖此来恰当地书写、重写、再重写。

在小说开头，N.说起秘鲁——他想逃脱而未遂的秘鲁——是他的malhadado país。Malhadado不仅可以理解为"不幸的"，也可理解为"倒霉的""被诅咒的"，乃至"该死的"。这个形容词和表示"国家""家乡""民族"的单词放到一块儿，让我们感受到悲剧的音色、羞愧的语
359 义。我们将不得不学会对此习以为常。

17
民族之善

如果谁试图将“我的国家，无论对错”改成“我的宗教，无论对错”，他立即就能明白民族主义和宗教的分野所在。后一种说法是不可思议的矛盾。伊斯兰教之于穆斯林，基督教之于基督徒，或印度教之于印度人，怎么可能是错的呢？

不过这种差别不应全从表面价值来看。因为设若民族至少假定上可能是错的，那这种错是现世的，总是相对于一种超越的正义或善。于是，从与宗教的永恒的善不相干的角度，我们要提的问题是，这种正义的源头是什么，考虑到民族（不管想起来多么堂皇）都在历史之内：人们没有给它在天堂或地狱保留一席之地。下文我将设法草述，有保证的民族之善的三个互相联系的寄居处是什么。

未生者

对这三个寄居处的第一个，最好的说明莫过于马克斯·韦伯的一段奇语，那是1895年他接受弗莱堡大学教职时发表的著名就职演说中的

一番话。[1]这篇演讲的大部分是对他的新国家即德国之现状的哀怨。韦
360 伯厌倦地看着周遭的人事，认为容克统治阶级完蛋了。“Sie haben ihre Arbeit geleistet und liegen heute im ökonomische Todeskampf.”［他们使命已尽，今天在经济上垂死挣扎，痛苦不堪。］从作为一个整体的德国市民阶级那里，什么好事都别指望。“Nur allzu offenkundig sehnt ein Teil des Grossbürgertums nach dem Erscheinen eines neuen Cäsar, der sie schirme—nach unten gegen aufsteigende Volksklassen—nach oben gegen sozialpolitische Anwandlungen, deren ihnen die deutsche Dynastien verdächtig sind.”［德国市民阶级的上层圈子恬不知羞地渴盼有个新凯撒，他将上台保护他们——下则对抗成长中的大众阶级，上则对抗他们猜疑德国王室怀抱的社会政治改革之心。］另一个圈子“ist längst versunken in jene politische Spiessbürgerei, aus welcher die breiten Schichten des Kleinbürgertums noch niemals erwacht sind”［沉入了政治市侩主义中，小市民阶级的广大阶层永远没有从中觉醒过来］。他相信无产阶级全然不成熟：“weil es für eine grosse Nation nichts vernichtenderes giebt, als die Leitung durch ein *politisch* unerzogenes *Spiessbürgertum*, und weil das deutsche Proletariat diesen Charakter noch nicht verloren hat, *deshalb* sind wir seine politischen Gegner.”［一个大国的最大危险莫甚于被一群*政治上*茫然无知的*市侩*所领导，而德国无产阶级至今尚须摆脱这种市侩气，*有鉴于此*，我们在政治上反对工人执

1 原文可参见Wolfgang J. Mommsen和Rita Aldenhoff编，*Max Weber: Landarbeiterfrage, Nationalstaat und Volkswirtschaftspolitik, Schriften und Reden, 1892—1899*（Tübingen: J.C.B. Mohr, 1993），第2卷，第545—574页。可用但不一定辨析入微的英译文收在Keith Tribe编，*Reading Weber*（London and New York: Routledge, 1989），第188—220页。［该文中译见马克斯·韦伯，《民族国家与经济政策》，甘阳选编，三联书店1997年版，第75—108页。此处引文多有借鉴，特此鸣谢。——译注］

政。］[1]人们可能从这种分析中轻易得出结论：德意志民族——这位年轻博学的教授本人除外——全盘皆错。但是韦伯也带有一种迥然不同、乍一看很怪异的口气。这段话值得全文照引：[2]

> Und—um ein etwas phantastisches Bild zu brauchen—vermöchten wir nach Jahrtausenden dem Grab zu entsteigen, so wären es die fernen Spuren unsres eignen Wesens, nach denen wir im Antlitz des Zukunftsgeschlechts forschen würden. Auch unsre höchsten und letzten irdischen Ideale sind wandelbar und vergänglich. Wir können sie der Zukunft nicht aufzwingen wollen. Aber wir können wollen, dass sie in unserer Art die Art ihrer eignen Ahnen erkennt. Wir, mit unsrer Arbeit und unsrem Wesen, wollen die Vorfahren des Zukunftsgeschlechts sein.

> ［说得略为夸张一点，如果从现在算起数千年之后我们死而复生，我们会在那些未来族类的相貌中搜寻我们自己生存的依稀印记。诚然，即使我们在此世的至高、终极理想也会改变和消逝，因此我们并不奢望把它们强加于后世。但我们确实期望，未来将在我们的禀性中认出它自己祖先的禀性。我们期望，通过我们的劳作和生存方式，成为未来族类的先人。］ 361

这段话带着千年至福的音色，我们能够从中看出回响着宗教冲动的某种东西。这位清醒的比较宗教社会学家狂乱地想象有不可胜计的日耳

1 着重号系韦伯所加。

2 这关键段落出现在德文版的第559页上。

曼人，几千年之后，在自豪地想象着……韦伯！而且，这些没出生的日耳曼人好像强加了义务在1895年的想象者身上，他已经在想象自己死了。起而迎合未来的期望，这是他和他的世纪末的读者们义不容辞的责任。同样引人注目的是，数千年以后，那些未来的日耳曼人没留下任何社会学或政治的特征。他们不是容克，市民阶级，也不是无产阶级。他们不再翘盼凯撒，甚至也不奉守“我们在此世的至高、终极理想”。这里的时态可以说是将来完成时。正是这无数的未来日耳曼人的未生性，保证了他们的善。

将韦伯的话当作在他威严赫赫、保守节制的知识生涯中一个精神错乱的眩晕时刻，从而草草打发，未免有些轻率。每个国家政治中，每天都在使用这相同的虚夸比喻，只是表述得少些怪气和诗意罢了。归根到底，就是以未生者之名，我们被要求刻苦工作、纳税完赋、不吝奉献，为的是保存传统、减少国债、保护环境、守卫边疆，而且如果必要的话，为我们未生的后代献出我们的生命，虽然我们不能确保以本人的名字命名其中一人。如果我们是美国人，我们不会认为这些未生者是石油亿万富豪、福利骗子、缺席父亲、美国中部的市侩、种族主义狂徒和内城歹徒的未来复制品，那些人眼下乱七八糟地纠缠着我们的想象力。未生者除了他们的美国身份，根本没有任何社会特征；恰是这单色的纯粹，保证了他们的善，也允许他们给我们强加义务，这种义务，如果是从当今活着的——为韦伯起见，比方说1995年在世的——诸多美国人那里领受的，我们可能心生怨怼。

我们可以换个角度来看这种韦伯式愿景。潜藏于这位伟大社会学家的呼告下的道德情感，明显是对1895年德国的羞耻。如果有人问，面对什么人让他感到这种羞耻，答案似乎一目了然：是Zukunftsgeschlecht（未来族类）的面容。羞耻是未来族类将“在我们的禀性中认出它自己祖先的禀性”这一千禧年希望的反面。这种态度里并没什么是德国特有的。比如，我们想想那些美国人，他们不是到了应征年龄的男子，却起劲反对

华盛顿在印度支那的不光彩的野蛮冒险，说"它令我为祖国感到羞惭无 362
地"。[1]这种政治羞耻，我们只在面对善和纯真时才会感觉到，它让我们在后来人面前抬不起头。

已死者

东石（East Rock）是一处壮观的绝壁，高耸在新英格兰的破落小镇纽黑文上方，那里有一座巨大——而且一点也不可笑——的纪念碑，纪念民族先烈的当地代表。它的基座四面刻着男人和男孩的名字，他们死于四次很不一样的往日战争：反抗乔治三世那个英格兰的英勇的独立战争；1812年针对同一敌人的不够英雄的小规模战斗；1848年对墨西哥进行的邪恶的帝国主义冒险活动；1861—1865年创巨痛深的内战。不同寻常的是，这一纪念碑视所有这些亡人绝对等同；不管他们是死在光荣的战场还是可耻的战场，丝毫不予区别对待。因而他们生命的牺牲与历史的正义或不义彻底分离了。把他们全部供奉在牺牲者的位置上，就堂而皇之地达到了这种分离。民族先烈可以说已经买了单，结清了他们的道德账簿。民族英烈从来不是杀人者。这一点，我们只要设想一下纽黑文对学术好事者的反应即知，这些好事之徒经过多年精心研究之后，向市民们建议，在纪念碑上铭刻的每个英名后面，应该加上叫这个名字的人所杀敌人的名字或数目。毕竟，美国的紫心勋章，就像英国的维多利亚十字勋章一样，通常是授予伤亡者，不是杀戮者的。谁若被引到越战纪念碑前哭泣，那是为了死在印度支那的大约六万名美国人，不是为了他们人人各出了一份小力消灭掉的三百多万男人和妇孺。

民族主义人种学家也注意到纽黑文纪念碑用以记录民族先烈的那种铭刻风格，通览一下其他国家里的国家公墓和纪念碑，可知这种风格再

1　这种话里边有某种舒心惬意的东西，它使人觉得像在宣传一句口号：羞耻万岁！

平常不过了。初看起来，记下实际的个人姓名可能像是为阵亡者保留了某种残余的个体性。但转眼之间我们就会觉察到它与韦伯的千年至福时刻的关联。因为这些姓名已被剥夺了一切实际的社会学意义，仅仅在某些情况下可能让人谨慎推知谁谁谁有爱尔兰、意大利或苏格兰血统。没有阶级，没有宗教，没有年龄，也没有政治。（转成德国人的话说，没有容克，没有市民阶级，也没有无产阶级。）优先权也没有：于是采用通常的电话簿的字母表顺序。死者成了“纯一的美国人”，正是在这种纯一性中，善稳当有靠。

363 纽黑文一定还有少许居民，他们知道这个那个名讳纪念的是他们的家族先祖之一。但是，考虑到自1865年（那时最新一批死者升了天）以来，多少年头过去了，死者的后人们不可能对他们有什么个人记忆。纪念碑的游客们绝大多数把单个的姓名看作可互换的符号，表示它们如今共有的东西。今天去东石的朝圣者们，被置于韦伯的未来德国人的那个地位上；他们被诱导着极力在自己的禀性中认出他们（集体）祖先的禀性。

这样，我们可以看到，民族的已死者和民族的未生者，浩浩荡荡、数不胜数地，如何互相映照，给根深蒂固的民族之善提供了最佳担保。恰是他们联合而成的那种幽魅，使他们成为过去完成时、将来完成时的美国人。

在世者

这下有人该问了：活着的人也能有助于保证国家的善吗？两篇新近发表的分别论及美国和印度的优秀文章提示了这样的可能性。

在劳伦·伯兰特（Lauren Berlant）的《幼稚公民权理论》中，她先讲述了一段说明问题的插曲，那是杰出的激进黑人作家奥黛·罗德（Audré

Lorde）念念不忘的幼时生活中发生的。[1]罗德后来回忆说，1947年，她的父母带着她和她的姐姐菲莉丝踏上了去华盛顿特区的国家朝圣之旅。父母小心瞒着孩子们，这趟旅行的原因是，菲莉丝作为黑人小姑娘，被禁止和她中学毕业班的同学们一道，参加学校组织的国都一游。在华盛顿，这家人依然发现自己被当成了不完全的美国人。他们可以在餐馆点冰激凌，但不许在店内吃。罗德记得，那一刻她身体上感到恶心，特别是因为她最近刚写过一篇天真的爱国诗，歌颂巴丹（Bataan）的英雄们。[2]但是伯兰特写到，就在同一时刻，这位黑人小女孩决定，她要“写信给总统，再给国家一次机会，不要摧折她对它的渴望”。

再一次机会，再一次机会——美国文化喧嚣不已的基本习语之一。然而韦伯不也出于精神上的恶心，著书立说，要再给德国一次机会，不摧折他对它的渴望吗？难道我们大多数人，尽管困难重重，不想再给我们的国家一次机会吗？ 364

伯兰特的文章接下来以较为轻松的笔调，分析了马特·格罗宁非常流行的讽刺性电视连续剧《辛普森一家》当中的一集。那一集名叫《莉萨先生去华盛顿》，明显是戏仿二战前深受喜爱的幼稚的爱国影片《史密斯先生去华盛顿》。这一集故事开头讲到，小莉萨·辛普森被选派去华盛顿，参加以“我为什么爱美国”为主题的少年作文竞赛。她突然降临了国家的首都，同行的有她的小市民爸爸霍默，没脑子的妈妈玛吉，玩世不恭、骄纵刁蛮的哥哥巴特。但是她对华盛顿和美国之善的天真信仰，因她

1　伯兰特的文章很容易在下面这本书里找到：Geoff Eley和Ronald Gregor Suny编，*Becoming National: A Reader*（New York and Oxford: Oxford University Press, 1996），第495—508页。

2　当帝国主义日军于1942年初占领了美属殖民地菲律宾时，最后的美国人—菲律宾人的主要军事据点是巴丹要塞。1942年4月，殖民地的美军高官道格拉斯·麦克阿瑟将军仓惶逃往澳大利亚后，巴丹投降了。

碰巧看见她的不诚实的众议员收受开发商的贿赂，被砸得粉碎。那开发商在打她心爱的当地自然公园的主意。莉萨撕掉了她的作文初稿，重新写了一篇，主题是“华盛顿恶臭”，马上输掉了伯兰特所称的这场“国家沙文主义竞赛”。但是然后——变变变！——一位乔装成FBI的仙女出人意料地现身，抓了那个众议员，他立即成了信仰再生的基督徒。因此莉萨先生断定，说来说去，“这个体系真的管用”，美国真的是“棒极了”。

格罗宁料定，他的被逗乐的观众们确信体系简直不起作用，美国离“棒极了”还差得远。那么为什么他无论如何需要表现一个爱国者呢，尤其是一个上当受骗、傻里傻气的小女爱国者？或许是因为，他也希望被人认为给了美国又一次机会。莉萨先生确保了他的良好用心。[3]

尽管如此，莉萨·辛普森担保民族之善的资格在掐着跑表奔跑。我们可以设想，顺着这条道跑了十二年以后，终有一天，她可能在上午成为初次投票的公民，下午去拜访她的堕胎医师。她终究是个可替代的角色。她临时充当了国家的一般儿童的替身，他们不光对性懵懂无知，也尚未被成人政治参与的日常肮脏玷污身心。这类国家儿童——在美国——是美国人。但同样的儿童在每一民族想象中都露面了，各自带着它自身的轻微的地方性变调。即将降临的未生者的一种先头部队。

约瑟夫·奥尔特的一篇阐幽发微的文章，提示了民族之善一种更含
365 糊的活着的担保人。他在该文中考查了北印度最近兴起的激进“男人独身”运动。[4]该运动的代言人对国家的印度教（男）青年的道德和肉体堕

3　可以拿当今的一位成年男子代替莉萨先生吗？也许能说明问题的是，她最近似的竞争者是阿甘，后者可爱的棒极了爱国主义有赖于智力迟钝。

4　Joseph S. Alter, “Celibacy, Sexuality, and the Transformation of Gender into Nationalism in North India”，该论文在“Dimensions of Ethnic and Cultural Nationalism in Asia”会议上提交，会议由威斯康星大学和马凯特大学国际研究中心主办，1993年2月。另见他的*The Wrestler's Body: Identity and Ideology in North India*（Berkeley: University of

落发出了洪亮的公开谴责：他们即便不是流于市侩习气，起码也是享乐主义、手淫、不信教、游手好闲、玩世不恭、自恋和色欲。这种腐朽被归因于国家政治阶级的腐败、消费资本主义、“好莱坞”和西方非道德性的无情侵入。它的实际藏身地其实是在年轻男子的身体。根据印度教源远流长的生命形而上学（bio-metaphysics），精液不但是生殖所需的物质，也是男人深层的生命之本。它不该浪费在手淫、梦遗甚或交媾上，而该为了道德、精神和肉体的健康珍惜它，保藏它。就是这个缘故，独身的再度流行才被标举为印度男子气概全面恢复的必要基础。

忽视与早些时期的欧洲的相似之处，是说不过去的。乔治·莫斯和其他诸人的著作业已表明，十九世纪晚期的欧洲政治家、道德家、科学家和宗教领袖是多么强烈地为民族退化的忧惧所困，那种忧惧常常着眼于他们各自民族的男青年。[1]社会弊病的花名册跟奥尔特的当代北印度大同小异：享乐主义、手淫、男子女化、不信教、神经衰弱、变态、实利主义，有时甚至还有（西方的）资本主义。贝登堡（Baden-Powell）的男童子军，德国的漂鸟（Wandervogel）运动，都属于十九、二十世纪之交的系列努力之一，想转变先前一代人对“青年意大利”、“青年爱尔兰”之类的较为天真的侧重。几乎所有这些后起的运动都宣扬自我制欲、严格的摄生法（有时包括饮食规则），还有兄弟情谊；它们全都如印度教的独身倡导者所为，利用了地方性的男性禁欲主义的古老传统。[2]要是有谁想说印度

California Press, 1992)，尤其是第5、6, 8, 10章。

1 George L. Mosse, *Nationalism and Sexuality: Middle-Class Morality and Sexual Norms in Modern Europe*（Madison: University of Wisconsin Press, 1985）。另见Andrew Parker, Mary Russo, Doris Sommer和Patricia Yaeger编, *Nationalisms and Sexualities*（New York and London: Routledge, 1992），尤其是Eve Kosofsky Sedgwick和Seth Koven写的那两章。

2 这些药方，有的在我们这个充满焦虑感的世纪末时代也现身了。最古怪的莫过于这

教传下来的男性健康的"精元"论有点异域情调，那他不妨仔细思量一下，"健康"——放到本地习语中去理解——对疑虑不安的、最终是政治性的美国自我表征已变得多么要紧。对（男性）观众体育的执迷，部分源于体格健壮的青年男子身体的无尽壮观场面，它可以当作民族的男子气概
366 与非腐朽的全豹之一斑，欣然享用。反之，美国医学协会的统计数据所揭示的各种疾病（癌症、心脏病、早老性痴呆、艾滋病等）的全国发病率这些东西，只要有可能，就不叫它落入长着人形的公众视野之内。[1]

北印度独身运动的另一个显著层面是，那些年轻的追随者磨炼自己，较少是为个人得救，首要的是为母亲印度——这绝对不是传统的。正是她充当了磁体，围绕着她，身心失调、混乱不堪的无数印度青年男子，把自己编入秩序井然的力场中（在各种意义上）。从隐喻上说，正是她使得他们全部面朝同一方向，朝向她，不左顾右盼，也不回头张望：靠近她，但决不汇合或合一。[2]在"正常的"核心家庭里，有一个妇女，对她，年幼的男子们不得有性欲之想，却全都必得致献无与匹敌、无条件、感恩戴德的忠诚：她就是母亲。（他们不能指望哪天一高兴就把她撵走，父亲对那样的命运可不高兴。）推而广之就是母亲之邦（Motherland），如母亲印度、母亲意大利、母亲阿根廷等，她有权博得同样的禁欲而恭顺的奉

一做派：celibacy（独身）这个过时的单词，新近从美国的心灵高阁上搬下来了，掸去灰尘，擦得锃亮，然后在全国的上流客厅里窘迫地展示出来。

1　众多电视观众将永远看不到被老年痴呆症摧残的罗纳德·里根，富兰克林·罗斯福患过小儿麻痹症的火柴杆似的双腿，或是正在经受化疗的万宝路牛仔。

2　在南印度，"母亲泰米尔"已在控驭一种与之匹敌的禁欲献身——有时达到自杀以为祭品的程度。参见下面这本书的出色叙述：Sumathi Ramaswamy, *Passions of the Tongue: Language Devotion in Tamil India, 1891—1970*（Berkeley: University of California Press, 1997），尤其是第1页和第3章（"Feminizing Language, Tamil as Goddess, Mother, Maiden"）。

献。我们都知道国家全体公民赖以理解他们彼此间关系的那些比喻：他们是安提戈涅的兄弟和姐妹，不是丈夫和妻子、父母和子女、男朋友和女朋友，更不用说女朋友和女朋友了。[1]公民的兄弟友爱中，凡涉及性欲的都消除了。我们在凝视着，不是凝视彼此的身体，或者探察彼此的眼睛，而是凝视正前方。

这种想象方式，向我们展示了民族之善的最后一个源头：为一种政治乱伦禁忌所框限的兄弟情谊的可能性。[2]据报道，海湾战争期间，许多美国飞行员在炸弹或机身上涂写了意味深长的话："萨达姆，弯腰吧。"
这也许很寻常，但是如果一个人意识到下面这点就会觉得它不寻常了：即 367
便对美国最狂热的仇视克林顿的人来说，炫耀汽车保险杠上粘贴的标语"比尔，弯腰吧"，那会多么令人难以置信。政治强奸，哪怕是假想的，也被从国家公民权的禁欲想象中排除掉了。

这一切里存在某种有价值之物——虽然这好像很奇怪。它是我们能够在莉萨先生、在墨西哥冒险行动的可替代的阵亡者、在年轻的韦伯教授的幻想、在政治羞耻、在将来完成式中侦测到的同一价值。这些例子各自以不同却相关的方式表明了，为什么不管一国政府犯了什么罪行，它那一时的公民支持了什么罪行，"我的国家"终究是善的。在这些愁苦的千
禧年时代里，这样的善可以为益世而弃吗？ 368

1　要明白这一点，只需认识到，赫尔穆特·科尔、费尔南多·恩里克·卡多佐或胡斯尼·穆巴拉克，在电视上称呼他们各自的国家为"我的孩子"，这是怎样不可能的事情。

2　北印度的阴影在华盛顿上空隐隐出现。最能代表禁欲的、献身的独身者兄弟情谊的美国机构，当然是军队，就它而言，传统规则（除了一些不显眼的例外）让人人直视正前方。男女同性恋者增加了眼睛斜视或下视的令人忧虑的可能性。女兵则提供了这样的永恒可能性：当众的兄妹变成私下的情人。我们距伊巴密浓达有两千五百多年了。

索　引

（条目后的数字为原书页码，见本书边码）

人文与社会译丛

第一批书目

1.《政治自由主义》(增订版),[美]J. 罗尔斯著,万俊人译　118.00 元

2.《文化的解释》,[美]C. 格尔茨著,韩莉译　89.00 元

3.《技术与时间:1. 爱比米修斯的过失》,[法]B. 斯蒂格勒著,裴程译　62.00 元

4.《依附性积累与不发达》,[德]A. G. 弗兰克著,高铦等译　13.60 元

5.《身处欧美的波兰农民》,[美]F. 兹纳涅茨基、W. I. 托马斯著,张友云译　9.20 元

6.《现代性的后果》,[英]A. 吉登斯著,田禾译　45.00 元

7.《消费文化与后现代主义》,[英]M. 费瑟斯通著,刘精明译　14.20 元

8.《英国工人阶级的形成》(上、下册),[英]E. P. 汤普森著,钱乘旦等译　168.00 元

9.《知识人的社会角色》,[美]F. 兹纳涅茨基著,郏斌祥译　49.00 元

第二批书目

10.《文化生产:媒体与都市艺术》,[美]D. 克兰著,赵国新译　49.00 元

11.《现代社会中的法律》,[美]R. M. 昂格尔著,吴玉章等译　39.00 元

12.《后形而上学思想》,[德]J. 哈贝马斯著,曹卫东等译　58.00 元

13.《自由主义与正义的局限》,[美]M. 桑德尔著,万俊人等译　30.00 元

14.《临床医学的诞生》,[法]M. 福柯著,刘北成译 55.00元

15.《农民的道义经济学》,[美]J. C. 斯科特著,程立显等译 42.00元

16.《俄国思想家》,[英]I. 伯林著,彭淮栋译 35.00元

17.《自我的根源:现代认同的形成》,[加]C. 泰勒著,韩震等译 128.00元

18.《霍布斯的政治哲学》,[美]L. 施特劳斯著,申彤译 49.00元

19.《现代性与大屠杀》,[英]Z. 鲍曼著,杨渝东等译 59.00元

第三批书目

20.《新功能主义及其后》,[美]J. C. 亚历山大著,彭牧等译 15.80元

21.《自由史论》,[英]J. 阿克顿著,胡传胜等译 89.00元

22.《伯林谈话录》,[伊朗]R. 贾汉贝格鲁等著,杨祯钦译 48.00元

23.《阶级斗争》,[法]R. 阿隆著,周以光译 13.50元

24.《正义诸领域:为多元主义与平等一辩》,[美]M. 沃尔泽著,褚松燕等译 24.80元

25.《大萧条的孩子们》,[美]G. H. 埃尔德著,田禾等译 27.30元

26.《黑格尔》,[加]C. 泰勒著,张国清等译 135.00元

27.《反潮流》,[英]I. 伯林著,冯克利译 48.00元

28.《统治阶级》,[意]G. 莫斯卡著,贾鹤鹏译 98.00元

29.《现代性的哲学话语》,[德]J. 哈贝马斯著,曹卫东等译 78.00元

第四批书目

30.《自由论》(修订版),[英]I. 伯林著,胡传胜译 69.00元

31.《保守主义》,[德]K. 曼海姆著,李朝晖、牟建君译 58.00元

32.《科学的反革命》(修订版),[英]F. 哈耶克著,冯克利译 58.00元

33.《实践感》,[法]P. 布迪厄著,蒋梓骅译 75.00元

34.《风险社会:新的现代性之路》,[德]U. 贝克著,张文杰等译 58.00元

35.《社会行动的结构》,[美]T. 帕森斯著,彭刚等译 80.00元

36.《个体的社会》,[德]N. 埃利亚斯著,翟三江、陆兴华译 15.30元

37.《传统的发明》,[英]E. 霍布斯鲍姆等著,顾杭、庞冠群译 68.00元

38.《关于马基雅维里的思考》,[美]L. 施特劳斯著,申彤译 78.00元

39.《追寻美德》,[美]A. 麦金太尔著,宋继杰译 68.00元

第五批书目

40.《现实感》,[英]I. 伯林著,潘荣荣、林茂、魏钊凌译 78.00元

41.《启蒙的时代》,[英]I. 伯林著,孙尚扬、杨深译 35.00元

42.《元史学》,[美]H. 怀特著,陈新译 89.00元

43.《意识形态与现代文化》,[英]J. B. 汤普森著,高铦等译 68.00元

44.《美国大城市的死与生》,[加]J. 雅各布斯著,金衡山译 78.00元

45.《社会理论和社会结构》,[美]R. K. 默顿著,唐少杰等译 128.00元

46.《黑皮肤,白面具》,[法]F. 法农著,万冰译 58.00元

47.《德国的历史观》,[美]G. 伊格尔斯著,彭刚、顾杭译 58.00元

48.《全世界受苦的人》,[法]F. 法农著,万冰译 17.80元

49.《知识分子的鸦片》,[法]R. 阿隆著,吕一民、顾杭译 59.00元

第六批书目

50.《驯化君主》,[美]H. C. 曼斯菲尔德著,冯克利译 68.00元

51.《黑格尔导读》,[法]A. 科耶夫著,姜志辉译 98.00元

52.《象征交换与死亡》,[法]J. 波德里亚著,车槿山译 68.00元

53.《自由及其背叛》,[英]I. 伯林著,赵国新译 48.00元

54.《启蒙的三个批评者》,[英]I.伯林著,马寅卯、郑想译　48.00元
55.《运动中的力量》,[美]S.塔罗著,吴庆宏译　23.50元
56.《斗争的动力》,[美]D.麦克亚当、S.塔罗、C.蒂利著,李义中等译　31.50元
57.《善的脆弱性》,[美]M.纳斯鲍姆著,徐向东、陆萌译　55.00元
58.《弱者的武器》,[美]J.C.斯科特著,郑广怀等译　82.00元
59.《图绘》,[美]S.弗里德曼著,陈丽译　49.00元

第七批书目

60.《现代悲剧》,[英]R.威廉斯著,丁尔苏译　45.00元
61.《论革命》,[美]H.阿伦特著,陈周旺译　59.00元
62.《美国精神的封闭》,[美]A.布卢姆著,战旭英译,冯克利校　68.00元
63.《浪漫主义的根源》,[英]I.伯林著,吕梁等译　49.00元
64.《扭曲的人性之材》,[英]I.伯林著,岳秀坤译　69.00元
65.《民族主义思想与殖民地世界》,[美]P.查特吉著,范慕尤、杨曦译　18.00元
66.《现代性社会学》,[法]D.马尔图切利著,姜志辉译　32.00元
67.《社会政治理论的重构》,[美]R.J.伯恩斯坦著,黄瑞祺译　72.00元
68.《以色列与启示》,[美]E.沃格林著,霍伟岸、叶颖译　128.00元
69.《城邦的世界》,[美]E.沃格林著,陈周旺译　85.00元
70.《历史主义的兴起》,[德]F.梅尼克著,陆月宏译　48.00元

第八批书目

71.《环境与历史》,[英]W.贝纳特、P.科茨著,包茂红译　25.00元
72.《人类与自然世界》,[英]K.托马斯著,宋丽丽译　35.00元

73.《卢梭问题》,[德]E. 卡西勒著,王春华译 39.00元
74.《男性气概》,[美]H. C. 曼斯菲尔德著,刘玮译 28.00元
75.《战争与和平的权利》,[美]R. 塔克著,罗炯等译 25.00元
76.《谁统治美国》,[美]W. 多姆霍夫著,吕鹏、闻翔译 35.00元
77.《健康与社会》,[法]M. 德吕勒著,王鲲译 35.00元
78.《读柏拉图》,[德]T. A. 斯勒扎克著,程炜译 68.00元
79.《苏联的心灵》,[英]I. 伯林著,潘永强、刘北成译 59.00元
80.《个人印象》,[英]I. 伯林著,覃学岚译 88.00元

第九批书目

81.《技术与时间:2. 迷失方向》,[法]B. 斯蒂格勒著,赵和平、印螺译 59.00元
82.《抗争政治》,[美]C. 蒂利、S. 塔罗著,李义中译 28.00元
83.《亚当·斯密的政治学》,[英]D. 温奇著,褚平译 21.00元
84.《怀旧的未来》,[美]S. 博伊姆著,杨德友译 85.00元
85.《妇女在经济发展中的角色》,[丹]E. 博斯拉普著,陈慧平译 30.00元
86.《风景与认同》,[美]W. J. 达比著,张箭飞、赵红英译 68.00元
87.《过去与未来之间》,[美]H. 阿伦特著,王寅丽、张立立译 58.00元
88.《大西洋的跨越》,[美]D. T. 罗杰斯著,吴万伟译 108.00元
89.《资本主义的新精神》,[法]L. 博尔坦斯基、E. 希亚佩洛著,高铦译 58.00元
90.《比较的幽灵》,[美]B. 安德森著,甘会斌译 79.00元

第十批书目

91.《灾异手记》,[美]E. 科尔伯特著,何恬译 25.00元

92.《技术与时间:3. 电影的时间与存在之痛的问题》,
[法]B. 斯蒂格勒著,方尔平译 65.00 元
93.《马克思主义与历史学》,[英]S. H. 里格比著,吴英译 78.00 元
94.《学做工》,[英]P. 威利斯著,秘舒、凌旻华译 68.00 元
95.《哲学与治术:1572—1651》,[美]R. 塔克著,韩潮译 45.00 元
96.《认同伦理学》,[美]K. A. 阿皮亚著,张容南译 45.00 元
97.《风景与记忆》,[英]S. 沙玛著,胡淑陈、冯樨译 78.00 元
98.《马基雅维里时刻》,[英]J. G. A. 波考克著,冯克利、傅乾译 108.00 元
99.《未完的对话》,[英]I. 伯林、[波]B. P.-塞古尔斯卡著,
杨德友译 65.00 元
100.《后殖民理性批判》,[印]G. C. 斯皮瓦克著,严蓓雯译 79.00 元

第十一批书目

101.《现代社会想象》,[加]C. 泰勒著,林曼红译 45.00 元
102.《柏拉图与亚里士多德》,[美]E. 沃格林著,刘曙辉译 78.00 元
103.《论个体主义》,[法]L. 迪蒙著,桂裕芳译 30.00 元
104.《根本恶》,[美]R. J. 伯恩斯坦著,王钦、朱康译 78.00 元
105.《这受难的国度》,[美]D. G. 福斯特著,孙宏哲、张聚国译 39.00 元
106.《公民的激情》,[美]S. 克劳斯著,谭安奎译 49.00 元
107.《美国生活中的同化》,[美]M. M. 戈登著,马戎译 58.00 元
108.《风景与权力》,[美]W. J. T. 米切尔著,杨丽、万信琼译 78.00 元
109.《第二人称观点》,[美]S. 达沃尔著,章晟译 69.00 元
110.《性的起源》,[英] F. 达伯霍瓦拉著,杨朗译 85.00 元

第十二批书目

111.《希腊民主的问题》,[法]J. 罗米伊著,高煜译 48.00 元
112.《论人权》,[英]J. 格里芬著,徐向东、刘明译 75.00 元
113.《柏拉图的伦理学》,[英]T. 埃尔文著,陈玮、刘玮译 118.00 元
114.《自由主义与荣誉》,[美]S. 克劳斯著,林垚译 62.00 元
115.《法国大革命的文化起源》,[法]R. 夏蒂埃著,洪庆明译 38.00 元
116.《对知识的恐惧》,[美]P. 博格西昂著,刘鹏博译 38.00 元
117.《修辞术的诞生》,[英]R. 沃迪著,何博超译 48.00 元
118.《历史表现中的真理、意义和指称》,[荷]F. 安克斯密特著,周建漳译 58.00 元
119.《天下时代》,[美]E. 沃格林著,叶颖译 78.00 元
120.《求索秩序》,[美]E. 沃格林著,徐志跃译 48.00 元

第十三批书目

121.《美德伦理学》,[新西兰]R. 赫斯特豪斯著,李义天译 68.00 元
122.《同情的启蒙》,[美]M. 弗雷泽著,胡靖译 48.00 元
123.《图绘暹罗》,[美]T. 威尼差恭著,袁剑译 58.00 元
124.《道德的演化》,[新西兰]R. 乔伊斯著,刘鹏博、黄素珍译 65.00 元
125.《大屠杀与集体记忆》,[美]P. 诺维克著,王志华译 78.00 元
126.《帝国之眼》,[美]M. L. 普拉特著,方杰、方宸译 68.00 元
127.《帝国之河》,[美]D. 沃斯特著,侯深译 76.00 元
128.《从道德到美德》,[美]M. 斯洛特著,周亮译 58.00 元
129.《源自动机的道德》,[美]M. 斯洛特著,韩辰锴译 58.00 元
130.《理解海德格尔:范式的转变》,[美]T. 希恩著,邓定译 89.00 元

第十四批书目

131.《城邦与灵魂：费拉里〈理想国〉论集》，[美]G. R. F. 费拉里著，刘玮编译 58.00元

132.《人民主权与德国宪法危机》，[美]P. C. 考威尔著，曹晗蓉、虞维华译 58.00元

133.《16和17世纪英格兰大众信仰研究》，[英]K. 托马斯著，芮传明、梅剑华译 168.00元

134.《民族认同》，[英]A. D. 史密斯著，王娟译 55.00元

135.《世俗主义之乐：我们当下如何生活》，[英]G. 莱文编，赵元译 58.00元

136.《国王或人民》，[美]R. 本迪克斯著，褚平译(即出)

137.《自由意志、能动性与生命的意义》，[美] D. 佩里布姆著，张可译 68.00元

138.《自由与多元论：以赛亚·伯林思想研究》，[英]G. 克劳德著，应奇等译 58.00元

139.《暴力：思无所限》，[美]R. J. 伯恩斯坦著，李元来译 59.00元

140.《中心与边缘：宏观社会学论集》，[美]E. 希尔斯著，甘会斌、余昕译 88.00元

第十五批书目

141.《自足的世俗社会》，[美]P. 朱克曼著，杨靖译 58.00元

142.《历史与记忆》，[英]G. 丘比特著，王晨凤译 59.00元

143.《媒体、国家与民族》，[英]P. 施莱辛格著，林玮译 68.00元

144.《道德错误论：历史、批判、辩护》，

[瑞典]J. 奥尔松著,周奕李译　58.00 元

145.《废墟上的未来:联合国教科文组织、世界遗产与和平之梦》,[澳]L. 梅斯克尔著,王丹阳、胡牧译　88.00 元

146.《为历史而战》,[法]L. 费弗尔著,高煜译　98.00 元

147.《语言动物:人类语言能力概览》,[加]C. 泰勒著,赵清丽译(即出)

148.《我们中的我:承认理论研究》,[德]A. 霍耐特著,张曦、孙逸凡译　62.00 元

149.《人文学科与公共生活》,[美]P. 布鲁克斯、H. 杰维特编,余婉卉译　52.00 元

150.《美国生活中的反智主义》,[美]R. 霍夫施塔特著,何博超译　68.00 元

第十六批书目

151.《关怀伦理与移情》,[美]M. 斯洛特著,韩玉胜译　48.00 元

152.《形象与象征》,[罗]M. 伊利亚德著,沈珂译　48.00 元

153.《艾希曼审判》,[美]D. 利普斯塔特著,刘颖洁译　49.00 元

154.《现代主义观念论:黑格尔式变奏》,[美]R. D. 皮平著,郭东辉译(即出)

155.《文化绝望的政治:日耳曼意识形态崛起研究》,[美]F. R. 斯特恩著,杨靖译　98.00 元

156.《作为文化现实的未来:全球现状论集》,[印]A. 阿帕杜拉伊著,周云水、马建福译(即出)

157.《一种思想及其时代:以赛亚·伯林政治思想的发展》,[美]J. L. 彻尼斯著,寿天艺、宋文佳译　88.00 元

158.《人类的领土性:理论与历史》,[美]R. B. 萨克著,袁剑译(即出)

159.《理想的暴政:多元社会中的正义》,[美]G. 高斯著,范震亚译(即出)
160.《荒原:一部历史》,[美]V. D. 帕尔马著,梅雪芹译(即出)

第十七批书目

161.《浪漫派为什么重要》,[美]P. 盖伊著,王燕秋译(即出)
162.《欧美思想中的自治》,[美]J. T. 克洛彭伯格著,褚平译(即出)
163.《冲突中的族群》,[美]D. 霍洛维茨著,魏英杰、段海燕译(即出)
164.《八个欧洲中心主义历史学家》,[美]J. M. 布劳特著,杨卫东译(即出)
165.《记忆之地,悼念之地》,[美]J. 温特著,王红利译(即出)
166.《20 世纪的战争与纪念》,[美]J. 温特著,吴霞译(即出)
167.《病态社会》,[美]R. B. 埃杰顿著,杨靖、杨依依译(即出)
168.《种族与文化的少数群体》,[美]G. E. 辛普森、J. M. 英格尔著,马戎、王凡妹等译(即出)
169.《美国城市新主张》,R. H. 普拉特著,周允程译(即出)
170.《五种官能》,[美]M. 塞尔著,徐明译(即出)

有关"人文与社会译丛"及本社其他资讯,欢迎点击 www. yilin. com 浏览,对本丛书的意见和建议请反馈至新浪微博@译林人文社科。